Les Éditions du Boréal
4447, rue Saint-Denis
Montréal (Québec) H2J 2L2
www.editionsboreal.qc.ca

Wilfrid Derome
expert en homicides

DU MÊME AUTEUR

ROMANS

Les Montagnes russes, VLB éditeur, 1988 (réédité en 1999).

Les Tours de Londres, VLB éditeur, 1992.

Les Amitiés inachevées, Québec/Amérique, 1994.

ROMANS POLICIERS

Nébulosité croissante en fin de journée, Alire, 2000.

Le Rouge idéal, Alire, 2002 (Prix Arthur-Ellis 2003 du meilleur roman policier).

Jacques Côté

Wilfrid Derome
expert en homicides

récit biographique

Boréal

Les Éditions du Boréal remercient le Conseil des Arts du Canada
ainsi que le ministère du Patrimoine canadien et la SODEC
pour leur soutien financier.

Les Éditions du Boréal bénéficient également du Programme
de crédit d'impôt pour l'édition de livres du gouvernement du Québec.

Photo de la couverture : Musée de la civilisation,
collection du laboratoire de sciences juridiques et de médecine légale

Diffusion au Canada : Dimedia
Diffusion et distribution en Europe : Les Éditions du Seuil

Données de catalogage avant publication (Canada)
Côté, Jacques, 1961-

    Wilfrid Derome, expert en homicides

    Comprend des réf. bibliogr.

    ISBN 2-7646-0260-X

    1. Derome, Wilfrid, 1877-1931. 2. Médecine légale – Québec (Province) – Histoire.
3. Criminalistique – Québec (Province) – Histoire. 4. Spécialistes de la criminalistique
– Québec (Province) – Biographies. I. Titre.

HV8073.C67   2003   363.25'092   C2003-941697-6

Tantôt il passait la journée au laboratoire de chimie, tantôt dans les salles de dissection ; de temps à autre, il faisait une longue marche qui, semblait-il, le conduisait parmi les quartiers les plus mal famés. […] Ses mains étaient toujours tachées d'encre ou maculées de produits chimiques.

CONAN DOYLE, *Étude en rouge*

Voici le soir charmant, ami du criminel ;
Il vient comme un complice, à pas de loup.

CHARLES BAUDELAIRE, *Les Fleurs du mal*

À mon père, Marc

Note aux lecteurs

Ce récit s'appuie sur une abondante documentation qui provient d'archives historiques : notes sténographiques des procès, dossiers du procureur général, procès-verbaux de réunions, lettres, coupures de presse, rapports et notes manuscrites, articles ou livres de Wilfrid Derome. Ces textes sont la voix et les gestes de cet homme, que j'ai voulu préserver. Je me suis cependant permis d'apporter certaines corrections mineures et de reconstituer certains dialogues et quelques épisodes à partir d'indices et de sources historiques. Les affaires judiciaires qui sont relatées dans ce livre sont véridiques et les noms des principaux acteurs ont été conservés. À moins d'avis contraire, les témoignages entendus aux procès sont tirés du journal *La Presse*.

J. C.

CHAPITRE PREMIER

Branle-bas
au 179, rue Craig

Par ce samedi glacial du 7 janvier 1922, à la barre du jour, un ouvrier marche vers son lieu de travail, à Notre-Dame-de-Grâce. Rendu à l'angle des rues Snowdon et Coolbrook, il bifurque vers un hangar où s'entassent des outils et des charrues de déneigement. En s'avançant, il distingue une forme sombre qui se démarque sur la neige. Intrigué, il s'approche et fait la macabre découverte. Le corps d'un homme repose devant la cabane, les pans de son pardessus recouvrent sa tête. Euzèbe Larin va tout de suite chercher de l'aide.

Le chef enquêteur, Dominique Pusie, arrive en trombe sur sa moto, suivi de Paul Sanscartier qui conduit le fourgon. Les mains de la victime sont attachées avec une corde de chanvre. Le limier constate le décès. Le cadavre est à demi gelé. Puisqu'il s'agit d'une mort suspecte, le policier évite que le cadavre ne soit contaminé. Le corps est hissé sur un brancard et placé dans le corbillard. Le sinistre véhicule noir, escorté par la motocyclette, s'ébranle dans la circulation matinale. En chemin, Sanscartier et Pusie croisent les détectives Théodule Pigeon et Joseph Desgroseillers, de la Sûreté de Montréal, chargés de l'enquête.

Peu avant neuf heures, Sanscartier gare le fourgon devant le 179, rue Craig. Là se trouvent la morgue de Montréal et le laboratoire médico-légal et de police technique. Pusie immobilise sa motocyclette et s'empresse d'aider son collègue.

★ ★ ★

Wilfrid Derome, médecin légiste et analyste expert à la Cour du coroner, descend le long escalier de sa résidence du 14, carré Saint-Louis. D'une main le docteur retient son chapeau mou que le vent veut emporter. Devant lui, les arbres dans le parc sont des vitraux blancs de neige et de ciel gris. Seul sur son socle, le poète Crémazie, spectre enneigé, déclame dans la froidure.

Il ne pourra marcher jusqu'au laboratoire ce matin. Le temps glacial lui fait opter pour la Chandler.

Les rafales de neige soufflées des toits voilent les belles maisons victoriennes. Tourelles, balcons-lucarnes, créneaux et pinacles prennent un aspect féerique. Mais la vie du docteur n'a rien d'un conte de fées, à l'exception des loups meurtriers. Les histoires qui le requièrent n'ont que trop rarement une fin heureuse. « Il était une fois la mort » est l'amorce des récits noirs qui peuplent son quotidien.

L'air froid du matin le rassérène. Il en a bien besoin. Thanatos le convie à son banquet six jours par semaine, souvent sept, sans compter les nuits blanches.

La voiture démarre d'un coup. L'habitacle est glacial. Il ajuste son miroir. Les traits de son visage sont fins et ses cheveux ont grisonné trop vite. Les lunules sombres sous ses yeux révèlent son dur labeur.

La rue Saint-Denis le mène lentement vers le vieux centre. Il tourne à droite dans la rue Craig en direction de la place d'Armes. Il aperçoit les tours néogothiques de l'église Notre-Dame. À l'image des années folles, la ville répand son tintamarre. La percussion des tramways fait contrepoint aux moteurs à explosion et aux sabots des chevaux. Automobilistes, motocyclistes, charretiers serpentent périlleusement entre les « petits chars ». C'est à se demander comment les fils les liant à la caténaire, et qui s'étirent sans fin, parviennent à ne jamais s'emmêler.

Au coin des rues Craig et Sainte-Élisabeth, il se range devant un bel édifice de style Beaux-Arts. La morgue de Montréal abrite un entrepreneur de pompes funèbres, les bureaux du coroner, la Cour des enquêtes et le laboratoire médico-légal.

Il immobilise la voiture derrière le fourgon noir.

Derome monte au dernier étage où se trouve le laboratoire. À peine le temps d'accrocher son chapeau que la grosse tête de Dominique Pusie apparaît dans l'entrebâillement de la porte.

— Docteur ?

— Oui.

— Un meurtre très brutal a été commis cette nuit à N-Di-Dji.

— J'arrive à l'instant.

Derome enroule son foulard sur la patère et glisse ses gants dans les poches de son paletot foncé. Devant le miroir, il replace ses cheveux, ajuste son élégant complet trois pièces. Le docteur est un homme mince, de taille moyenne. Son poids a beaucoup varié dans les dernières années.

Il prend une tablette et entreprend sa descente jusqu'au sous-sol de la morgue. Des miasmes putrides envahissent ses narines. Plus rien ne va dans cette morgue. Combien de fois le coroner Edmond MacMahon a dû fermer la porte au premier noyé du printemps fraîchement repêché : pas question de siéger pendant qu'un « pourri » se décompose sous sa cour. Il lui faudra écrire au premier ministre avant longtemps. Travailler dans de pareilles conditions l'exaspère. Sa table d'autopsie est inutilisable. Depuis peu, il doit effectuer ses opérations post mortem sur des brancards mobiles et peu commodes. Les conditions actuelles ne satisfont pas aux règles d'hygiène élémentaires.

Derome attache son tablier de caoutchouc, enfile ses gants. Il s'approche du corps qu'il examine sommairement. La victime porte un pantalon et un veston marron. Les poches ont été détroussées. Fourrageant dans celles du pardessus, Sanscartier en retire des gants en fourrure, un lorgnon, un vieux billet du théâtre Princess, des papiers qu'il range précieusement et une carte d'identité au nom de Raoul Delorme.

Derome pose son regard sur la tache de sang qui recouvre le côté droit du veston, des épaules à la taille. Il soulève le revers et constate le passage d'une balle dans le tissu. Il relève le pardessus, attaché avec huit petites épingles et qui voile le visage. Il autorise Sanscartier à les détacher. En dessous, une corde de chanvre à trois tresses retient autour de la tête un morceau d'étoffe bariolée de couleur rose. Il examine le revers en étamine avant de permettre à Sanscartier de le retirer. Ce n'est pas un mais deux piqués qui recouvrent le visage.

— Celui-ci provient sans doute d'un couvre-lit et il est fait main, dit le docteur en pointant les coutures diagonales.

Outre ces taches de sang, Derome remarque deux souillures crayeuses et une plume jaunâtre. Il demande à Sanscartier d'étiqueter la plume et de la conserver comme pièce à conviction. Puis il se penche et examine avec une lunette ce qui lui semble être des salissures de graisse à moteur. Sanscartier retire le tissu et grimace : la victime est défigurée.

— On l'a tiré à bout portant.

Derome scrute les blessures. À première vue, tous les projectiles se sont logés dans le cou et la tête. Une arme de calibre 22 ou 25. Les perforations, très petites, se sont refermées sans avoir trop saigné. Le sang s'est surtout écoulé de la bouche et du nez à la suite d'une hémorragie.

Derome reste songeur. Pourquoi tant de zèle à recouvrir ainsi la victime après l'avoir abattue à l'extérieur ? Habituellement, les voleurs font preuve d'économie dans les moyens.

Il soulève le revers de la manche droite et note l'empreinte de la corde et de petites lésions au poignet.

— C'est probablement dû à la rigidité cadavérique.

Mais il en saura plus long lors de l'autopsie complète. Pour le reste, avant d'aller plus loin, il faut laisser au corps le temps de dégeler.

Entre-temps, les enquêteurs se chargent de communiquer avec la famille de la victime. Vers onze heures, Desgroseillers et

Pigeon se rendent au 190, rue Saint-Hubert, près de la rue Dorchester. C'est une maison à trois étages arborant une demi-rotonde et une jolie corniche. Le heurtoir s'abat lourdement sur la porte. Un homme en soutane apparaît dans l'embrasure.

— Nous sommes des officiers de la police. Est-ce ici que demeure Raoul Delorme ? s'enquiert Pigeon.

— Oui, messieurs, répond l'abbé. Raoul est mon frère. Lui est-il arrivé quelque chose ? Est-il mal pris ? Car il n'a pas couché à la maison cette nuit.

— Nous venons vous informer qu'un jeune homme a été gravement blessé, portant sur lui une carte d'identité au nom de Raoul Delorme.

— Où est-il ?

— À la morgue.

— Donc, il est mort ?

— Oui, et nous vous prions de nous accompagner à la morgue pour l'identifier.

— Eh bien, je suis à vous dans quelques minutes, messieurs. Je vais m'habiller.

Sous la soutane, l'abbé Adélard Delorme est un homme corpulent. Il porte des petites lunettes rondes à fine monture, retenues par une chaînette. Il a le teint rosé et un visage joufflu. Expansif, il parle en traçant de grandes arabesques avec les mains, et son haleine empeste le cigare.

Quelques minutes plus tard, l'abbé descend à la morgue, où l'attend Wilfrid Derome.

— Bonjour, monsieur l'abbé.

— Bonjour, docteur.

Derome le conduit près du brancard où dégèle lentement le corps de son frère. Il retire le papier journal qui sert à recouvrir le visage du cadavre.

— C'est Raoul, dit l'abbé.

Il observe aussi les vêtements de son frère sur une table.

— Ce sont bien les siens.

L'abbé redresse la tête, détourne son attention du cadavre qu'il bénit d'une main nonchalante, avant de repartir aussi vite qu'il est arrivé. Derome et les limiers se regardent, interloqués.

— C'est pour le moins expéditif ! lance Derome.

Ce premier tête-à-tête l'indispose. Il est estomaqué par le comportement inhabituel du curé, qu'il note aussitôt dans son calepin : « Il n'a pas manifesté la moindre émotion. Il s'est montré d'une indifférence absolue en face du cadavre de son frère. » Il semble être vraiment au-dessus de ses affaires et du commun des mortels.

En discutant avec les policiers, Derome apprend que l'abbé avait remis 20 dollars à son frère en prévision de sa soirée. Le docteur note que « Raoul aurait soupé avec deux personnes, dont l'une lui était connue, et ils seraient ensuite partis en voiture dans un endroit que ses amis connaissaient ».

— Mais pourquoi voler quelqu'un pour si peu ? demande-t-il aux détectives.

— La question du mobile n'est pas claire, rétorque Pigeon.

Les limiers saluent Derome et retournent ensuite au bureau de la Sûreté municipale qui est situé en face de la morgue.

En fin d'après-midi, Derome, en compagnie du docteur Donald McTaggart, son assistant, procède à l'autopsie. Le corps est enfin dégelé. Avant même de le dévêtir, il observe attentivement le cadavre :

> Il porte un complet brun et un pardessus noir, des chaussures brunes sans claques — le pardessus est retroussé et attaché avec des petites épingles — pas le *coat,* qui est non boutonné. Une veste boutonnée avec une chaîne de montre pendante. Un piqué est attaché autour de la tête, l'autre a été jeté par-dessus. Notez bien : sur le veston, le collet est transpercé d'une balle sur le revers gauche, mais pas le pardessus. Il ne présente pas de sang sur la doublure des manches, alors qu'il y en a sur la chemise et son corps. Le faux col en celluloïd est transpercé à droite avec des traces de poudre.

Déjà, un tas de conjectures se bousculent dans son esprit.

— Pourquoi la victime ne porte-t-elle pas de claques en plein hiver ? Il est étrange que le collet du veston soit transpercé d'une balle mais pas le pardessus. Pourquoi du sang sur la chemise et le corps mais pas sur le pardessus ? Et cette chaîne pendante sans la montre ? Un vol justifie-t-il un pareil acharnement ?

— Certainement pas, répond McTaggart.

Derome prend un carton jaune et dessine grossièrement un visage avec les orifices d'entrée et de sortie des balles. Tout en parlant à voix haute, il note au fur et à mesure ses constatations :

> Il semble que cinq ou six balles ont été tirées. Il en est resté dans le cadavre et il en est sorti aussi sûrement. À la face, on trouve huit orifices de balles dont quelques-uns sont des orifices de sortie. Deux orifices montrent des taches de poudre autour — une sur le cou en avant à gauche, et une sur la joue droite, à un pouce de l'oreille. La balle de l'orifice numéro 2 a fracturé le maxillaire — et la balle a été trouvée en arrière et à gauche du cou dans les muscles. Notez bien : les cordes ont été placées après la mort.

Il se tourne vers McTaggart :

— Passe-moi des sondes.

Il dépose sur le brancard son crayon et son rapport. Il prend les sondes et les enfonce dans chacun des orifices pour calculer la profondeur et l'angle d'entrée des projectiles. C'est tout ce qu'il peut faire pour l'instant. Il ne peut procéder à la dernière étape de l'autopsie, puisque cela défigurerait totalement la victime. Il ne pourra pas récupérer les balles immédiatement, car il faut bien permettre à la famille de prier le disparu, qui sera exposé en chapelle ardente chez l'abbé Delorme.

★   ★   ★

Georges Farrah-Lajoie trouve que l'affaire piétine. À onze heures du matin le dimanche 8 janvier, le détective de la police de Montréal se rend au 190 de la rue Saint-Hubert en compagnie de ses collègues. C'est l'abbé en personne qui ouvre la porte.

— Enchanté, monsieur l'abbé. Laissez-moi vous offrir mes condoléances.

— Merci, monsieur Lajoie. Je suis content de savoir que vous participez à l'enquête. Je connais votre réputation.

L'abbé a devant lui un limier flamboyant qui porte un chapeau blanc à larges bords. Cette longue moustache en guidon et ce nez busqué sont remarquables. À son accent, l'abbé reconnaît l'homme qui a reçu son éducation en Europe.

Réciproquement, l'abbé fait, somme toute, bonne impression à Farrah-Lajoie. Il prie les policiers de passer dans son bureau. Ceux-ci s'assoient, discutent de choses et d'autres. Pressés de chercher des indices, ils refusent les cigares de l'abbé. Pendant la discussion, le détective remarque que l'abbé cache sa main droite dans sa soutane, ce qui l'intrigue. Après plusieurs minutes, l'abbé, dans un geste expansif, finit par sortir sa main. Farrah-Lajoie aperçoit de la teinture d'iode sur le poignet de son hôte. Avec bienveillance, le Syrien lui demande si sa main le fait souffrir.

— Je suis tombé sur la glace vive, en allant dire la messe, à l'Assistance publique, samedi dernier.

Farrah-Lajoie ramène vite la conversation sur ses rails tout en notant la dernière information. Il demande à l'abbé de lui faire état des allées et venues de Raoul la veille de sa mort.

Le limier demande au prêtre de lui faire visiter la chambre de Raoul. L'abbé insiste pour qu'il effectue une visite complète des lieux.

Le vestibule ouvre sur un couloir qui se prolonge jusqu'à la cuisine. Tout de suite à gauche de l'entrée se trouve le bureau de l'abbé, et, à droite, le salon double avec son piano et son gramophone. Les sofas de type Chesterfield sont de belle qualité. Pour ajouter au cachet, une demi-rotonde à trois fenêtres offre une vue sur la rue Saint-Hubert. Les limiers traversent le corridor jusqu'à la cuisine. Dans le mur du fond, une porte débouche sur un escalier exigu qui conduit au garage. En bas, derrière l'une des quatre portes de garage qui donnent accès à la ruelle, le détective aperçoit une voiture bien à l'abri de l'hiver. L'abbé se penche et ouvre une trappe. Un escalier abrupt les mène jusqu'à la cave. S'y trouvent plusieurs appareils de chauffage, une grosse boîte à charbon, un tas de cendres. Un soupirail qui donne sur la rue Saint-Hubert éclaire tant bien que mal la pièce.

Farrah-Lajoie et ses compagnons remontent au garage et s'arrêtent devant la voiture. Le Syrien demande à l'abbé s'il est propriétaire d'une arme.

— Oui, j'ai un revolver que je possède depuis la mort de mon père. Tous mes amis le savent. Je le garde dans mon automobile, car, dans mes voyages et mes sorties nocturnes pour aller voir les malades, c'est une mesure de prudence, pour ma protection.

Farrah-Lajoie aimerait bien voir cette arme.

— Mon revolver est ici.

L'abbé ouvre la portière du passager et pointe un sac en tissu placé près du tableau de bord. S'y trouvent un revolver et des cartouches.

Farrah-Lajoie prend l'arme. Il lit la marque : Bayard automatique, calibre 25.

Le détective glisse l'arme et les munitions dans la pochette de son veston.

— J'ai des locataires qui habitent au-dessus de mon garage ; j'en ai également d'autres qui demeurent à côté. Si quelque chose d'anormal s'était passé ici, les voisins s'en seraient aperçus.

Farrah-Lajoie hoche la tête.

La visite se poursuit au troisième étage, où se succèdent les chambres des trois sœurs de l'abbé qui logent sous son toit.

Farrah-Lajoie se rappelle alors un commentaire émis par le docteur Derome. Il se tourne vers l'abbé et lui demande où sont les claques de son frère.

— Elles sont en bas, dans le portemanteau.

Les souliers des officiers judiciaires martèlent lourdement les marches jusqu'au rez-de-chaussée.

L'abbé pointe la boîte du portemanteau. Le limier syrien se penche et aperçoit une paire de claques neuve et une autre assez usée. Farrah-Lajoie demande à l'abbé à qui appartiennent les claques moins récentes.

Le prêtre ne sait quoi répondre. Le détective le prie de les essayer. L'abbé peine à y entrer alors que normalement ses pieds devraient s'y glisser aisément.

Farrah-Lajoie dit à l'abbé qu'il doit emporter les claques. Delorme le regarde avec un sourire emprunté.

— Mais quelle importance accordez-vous donc à ces claques ?

— C'est dans l'intérêt de la cause.

L'abbé tend un cigare à Farrah-Lajoie, qui décline l'offre.

— Depuis quand possédez-vous ce revolver ?

— Depuis la mort de mon père, c'est-à-dire depuis 1916.

— Vous vous en êtes déjà servi ?

— Oui, une fois durant mon voyage avec Raoul, l'été dernier, alors que nous nous trouvions sur le chemin des États-Unis. J'ai tiré une balle pour éloigner un chien qui aboyait et effrayait Raoul. Car il faut dire que Raoul était craintif.

Farrah-Lajoie demande à l'abbé de lui détailler son occupation du temps en date du 6 janvier. La notation est longue et fastidieuse car le prêtre a un emploi du temps très chargé.

Avant de partir, Farrah-Lajoie avise l'abbé de ne faire aucune déclaration qui pourrait nuire à l'enquête. L'abbé paraît très contrarié.

— S'il est opportun de le faire, j'annoncerai par la voie des journaux que je donnerai une récompense de 10 000 dollars, et même de 25 000 dollars s'il le faut, à ceux qui livreront à la justice les assassins de mon frère. Beaucoup de mes amis me conseillent de le faire.

Le Syrien insiste : motus et bouche cousue.

Farrah-Lajoie remarque alors que l'abbé le toise avec des yeux mauvais.

À peine les détectives ont-ils franchi le seuil de la porte que l'abbé interpelle Desgroseillers et Pigeon. Il les invite à venir sans leur chef.

— Je n'aime pas la figure de cet homme, se plaint l'abbé.

— Pourquoi ? Lajoie est pourtant l'un de nos bons hommes, répliquent les deux limiers.

— J'ai pu lire dans ses yeux et j'ai vu deux choses : il ne doit pas faire de religion et il doit flirter avec les femmes.

Les deux policiers tournent les talons et s'empressent de communiquer cette étonnante déclaration à Farrah-Lajoie.

Une tache de sang et une casquette, celle de Raoul, sont signalées près de la côte Saint-Michel. Farrah-Lajoie et ses limiers se rendent aussitôt sur les lieux. Le détective remplit de glace et de neige un contenant qu'il ira porter au docteur Derome à des fins d'analyse.

★   ★   ★

Lorsque Derome ouvre la porte de son bureau, une rumeur sourde se répand tout autour. C'est aujourd'hui le 9 janvier; l'abbé comparaît.

La Cour du coroner est juste en dessous du laboratoire. Un policier ouvre la porte à Derome et à Pusie qui se glissent dans l'enceinte. La pièce est sobre et meublée modestement.

La Cour du coroner constitue la première étape d'une procédure criminelle dans le cas d'un homicide. Une mort suspecte oblige le coroner à interroger des témoins pour déterminer si la mort est d'origine criminelle ou non. Cette enquête publique se fait devant un jury, des experts et des spectateurs. Le jury estimera s'il y a assez de preuves à ce stade de l'enquête contre l'abbé pour le suspecter du meurtre de son frère. Si oui, l'enquête préliminaire présidée par un juge décidera, à l'examen des preuves qui lui sont présentées — elles seront beaucoup plus étoffées que lors de l'enquête du coroner —, si l'accusé doit subir un procès en bonne et due forme. Dans l'affirmative, le procès se tiendra à la Cour du banc du roi devant juge et jurés. À nouveau, des experts se présenteront pour éclairer la justice.

La sélection des jurés à la Cour du coroner ressemble à un film des Keystone Cops. Pour les recruter, le coroner demande aux policiers d'aller les cueillir au hasard dans différents commerces de la place d'Armes ou du Champ-de-Mars. En voyant les constables sourdre, certains clients se tirent par l'arrière-boutique sans demander leur reste.

Le coroner MacMahon interroge l'abbé Delorme. Celui que les journalistes, empreints de compassion, appellent le « dévoué pasteur » répond d'une voix assurée.

— Le défunt était mon demi-frère. C'est le jour des Rois, à deux heures ou deux heures quinze de l'après-midi, que je l'ai revu pour la dernière fois. Il m'a quitté, ainsi que ses sœurs, pour aller au théâtre Princess. Il devait revenir souper, puis retourner au théâtre Allan.

L'aumônier de l'Assistance publique déclare que son frère lui a téléphoné vers sept heures et qu'il semblait pressé.

— Adélard, me dit-il, ne sois pas inquiet. Je ne viens pas souper à la maison. Je reste avec un vieux « chum » d'Ottawa et un autre que je ne connaissais pas, mais qui semble très gentil. Je l'ai rencontré au Princess. Nous faisons bombance.

Le coroner MacMahon s'informe des moyens de subsistance de Raoul.

— Mon frère, répond l'abbé, touchait 10 dollars par mois. Cent vingt dollars par année d'une vingtaine de logements dont il était le propriétaire. À sa mort, mon père m'avait nommé tuteur et administrateur des biens de mon frère.

En apprenant les détails de la fortune de Raoul, qui s'élève à 125 000 dollars, Farrah-Lajoie, qui se trouve dans la salle, décide qu'il est temps d'aller mettre son nez dans le testament du jeune homme.

Le coroner fixe la reprise de l'enquête au 17 janvier, laissant le temps aux limiers d'accumuler des preuves.

★   ★   ★

Les trois limiers encerclent le bureau de leur chef, Adrien Lepage. Ils sont penchés sur leurs documents comme des élèves studieux. Ils s'échangent les feuilles à tour de rôle tout en prenant des notes. Le chef leur a remis une série de lettres anonymes qui tantôt les blâment pour leur attitude envers l'abbé, tantôt suggèrent des informations pouvant conduire aux assassins. Farrah-

Lajoie est cerné. Il a passé la nuit, sous une lumière tamisée, à réfléchir à la cause, à rechercher le mobile. Raoul valait 125 000 dollars. Une police d'assurance-vie le couvrait pour la somme de 25 000 dollars, une vraie petite fortune pour ses ayants droit. Mais l'abbé nie connaître le contenu de ce testament. Il affirme que celui-ci a été rédigé à Ottawa. Une source a permis à Farrah-Lajoie d'apprendre que le père de l'abbé a déshérité ce dernier à cause de ses écarts de conduite. De plus, lors de sa visite précédente, l'abbé s'est montré très intéressé par l'analyse sanguine. Il a noté dans son carnet la question et l'étonnante déduction de l'abbé.

— A-t-on terminé l'analyse de sang ?

— Non.

— J'ai bien hâte d'en connaître le résultat, car si l'on trouve que cette mare est du sang humain, Bibi sera « correct ».

Le téléphone sonne et Farrah-Lajoie s'extirpe de sa réflexion. Lepage répond. C'est l'abbé qui demande à parler au sergent Pigeon. Farrah-Lajoie voit bien que Delorme essaie de l'écarter afin d'amadouer son collègue.

— L'abbé veut nous voir de suite.

Les trois mousquetaires de la Sûreté se pressent d'aller au 190, rue Saint-Hubert.

En voyant les détectives, l'abbé les convie à passer dans son bureau. La dépouille de Raoul est exposée en chapelle ardente à l'étage, leur dit l'abbé, qui les invite à prendre place dans le bureau.

Il allonge une boîte de cigares en leur direction, mais tous refusent.

Une fois de plus l'homme d'Église s'informe des résultats de l'analyse de la mare de sang, mais Farrah-Lajoie n'a aucune réponse à lui donner.

— Je veux lui faire des funérailles somptueuses, dit l'abbé, et je crois que votre présence est nécessaire au cas où les meurtriers se glisseraient dans la foule.

Le détective l'assure de sa présence.

Le 11 janvier se tiennent les funérailles de Raoul. L'abbé chante la messe. Il a fait distribuer des cierges aux fidèles rassemblés en l'église Saint-Jacques, ce qui, ajouté au tonnerre des grandes orgues, crée un effet grandiose. Durant le *Pater*, l'abbé sanglote mais reprend aussitôt contenance. Dissimulés parmi la foule, les détectives Farrah-Lajoie, Pigeon et Desgroseillers assistent aux funérailles. L'assassin, se demande Farrah-Lajoie, rend-il les derniers rites à sa victime ? Cette pensée a de quoi donner le vertige. En apercevant les enquêteurs, le journaliste de *La Presse* peut déjà coiffer son article : « Les meurtriers de Raoul Delorme ont-ils poussé l'audace jusqu'à assister à ses funérailles ? »

Farrah-Lajoie se dit qu'il est temps d'aller à Ottawa jeter un coup d'œil au testament de Raoul.

★   ★   ★

Le curé n'a pas respecté la consigne du silence donnée par Farrah-Lajoie. La révélation du journal *La Presse*, à savoir qu'une arme a été retrouvée, met l'abbé sur la défensive. C'est avec consternation que les officiers judiciaires prennent note de la déclaration de l'abbé au journaliste de *La Patrie*, Fernand Roby. Delorme a exigé qu'on publie le texte de l'entrevue :

« L'AFFAIRE DELORME »

Négation solennelle et formelle qu'apporte M. l'abbé Delorme aux mensonges, calomnies et histoires que l'on colporte sur son compte.

Je demande aux journaux la permission de nier énergiquement les calomnies et les médisances que l'on se plaît à colporter sur mon compte.

Je nie être allé à l'Archevêché de Montréal pour obtenir l'appui des autorités diocésaines.

Je nie également m'être présenté auprès des chefs Bélanger et Lepage avec ces mêmes autorités diocésaines.

Je nie formellement avoir eu recours à l'argent pour acheter le
silence de celui-ci ou de celui-là.

Je nie de même toute entrevue avec avocats, juges, magistrats.

Enfin, j'accomplis à la lettre tous les devoirs de mon ministère.

À tous je demande :

Faites bien prier vos chers petits enfants, ne les scandalisez pas
par des calomnies et médisances.

Je vous en supplie : discutez entre vous, mais jamais devant eux.

Donnez-leur le bon exemple.

Pensez à leur vocation de demain.

Lors de la comparution suivante, le coroner MacMahon,
avec sa tête de capitaine au long cours, se montre peu intimidé
par le col romain. Il semonce l'abbé pour avoir entravé l'enquête
en offrant une récompense de 10 000 dollars pour la capture du
ou des meurtriers.

— Vous avez dérangé le plan que j'avais arrêté pour ce matin.
Je regrette grandement que vous ayez agi ainsi, sans consulter
d'abord les autorités, car il vaut mieux ne rien dire que parler
trop. Ce sont des faits que nous voulons, non des suppositions.

On craint une avalanche de fausses pistes, alors que des
détectives privés, alléchés par la récompense, se lancent sur les
traces des assassins. La déclaration dans les journaux met de
mauvaise humeur le vieux MacMahon, déjà grincheux de
nature, et le force à opter pour un plan de rechange : interroger
l'abbé sur les affirmations faites au journal *La Patrie*.

Le coroner le somme de dire si le revolver saisi à sa résidence
appartient à son père. Delorme répond par la négative :

— Celui légué par mon papa ne fonctionnait pas bien au
commencement de décembre dernier… On m'a alors conseillé
de faire l'acquisition d'un petit revolver plus pratique. C'est
M. Hayes… qui m'a donné les explications pour m'en servir.

Ce témoignage contredit la déclaration précédente de l'abbé
à savoir que c'est son père qui lui avait donné le revolver.

Delorme motive le port d'une arme par ses déplacements
aux États-Unis, car il lui arrive fréquemment de dormir dans sa
luxueuse décapotable de marque Franklin.

Le coroner MacMahon fait remarquer que des « bruits peu charitables » se répandent sur son compte, ce qui l'oblige à des allusions très directes. Il lui rappelle qu'il avait mal au poignet le jour où il est venu à la morgue pour identifier son frère. Delorme rétorque qu'il a glissé sur un trottoir. Questionné sur les chiffres publiés dans les journaux, l'abbé évalue la fortune de son frère, qu'il administre, à 185 000 dollars, et déclare bien tenir les livres.

Quant à ses allées et venues le soir du meurtre, Delorme s'en tient à sa version initiale : il n'est plus sorti après onze heures trente et ses sœurs peuvent le prouver. La tension commence à monter.

— Je suis peiné de voir que les rumeurs ont pris une telle tournure, déclare l'abbé, et j'espère qu'on mettra fin immédiatement à la chose.

Interrogé sur la police d'assurance-vie de 25 000 dollars qu'il a contractée pour son frère, l'abbé dit en avoir eu l'idée après avoir reçu une carte de souhaits de la compagnie La Sauvegarde.

En sortant de la salle d'audience, l'abbé aperçoit la horde de journalistes et se rue vers les carnets tendus : « Il nous faut les assassins ! Il faut une punition exemplaire et je propose l'aréna comme théâtre de l'exécution. Je veux venger le sang de mon frère, qu'importe le prix. Il faut arrêter les diaboliques rumeurs. Il faut faire taire les dénigreurs qui bavent l'injure sur tout le monde. Il s'en trouve parmi la haute société et la police des libres penseurs, des athées, des mangeurs de curés. »

Les juges et les experts de ce procès deviennent aussitôt la cible des bigots qui expédient des lettres de menaces. L'ombre des soutanes se profile partout.

Dans les rues de Montréal, les rumeurs circulent de plus en plus. Les paris sont ouverts : l'abbé a-t-il assassiné son frère ?

CHAPITRE 2

L'homme de science et l'homme d'Église

Dès le lendemain, dimanche 22 janvier, le pas lourd des enquêteurs fait vibrer les marches de l'escalier. Derome sort son rapport d'analyse.

— Sur les tissus, il s'agit bel et bien de taches de sang.

Les limiers se regardent avec satisfaction.

— Par contre, en ce qui a trait à la mare de sang retrouvée dans la neige, il s'agit d'urine de cheval.

Les limiers et Derome croient qu'on a cherché à brouiller les pistes. Farrah-Lajoie, qui n'ignore pas l'importance de la police scientifique, a un plan précis pour Derome.

— Docteur, accepteriez-vous de nous accompagner chez l'abbé ?

— Bien sûr. Quand ?

— Immédiatement.

Derome revoit mentalement son agenda.

— D'accord.

Ils partent immédiatement pour le 190, rue Saint-Hubert.

Pour le docteur, le septième jour n'est pas souvent consacré au repos.

Cette fois encore, le premier prix de chant ne pourra exercer son art à l'église Saint-Louis-de-France comme il lui arrive parfois. Tout comme l'abbé Adélard Delorme, le docteur Wilfrid Derome est un produit des Clercs de Saint-Viateur chez qui il a nourri sa passion pour le chant et les sciences. Alors que servir la communauté est l'idéal de l'abbé qui se dit innocent, ce vœu est aussi partagé par Wilfrid Derome, qu'on dit infatigable dans cette tâche, et surtout incorruptible. Si l'archétype du prêtre représente la figure morale par excellence, tous les magistrats et collègues de Wilfrid Derome admirent sa droiture. Servir la justice est son sacerdoce. Dans cette affaire à parfum de scandale, l'abbé se montre bavard, pontifiant et orgueilleux. De son côté, Derome déteste le bruit fait autour de lui et applique la devise : *N'avance rien que tu ne sois capable de prouver.*

Ce dimanche sera consacré à ratisser la maison de l'abbé, à la recherche d'indices.

Desgroseillers fait démarrer la voiture. Assis sur la banquette arrière, Derome se tourne vers Lajoie qui lui tend le paquet de Pall Mall.

— Vous fumez, docteur ?

— Non, merci.

Le limier porte la Pall Mall à ses lèvres, frotte une allumette de bois.

Le docteur a entendu parler du destin peu commun de ce limier à la forte personnalité. Ce catholique, né en Syrie, a étudié au collège de Jérusalem pour devenir Père Blanc mais sans jamais prononcer ses vœux. Il a été renié par sa famille pour avoir quitté cet ordre. Il a émigré à Montréal et il a épousé Marie-Anne Chartier, avec qui il élève sept enfants.

— Votre nom m'indique que vous avez des racines françaises et arabes.

— Quelques années après mon arrivée à Montréal, j'ai ajouté la traduction française du nom Farrah, qui signifie « la joie » en français.

— Ce qui fait Lajoie-Lajoie ! s'exclame Derome.

— Un nom paradoxal, vous êtes bien placé pour le savoir, quand on pratique un métier comme le mien.

— J'en conviens.

Derome a suivi les exploits de l'as détective de la ville de Montréal : lutte contre la pègre, fermeture des maisons de jeu. Mais son plus grand fait d'armes, connu de tous, a été de sauver la vie du délégué apostolique pendant le Congrès eucharistique de 1911. Sa culture — à l'instar de Pusie, il parle sept langues — plaît à Derome.

Farrah-Lajoie cogne trois coups secs avec le heurtoir. La porte s'ouvre. L'abbé, qui revient de dire sa messe à l'Assistance publique, porte sa soutane. Il dévisage le docteur, inquiet. Farrah-Lajoie voit bien que ce « nouveau personnage » rend nerveux l'abbé et n'est pas sans causer « une grande surprise ».

— Qui est ce monsieur ? s'enquiert l'abbé.

— C'est le docteur Derome. Il était à la morgue l'autre jour quand vous vous y êtes rendu pour identifier votre frère.

— Ah oui ! Cela me revient.

L'abbé les conduit à la cave.

Le garage empeste l'huile et la fumée de cigare. Lanterne électrique à la main, Derome se glisse dans la Franklin de l'abbé qu'il examine attentivement.

— Vous voyez bien, docteur, qu'il n'y a rien, répète l'abbé à Derome, qui garde le silence.

Ce n'est pas l'avis du docteur. Ses yeux se posent aussitôt sur des taches suspectes qu'éclaire le faisceau lumineux. Voyant le docteur s'attarder, Farrah-Lajoie s'approche. Derome se contente de lui faire un clin d'œil. Lajoie sourit. Le docteur a vu quelque chose, mais ce n'est pas le temps de révéler les preuves en présence de l'abbé. Il a appris à Paris qu'un bon limier fait sienne la formule de Lacassagne : « Ouvrir les yeux et fermer la bouche, observer avec soin, se renseigner complètement avant de livrer à quiconque des déductions qui risqueraient d'être trop hâtives. » Ce qu'il constate dans la voiture devrait incriminer davantage l'abbé. Il inventorie rapidement dans son carnet les pièces à conviction :

Nᵒ 3, oreiller, arrière d'auto une tache de savon desséchée analogue à celles du piqué sur la tête de Raoul.

3 taches de sang humain.

Nº 4, coussin avec figures	Maintes taches de sang lavées sur un seul côté et visibles sur la seconde enveloppe.
Nº 5, coussin en peluche	Quelques taches (4) marquées du chiffre 1 sur un côté.

Pendant que Derome fait son travail, l'abbé ne cesse de le suivre à la trace en lui lançant des messages pas très subtils : « Vous voyez bien, docteur, que vous ne pouvez rien contre moi. »

Le docteur aperçoit Farrah-Lajoie qui ramasse une corde sur une bûche, près de la porte du garage. Il remarque que cette corde est identique à celle qui liait les piqués sur la tête de Raoul. Les choses augurent mal pour le brouillon assassin.

Toujours avec l'abbé sur ses talons, le docteur s'approche de Farrah-Lajoie et lui murmure à l'oreille :

— Emportez la banquette arrière ainsi que les deux petits sièges avant.

Lajoie sourit. Il s'avance vers l'abbé et lui signale qu'il repartira avec les coussins. Sur le seuil de la porte, Delorme se montre ironique.

— Tous les jours vous emportez quelque chose. Finalement, ça va être mon tour.

Les experts en homicides se contentent de sourire, mais ils se doutent bien que ce sera bientôt le cas. Lajoie et Derome ont des preuves : l'abbé a refusé trois invitations le soir de la fête des Rois ; les claques de Raoul ont été retrouvées dans la maison de son frère ; un voisin a entendu le bruit d'un moteur d'automobile dans le garage de l'abbé vers onze heures le soir. Le voyage de Farrah-Lajoie à Ottawa lui a permis d'apprendre que l'abbé a eu la main longue sur le testament. De plus, le Bayard a été acheté chez l'armurier Hayes en décembre. Enfin, l'abbé a une blessure suspecte à un poignet.

★   ★   ★

Derome se rend à la Maison Hayes, rue de l'Hôtel-de-Ville. Il veut procéder le plus rapidement à l'expertise balistique. Farrah-Lajoie a déjà remis à l'armurier le Bayard calibre 25 de l'abbé.

Une clochette sonne alors qu'il ouvre la porte. Derrière le comptoir vitré farci de revolvers et de pistolets, Hayes va au devant du docteur. L'armurier porte de petites lunettes rondes et une frange sur le côté.

— Bonjour, docteur Derome. Heureux de vous rencontrer !

— Bonjour, monsieur Hayes.

Dans de grandes armoires s'allongent les fusils de chasse et les armes automatiques.

Hayes lui confirme que, le 27 décembre, l'abbé a fait l'échange d'un pistolet Iver-Johnson contre le Bayard.

— Monsieur Lajoie a dû vous dire que l'arme de l'abbé a été huilée exagérément depuis son achat.

— On a voulu faire disparaître les traces de poudre.

— Vous avez recueilli combien de balles, docteur ?

— Deux.

La cloche retentit. Le grand Farrah-Lajoie et le gros Pigeon passent la porte du commerce.

Après quelques échanges de politesse, le test balistique peut commencer.

— Je vous invite à passer dans la chambre de tir.

Pour leur expérience, Derome et Hayes se servent d'une planche de pin jaune de deux centimètres. Cette cible en bois mou permettra de recueillir la balle sans la déformer.

Derome demande à Hayes d'utiliser un Bayard neuf de la même série que l'arme suspecte.

Les trois hommes descendent dans la cave où se trouve le couloir de tir.

Hayes approvisionne le chargeur du Bayard acheté par l'abbé.

— Ce sont les balles que je lui ai vendues : des Winchester. Deux boîtes de vingt-cinq.

L'armurier allonge le bras en direction de la cible. Derome, Pigeon et Farrah-Lajoie bouchent leurs oreilles.

Hayes appuie sur la gâchette. La détonation est assourdissante. Avec une pince, Derome retire aussitôt le projectile. Il est parfaitement intact.

— Tirez maintenant avec le Bayard neuf, monsieur Hayes.

L'odeur de poudre se répand dans l'air. Derome retire la balle, la ramasse comme pièce à conviction et la dépose dans une petite enveloppe.

Afin de contrer la défense, Lajoie et Derome demandent à Hayes de tirer avec deux revolvers de calibre 25 fabriqués par différentes compagnies.

Derome retourne au laboratoire de la rue Craig avec les précieuses enveloppes. Assis derrière sa table d'examen, il tient entre le pouce et l'index de chaque main un projectile. Son œil aguerri constate vite la parenté entre la balle meurtrière et celle tirée chez Hayes avec le revolver de l'abbé. Mais ce n'est pas suffisant. Il faut établir une preuve scientifique, visible pour les non-initiés.

Il peut enfin commencer l'examen comparatif des projectiles. Il les dépose dans le porte-balles double. Penché derrière la lunette du micromètre Zeiss, le docteur mesure à un centième de millimètre près les rayures caractéristiques laissées sur les balles des deux Bayard utilisés. Si nécessaire, il déterminera l'inclinaison des rayures un peu plus tard.

Les rayures dans le canon, qui confèrent à la balle son mouvement rotatif et maintiennent sa trajectoire, sont identiques sur toutes les balles tirées avec un Bayard.

Il nettoie chacune des balles avec une dilution d'acide chlorhydrique et de l'eau. Sur les deux balles meurtrières, il y a encore du sang. Il en lave une et gardera l'autre comme preuve. Il laisse sécher chacun des projectiles. Avec une loupe à double foyer et ensuite avec le microscope binoculaire, il repère les similitudes. Bien sûr, on voit quelques stries différentes : ces déformations accidentelles sont causées par la variété des surfaces de contact. Même un morceau de tissu imprime ses caractéristiques sur un projectile. Il y en a toujours et elles ne comptent pas, sauf pour les avocats de la défense… Mais il se réjouit en apercevant une longue strie longitudinale qui se reproduit sur toutes les balles tirées avec l'arme de l'abbé. Il repère également d'autres marques identiques qu'il note avant d'aller au laboratoire photo.

Il enduit le bout de chacune des balles de comparaison d'une pâte collante et les dépose sur les trois cylindres du porte-balles sur pied. L'appareil tourne sur lui-même pour que chaque face du projectile soit photographiée précisément. Il allume la lampe à éclairage latéral de l'appareil microphotographique de Zeiss. Il ajuste l'éclairage. Un grossissement de six diamètres devrait suffire à rendre visibles pour le jury les marques et, surtout, cette fameuse strie longitudinale. Il s'installe derrière le grand appareil et photographie sur verre chacune des balles. Il tourne la vis micrométrique afin de photographier les autres faces.

Quelques heures plus tard, il place ses microphotographies devant lui. Elles sont parfaites. Chaque photo montre trois balles : la meurtrière, la balle de comparaison tirée avec le Bayard de l'abbé et celle provenant du Bayard neuf. Il prend une règle et une plume à l'encre rouge et indique la présence de la strie et d'autres marques particulières. À partir du sommet de la marque, il trace des lignes très fines qui vont de bas en haut pour établir son champ comparatif. Il répète la fastidieuse opération sur les autres photos. Il y en a une bonne dizaine.

À l'extérieur, le jour s'est fondu au noir sans qu'il s'en aperçoive. Le vrombissement des camions dans la rue Craig perce les murs. Derome consulte sa montre. Il ne lui reste plus qu'à peser chaque projectile et à en déterminer l'alliage.

★   ★   ★

En sortant de son bureau, Derome plonge son regard dans la cage d'escalier. C'est la cohue en dessous. Une foule se presse à la Cour du coroner MacMahon. L'escalier est complètement bloqué par les curieux. Derome a peine à circuler. Les agents font le tri, évinçant les intrus et même d'autres policiers intéressés par l'affaire.

— Je vous en prie, dit Derome en jouant du coude.

— Laissez passer le docteur Derome !

Un policier aide Derome à se frayer un chemin jusqu'à la cour. Seuls les avocats et les journalistes y auront accès. Le coroner MacMahon demande que les témoins attendent à la porte et soient appelés un à un. L'affaire suscite une curiosité sans pareille, les journaux d'ici rapportent tout dans les moindres détails, ce qui fait tourner les presses au grand plaisir des Berthiaume et autres magnats de l'imprimerie.

Le coroner MacMahon entend travailler en paix.

— Je demanderais qu'on verrouille la porte à clé, dit-il en s'installant à sa table sur la tribune.

Appelé par le coroner, le longiligne Farrah-Lajoie se lève. Il doit présenter le fruit des perquisitions, que Derome aura à commenter. Un silence monastique descend sur la salle d'audience. Le regard de l'abbé Delorme ne quitte pas le limier.

— Je produis, affirme Lajoie d'un ton solennel, un revolver Bayard automatique avec magasin chargé de six balles, de plus une boîte contenant vingt-deux cartouches, trouvés dans l'automobile de l'abbé Delorme, au 190, rue Saint-Hubert.

Il montre ensuite aux jurés les piqués et les deux paires de claques de la victime retrouvés chez l'abbé, un revolver Johnson que lui a remis l'armurier Hayes, le casque ensanglanté de Raoul Delorme, un coussin maculé de sang saisi dans la voiture du prêtre et les plumes prélevées sur le piqué qui, après que Derome les eut analysées, s'avèrent identiques à celles qu'on a récupérées dans la voiture du prêtre.

Le docteur Derome est appelé à son tour.

Puisque la balistique représente un champ d'étude récent en criminologie, Derome doit établir devant le jury la pertinence de sa preuve en faisant apparaître au grand jour ce qui est invisible à l'œil nu. Il s'agit de prouver à des jurés, qui ne connaissent rien à la balistique, que les balles meurtrières proviennent du Bayard de l'abbé Delorme.

— Lors de tests comparatifs, explique Derome aux jurés, on a demandé à Hayes, l'armurier, de tirer d'abord deux balles avec le Bayard de l'abbé. Puis, il a pris un Bayard neuf du même calibre et tiré des balles à titre comparatif.

Les projectiles se révèlent en tout point identiques par leurs rayures et leurs stries. La stupéfaction est totale lorsque les accusateurs font la preuve que les balles meurtrières proviennent bien du pistolet Bayard.

Dans son témoignage, l'armurier Hayes démontre que le Bayard de l'abbé est trop huilé, ce qui signifie que l'arme a été utilisée depuis son achat et qu'on a cherché à faire disparaître les dépôts de poudre.

Puis, M. Théophile Marot, actuaire de la compagnie d'assurances, renforce la thèse relative au mobile du crime : la cupidité.

— Le 24 décembre, vers dix heures trente, l'abbé Delorme a téléphoné et demandé si c'était le temps de venir au bureau. Vers onze heures, le même jour, il est arrivé avec son frère Raoul.

« Intéressantes révélations », titre *La Presse* à la suite de ces témoignages. Cette démonstration produit un grand effet, rapporte le journaliste : « Les déclarations qui ont le plus bouleversé les auditeurs comportent les faits suivants : concordance des balles trouvées dans le corps de la victime avec le pistolet de l'abbé Delorme ; taches de sang découvertes sur les coussins. »

Le coroner MacMahon ajourne l'enquête *sine die*.

★   ★   ★

À la reprise de l'enquête du coroner, huit jours plus tard, le procureur du ministère public, Me Walsh, amène l'abbé Delorme à se parjurer à plusieurs reprises. Le mobile du crime apparaît clairement : l'abbé voulait faire main basse sur le testament de son frère Raoul.

— Je n'ai pas eu connaissance du testament, affirme le prêtre.

— Vous n'en avez pas eu connaissance ?

— Vous me demandez si j'ai vu le testament. Je ne l'ai pas lu.

— Vous l'avez eu ?

— Oui.

Outre ces contradictions flagrantes, Delorme affirme que ce

testament a été écrit par Raoul la veille d'une opération pour l'appendicite, en février 1921. Craignant de mourir, il aurait rédigé lui-même le manuscrit. L'abbé aurait avisé son frère qu'il serait sage que le document soit contresigné par deux témoins, soit le recteur et la garde-malade. Alors qu'il prétend ne pas avoir pris connaissance du document, Delorme dit à Me Walsh : « On a fait venir ces deux personnes, qui ont signé après la lecture du testament. »

Walsh revient à la charge et lui demande s'il connaît la teneur du testament. Delorme affirme que non, ce qui est une fois de plus contradictoire.

Le témoignage de l'évêque d'Haileybury vient alors infirmer la version de Delorme. Mgr Rhéaume affirme avoir vu le prêtre et son frère en train de rédiger le testament et d'en discuter les dispositions. Il a apposé sa signature sur le document qui désigne l'abbé Delorme comme le bénéficiaire des biens de son frère.

Lors d'un précédent témoignage, Adélard Delorme a affirmé tenir sa comptabilité de façon exemplaire. Ce n'est pas l'avis de M. Willie Marien, expert-comptable, après examen des livres. Il déclare que ceux-ci sont mal tenus. L'abbé vit au-dessus de ses moyens, tout en ayant contracté une dette de 9 000 dollars cautionnés par les biens de Raoul. Le comptable explique cette déroute financière par le train de vie fastueux de l'abbé. Parcourir les États-Unis dans sa luxueuse décapotable coûte cher.

Farrah-Lajoie et Derome soumettent leurs éléments de preuve au coroner MacMahon, mais ce dernier les juge encore trop minces pour procéder à l'arrestation de l'abbé. Déçus, ils reprennent leur enquête. Mais ils ont aussi des raisons d'espérer, comme le note Farrah-Lajoie : « La cause devient de plus en plus passionnante, le public et les journaux s'impatientent de ce que l'affaire traîne plus que de raison. » Les pressions exercées sur le procureur général par l'opinion publique ne tardent pas à conférer une dynamique nouvelle à l'affaire.

Le mardi 7 février, le coroner, les chefs de police et Farrah-Lajoie sont convoqués par le premier ministre Taschereau, qui veut s'assurer de la solidité de la preuve avant de livrer un prêtre à la justice. Les circonstances sont extraordinaires. Il s'agit d'un meurtre au premier degré et la preuve accumulée par Derome et Farrah-Lajoie s'avère si accablante que l'abbé risque la peine capitale. Le gouvernement marche sur des œufs. Il veut discuter avec les principaux acteurs de la cause. Comment réagira la société québécoise quand on lui présentera l'impossible : un prêtre soupçonné de fratricide ? Est-ce possible que le bon prêtre infaillible dans ses jugements ait failli au cinquième commandement de Dieu ?

On peut imaginer la scène d'un prêtre en soutane qui monte à l'échafaud en se prenant pour le Christ, auquel Delorme ne cesse de se comparer. La délégation quitte la gare Viger à cinq heures et se refuse à tout commentaire.

Au même moment, Derome est reçu par Charles Lanctôt, l'assistant du procureur général, qui veut en savoir plus sur les soupçons et les éléments de preuve accumulés. Les inventions du siècle qui dérangent tant l'Église serviront-elles à incriminer un membre du clergé ? Au sortir de la rencontre, les journalistes se ruent vers le docteur, qui se borne à dire, laconique : « Je n'ai rien à confier au sujet de l'affaire Delorme », avant de s'éclipser en coup de vent.

Le cabinet provincial a siégé la veille jusqu'à une heure très tardive. L'affaire est grave et scandaleuse.

Jamais dans les annales judiciaires canadiennes une affaire n'a suscité autant d'intérêt. Alors que, le 13 février, les journaux parlent toujours de plusieurs meurtriers, le lendemain, on annonce qu'une arrestation est imminente.

$\star \quad \star \quad \star$

L'abbé ouvre la porte. Il est visiblement nerveux. Le journaliste de *La Presse,* carnet tendu, lui annonce qu'on s'apprête à l'arrêter.

— Mais tu deviens fou, crie l'abbé ; ne sais-tu pas que ceci est une soutane ? Bibi est protégé. D'ailleurs *(faisant le geste de tirer du revolver)*, qu'ils viennent donc m'arrêter ! J'en avais un dans la machine, mais j'en ai un autre ici. Et puis, si les détectives de la Sûreté ont travaillé contre moi, j'avais pour ma part quatre agents privés qui faisaient du bel ouvrage pour moi.

Devant le scribe, l'abbé téléphone à un boucher de Rosemont, qui confirme que l'escouade des gros bras est prête à tenir un saint siège.

Le journaliste s'empresse de rapporter les propos belliqueux de l'abbé au chef Adrien Lepage, de la Sûreté de Montréal.

Informé de ces déclarations, le chef Lepage ne prend aucun risque. Il craint que l'abbé ne mette sa menace à exécution. Pour éviter une nouvelle tragédie, il élabore un plan. Le chef, en vieux renard, téléphone au prêtre. Il l'invite à son bureau pour lui faire part de nouvelles informations qui pourraient l'intéresser. L'abbé se jette aussitôt dans le piège. Vers midi, Delorme, vêtu d'un casque de vison et d'un manteau de fourrure, se présente au quartier général de la Sûreté. Lepage le convainc, pour sa sécurité personnelle, de rester à la centrale en attendant le verdict.

Le jury de la Cour du coroner considère qu'il est prêt à rendre son verdict. En ce jour de la Saint-Valentin, le glas sonne-t-il pour l'abbé Delorme ? Six jurés, à l'exception d'un dissident, concluent après cinquante-six minutes de délibération que les preuves sont suffisantes : « Nous, les jurés soussignés, après avoir entendu la preuve faite devant nous, déclarons que Raoul Delorme est mort à Montréal dans des circonstances qui nous permettent d'envoyer l'abbé Adélard Delorme devant les tribunaux criminels. Clovis Giroux, juré, étant dissident. »

L'abbé ne manifeste aucune émotion en écoutant le verdict. Mais pendant que les jurés signent le verdict, il esquisse un sourire arrogant.

— Quel est le nom du dissident ? demande-t-il au représentant de *La Presse*.

— Clovis Giroux.

En sortant, l'abbé envoie la main aux journalistes, aux policiers et aux spectateurs.

Il est formellement mis sous arrêt et clame devant la presse :
« Je suis content d'être arrêté ; ceci permettra d'éclaircir le mystère. »

Les agents font monter Delorme dans la Ford et le conduisent à la prison de Bordeaux.

★   ★   ★

L'enquête préliminaire, qui se déroule à la Cour de police et
est présidée par le juge Cusson, commence ses audiences le
14 mars au palais de justice. L'abbé, de bonne humeur et toujours aussi rubicond, ne porte plus sa soutane mais a conservé
son col romain. Le juge Cusson, à l'examen de la preuve, devra
établir si l'abbé doit subir un procès pour meurtre.

Le docteur Derome, Pusie et Farrah-Lajoie sont appelés à
témoigner.

Durant ces témoignages, l'abbé, assis derrière une balustrade
au fond de la salle, croque des menthes, rit seul de ses propres
réflexions, dévisage le détective Pigeon. Le rusé Maître Gustave
Monette, qui demande l'ajournement, affirme que son client
n'est pas apte à subir un procès.

— Ses excentricités de conduite et de langage, connues de
tout le public, justifieraient notre demande, affirme-t-il.

Le docteur Derome est appelé à la barre des témoins pour
expliquer les causes de la mort de Raoul Delorme et décrire ses
blessures.

— Il y avait huit orifices, dont sept étaient situés sur le côté
droit, et tous dans la figure et le cou, aucun plus bas. Trois de ces
blessures indiquaient que le coup avait été tiré de près, de très
près, parce qu'il y avait des marques de poudre. Ces balles ont
pénétré à l'intérieur et, malheureusement, nous n'avons pu les
retrouver toutes. Il est même certain qu'il y a des balles qui sont
passées outre, qui sont entrées et sorties.

— Combien d'orifices de sortie y avait-il ? demande Me Monette, l'avocat de la défense.

— Je ne puis vous dire.

— En avez-vous remarqué plus d'un ?

— Nous ne pouvons pas déterminer toujours les orifices de sortie, parce que la balle ne laisse pas d'empreinte, de tache, de stigmate à l'orifice de sortie. Comme je l'ai expliqué, avec une sonde nous pouvons aller de l'orifice d'entrée à l'orifice de sortie, et, alors, la balle est nécessairement passée par là.

Ensuite, c'est au tour de Farrah-Lajoie de présenter l'arme du crime, soit le Bayard découvert dans la voiture de l'abbé, ainsi que le revolver Johnson. Il produit les plumes de volaille recueillies dans la voiture et celles qui se trouvaient aussi sur le piqué. Le grand siège taché de sang de la Franklin est aussi déposé comme pièce à conviction.

— Montrez-nous ces taches-là, demande l'avocat de l'accusé.

— Ces taches sont ici, dans le bas du siège. De plus, il y a une tache de graisse séchée. Cette substance grasse est analogue à la substance trouvée sur le piqué produit comme exhibit numéro un. C'est le docteur Derome qui a constaté le premier les taches, fait remarquer Farrah-Lajoie.

— Le docteur Derome, qui a fait ces constatations, puisque vous le dites, dans le garage, vous les a-t-il indiquées dans le garage ?

— Par un clin d'œil, oui.

C'est au tour du chef de la Sûreté provinciale, Dieudonné Lorrain, de créer une sensation en annonçant à la cour qu'il a reçu par la poste la montre que portait Raoul et qui lui avait été arrachée. Sur un carton de cigarette Pall Mall, un court message a été inscrit : « Montre de A. Delorme. » Lorrain a remis au docteur Derome l'enveloppe et le message pour une analyse graphologique.

★   ★   ★

Cet affreux mannequin à proximité du docteur glace le sang des spectateurs rassemblés au palais de justice. Pendant qu'il prête serment, tous les yeux sont tournés vers le morbide épouvantail.

Me Walsh, procureur de la Couronne, invite le docteur à livrer les « conclusions de son ouvrage » alors que se poursuit l'enquête préliminaire.

Derome se tourne vers le mannequin vêtu du paletot noir de la victime et de son complet marron ensanglanté et criblé de balles. Cette démonstration a pour but de bien préciser la trajectoire des balles.

Baguette à la main, le professeur d'université signale au jury des faits troublants.

— Tous les exhibits qui ont été mentionnés par le détective Lajoie ont passé par mon laboratoire. Je les ai examinés. Il y a d'abord les habits qu'a portés la victime. Je voudrais mentionner en outre qu'ils portent du sang, ils indiquent aussi la direction des balles jusqu'à un certain point. Ces habits sont ici. On voit la marque sur le faux col. Sur le collet, une tache avec un trou causé par une balle. On remarque aussi que l'habit, du côté gauche, a été traversé par une balle, il semble bien qu'il a été traversé de haut en bas, à cause de l'effraction extérieure. Ce qu'il est important de remarquer, c'est que ce paletot n'a pas été traversé, ce qui indiquerait que Raoul Delorme ne le portait pas au moment où il a reçu les balles.

On entend alors un murmure dans la salle. L'imagination se met en branle, échafaude des scénarios.

Le juge demande au docteur de poursuivre, alors que s'éteint la rumeur.

— Maintenant, j'ai examiné les oreillers, l'oreiller arrière de l'automobile qui est ici. J'ai trouvé deux choses dessus : du sang humain et une tache de savon, cette tache de savon qu'on peut voir à l'œil nu est analogue aux taches qui existaient sur les piqués qui recouvraient la tête de la victime. Il y en avait une grande située en avant du siège, on peut la voir à l'œil nu. Maintenant, sur les coussins : un coussin à motifs porte plusieurs taches de sang qui ont été lavées. Je dis « lavées » parce qu'il y en a autant sur le second double, sur la seconde enveloppe, qu'il y en a sur la première. Le sang, lorsqu'on le met au contact de l'eau, se dissout évidemment et, en se dissolvant, passe et pénètre, s'imbibe dans les tissus plus profonds.

De toute évidence, il appert qu'on a cherché à dissimuler les taches de sang en les lavant, un cas classique.

Par la suite, Derome livre l'analyse des tissus des piqués en les comparant à ceux retrouvés dans la chambre des sœurs de l'abbé. Encore une fois, les échantillons tendent à démontrer une origine commune hors de tout doute raisonnable.

— Je ne dis pas seulement qu'il y a analogie, mais je dis qu'ils sont identiques au piqué trouvé sur la tête de la victime.

Me Walsh lui intime d'expliquer pourquoi.

— Ils sont identiques, d'abord, dans la fabrication, au point de vue du fil. La finition, le rebord, est absolument la même. Maintenant, il y a plus si l'on constate le nombre de fils au pouce carré, tel que l'on fait dans les manufactures pour identifier les tissus. La profondeur qui est en flanellette rayée rose et blanc comporte dans la ligne 50 fils au pouce carré et dans la trame 56 fils au pouce carré. L'enveloppe en coton blanc comporte 52 fils au pouce carré, tandis que la trame comporte 50 fils au pouce carré. Enfin, il y a la bourrure qui est en flanellette blanche du pays. Le tissu semblerait comporter 22 fils au pouce carré pour la chaîne et 22 fils au pouce carré pour la trame.

— Dans tous les exhibits ?

— C'est-à-dire dans les deux piqués, il y a donc identité absolue dans ces exhibits.

Après cette méticuleuse expertise sur les tissus, Derome s'avance sur un terrain nouveau et plus glissant, la graphologie. Wilfrid Derome a examiné l'écriture manuscrite sur le colis expédié au chef Lorrain. Dans son laboratoire, le docteur a comparé les lettres inscrites sur le mystérieux envoi à la lettre manuscrite remise par l'abbé au journal *La Patrie* lors de l'enquête du coroner. Lorrain dit au juge qu'il a « remis l'enveloppe au docteur et la montre enveloppée dans *La Presse* du 28 janvier ».

Derome s'avance à nouveau pour exposer son expertise.

— Il s'agit de savoir si cette écriture pouvait appartenir à l'accusé, si l'accusé pouvait être le scripteur. J'ai dû me procurer une lettre autographe de l'abbé qui est la suivante, laquelle m'a été remise par le chef Lorrain.

Après avoir agrandi et photographié le papier qui recouvre la boîte, Derome « compare, étudie, constate au point de vue de la forme qu'il y a une similitude dans la majorité des lettres ».

Me Walsh veut savoir si ces deux écritures proviennent de la même main, mais Me Monette l'interrompt :

— Je m'oppose à la question telle que posée, à moins que le témoin dise qu'il a vu écrire les deux documents ; autrement, ça ne serait qu'une question d'opinion.

Derome répond :

— Ces deux pièces sont de la même personne, du même scripteur.

Il étaye alors son affirmation pendant que le juge Cusson et Me Monette examinent les agrandissements des pièces à conviction. L'abbé n'a même pas pris la peine de déguiser son écriture et c'est ce que Derome veut démontrer, même si certaines lettres diffèrent légèrement d'une pièce à l'autre.

Par son témoignage, le docteur Derome donne une bonne idée de la complexité de ce genre d'analyse et de la précision qu'elle requiert. Il explique que la graphologie est une science qui « s'intéresse à l'écriture naturelle et non à l'écriture déguisée. L'examen des écritures repose en effet sur l'étude des phénomènes graphiques soumis à des lois générales qui se sont imposées au cours des siècles ». Derome présente une analyse basée sur les mensurations des lettres, s'appuyant en partie sur la méthode d'Edmond Locard, éminent chercheur de la police scientifique. L'exercice est risqué, complexe, mais Derome, perfectionniste dans tout ce qu'il entreprend, s'est bien préparé.

Il a devant lui deux agrandissements photographiques qui lui serviront à établir une correspondance.

— Si on compare la majorité des lettres semblables dans les deux écrits, on arrive à une certaine conclusion, non pas une conclusion absolue. J'ai donc fait l'analyse de la forme des lettres pour en arriver à l'opinion que j'ai émise tout à l'heure. J'ai mesuré toutes les lettres minuscules, non seulement toutes les lettres minuscules, non seulement toutes les lettres, mais toutes les parties de lettres, ce que nous appelons abscisses, les jambages des lettres, les parties de lettres dans le texte et toutes les lettres semblables à un millième de millimètre près. Je suis arrivé à la conclusion, et c'est en me fondant sur ce point que j'ai émis mon opinion tout à l'heure, que les deux écrits sont de la même grosseur comme volume général de l'écriture et, en plus, que la hauteur proportionnelle des lettres est la même dans les deux écritures. Pour mieux faire comprendre, j'ai construit un graphique, ce que nous faisons dans les cas analogues.

Derome montre alors le tableau au juge pour qu'il y voie plus clair.

— Si je compare la lettre M avec les lettres E ou C, je vois que dans un texte, en le comparant avec l'autre, la hauteur du M par rapport au E ou au C est la même, et j'ai pris chacune des lettres que j'avais à ma disposition ; si j'avais pu, je l'aurais fait pour un plus grand nombre de lettres. J'arrive toujours à la même mesure, la relativité d'une lettre par rapport à l'autre dans un texte et dans l'autre est la même. Or, si l'on peut grossir, si on peut modifier le graphisme, écrire de gauche à droite ou former une lettre d'une autre façon, plus ou moins penchée, c'est-à-dire modifier la forme de son écriture, ce qu'on ne peut pas faire, c'est changer la relativité d'une lettre par rapport à l'autre.

La Couronne demande alors au docteur si le message apparaissant sur cette boîte ne serait pas davantage une écriture déguisée.

— Pas du tout, répond Derome. C'est écrit autrement. Évidemment, le graphisme n'est pas le même, les penchés, enfin la forme est peut-être un peu plus droite. Ceci peut dépendre de la position de celui qui écrit : si on écrit sur un petit objet, la main appuyée sur une boîte comme celle-ci, il faut comprendre que la position est moins bonne que quand on est à son bureau et que l'on écrit un document comme celui-ci.

Me Monette, dans son contre-interrogatoire, tente alors de discréditer l'expertise du docteur.

— Vous avez témoigné combien de fois en Cour supérieure pour des expertises en écriture ?

— Aucune fois, monsieur.

— C'est votre première expérience ?

— Oui.

Me Walsh lui demande alors s'il a écrit à ce sujet.

— Non, pas là-dessus. J'ai fait l'étude d'écritures relativement à l'état mental des personnes.

La graphologie, sujette à bien des interprétations, n'offre pas les mêmes certitudes qu'une empreinte digitale ou une analyse toxicologique. Me Monette revient donc à la charge avec l'intention de miner le témoignage de Wilfrid Derome. L'avocat contredit Derome quant à la physionomie et à l'élancement du D.

— Prenons les D sur le texte incriminé. Il y en a deux, n'est-ce pas ? s'enquiert Me Monette.

— Oui.

— Ils paraissent de la même physionomie ?

— Oui.

— Vous prenez le D majuscule sur le texte authentique, ce n'est pas le même visage.

— Il y a quelque chose.

Cette réponse évasive impatiente Me Monette.

— Vous trouvez qu'il n'y a que « quelque chose », docteur ?

— Je réponds simplement. Moi, mon habitude n'est pas de faire des D semblables. Il peut y avoir une foule de personnes qui peuvent faire des D comme cela. Mais on voit que la terminaison de la lettre est faite à peu près de la même façon.

— Sur le document authentique, le D est relié à la lettre E. Sur les autres, il n'y a pas de liaison du tout, constate l'avocat.

— C'est vrai. Seulement, si je remarque, il n'est pas lié ici, tandis qu'il est lié là.

Un long débat s'ensuit, où chacun demeure sur ses positions.

Après cette autre journée folle, Derome s'extirpe avec peine de la salle d'audience. Il descend le grand escalier. L'air frais du vieux palais de justice lui fait du bien.

Quelques heures plus tard, le docteur prend connaissance du compte rendu de ses propos publié dans *La Presse*. Le journal titre à la une : « UN MANNEQUIN VÊTU DES HABITS ENSANGLANTÉS DE LA VICTIME EST PRODUIT ».

— Sensations assurées, ironise-t-il pour lui-même.

Il est écrit en sous-titre à la une : « Le docteur Derome fait rapport sur les taches de sang et les accessoires de l'auto. — Descriptions précises ». Derome « donne au sujet de ces derniers exhibits des chiffres précis quant à la chaîne du drame ». Le journaliste de *La Presse* parle « de sensations aussi inattendues qu'extraordinaires » au moment de la présentation de ces pièces à conviction.

Le lendemain, le combat des lettres se poursuit de plus belle. Le P de « Province », qui présente des différences comme le D de la veille, suscite bien des interrogations. Puisque Derome n'a pas tenu compte des lettres élevées mais surtout des lettres plus petites dans son graphique, Me Monette tente de le disqualifier à nouveau, mais l'expert réplique que les différences de hauteur ne sont pas assez marquées pour infirmer sa démonstration.

— Nous ne considérons pas comme étant très marquée une différence de dix ou quinze millièmes de millimètre.

Derome demeure ainsi intraitable sur l'identité du scripteur : l'abbé Delorme. Me Monette change soudainement de sujet et lui demande avec quel procédé d'analyse il détermine la présence de sang humain sur les pièces à conviction.

— Dans ce cas-ci, j'ai employé la cristallographie, c'est-à-dire que nous produisons avec le sang des taches des cristaux particuliers, que nous examinons au microscope et qui sont typiques de la présence du sang.

— Du sang humain ou du sang seulement ?

— Du sang seulement.

Le docteur explique ensuite le procédé grâce auquel on détermine la présence spécifique de sang humain. Il s'agit, comme l'expose le savant, de la réaction d'Uhlenhut, du nom de l'inventeur de ce procédé scientifique qui engendre une conviction absolue, fait-il remarquer. Lorsque Me Monette lui demande si « le vulgaire peut le voir », il répond :

— Absolument, c'est visible à nos sens, à l'œil nu.

Même vous, vous pourriez le voir, a-t-il envie de lui répondre pour lui clouer le bec, mais il tient au décorum. Il déteste ce genre d'avocat emberlificoteur.

★   ★   ★

L'enquête préliminaire donne raison aux jurés de la Cour du coroner : « L'abbé Delorme devra subir un procès au sujet du meurtre de son demi-frère », titrent les journaux.

Mais ses avocats affirment une fois de plus que l'abbé est inapte mentalement à subir un procès et à se défendre.

La Presse annonce à la une que « L'accusé n'est pas en état de comprendre de lui-même, ni en état d'aviser ses deux défenseurs ». Me Monette, qui réclame un examen médical, affirme : « Nous ne pouvons discuter avec lui des détails de sa cause. »

Aujourd'hui, 1er juin, l'ouverture des assises revêt comme à chaque fois un caractère solennel. Le drapeau royal flotte au-dessus du palais de justice, rue Notre-Dame. Les officiers du palais ont revêtu leurs uniformes de fonction. D'une voix forte, le greffier Ladouceur annonce les causes qui seront entendues dans les prochaines semaines. Mais l'une d'elles titille davantage l'esprit du juge Dominique Monet. À la mention de la cause d'Adélard Delorme, il interrompt le greffier pour s'adresser aux grands jurés qui viennent d'être assermentés : « Je voudrais attirer votre attention sur la cause Delorme. Pardonnez-moi de dire "Delorme", car ce n'est plus l'abbé Delorme dont il s'agit, mais de Delorme tout court ; les autorités religieuses l'ont dépouillé du caractère de son sacerdoce en le dépouillant de sa soutane. Je sais que la plupart d'entre vous êtes de bons catholiques, mais vous n'avez pas le droit de penser un seul instant à son ancienne soutane. Vous devez agir envers un simple laïc et comme s'il n'avait jamais été abbé. »

Ces instructions particulières de Monet données au jury ne sont pas sans causer une commotion chez les auditeurs. Il faut dire que cet ex-ministre des Travaux publics et de la Colonisation ne fait pas dans la langue de bois.

Le lendemain, l'abbé se présente en compagnie de Napoléon Séguin, le gouverneur de la prison, pour répondre au chef d'accusation qui pèse contre lui. De la galerie du public, les spectateurs observent l'abbé qui fume la pipe et discute avec Séguin. Il ne porte plus sa soutane ni son col romain. Il semble en bonne forme, marche d'un bon pas vers l'espace réservé à l'accusé. Déjà des rumeurs circulent selon lesquelles la défense va se prévaloir de l'article 967 du code criminel, soit le plaidoyer de folie. Vers trois heures, l'abbé Delorme est appelé par le greffier. Les regards braqués sur lui l'indisposent visiblement. L'abbé prend place entre les deux policiers. Le juge Monet lance la question habituelle :

— Adélard Delorme, vous êtes accusé du meurtre de votre demi-frère Raoul. Plaidez-vous coupable ou non coupable ?

L'abbé ne répond pas. Il se tourne vers son avocat qui s'adresse au juge.

— Nous ne voulons pas que notre client plaide coupable ou non coupable avant que nous soyons prêts à le renseigner.

Puisque l'abbé souffre, selon ses avocats, d'aliénation mentale, ceux-ci doivent prendre le temps de l'aviser des charges qui pèsent contre lui.

Du haut de sa tribune, le juge Monet affirme que ce serait inutile. À ce moment, l'abbé prend la liberté de s'asseoir.

— Dites donc à l'accusé de se tenir debout, ordonne Monet aux constables.

L'abbé se lève d'un bond.

Après discussion, la Couronne et la défense se disent prêtes à entendre un plaidoyer de folie. La cause est fixée au mois de juin.

La procédure qui s'instruira ne porte plus sur un homicide au premier degré mais sur les capacités de l'abbé à subir un procès. Des jurés détermineront si l'abbé sera jugé pour meurtre ou s'il sera interné à l'asile.

★   ★   ★

À l'instar du coroner MacMahon, qui recevait des lettres de dévots en colère, c'est au tour du juge Monet de subir la foudre d'un ecclésiastique. L'abbé Lachapelle, aumônier de la prison de Montréal, n'a pas digéré les propos du juge à l'ouverture des assises.

Monsieur le juge,

Les journaux vous attribuent une erreur de doctrine religieuse, qu'il serait bon, je crois, de rectifier ; car nos gens ne peuvent croire qu'un juge ignore son catéchisme, jusqu'à ce point. On vous fait dire qu'en enlevant la soutane à l'abbé Delorme, son caractère sacerdotal lui a été enlevé. Il ne faut pas oublier que la soutane n'imprime aucun caractère dans l'âme du chrétien. C'est le sacrement de l'Ordre conféré par l'Évêque qui imprime ce caractère que le Pape même est impuissant à enlever, encore plus un juge…

Le juge Monet doit aussi en découdre avec *La Presse*. Le journal affirme à pleines pages que les aliénistes experts ont déjà un diagnostic en main avant même qu'ils en aient fait la preuve : l'ecclésiastique souffre d'immoralité et de débilité mentale. Puisque les médecins ne font rien pour éteindre la rumeur, celle-ci va grandissant.

Des bruits courent à savoir que le procès est arrangé d'avance. Osera-t-on, dans cette province de Québec où le clergé est tout-puissant, mettre un prêtre derrière les barreaux ? « *It's a put up job !* » disent les Anglais dans la rue. « Ce procès n'est qu'une farce », disent les Canadiens français.

CHAPITRE 3

Bibi est-il fou, docteur ?

Le procès pour démence de l'abbé s'amorce le 15 juin. Des badauds ont envahi les abords du palais de justice et les petites rues avoisinantes du Champ-de-Mars. Des curieux qui se sont vu interdire la salle d'audience se massent dans les rues Notre-Dame et Saint-Jacques. Les yeux sont rivés sur les marches qui mènent à ce vaste portique soutenu par d'imposantes colonnes. Le théâtre est à la mesure de la tragédie qui s'y joue. On tient à voir le prévenu Delorme. Une clameur se répand. « Il est là, l'abbé est là ! » On se lève sur la pointe des pieds pour apercevoir l'abbé Delorme. Il est accompagné du gouverneur de la prison. L'abbé arbore son col romain et un long rabat noir qui forme un plastron sur son gilet.

La Cour du banc du roi est ce matin un théâtre impressionnant. Les policiers exigent des journalistes une carte d'identité avant de les laisser entrer. Chaque journal compte jusqu'à six représentants. Les curieux sont évincés.

Les plafonds à caissons, ornés de moulures, ressemblent à de la meringue. À l'avant, l'intimidant juge Monet occupera une vaste estrade surmontée de colonnes aux extrémités. Le juge domine littéralement la grande salle. Derrière l'autel du magistrat s'élève un magnifique retable en bois surmonté d'armoiries.

Sous lui siègent les greffiers, et à sa droite la barre des témoins ressemble à une chaire d'église. Les trois tables au centre sont occupées par les procureurs de la défense, le procureur de la Couronne et les aliénistes. À sa gauche, la tribune des spectateurs se prolonge jusqu'à celle des jurés, à l'extrême droite du juge. Au mur, entre deux grandes fenêtres, l'horloge marque le temps qui s'égrène très lentement pour l'abbé.

Wilfrid Derome entre à son tour dans la salle. Il marche jusqu'à la table des procureurs de la défense. Me Monette lui serre la main. Il s'assoit. Les vieux routiers du palais sont étonnés devant ce geste. La défense aura recours au docteur Derome en qualité d'expert. D'habitude, le médecin légiste témoigne pour la Couronne. Mais Derome, pour qui l'éclairage de la justice compte avant tout, assume ce nouveau rôle. C'est l'une des ambitions qu'il caresse depuis des années mais sans succès : qu'une commission de médecins experts ou d'aliénistes, nommés par le tribunal, puisse agir dans tous les procès criminels et civils au-dessus de tout parti pris, témoignant de façon impartiale aussi bien pour la Couronne que pour la défense. Il n'a pas encore réussi à convaincre les hommes politiques du bien-fondé de son projet, mais il ne désespère pas.

Le juge Monet fait une entrée solennelle, monte les escaliers qui mènent au siège de la magistrature.

À l'autre extrémité, l'abbé, encadré par deux policiers, entre dans le box des accusés. Ses trois sœurs, appelées comme témoins, sont installées tout près de lui.

Dans les minutes qui suivent, on procède à la sélection d'un jury composé de six francophones et de six anglophones. Plusieurs jurés sont récusés. Il est difficile de trouver des personnes sans opinion dans cette affaire. Lorsque le jury est formé, le procureur Walsh donne enfin ses instructions :

— Il ne s'agit pas pour vous, messieurs les jurés, de faire le procès de Delorme, mais uniquement de savoir s'il peut comprendre ce qui se passe.

Le grand ballet des aliénistes de la Couronne peut débuter. Il s'agit de démontrer la folie héréditaire qui sévit dans la famille

Delorme. On apprend que la mère, deux tantes et deux cousins d'Adélard Delorme ont été internés pour aliénation mentale. Des parents proches et éloignés ont résidé à Saint-Jean-de-Dieu et certains y sont morts.

Derome regarde sa montre. Il livrera son témoignage après ceux des sœurs de l'abbé. Elles sont appelées tour à tour par la défense afin de prouver leur déficit intellectuel. Me Monette interroge Florence Delorme, une femme grassouillette qui porte un large chapeau à plumes, et lui enjoint de répondre à une question toute simple.

— Si je vous envoie avec un dollar chercher une douzaine de pommes qui coûte 25 cents, combien vous reste-t-il ?

Le témoin répond qu'elle ne sait pas. Le test que l'avocat fait ensuite subir à Lily Delorme se révèle être lui aussi très embarrassant.

— Pouvez-vous compter de vingt en descendant ?

Lily affirme qu'elle le peut et s'exécute : « 20, 19, 17, 11, 9, 26… »

Les spectateurs ne peuvent s'empêcher de rire. Me Monette continue cet exercice d'humiliation.

— Sem, Cham et Japhet avaient un père qui s'appelait Noé. Pourriez-vous me dire le nom de ce père ?

— Je ne sais pas.

Le médecin de la prison, Emmanuel Benoît, déclare quant à lui à la cour que Delorme compare ni plus ni moins son sort à celui de Jésus-Christ et qu'il se glorifie d'être sur la sellette.

Immédiatement après, Wilfrid Derome est appelé à la barre par Me Monette. Bien qu'il ne fasse pas partie des cinq aliénistes retenus par la Couronne dans cette requête pour démence, Monet et Walsh veulent l'interroger, car le médecin s'est trouvé fréquemment, et dans des circonstances variées, en compagnie de l'abbé. Si c'est la science de Derome qui a surtout réussi à incriminer l'abbé Delorme jusqu'à maintenant, lui permettra-t-elle d'échapper à la potence ?

Me Monette se réserve comme il se doit les premières questions.

— Vous avez fait des études de médecine légale, et je

comprends que la médecine légale comporte en même temps l'étude des maladies mentales.

— Oui.

— Avez-vous aidé les détectives municipaux ou provinciaux à rechercher les éléments de preuve contre l'accusé ?

— Oui.

Me Monette fixe le docteur dans les yeux.

— Avez-vous remarqué, dans vos rapports avec l'accusé, quelque chose qui sortait de l'ordinaire ?

— J'ai remarqué, en premier lieu, sa verbosité extraordinaire, verbosité que j'ai considérée tout de suite comme une maladie mentale. En second lieu, j'ai remarqué chez lui un état d'orgueil exagéré, dans sa tenue, son maintien, son attitude, ses expressions, son sourire à la cour, quand il aurait dû pleurer. Orgueil dans ses discours, dans les idées qu'il exprimait. Des idées délirantes de grandeur, dont plusieurs étaient tout à fait absurdes, par exemple, celle de louer l'aréna pour y faire pendre le meurtrier de son frère.

— Cette histoire-là ne serait-elle pas plutôt une blague ? intervient Me Walsh.

Derome fait non de la tête.

— Pas selon moi, car c'était toujours chez l'accusé la même façon hautaine, l'envie de projets ambitieux. Ses paroles étaient des ordres. Des ordres, il en donnait même aux journaux. Je n'ai jamais remarqué chez lui d'autre attitude.

Me Monette prend le relais et demande au docteur s'il a été question du procès de Delorme dans ses rencontres avec ce dernier.

— Oui, et j'ai sans cesse remarqué chez lui un grand flegme. Le lendemain du meurtre, par exemple, je pratiquais le premier examen sur le cadavre de son frère. Adélard Delorme est venu à la morgue pour identifier le cadavre. Il n'a pas alors manifesté la moindre émotion. Il s'est montré d'une indifférence absolue en face du cadavre de son frère. C'est la première chose qui m'a frappé.

Le juge Monet revient avec son obsédante question.

— L'accusé ne pouvait-il pas dissimuler son jeu ?

— Il pouvait peut-être dissimuler, mais pas simuler, réitère Derome.

Alors que l'horloge marque seize heures dix et qu'il fait une chaleur écrasante dans la salle, le président du tribunal prend la décision d'ajourner jusqu'au lendemain.

Le 15 juin, on peut lire à la une de *La Presse* : « La folie dans la famille Delorme ».

Le lendemain, Derome est le premier témoin à comparaître. La salle est encore plus bondée que la veille. De nombreux avocats en toge et des dames élégantes assistent au procès du siècle.

L'entrée du juge, des jurés et de l'abbé interrompt toutes les conversations. L'ambiance est à trancher au couteau. L'appel du crieur au silence en devient ridicule.

Tous les regards se tournent vers l'abbé qui s'accoude à la barre. Il n'a plus ses belles rougeurs d'autrefois. Il a le teint blafard, paraît indisposé, ne cesse de baisser la tête.

Premier expert à comparaître, Derome monte dans le box des témoins. Il poursuit son témoignage de la veille.

Le procureur de la Couronne lance la première salve de questions.

— Au cours de vos observations, avez-vous remarqué d'autres faits importants ?

— Les déclarations de l'abbé sont d'une telle naïveté qu'elles sont de nature à l'incriminer.

Me Walsh lui demande si, aux yeux de la médecine, la naïveté peut être une tare.

— Oui, répond Derome, il y a une naïveté pathologique qui indique un déficit intellectuel.

Lorsque le procureur lui demande d'expliciter davantage, le docteur avance alors un second fait.

— Au cours de la perquisition qui a été faite chez lui, l'accusé m'a dit : « Vous voyez, docteur, que pour telle ou telle raison le crime n'a pu se commettre ici. Vous voyez bien que je n'ai rien couvert. »

Au procureur qui s'interroge sur la normalité d'une telle réflexion chez un homme sain d'esprit, Derome rétorque :

— Oui, mais pas dans les mêmes circonstances non plus que de la même manière.

L'expert précise son explication à la demande du procureur :

— Alors même que l'accusé devait sentir qu'une accusation pesait sur lui, il paraissait toujours sûr de lui. Il faisait voir qu'il se tirerait d'embarras, qu'il était puissant.

Me Walsh demande alors à Derome quelle était la teneur de ses propos.

— Il parlait toujours. Mais il était logique dans son état.

Le représentant de la Couronne réplique que « la logique présuppose le raisonnement, un jugement clair », insinuant que l'abbé pourrait être sain d'esprit. Derome nuance ce raisonnement.

— Si les malades se font remarquer par le trouble dans leurs idées, ils peuvent quand même avoir une logique serrée.

Se rappelant sans doute son cours classique, le juge Monet intervient en faisant référence aux sophistes.

— Lorsqu'un philosophe a des idées fausses, s'il a de la logique, cela ne voudrait pas dire qu'il est fou ?

— Il y a des aliénés, réplique Derome, qui ont une logique plus serrée que des personnes dans l'état normal, mais ces aliénés sont captivés par leurs idées fausses au départ.

L'avocat lui demande alors s'il a remarqué d'autres manifestations déviantes dans le comportement de l'abbé. Derome, qui a assisté au cours des vingt dernières années à des milliers d'identifications de cadavre, tant à la morgue de Paris qu'à celle de Montréal, connaît les réactions émotives des proches dans de telles circonstances. Il évoque sa première rencontre avec l'abbé. Il avait noté son comportement singulier : « le défaut d'affectivité de l'accusé ».

— Lorsqu'il a été mis en présence du cadavre à la morgue, j'ai pu constater son indifférence.

Le juge Monet l'interrompt :

— Mais Landru, qui a été exécuté en France, n'a pas manifesté beaucoup d'émotion, cela ne voulait pas dire qu'il était fou !

— Le manque d'émotion n'indique pas toujours la folie, s'il est pris isolément. Il faut un ensemble de facteurs.

Derome fait remarquer de nouveau qu'il est « en face d'une hérédité extraordinaire qu'on trouve rarement aussi chargée parmi les personnes qui sont admises aux asiles ».

Le juge Monet revient sur l'attitude de l'accusé lors de l'identification de son frère à la morgue.

— Vous avez constaté pour la première fois des indices de folie chez Delorme à la morgue ?

— Oui.

— Ensuite, à la demande du gouvernement, vous avez surveillé l'accusé dans plusieurs circonstances ?

Derome s'empresse de donner une réponse nuancée à la question.

— Cela n'est pas tout à fait exact, je n'ai pas examiné l'accusé au point de vue mental. J'étais chargé de m'occuper d'indices se rapportant au crime.

Le juge Monet insiste.

— Vous n'étiez donc pas chargé par le gouvernement de vous enquérir de la santé mentale de l'accusé ?

Derome avoue l'avoir « fait instinctivement ». Le juge Monet avise alors la cour : « Il ne faudrait pas qu'il fût mis au dossier que le docteur Derome était chargé d'un tel examen par le gouvernement. »

Le juge met alors Derome devant la prémisse suivante :

— Admettez-vous, docteur, qu'un homme intelligent puisse simuler la folie pour se sauver, lorsqu'il est accusé d'un crime ?

— Certainement.

Le juge revient alors sur l'attitude de l'abbé à la morgue et sur la déclaration qu'il a faite au sortir de la Cour du coroner, c'est-à-dire que les meurtriers de Raoul devaient être pendus à l'amphithéâtre Mont-Royal devant une foule. Il veut savoir si ces paroles de l'abbé ont frappé l'expert.

— Oui, en raison de leur exagération, répond le médecin.

Derome, qui a justement publié un long article intitulé « La simulation en médecine légale », dans *L'Union médicale du Canada*, connaît bien cette problématique.

Jugeant incomplètes les explications du médecin, Monet reprend l'argumentation de celui-ci.

— Si un homme peut simuler la folie, comme vous l'avez dit, l'accusé n'aurait-il pas prononcé ces paroles simplement dans ce but ?

— Un individu qui simule la folie doit être d'une précision extraordinaire s'il ne veut pas être pris en défaut. Il y a des choses qu'on ne peut certainement pas simuler. À mon avis, on ne peut pas simuler autant de faits et gestes que ceux de l'accusé dans sa cause.

Par la suite, le juge s'attarde à une lettre envoyée par l'abbé à Médéric Martin, maire de Montréal, pendant que se déroulait l'enquête préliminaire.

Votre aide, vos conseils, votre influence sont requis. Voici une belle occasion de votre vie, toute d'œuvre, de vous montrer grand chrétien en me faisant délivrer des mains de mes faux accusateurs et de mes supposés ennemis. Pour cela ajoutez aux miens vos meilleurs avocats ou conseillers afin que dans leurs questions habiles et rusées ils confirment l'insuffisance de la cour d'assises, des prétendues preuves que la police et ses détectives soumettront à votre digne et respectable juge supposées que ces preuves énoncées nécessitent un procès en juin, d'ici là, je conjure votre honneur de me faire accorder ma pleine liberté avec l'aide puissante de Mgr Lepailleur, de monsieur le ministre de la Justice Sir Lomer Gouin et d'autres personnages influents sans oublier une substantielle entrevue obligatoire avec Monsieur le juge Cusson. À l'œuvre donc immédiatement ! Pas une minute à perdre, mardi s'annonce vite. Ne m'avez-vous pas dit à l'oreille avant de me donner vos deux images favorites de saint Joseph et du Sacré-Cœur, ne parlez pas, vous allez sortir. Je me tais. Tenez aussi votre promesse (je ris). Travaillons dans le silence…

Le juge veut savoir « si cette lettre, par son apparence extérieure, dénote chez celui qui l'a écrite un état d'insanité ».

— L'écriture de cette lettre n'est-elle pas ferme ? Ne dénote-t-elle pas une fermeté des nerfs chez son auteur ?

Derome acquiesce à ces dires et le juge l'intime de démontrer ce qu'il y a « d'anormal dans cette lettre ». Devant près de mille spectateurs, le docteur entame son explication à la manière d'un professeur de lettres devant les mauvais devoirs d'un élève.

— Je dois dire qu'il y a de l'exagération dans le style, une répétition inutile des phrases, et que la lettre est d'une longueur démesurée.

Alors que Derome poursuit son interprétation de la lettre, un juré se lève et demande l'ajournement, car un de ses collègues ne se sent pas bien. Le juge Monet remarque que le juré Tison est très pâle et il suspend la séance pour lui permettre de se rétablir, mais le juré malade ne reprend pas du mieux et les travaux de la Cour sont ajournés. À la reprise de la séance en après-midi, le docteur Derome reprend son analyse des lettres de l'abbé. Durant le témoignage de l'expert, Delorme feint de dormir, se réveille, bâille, se rendort.

Le juge Monet demande à Derome de lui citer les phrases qui sont un indice d'insanité.

— Aucune de ces phrases prise isolément n'indique l'insanité et ne peut être apportée comme élément de folie. Mais il faut considérer l'ensemble. D'abord, les motifs que Delorme invoque sont déplacés. Ainsi, il demande d'être remis en liberté pour pouvoir continuer de vaquer à ses affaires. S'il avait vraiment la pleine possession de ses facultés, il me semble qu'il aurait apporté des raisons plus plausibles que celles qu'il invoque. Derome fait la lecture d'un passage de la lettre.

> Tout le ciel, fier de votre choix, vous regarde et compte sur vous. Dieu lui-même comme ses saints se réjouissent car sonne le grand jour de ma délivrance entre vos mains, en face de ma cause, si juste, si honnête. Cent quinze jours sans dire ma messe omise rarement depuis douze ans. Que de grâces perdues ! Que d'âmes du purgatoire privées de la vue de Dieu ! Quelle responsabilité énorme sur mes faussaires fraudeurs. Que Dieu leur pardonne.

Le « faussaire fraudeur » Derome reprend son analyse.

— Ensuite, il faut considérer les moyens que l'accusé suggère pour lui faire rendre sa liberté. Il insiste pour que ces honorables messieurs, Sir Lomer Gouin et le maire de Montréal, le fassent sortir de prison après qu'ils auront eu une « entrevue substantielle » avec le juge Cusson. Il y a certainement là un manque de sens moral à impliquer deux hommes absolument haut placés dans une affaire litigieuse.

Le juge Monet demande au docteur Derome si le fait d'avoir souligné certains passages ne dénote pas un signe d'intelligence.

— Je ne trouve pas cela intelligent, mais très logique, répond-il. L'accusé sait parfaitement, ou il doit savoir, que le ministre est puissant et le maire de même.

Poursuivant son examen du texte, le juge Monet met l'accent sur le caractère obséquieux de la lettre, ce « petit chatouillement qui est loin d'être désagréable ».

— La flatterie ne se révèle-t-elle pas une marque d'habileté ?

— Oui, c'est habile, acquiesce Derome.

Me Monette intervient :

— L'accusé, docteur, peut-il être logique dans ses idées folles ?

— Oui.

— Pouvez-vous établir une différence entre les idées d'un philosophe et ceux d'un fou dont les idées peuvent être logiques ?

— Tout dépend du point de vue de départ…

La défense poursuit l'interrogatoire du docteur.

— Est-ce normal ou anormal qu'un homme de trente-cinq ans puisse penser que, grâce à l'influence d'un ministre de la Justice, il puisse être placé en dehors du cours ordinaire de la justice ?

— C'est là une idée anormale.

Le juge Monet bondit.

— N'y a-t-il pas dans l'histoire des ministres qui se sont permis certains actes, disons du « boodlage » ? Ce serait plutôt là des actes de malhonnêteté que de folie.

Derome marche sur des œufs. On entendrait une mouche voler.

— Il y a une différence. En dernier lieu, il n'y a pas continuité, ce sont là des cas isolés.

— Alors un ministre, demande le juge, au lieu d'un seul acte de malhonnêteté, en commet sept ou huit, il pourrait passer pour assez fou pour ne pas subir son procès ?

— Pas de doute qu'il y a des ministres qui n'auraient pu subir de procès !

Un grand éclat de rire secoue l'assistance.

Me Monette relance son témoin.

— Vous avez parlé de continuité, c'est-à-dire d'invariabilité dans le tempérament.

— C'est bien cela.

Cette réplique met fin à l'interrogatoire du docteur Derome. En se retirant, il croise l'aumônier Lachapelle de la prison de Bordeaux que Me Monette a convoqué pour révéler le caractère narcissique de l'abbé. Ce qu'on entend n'a rien pour redorer le blason d'Adélard Delorme.

— La première fois, il me dit : « Je me suis fait faire un habit. Je suis beau garçon. Je parais bien. » Avant de partir à la cour, il répétait chaque fois les mêmes paroles.

Assis à la table des avocats de la défense, le docteur Derome ressent une très grande fatigue. Toutes ces heures de témoignage à être sur la sellette l'ont épuisé. La chaleur est accablante. Plus de 80 degrés à l'extérieur. C'est pire à l'intérieur. Heureusement, on annonce du temps pluvieux en soirée. Cette fraîcheur lui fera le plus grand bien. Il ne se sent pas dans son état normal.

Au moment où le gouverneur Séguin s'apprête à ramener l'accusé en prison, l'abbé démontre des signes de faiblesse et son visage, tordu de douleur, devient exsangue. Ses gardiens doivent le soutenir. Dans un geste dramatique, il arrache avec violence son col romain. Les médecins ne manquent pas dans la salle : Derome et deux autres collègues accourent auprès de lui. L'abbé est victime d'une syncope. Une demi-heure plus tard, l'accusé retourne dans sa cellule pour subir un examen médical et une ponction lombaire.

À la fin du jour, une photo de jeunesse du docteur Derome fait la une de *La Patrie* : « Cause qui demande d'être expliquée à la lettre », titre *La Patrie*. En raison de l'heure de tombée des articles, il faut attendre au samedi pour les titres accrocheurs. *La*

Patrie reprend à la une certaines des expressions choisies par le docteur Derome pour qualifier le pauvre abbé : « Mégalomanie, égotisme, orgueilleux et verbeux ».

★   ★   ★

Le lendemain, Derome éprouve à son tour des problèmes de santé. Les dévots doivent penser qu'il s'agit d'une punition divine. Affaibli, il ne parvient pas à sortir du lit. Derrière sa tête est érigé un barrage d'oreillers. Les tentures sont refermées pour freiner la canicule des derniers jours. En bas, les valses de Chopin que joue Sophie-Catherine au piano montent jusqu'à lui. Parfois, elle chante *Après un rêve,* de Fauré, qu'il aime tant.

Il entend des bruits de pas dans l'escalier. Son épouse entre dans la chambre avec le journal, une collation et ce sourire qui ramènerait un mort à la vie. Sophie-Catherine est son viatique.

— Comment ça va ?

— Je crois que ça ira.

— Je t'apporte le journal. On parle du procès.

Il déchante en retrouvant la nouvelle à la une de *La Presse* : « Le Dʳ Wilfrid Derome est malade. L'état physique de l'accusé Delorme ».

— Tous les deux malades en même temps, grommelle Derome.

— Qui rend l'autre malade ?

Il reprend sa lecture : « Le Dʳ Wilfrid Derome, médecin légiste, qui a témoigné pendant plusieurs heures dans le procès Delorme, hier et avant-hier, est tombé malade hier soir, à sa demeure. Son état, nous assurait-on ce matin, n'est pas grave, mais le docteur devra rester plusieurs jours au lit avant de pouvoir être complètement remis et revenir en cour. »

— Qu'est-ce qu'il y a d'intéressant à savoir dans cet article ?

— Tu es connu et les gens sont attachés à toi.

Le docteur se contente de grimacer.

Il est exténué. Il ressent des élancements dans le bas du dos.

Sophie-Catherine constate qu'il a maigri et qu'il n'a jamais été aussi cerné. Des demi-lunes noires se sont imprimées sous ses yeux. Heureusement qu'elle le soigne avec mille délicatesses. Elle sait que le procès et le climat hystérique qui l'entoure ont rendu malade son mari. Mais surtout, le surmenage l'a rattrapé. La pression des journaux, les enquêtes à la une, les centaines d'heures d'analyses tous azimuts, les procès en province, les lettres de menace et les autres enquêtes superposées à celle-là ont eu raison de lui.

— Je vais aller surveiller la tire au caramel. Tu veux autre chose ?

— Non, merci.

Il règne un climat harmonieux entre eux. Comme aux premiers jours de leur relation, Derome est plein d'attentions envers elle. Il adore son sens de l'humour et elle aime raconter des histoires, ce qui est salutaire dans son métier.

Par bonheur, la grande maison du carré Saint-Louis est calme. Les enfants ne seront pas de retour de l'école avant une semaine. D'ici là, il pourra recouvrer la santé en toute tranquillité, écouter de la musique sur son gramophone, annoter ses revues.

L'odeur de la tire parfume toute la maison. Sophie-Catherine ira en porter à Gaby qui est pensionnaire chez les Dames du Sacré-Cœur de l'avenue Des Pins et à Léon qui étudie à l'Institut des sourds-muets. Sa femme est une épouse et une mère dévouée, pas mondaine pour cinq sous, contrairement à bien des femmes de médecin. Elle n'a rien non plus de ces dames patronnesses qui participent aux bonnes œuvres. Elle passe l'essentiel de son temps seule à la maison. Chaque jour, elle a ses habitudes : aller à la messe, préparer les repas, jouer du piano, faire les tâches ménagères.

Elle ne s'est jamais habituée à l'horaire ingrat de son homme. Après tout, qui aimerait entendre, la nuit venue, la sonnerie inquiétante du téléphone ou les coups de heurtoir à la porte ? Cela signifie que l'on aura besoin de son époux. Il ne rentrera parfois que le lendemain soir. Ce qu'il va observer de près ne sera pas beau et elle n'insistera pas pour en connaître les détails.

D'ailleurs, il ne parle jamais de ses enquêtes devant Léon ou Gaby. Déjà si souvent absent, il lui faut aussi partir pour des causes qui l'appellent en dehors de Montréal. C'est ce qu'elle déteste le plus. Elle demeure seule pendant plusieurs jours. Pas tout à fait seule, cependant, parce qu'il lui téléphone. Il lui est possible de suivre les activités de son mari au moyen des journaux.

Ils se sont mariés quinze ans plus tôt. Leur rencontre fait bien rire leurs amis. Cupidon a frappé Wilfrid à bout portant dans son cabinet de médecin, lorsqu'il pratiquait la médecine générale. Il faut remonter en 1908. À trente et un ans, il est alors vieux garçon, ce qui n'est pas rare chez ces docteurs qui vivent la médecine comme un sacerdoce. Mais le hasard s'apprête à renverser la situation et à priver le bon Dieu d'une servante.

Novice chez les sœurs de la Providence, Sophie-Catherine Dubuc s'est rendue ce matin-là au cabinet du docteur Coutu pour une consultation. Elle se sent faible. Mais, par le plus grand hasard, elle est entrée dans le bureau du jeune docteur Derome, qui jouxte celui de son médecin.

— Qu'est-ce que je peux faire pour vous, mademoiselle ? demande Derome.

— Pardon, j'ai cru que c'était le bureau de *doctor* Coutu.

— C'est celui d'à côté, dit le docteur, qui aurait bien aimé la soigner. Il se demande qui est cette jeune beauté aux traits si doux, à la chevelure longue et ondulée.

— Excusez-moi, *doctor,* dit-elle dans un français que colore un accent charmant.

— Vous êtes anglaise ?

— Je suis franco-américaine. Je viens de Burlington.

Embarrassée, la jeune femme de dix-neuf ans s'excuse à nouveau. Derrière son bureau, Derome soupire déjà de la revoir. Il la trouve radieuse avec son abondante chevelure châtain. Il ressent la passion ardente du jeune Octave, des *Fourberies de Scapin,* qu'il a interprété au collège. Lorsqu'il la voit repasser après sa consultation, il brûle d'informer le docteur Coutu des sentiments qui le taraudent pour cette jeune et longiligne femme.

— J'ai rencontré la belle demoiselle !

Coutu, un farceur, lui répond :

— Écoute, elle n'a pas encore prononcé ses vœux… Tu as une chance !

Et il n'entend pas la manquer.

— Tu seras son épreuve à sa vocation, lance à la blague Coutu.

— Elle choisira entre Dieu et moi…

— Sauf que toi, tu ne peux pas faire de miracles…

— Oui, mais je peux soigner une demoiselle souffrant d'anémie…

— Qui t'a dit ça ?

— Les yeux d'un bon médecin voient ce que Dieu seul peut voir… En passant, comment s'appelle-t-elle ?

— Sophie-Catherine Dubuc. Son père, John, est un médecin de Shelburne, au Vermont.

— J'en prends bonne note.

— Écoute, jeune homme, sa prochaine visite est dans deux semaines…

— J'aimerais bien faire le suivi…

Le docteur, si entreprenant dans la vie professionnelle, se met sur la piste de Sophie-Catherine. Lors du rendez-vous suivant de la jeune fille, le docteur Coutu s'est absenté momentanément… et Wilfrid peut se présenter et soigner son mal d'amour.

★   ★   ★

Le 20 juin, pendant que Derome recouvre ses forces, les témoins défilent à la barre. M. Gaudreau, qui récolte l'argent des loyers de l'abbé, dit à la cour que Delorme loue à l'enchère ses maisons. C'est l'indignation.

Un journaliste de *La Patrie,* Fernand Roby, en qui Delorme a placé sa confiance, raconte que ce procès, selon l'abbé, a achevé le pape Benoît XV, qui vient de mourir.

— Il m'a demandé de publier dans le journal de faire prier les enfants et de bien dire aux parents de ne pas parler de l'affaire devant les enfants, car ça pourrait faire perdre des vocations.

Lorsque Roby parle du grand bal à l'huile que le clerc veut organiser pour les journalistes, la salle éclate de rire. L'abbé a confié à Roby que deux policiers et un médecin seraient bientôt écroués.

Les cinq experts aliénistes représentant la Couronne, dont le réputé docteur Francis-Eugène Devlin, confirment que Delorme souffre d'une maladie mentale. Le diagnostic entérine les conclusions de Wilfrid Derome, à savoir qu'une tare héréditaire sévit dans cette famille. Devlin, l'aliéniste le plus connu au pays, identifie la maladie de l'abbé : Delorme souffre d'une hypertrophie du moi et de la démence paranoïaque de Kreplin.

Le juge Monet a du mal à terminer son adresse. Il est ému jusqu'aux larmes. Il met l'accent sur la probité du tribunal.

— Cette cause, dans l'histoire des grandes assises criminelles du pays, cette cause n'a pas seulement eu son écho sur ce continent, mais elle a traversé les mers, sa répercussion est mondiale, et l'on demandera partout ce qui s'est passé dans la cause Delorme. Eh bien, j'ai voulu et je veux que l'on sache, au-delà des deux océans qui nous entourent, qu'ici dans la province de Québec, ici, au Canada, comme ailleurs, le juge considère que, comme la femme de César, il doit rester à l'abri de tout soupçon…

À la fin de son adresse aux jurés, la voix du juge Monet fait vibrer l'enceinte du vieux palais.

— Il ne s'agit pas ici de donner à l'accusé le bénéfice du doute. Ce n'est pas du tout la doctrine. La doctrine est celle-ci, qui est tout autant à son avantage que celle du bénéfice du doute, et je vous donne cela comme direction légale : vous avez à examiner les témoignages donnés d'un côté comme de l'autre, à dire s'il y a ce que l'on appelle une prépondérance de preuve en faveur du plaidoyer de folie ou contre le plaidoyer de folie.

La décision se prend en dix-neuf minutes. Delorme devra finir ses jours à l'asile Saint-Michel-Archange de Beauport.

Farrah-Lajoie, qui est dans la salle, observe la foule. Le verdict est reçu froidement. À l'extérieur de la salle d'audience, dans les couloirs bondés, le sentiment est le même. Seuls les avocats de l'accusé, note le limier syrien, esquissent un sourire satisfait.

Le 30 juin, *La Presse* titre en grosses lettres : « Pas de procès. Le jury, à l'unanimité, s'entend à l'effet que Delorme n'est pas apte à subir un procès. »

Toujours en convalescence, Derome a pris le pouls du jury par le biais du journal et des nombreux appels qu'il reçoit. Pendant que Sophie-Catherine interprète un nocturne romantique, il réfléchit au rôle qu'il vient de jouer dans ce procès. Le verdict fait des mécontents dans la presse écrite de Montréal et de Toronto. Son alliée de la première heure, *La Presse,* est critique du jugement rendu. La revue *L'Indépendance médicale* prend à partie les experts.

Bien sûr, il se peut que l'abbé ait eu assez de génie pour simuler parfaitement, mais la galerie d'aliénistes réputés appelés par la Couronne confirme sa première impression : l'abbé est un aliéné mental, un être délirant au moi démesuré. Son comportement l'a démontré en de nombreuses occasions. Finalement, justice aura été rendue et Delorme passera la fin de ses jours à l'asile, ce qui est un affreux châtiment. Mais parmi le public, les sceptiques sont nombreux : a-t-il tué son frère ? Est-il vraiment fou ? Il y aura toujours des gens pour affirmer que le procès Delorme était arrangé. Eh bien, qu'on le prouve ! se dit Derome. Après tout il a accompli son travail : faire parler les preuves, les indices, la mort.

Sa vie ne sera plus la même après l'affaire Delorme. Sa réputation s'est étendue comme des actions boursières. Cette fascination du public pour les sciences judiciaires et la médecine légale, qui faisait de ses professeurs parisiens des célébrités, l'a rejoint à Montréal. Mais le prestige, comme tout indice financier, fluctue à la moindre erreur.

Pour l'instant, la vie grouille autour de lui. Ses enfants Gabrielle et Léon sont de retour à la maison après une année de pensionnat.

CHAPITRE 4

Un dimanche à la campagne

Pendant que Sophie-Catherine et son mari achèvent les préparatifs en vue de leur fin de semaine à la campagne, Gabrielle ne cesse de faire la moue. Elle déteste aller à Saint-Cyprien. Il n'y a pas d'électricité, et elle doit pomper l'eau après être allée aux toilettes, ce qui l'exaspère. Elle est une fille de la ville. Assise dans la cuisine, elle prend un temps fou à s'activer.

— J'aime pas la campagne, il n'y a rien à faire ! En plus, il faut marcher trois milles pour aller au village. J'haïs ça ! Ça pue la bouse de vache !

— C'est toujours un sacrifice pour elle d'aller à Saint-Cyprien, grogne Léon, qui n'a pas d'atomes crochus avec sa sœur aînée.

— Gabrielle, tu vas aider ta mère ! lui dit son père d'un ton sec.

Elle se lève en boudant. Elle aurait préféré rester à Montréal avec ses amies. Ses cousins et cousines de la campagne ne l'intéressent pas. Son frère Léon, lui, adore ces étés passés loin du collège où il est enfermé neuf mois par année, y compris les fins de semaine. Mais, ce matin, il boitille en transportant les denrées. La veille, il s'est foulé une cheville en sautant du garage. « Tant pis pour toi ! » s'est exclamé son père. Une réaction typique du paternel. Léon, qui ne le voit pas souvent, sait qu'il faut marcher droit avec lui et ne pas faire de « farces plates ». Son père est un homme froid : une fois par année, après la bénédiction paternelle, il l'embrasse sur le front. C'est tout. Mais jamais il ne lève la main sur lui ni sur Gabrielle.

Parfois il l'emmène en voyage. Léon a bien aimé ses deux séjours avec son père à Québec, où ils s'étaient rendus chaque fois en train. Il a été impressionné lorsqu'il a vu le premier ministre Taschereau saluer son père. À l'occasion, le samedi, il l'accompagne au laboratoire et s'amuse avec les balances, les appareils, les pipettes. Mais la vue des cadavres lui laisse toujours une aussi forte impression.

Sacs de provisions à la main, Wilfrid et Léon descendent dans le stationnement et remplissent le coffre de la Chandler. À l'extérieur, le berger allemand ne cesse de japper.

— Qu'est-ce qu'il a, lui, à japper comme ça ?

Arrivé dans le stationnement, Derome étouffe un juron : le chien a complètement déchiré la housse qui recouvre le pneu de rechange situé à l'arrière de la voiture. La toile repose en lambeaux. Le chien achève de ses crocs une longue bande de tissu.

— En plus de mordre les passants, il démantibule ma voiture ! Léon, je vais le faire tuer.

— Non, papa, s'il te plaît, dit l'enfant qui se met à pleurer. C'est pas un criminel.

— Non ! C'est assez !

Léon sait que la sentence est sans appel. Le chien vient de signer son arrêt de mort. En attendant, il bénéficiera d'une fin de semaine de grâce au chalet.

Mais en ce trop court congé d'août, le travail rattrape Wilfrid à Napierville. Le chef Lorrain et l'assistant du procureur général lui demandent d'exhumer le corps du jeune Louis Babu. L'enquête a été confiée au détective Nolet, six jours plus tôt. De nouveaux éléments révélés par l'enquête et la négligence d'un coroner laissent penser que le jeune homme a été tué. Les soupçons pèsent sur l'idiot du village.

Derome tourne à l'angle de la rue Sherbrooke. Le chien a sorti sa grosse tête de la voiture et jappe à la vue des passants.

La Chandler roule à 50 milles à l'heure sur la route 221. Le paysage déroule une grande plaine verte. Le grand clocher argenté de l'église de Saint-Cyprien est enfin en vue.

— Où se fait l'exhumation ? demande Sophie-Catherine

— Au cimetière de Henrysburg.

— Je peux y assister ? demande Léon.

— Fais pas de farce avec ça, Léon, répond Gaby.

— Toi, ça te regarde pas, réplique son frère. Tu veux, papa ?

— Non.

— Tu vois ! lui dit Gabrielle.

Décidément, lui et sa sœur ne sont jamais sur la même longueur d'ondes.

Le véhicule traverse le pont au-dessus de la Petite Rivière de Montréal. Sophie-Catherine aperçoit les ruines des anciens moulins de Léry.

— Tiens, les moulins de grand-père Médard !

Derome regarde les vieux murs de pierres éventrés. Chaque fois, il est touché.

Son père n'avait pas été seulement un cultivateur prospère, mais aussi un homme d'affaires. Trois ans avant la naissance de Wilfrid, Médard et trois notables avaient acheté les anciens moulins seigneuriaux de Joseph-Gaspard Laviolette. La transaction, importante à l'époque, s'élevait à 4 000 dollars et comprenait les moulins à farine, à scie et à carder. Dans la foulée, les quatre acheteurs avaient fondé une société appelée La Manufacture lainière de Napierville. On y fabriquait des étoffes variées. À une période où la population de Napierville décroissait en raison de l'exode vers les États-Unis, le geste de son père constituait un appel lancé à la solidarité locale. Raison de plus : la frontière américaine se trouvait à quelques kilomètres de là. Les habitants se laissaient séduire par le chant des sirènes expatriées. Il fallait bien aider le bon curé Labelle à endiguer l'hémorragie à Lacolle et à ramener au pays les colons égarés. Si le clergé prônait les valeurs traditionnelles pour freiner l'émigration, Médard et ses amis avaient ajouté une solution économique : des emplois et la prospérité pour la région. Huit ans après l'achat des anciens moulins, Médard et deux autres propriétaires avaient revendu, pour la somme de 8 750 dollars, les moulins et la fabrique lainière au notaire Mérizzi. Avec un tel pécule, le chef de famille rêvait d'envoyer ses enfants dans les grandes écoles. La décision de vendre s'était avérée sage puisque, huit ans plus tard, les installations avaient été rasées par les flammes. Il n'en restait que des ruines, juste bonnes à la méditation des esprits romantiques.

Cette vaste campagne porte aussi la mémoire de son oncle canadien errant, Antoine Coupal-Lareine. Après avoir été condamné à mort pour sa participation aux troubles de 1837, le frère de sa mère a vu sa peine commuée. Il a été déporté sur le *Buffalo* vers l'Australie.

À une intersection où se dresse une croix de chemin, Derome tourne pour emprunter le rang de la Petite-Rivière-de-Montréal. Le chemin sinueux s'orne d'une vigie de majestueux peupliers de Lombardie. Difficile de croire, se dit-il, qu'un paysage aussi beau puisse être le théâtre du meurtre d'un enfant.

De la véranda, la jeune Cécile Derome, une nièce du docteur, aperçoit le capot noir de la Chandler à travers les champs. Elle envoie la main. Le chien glapit de plus en plus fort. Cécile adore son oncle Frid, à qui elle doit la vie. Frappée par une crise d'appendicite, après qu'un charlatan eut diagnostiqué un mal de ventre, elle avait été examinée par son oncle et transportée d'urgence à l'hôpital Notre-Dame.

Le chien fou saute de la voiture encore en marche et s'élance. Le soleil d'août allume les champs de toutes leurs lumières blondes. Derome descend en s'étirant et en respirant à pleins poumons cet air qui lui manque tant durant la semaine.

La jolie maison à deux étages en bardeaux de cèdre est sise sur la terre paternelle de Saint-Cyprien, juste devant la boutique de forge : un grand terrain d'un arpent de largeur sur un arpent de profondeur. La maison est ceinturée de peupliers, et à l'arrière poussent des pruniers, des cerisiers et des pommiers que le docteur a plantés au fil des ans. À gauche de la résidence, il y a un puits à manivelle. La grande maison de son frère Maximilien et celle de son père sont situées à proximité de la sienne.

Léon claudique vers la maison de son oncle Maximilien.

— Tu ne vas pas tout de suite chez oncle Maxi, tu nous aides à rentrer les sacs, dit Sophie-Catherine.

Gabrielle boude encore. Elle s'ennuie déjà à mort. Que du vide autour d'elle.

À l'intérieur, la maison sent le renfermé. Sophie-Catherine ouvre toutes grandes les fenêtres. Au rez-de-chaussée se trouvent la cuisine, la salle à manger et le salon. Toutes les chambres sont situées à l'étage, dans la mansarde.

Cette maison permet au docteur de retrouver le repos de l'âme : il reprend contact avec la nature et échappe, une journée et demie par semaine, au labeur fou du laboratoire, aux ruses avocassières et à la brutalité humaine. Il en profite pour lire et annoter les plus récentes revues de criminologie américaines et européennes auxquelles il est abonné.

Maximilien, qui dirige maintenant la ferme paternelle, arrive dans son camion. Sa maison et ses bâtiments sont situés juste à côté. Derome va à sa rencontre, lui envoie la main. Vêtu de ses *overall*, Maxi saute du marchepied. Il tire un gros sac en jute et une boîte du chariot.

Le docteur s'avance vers son frère.

— Salut, Frid. Je t'ai apporté une poche de légumes, des œufs et du lait frais.

— C'était pas nécessaire.

— C'était pour te remercier pour les foins.

La fourche et les balles de foin n'ont jamais fait peur à son frère. Une fois l'an, le docteur redevient fermier, le temps de faire les foins. Il s'entend bien avec Maxi. Le cultivateur n'a pas reçu son instruction, mais il sait lire et écrire. Il est même conseiller scolaire.

— Amanda vous attend pour le souper.

— On sera là.

— Y paraît que tu as du travail dimanche !

— L'exhumation du jeune noyé.

Maxi affiche une moue dégoûtée.

— Je n'aime pas cette histoire-là. Nos enfants ne sont même plus en sécurité à la campagne.

Wilfrid sait qu'il ne doit pas compter sur la présence de

Maxi, qui l'a accompagné une seule fois dans une affaire de meurtre survenue dans les environs. Il en était revenu tout bouleversé, en état de choc. Comment son jeune frère pouvait-il faire ce travail ? « Dieu lui a donné cette volonté », lui avait répondu sa sœur Emma. « Ton frère est l'ange des morts injustes », avait-elle ajouté.

— En tout cas, Sophie-Catherine aura bien assez de légumes pour la fin de semaine. Merci !

— À tantôt, dit Maxi en retournant à son véhicule.

★   ★   ★

Derome doit se rendre au cimetière vers sept heures pour superviser l'exhumation et procéder à l'autopsie vers huit heures. La fraîcheur du matin rendra l'opération moins pénible et plus sanitaire. L'agent Paré, de Napierville, a trouvé un local à Lacolle où le docteur pourra faire son autopsie.

Il descend l'escalier sans faire de bruit. Tout le monde dort dans la villa des peupliers. Seul le roucoulement d'une tourterelle triste rompt le silence du matin. Il prend un fruit et sort en fermant délicatement la porte moustiquaire. À peine le temps de poser un pied dehors que le chien surgit de sa niche et se rue vers lui. D'un doigt menaçant, le maître lui ordonne d'y retourner. Le chien bat en retraite, museau au sol.

Le soleil monte tout en feu au-dessus de la vallée du Richelieu. La journée s'annonce belle et chaude. Dans les champs, les troupeaux paissent l'herbe encore fraîche de rosée. Les hirondelles bleues fendent le ciel et se juchent le long des granges. De gros corbeaux sur les branches d'un noyer font la vigie. Un nuage de poussière se soulève derrière la Chandler qui roule dans le rang de la Petite-Rivière-de-Montréal. Tout en conduisant prudemment, le docteur se remémore l'affaire telle qu'elle est décrite dans le rapport du chef Lorrain. On y faisait état de la mort par noyade du jeune Louis, le 8 août précédent, dans le rang Saint-André. Le garçon de six ans avait été vu pour la dernière fois par ses parents adoptifs vers seize heures trente le même jour. Il jouait en face de la maison, aux dires de sa mère.

Comme le soleil déclinait rapidement, Mme Bisaillon éprouvait les plus vives inquiétudes. À ce moment-là, elle a vu passer Joseph Sainte-Marie, qui « charroyait de la glaise en tombereau ». Ce dernier avait souhaité, un peu plus tôt, que le petit Louis lui donnât un coup de main. La dame Bisaillon lui a alors demandé s'il avait vu son fils. Sainte-Marie a répondu qu'il avait laissé le gamin là où il avait été chercher son tas de glaise, soit 12 arpents plus loin sur la terre des Bisaillon. Son fils avait refusé de le suivre parce qu'il jouait dans un trou de siffleux.

Au loin, le son des cloches de l'église résonne dans le ciel clair. Derome traverse le pont de fer qui croise la petite rivière de Montréal.

Il accélère et reprend le fil de l'histoire. Tout près du trou de siffleux, il y avait un puits abandonné de dix-huit pieds de profondeur sur huit pieds de largeur. C'est ce qui causait du mauvais sang à Mme Bisaillon. En proie aux pires pressentiments, elle avait demandé à des voisins de faire une battue, puis ceux-ci s'étaient rendus près du puits. Alors que la pénombre tombait, elle et ses bons samaritains s'étaient résignés à fouiller le fond du gouffre. Équipés d'une perche dont ils avaient enlevé le crochet et éclairés par une lanterne, ils avaient vu le chapeau de l'enfant remonter à la surface. L'intuition de la mère s'était révélée juste. Après avoir fixé un clou de quatre pouces à la perche, on était parvenu à remonter le petit corps. La respiration artificielle n'avait rien donné. Le docteur Verdon avait constaté le décès, et le coroner, ne croyant pas nécessaire de procéder à une autopsie, avait permis aux parents adoptifs d'enterrer la dépouille de l'enfant.

En voilà un autre qui doit réapprendre son métier, se dit le docteur. Il ralentit avant de dépasser une voiture tirée par un cheval qui en prend un peu trop large. Ce qui trouble le docteur dans cette histoire, outre l'incompétence du coroner, c'est le fait que Sainte-Marie, le charretier, est un célibataire simple d'esprit. L'idiot du village, qui souffre en plus d'un problème d'élocution, n'a rien de très rassurant. Il est d'ailleurs gardé comme témoin

important dans cette affaire. Puisque des rumeurs et des calomnies ont commencé à circuler sur le compte de Sainte-Marie, on
craint que le travail des officiers judiciaires ne soit critiqué.
Derome doit apporter des réponses claires à de nombreuses
questions : Sainte-Marie est-il responsable de la mort du garçon ? L'enfant s'est-il noyé en jouant au téméraire ? S'est-il
infligé ses blessures en tombant ou est-ce la perche qui les lui a
causées ?

Par le rang Sainte-Marguerite, Derome tourne à gauche
dans le rang Saint-André, le chemin des États-Unis, là justement
où le petit est décédé. Encore une vingtaine de kilomètres. Les
grosses voitures des touristes américains en route vers la province de Québec soulèvent un nuage de poussière.

Henrysburg : le rang à droite, la montée à gauche. C'est par
là. Un endroit totalement isolé. Il n'y a pas grand-chose à part le
cimetière et des terres agricoles. La Chandler passe sous le portique du cimetière. Les ombres des pierres tombales s'étirent
longuement vers l'ouest. Les tombes sont fleuries. Pour l'excava-
tion, le docteur a engagé, comme il le fait partout ailleurs, le fossoyeur de la paroisse. Le policier Paré est à ses côtés. Derome
leur a demandé de faire en sorte que le trou soit creusé avant son
arrivée et que personne ne manipule le cercueil. La terre brune
et grasse forme un monticule. Le croque-mort a garé son fourgon noir à côté du trou. Les deux hommes discutent en fumant
une cigarette.

Derome descend de la voiture.

— Bonjour, docteur Dérôme, dit le policier Paré en s'avançant vers lui, la main tendue.

Un autre qui déforme son nom.

— Vous avez trouvé un local ?

— Oui, à Lacolle. Il y a des fenêtres. Ce sera bien aéré,
comme vous me l'avez demandé.

Le fossoyeur, dont le visage rougeoie de sueur, salue le docteur et s'essuie le front avec le revers de sa manche. Derome
plonge son regard au fond du trou. Les deux cordes entourent
déjà le petit cercueil.

— Vous pouvez le remonter.

Le cercueil est déposé dans le corbillard et transporté à Lacolle. L'endroit est effectivement bien éclairé, suffisamment aéré et à l'abri des curieux.

Derome s'approche du cercueil avec une barre à clous. Il soulève le couvercle en faisant attention de ne pas endommager la bière. Il relève le cippe, qu'il dépose contre la table. Délicatement, il retire le linceul blanc qui recouvre le visage de l'enfant. Dans son rapport, il note la présence du linceul et de poudres de conservation. Il prie le fossoyeur, pas habitué à ce genre d'opération, d'enfiler des gants de caoutchouc. Avec répulsion, ils saisissent le garçon par les extrémités. L'odeur insupportable, pestilentielle, les incite à l'extirper rapidement du cercueil. Pour le médecin légiste, les exhumations et les autopsies qui s'ensuivent sont des opérations éprouvantes qui ne sont pas sans risques.

— Déposez-le ici.

On place le corps sur la table de fortune. Le docteur prend alors une multitude de précautions : une fois le cadavre retiré du cercueil, il attend plusieurs minutes que se dissipent les gaz délétères. Il revêt un tablier et enfile des gants de caoutchouc, une précaution essentielle, puis revient. Il regarde le petit cadavre et note aussitôt dans son rapport : « Assez bien conservé pour permettre beaucoup de constatations utiles. »

Il ne sert plus à rien de chercher les signes externes d'un séjour dans l'eau. Derome observe d'abord les plaies encore apparentes. Il écrit : « Il porte deux blessures situées à la tête, mais une seule a été faite pendant la vie. Elle est située au front près du cuir chevelu, immédiatement à gauche de la ligne médiane. C'est une plaie à bords déchiquetés, amincis, décollés et ecchymosés, de forme légèrement curviligne et de longueur d'un pouce et demi. »

Derome tâte le crâne : « Il présente à ce niveau un long trait de fracture s'étendant vers le sommet de la tête. »

Il examine ensuite attentivement l'autre plaie : « L'autre blessure, faite après la mort, consiste dans une déchirure des tissus mous et un enfoncement limité de la paroi crânienne, couvrant une surface circulaire d'à peu près celle de l'ongle d'un doigt, comme si cette blessure avait été faite avec un instrument à pointe plutôt aiguë. »

Derome croit qu'une perche a pu causer cette plaie. Il ouvre ensuite sa valise remplie d'instruments. Il doit maintenant procéder à l'examen des organes. Il retire le complet dont avait été revêtu le corps du gamin, sans doute son habit de premier communiant. Pauvre petit, pense-t-il.

Il pratique une incision en V allant des épaules au nombril. À l'aide de cisailles, il découpe chacune des côtes et retire le gril costal, qu'il dépose sur une table. L'odeur devient vite irrespirable. Le policier est sorti à l'extérieur avec le fossoyeur.

D'emblée, il ne remarque aucune affection des organes. « Quant aux signes de la submersion, note-t-il, il n'en reste guère de traces et notamment il n'y a pas d'eau ni dans l'estomac, ni dans les plèvres. »

Derome scrute à nouveau le visage du garçon. Il sait que sa conclusion sera déterminante sur la décision de rouvrir ou non l'enquête. Il tourne la page de son calepin et inscrit : « Il semble que la blessure au front, la seule vitale, faite sûrement par un corps contondant, et évidemment très grave, ait amené l'inconscience et même la mort sans que l'eau ait pu s'introduire beaucoup et marquer l'asphyxie. »

Il remet les organes du garçon dans la cavité abdominale, replace le gril costal. Il enfile une corde dans le chas d'une longue aiguille et recoud l'ouverture. Avant de remettre son crayon dans la poche de son sarrau, il note l'état de la bière. Il demande au fossoyeur de l'aider à remettre le petit noyé dans son cercueil. Avec délicatesse, il replace une mèche et couvre le visage du petit avec le linceul. Avant de refermer la bière, il lui joint les mains et y replace le chapelet. Il regarde une dernière fois avec compassion le jeune Louis. Les trois hommes se recueillent un instant. Derome n'aime pas voir la mort et la violence frapper les enfants. Il se rappelle cette gravure de la faculté de médecine de Paris : *Esculape veillant sur les enfants*. Le gros dieu de la médecine posant sur les enfants un regard bienveillant. Il insiste depuis des années pour qu'on le laisse enquêter sur les cas de viol et d'agression sexuelle contre des enfants, crimes des plus odieux à ses yeux. Les chefs de la police de Montréal lui confient maintenant certaines enquêtes. Derome effectue ce travail gratuitement, tant pour la Sûreté municipale que pour la Sûreté provinciale, le soir après sa rude journée de travail. Parfois, une mère désespérée lui amène son enfant au labo pour qu'il l'examine, croyant qu'il a été agressé sexuellement. La semaine précédente, il s'était rendu chez « une brave famille d'ouvriers », comme il l'a écrit à l'assistant du procureur général. Les parents croyaient que leur fille avait été violée. L'enfant ne parlait plus. Derome l'a trouvée en état de catatonie. Son examen a révélé des lésions vaginales. Le viol avait été brutal. Et l'enfant refusait de parler. Il n'y avait rien à faire.

Derome se déplace aussi en province pour les cas de viol. Mais, trop souvent, les enquêtes n'aboutissent pas, car les victimes, avant de rencontrer le docteur, font disparaître par dégoût les traces que laissent ces prédateurs sexuels.

Derome retire son sarrau et ses gants de caoutchouc. Il lave ses instruments et les remet dans leur boîtier.

L'enfant peut maintenant reposer tranquille pour l'éternité. Ce sera difficile de redonner à ce petit innocent la dignité perdue. Comme tous les médecins légistes, c'est ce qu'il aime le plus dans sa profession : être la voix et les yeux des disparus. Mais peut-être dans ce cas précis est-il trop tard. Il aurait fallu que le coroner procède plus rapidement. Il reste un espoir : faire craquer Sainte-Marie, un aliéné que l'on garde à vue.

Le policier Paré s'avance vers lui.

— Puis, docteur ?

— Faites parler Sainte-Marie.

— C'est un fou qui délire !

Après avoir refermé sa trousse, Derome repart avec cette odeur putride imprégnée dans ses vêtements. Heureusement que la journée est encore jeune. Dans le ciel bleu se meuvent de longs cirrus annonciateurs de pluie. Une fois lavé, endimanché, il ira à la messe de midi avant de profiter d'un beau dimanche paisible à la campagne.

★   ★   ★

Sur le parvis de l'église, les fidèles se saluent. Le soleil a cuivré le visage des cultivateurs qui passent leurs journées au grand air. L'été venu, l'arrivée du docteur Derome crée l'événement à Napierville. Il est une source de fierté locale et, une fois par année, il devient un cultivateur comme eux. Cette bonne terre noire a engendré du muscle en Louis Cyr et de la matière grise en Wilfrid Derome. Et tous les deux sont restés simples.

Le docteur porte un costume trois pièces gris et un nœud papillon. Sophie-Catherine, coiffée d'un chapeau cloche, a revêtu une robe fourreau sur laquelle glisse un long collier de perles.

Son cousin, Avila Filion, lui tape amicalement sur l'épaule.

— Bonjour, Wilfrid.

— Salut, Avila.

C'est lui qui a construit, en pleine conscription de 1918, la maison de campagne du docteur. Avila a une lourde dette envers son cousin. Le docteur avait bien déjoué les *drafters* ce jour-là. Ayant appris qu'une délégation de la *Mounted Police* s'approchait du village, Wilfrid s'était dépêché sur les lieux du chantier pour prévenir le conscrit Avila, qui avait eu le temps de s'enfuir vers les États.

La famille Derome gravit les marches du perron. Des grandes orgues retentissent de puissants accords qui vont se perdre dans la nef blanche. En entrant, le docteur mouille son doigt dans le bénitier et se signe. Il a une pensée pour le petit noyé. Il s'avance vers le banc familial. Il salue ses demi-sœurs, Léa, Emma et Esther, qui lui sourient. Elles sont déjà vieilles. Deux d'entre elles ne se sont jamais mariées en raison des drames de leur enfance.

Il se recueille un instant devant la station du chemin de croix payée par Médard à la paroisse de Napierville. Le tableau montre la troisième chute du Christ, la croix écrasante, les assassins en plongée, la foule : une scène de crime. La plus connue. Celle qui allait changer le monde. Les assassins et leur victime : le fils de Dieu. Il s'arrête dans le plus grand respect pour méditer sur les blessures du Christ. Ses souffrances ont dû être indicibles.

Léa vient le rejoindre devant la station. Elle se souvient de tout.

Elle avait déjà vingt ans en 1877, à l'époque où le petit Frid, comme on l'appelait, est venu au monde. Un petit mouton noir, tout bouclé, aux joues roses et rondes. Elle revoit comme si c'était hier la cuisine aux murs lambrissés : le bénitier, le crucifix, les rameaux et le Sacré-Cœur bien à leur place. On avait condamné le salon, comme tous les hivers. Philomène, la seconde femme de son père, traînait avec peine son gros ventre jusqu'à la fenêtre à carreaux : elle attendait le septième enfant de son union avec Médard. Le souffle court, elle s'appuyait contre le rebord de la fenêtre. La crue de la Petite Rivière de Montréal, au bout du champ devant la maison, inonderait-elle le rang ? La maison au toit à deux versants avait résisté au dur hiver, et la terre allait bientôt rapatrier les hommes. Les corneilles se laissaient déporter par les rafales au-dessus des percées de sol brun dans la neige. Le dégel recrachait les pierres qu'il faudrait ramasser sur la terre de 120 arpents. Chaque jour, la fonte des neiges venait gonfler un peu plus le débit de la Petite Rivière de Montréal.

La grande maison de neuf pièces résonnait des cris joyeux de ses frères et sœurs qui jouaient près du poêle à bois. Si Dieu prêtait force à Philomène, les plus jeunes auraient un nouveau compagnon. Les belles-filles de Philomène, Esther, Léa et Emma, âgées respectivement de 22, 20 et 15 ans, l'assistaient dans ses tâches domestiques. Les autres, Angélina, Joseph, Eugénie, fréquentaient l'école du rang. Quant à Cécile, elle venait d'entrer, à l'âge de 19 ans, au couvent des Sœurs grises.

Léa se rappelait que, le mercredi 18 avril, Philomène avait vu ses eaux crever. On avait emmené les enfants chez le voisin pour y être gardés. L'accouchement s'était bien déroulé. Dès le retour de la marmaille à la maison, les regards curieux des enfants du premier et du second lits s'étaient posés sur Wilfrid, qui dormait dans son berceau.

Tradition oblige, l'enfant avait été baptisé le jour même de sa naissance, le 19 avril. Pendant que sa mère reprenait des forces, toute la famille se préparait à sortir. La fébrilité était telle qu'Esther et Emma avaient du mal à calmer l'ardeur des petits, qu'il fallait habiller pour l'occasion.

Léa se revoyait vêtir le nouveau-né de sa robe baptismale et l'emmailloter chaudement. À l'extérieur, Médard attelait les deux chevaux canadiens, dont la robe noire luisait au soleil. Il avait même sorti son fouet de cérémonie. Toute la maisonnée s'était entassée dans la voiture bien astiquée pour l'occasion. Le dégel avait creusé de profondes ornières d'un bout à l'autre du rang tortueux. À leur gauche, la rivière était haute, menaçante. Léa se souvenait que l'équipage avait parcouru dans la joie, malgré les cahots et la vase, les cinq kilomètres qui séparent la maison de l'église. Les voisins les avaient salués au passage. Elle avait entendu le tintement des grelots attachés aux harnais des chevaux et le bruit des gros sabots qui faisaient gicler les flaques d'eau. Dans ses bras, le bébé, apaisé par le trot régulier des bêtes, avait sommeillé au chaud sous une peau de fourrure. Le curé Tassé allait présider la cérémonie du baptême du nouveau-né : Joseph Wilfrid Derome.

Le docteur Derome lit le nom de son père peint sur le cadre du chemin de croix : « Don de Médard Derome ». Les images qui lui viennent à l'esprit sont liées à la mort. La grande faux a imposé très tôt sa cadence cruelle dans sa vie.

Son père s'était marié en premières noces, le 8 novembre 1853, avec Esther Poissant. Ils ont eu cinq enfants. Mais, le 23 janvier 1861, l'accouchement tourne mal et Esther meurt sept jours plus tard. Heureusement, la petite Emma lui survit. Après avoir observé le deuil, son père s'est mis à chercher une épouse capable d'aimer ses demi-orphelins autant que ses prochains enfants. La nouvelle élue, Philomène, sa « perle précieuse », n'a que 19 ans. Médard en compte déjà 33. Ils se sont présentés devant l'autel le mardi 19 janvier 1864.

Wilfrid n'a que huit ans lorsque sa mère perd un enfant en couches. Malgré ses quarante ans, Philomène veut une grande famille. Moins d'un an plus tard, le 8 avril 1886, les douloureuses contractions recommencent. On va vite chercher la sage-femme.

Cette fois, il lui faudra mettre au monde non pas un, mais deux bébés. Cependant, l'accouchement se complique. Les bessons ne survivent pas et la mère agonise durant quatre jours. Le 12 avril 1886, elle rend l'âme. Lorsqu'il rentre à la maison avec ses frères et soeurs, trois crêpes sont accrochés à la porte d'entrée. La mort se drapait en noir. Dorénavant, ils seront tous demi-orphelins. La dépouille de sa mère est exposée au salon. Wilfrid voit la mort frapper trois fois pour son anniversaire. À neuf ans, l'injustice de perdre sa mère façonne le caractère. On a une dent contre la mort.

Deux jours plus tard, le corbillard tiré par des chevaux conduit Philomène à son dernier repos. Les soeurs aînées de Wilfrid doivent prendre en mains l'éducation des cadets ; une tâche si exigeante que Léa ne se mariera jamais. Wilfrid les aime grandement : elles ont joué le rôle de mère. Il sait qu'il a été chanceux d'aller aussi loin dans la vie. Elles se sont sacrifiées pour ceux qui ont reçu le don de la connaissance.

CHAPITRE 5

La science près d'un bénitier

Les mauvaises têtes agissent souvent en héros.

ALAIN

En ce mois de septembre 1896, le train noir entre en gare de Joliette. Un garçon de dix-neuf ans au teint hâlé et aux cheveux de jais s'extirpe de la fenêtre. Il regarde les belles dames à ombrelle sur le quai. On dirait qu'elles flottent dans leur robe à crinoline. À leurs côtés, des hommes endimanchés, coiffés d'un canotier ou d'un chapeau melon, déambulent comme des jars.

Wilfrid est robuste et bien en forme après un rude été passé sur la terre paternelle. Sa chevelure noire, abondante, au toupet ondulé, est à la mode chez les jeunes romantiques de son temps. Son front haut, aux arcades sourcilières fines et longues, et ses grands yeux clairs dénotent assurance et détermination. Les lèvres sont charnues et seul le nez, un peu fort, vient rompre la délicatesse des traits du jeune collégien.

Le train s'immobilise dans un fracas d'acier et un chuintement de vapeur. Le soleil à son zénith fait reluire de ses feux l'acier noir de la locomotive.

— Tout le monde descend, hurle le chef de gare.

Et c'est ça notre malheur, se dit Derome. On n'y remonte que neuf mois plus tard, la tête remplie comme des pis de vache. Bienvenue à Joliette, Wilfrid ! Regarde bien la ville, car tu ne la reverras pas de sitôt.

Des valises et des malles s'entrecroisent sur le quai en un véritable ballet.

Il lui a fallu prendre le *Napierville Junction* via Montréal, puis un autre train jusqu'à Joliette. Il est fatigué.

Le taciturne Wilfrid tire une première lourde valise du compartiment à bagages et une seconde un peu plus légère. Joliette est son troisième *alma mater*. Il y a eu le Collège de Montréal en 1890 et le Collège Sainte-Marie en 1893. Le voici en troisième année à Joliette. Les Clercs de Saint-Viateur ont la réputation de mater les esprits insoumis comme le sien. On dit de lui qu'il est une mauvaise tête, un indiscipliné.

Après avoir hissé les bagages du jeune homme dans la voiture, le cocher pince la croupe du cheval, qui part en direction de la rue Saint-Charles.

L'imposant séminaire en pierres grises, avec ses combles et ses tourelles, se dresse aux côtés de l'évêché et de la cathédrale. Derrière, un grand parterre entrecoupé de plusieurs allées se donne les airs d'un petit Versailles. Il y a une vue panoramique sur le paysage. Un jeu de fontaines comprenant cinq jets d'eau arrose un vaste étang. En bordure de la rivière L'Assomption, derrière le bâtiment, s'élèvent de grands ormes.

— Dire que ce sont des élèves qui ont aménagé le terrain, rappelle le conducteur.

— Les travaux forcés…

L'homme l'aide à descendre ses valises. Sur la pelouse du collège, les frères aux soutanes fouettées par le vent ressemblent à des corbeaux qui goûtent aux derniers rayons du jour. Leurs ombres dessinent des formes gigantesques. L'un d'eux, la tête plongée dans son missel, marche lentement, un autre égrène son chapelet. À travers les vitraux s'échappent les psalmodies ténébreuses des plains-chants grégoriens.

Il passe le seuil en traînant ses grosses valises. Une statue de la Vierge foulant du pied un serpent l'accueille dans le vestibule. Il se signe.

Il monte jusqu'au dortoir des grands, au dernier étage.

Derome, hors d'haleine, tire péniblement son barda, se reposant à chaque palier. À chaque arrêt, un saint le regarde peiner jusqu'au dortoir. Il est accueilli par la joyeuse cohorte de philo junior : Bellerose, Mireault, Ducharme, Pelletier et compagnie.

— Wilfrid, tu as survécu à la charrue ? lui lance un citadin.

— Et toi à la paresse et aux vices ?

On lui présente un novice, un peu perdu, assis au bout de son lit. Derome sait ce que veut dire prendre sa place dans un nouveau collège. Le jeune homme fixe l'œil-de-bœuf qui donne une vue dans la chapelle.

— Par cet œil, Dieu voit tous nos péchés ! lance Derome au nouveau venu.

— Et ça l'amuse ! renchérit Mireault en riant.

Derome met le nouveau en garde contre le système de tuyauterie, au bout du dortoir, qui recueille les « eaux grasses » du petit matin.

— Quand tu entendras l'expression « déversement du Pô », tu sauras vite ce que c'est.

Wilfrid se laisse choir sur son lit. Il aura à passer encore deux années à Joliette. Six cents jours qui seront faits de la même pâte que les mille huit cents premiers, où il n'a pas cassé grand-chose avec ses résultats scolaires. Des journées toutes pareilles, comme un goût de gruau fade ou comme des lits blancs multipliés à l'infini dans un dortoir.

Il les connaissait par cœur, ces journées. Comme tous les matins à 5 h 20, le bras maudit sonnera la cloche qui annonce la fin des songes. Il se lèvera de sa couchette de fer en maugréant pour aller faire ses ablutions matinales. Frissons au corps, il ira se vêtir dans l'un des deux cabinets d'habillement. Après avoir fait son lit, à 5 h 50, il suivra la meute jusqu'à la chapelle pour la prière. Entre deux borborygmes et un *Pater,* il gardera péniblement les yeux ouverts. À 6 h 10, il descendra, le ventre vide et le visage chiffonné, à la salle d'étude. Mais il refermera à la hâte son livre pour se préparer à la sainte communion. L'estomac dans les talons qui n'avancent plus, il arrivera enfin, à 7 h 20, dans le réfectoire où se répand le fumet universel du gruau. Il profitera de la récréation pour s'éventer et jouer aux osselets avec ses nouveaux compagnons. À 7 h 50, au son de la cloche marquant la fin des jeux, il gagnera en silence sa classe de première année de philosophie, où l'attend un examen de physique. Après la leçon, il se rendra au cours de chant grégorien. À 10 h 20, il retraitera à la salle d'étude et y demeurera jusqu'à 11 h 55, soit l'heure de l'examen de conscience. Qu'aura-t-il à se reprocher cette fois ? Derome pourra enfin revenir au réfectoire pour renouer avec l'affreux « chiard » des collèges classiques. Après la troisième récréation du jour, il gagnera derechef la salle d'étude en essayant de ne pas se faire prendre à parler et à traîner de la patte. Il n'aura que cinq minutes pour aller d'un lieu à l'autre. Débutera ensuite la classe, de 14 h à 16 h, suivie, de 16 h 30 à 18 h, de la récréation ou des exercices musicaux. Il lui en faudra, de l'air. Ensuite, il n'aura plus qu'à suivre le fidèle troupeau jusqu'à la chapelle pour la récitation du chapelet, avant de se rendre sans plus attendre au réfectoire pour le repas du soir. Il devra tout avaler en 40 minutes. À 18 h 40, ce sera à nouveau le temps de la récréation ou des exercices de chant. Il entonnera un *Kyrie* avec le chœur du collège, qu'accompagnera malgré elle la fanfare dans la cour de récréation. À 19 h 50, Wilfrid se retirera à la chapelle pour la prière, la lecture spirituelle et la confession optionnelle — et, pour faire changement, retournera dès 20 h 15 à la salle d'étude. À 21 h, il se rendra directement au dortoir. Il tombera de sommeil, alors que des plaisantins animeront déjà le dortoir de leurs facéties.

★   ★   ★

Lorsque le professeur entre dans sa classe, le bruissement de sa soutane suffit à imposer le silence. Avec sa carrure athlétique, le jeune père Louis-Joseph Morin déplace beaucoup d'air. Sa chevelure blonde et son visage juvénile lui confèrent un air sympathique. Son regard balaie la classe de philo comme le ferait un commandant passant ses troupes en revue. Ses yeux bleus d'acier et son ton cassant terrorisent bien des élèves.

Il s'assoit derrière sa table et fourrage dans son porte-documents. Derome s'est préparé pour l'examen. Tout est tellement plus facile ainsi. La découverte des sciences et de la philosophie marque un tournant en première année de philo. L'année scolaire 1896-1897 est placée sous de bons augures. L'adage « avoir la bosse des sciences » prend tout son sens. Ceux qui l'ont devancé tout au long des humanités traînent maintenant loin derrière. Désormais, seuls Calixte Pelletier, Joseph Bonin et Raoul Ducharme lui font de l'ombre.

Morin, son prof d'algèbre et de sciences naturelles, n'est pas étranger à ses récents succès. Il exerce un fort ascendant sur lui. En voilà un, se dit Wilfrid, qui ne voit pas la science comme une menace à la foi. Le jeune collégien bénéficie de la présence d'un mentor animé tant par la foi que par l'amour de l'enseignement. Son engagement et son dynamisme sont incontestables. Morin initie ses élèves à la méthode scientifique, à l'art de l'observation. Plus que jamais, Wilfrid fait preuve d'un zèle et d'une application hors du commun dans ses travaux scolaires.

— L'examen comporte trois questions. Si vous avez étudié, ce sera le paradis, ou sinon, l'enfer.

Morin est dur pour les paresseux. On l'aime ou on le déteste. On se confie à lui ou on le fuit. Son habitude d'annoncer les résultats à voix haute en commençant par le plus fort prolonge l'agonie des cancres et terrifie les classes. Wilfrid sait que, pour obtenir l'oreille du père Morin, il doit être obstiné dans l'effort et conscrit par sa discipline austère. Cette rigueur est salutaire pour lui, la forte tête.

Le jeune père Morin écrit la troisième et dernière question de l'examen de trigonométrie. Il trace de belles lettres rondes sur le tableau noir que surplombe le christ en croix. Les visages anxieux suivent la progression de la question : certains, par leurs mines déconfites, montrent qu'ils ont déjà renoncé.

— Trouvez la hauteur d'une tour, sachant qu'on a pu mesurer sur le terrain une ligne droite de 65 pieds partant du pied de la tour et un angle de 53° 42' compris entre cette ligne droite et un rayon dirigé de l'extrémité de la ligne droite au sommet de la tour.

— Bonne chance ! dit le père Morin.

Derrière son bureau, Wilfrid Derome plonge sa plume dans l'encrier : les deux premières questions sont un jeu d'enfant. La troisième aussi, pense-t-il avec satisfaction en étalant une colonne de chiffres :

$$c = b \tang$$
$$\text{Log } c = \log 65 + \log \tang 53° 42'$$
$$7{,}81291$$
$$\underline{0{,}13397}$$
$$7{,}94688$$
$$c = 88{,}4875$$

Il dépose sa plume dans son boîtier, visse le couvercle de l'encrier et remet son travail au père Morin. Le professeur parcourt rapidement son examen et hoche la tête de satisfaction :

— Très bien ! Et *Les Fourberies de Scapin* ?

— Molière m'attend, justement. On a une dernière répétition.

— Je crois que la répétition devra attendre encore, remarque le père Morin en regardant les autres comédiens qui peinent avec leurs calculs. De toute façon, le temps est écoulé ! Messieurs, vos copies.

★　★　★

Le 22 juin 1897, Derome participe aux noces d'or du Collège de Joliette. Après un souper réunissant des centaines d'invités, il pointe son nez vers les étoiles. Dans ses yeux miroitent les couleurs des feux d'artifice, qui explosent en grosses gerbes mouvantes et colorées. Ces feux annoncent-ils son triomphe à venir ? Encore quarante-huit heures à attendre.

Deux jours plus tard, lors du gala de la Saint-Jean-Baptiste, Derome assiste à la messe pontificale. À midi, le collège prend des airs champêtres. Le dîner se donne sous la tente et c'est à quatorze heures que se tient la distribution des prix. Wilfrid, dans l'attente de ses résultats, est anxieux. Au terme de l'année scolaire, il a obtenu un total de 182,2 points sur 200 et une moyenne de 91,1 %, dont une note parfaite en dissertation. Les honneurs ne peuvent plus lui échapper. Les chiffres parlent d'eux-mêmes : Médard se réjouira.

À l'avant, le père Beaudry dévoile la liste des lauréats. Son nom n'est pas appelé. Il est consterné. Malgré ses notes exceptionnelles, c'est la déception. Pas même une mention en philosophie. Puis, le nom de Wilfrid Derome, de Saint-Cyprien, est enfin appelé : « Premier prix de mathématiques ». Il va chercher son prix en cachant sa déception. Vient ensuite un deuxième prix de plain-chant. Encore une fois, aucun prix d'excellence ne souligne sa bonne conduite. La déception est forte. Il a hâte de regagner le dortoir. Comment peut-il repartir les mains presque vides après une telle année ?

Dans le coin du dortoir, Mireault, qui se destine à la prêtrise, s'approche de lui.

— Écoute, Wilfrid, tu repars pas les mains vides… Dieu tient à t'endurcir. Il veut pas que tu t'assoies sur tes lauriers…

— Quoi ? J'aurais dû m'enrôler dans les milices du pape et faire le zouave ? Pas moi.

— Je sais que tu es l'être le plus rationnel que je connaisse, mais Dieu a un projet pour toi.

Il fait une chaleur accablante.

— Bonne nuit, Arthur.

— Bonne nuit, Wilfrid.

Il peut malgré tout retourner à Saint-Cyprien avec le sentiment du devoir accompli. Assis sur la banquette du train, il compte bien se reprendre lors de la session suivante. Mais, pour l'instant, les bœufs et la charrue vont remplacer les sciences.

★   ★   ★

Au Québec, on ne parle que de cette tragédie, la pire des annales judiciaires. Le fratricide de Rawdon, aux portes de Joliette, hante les conversations au collège. Dans les journaux, il s'ensuit un véritable feuilleton médiatique farci de détails sensationnels et assorti de dessins morbides.

Mireault et Derome se dirigent vers le réfectoire à pas de tortue.

Mireault sort de sa poche l'exemplaire de *La Presse* qu'un demi-pensionnaire lui a apporté.

— Hé, Wilfrid ! lui dit Mireault. T'as su ce qui s'est passé à Rawdon ?

— Qu'est-ce qui peut se passer à Rawdon ?

— Regarde ça, dit Mireault en lui montrant les pages sensationnelles.

— Un gars de 21 ans, Tom Nulty, a massacré ses trois frères et sa sœur dans leur lit.

Derome grimace en voyant les dessins qui illustrent le carnage.

— C'est affreux. C'est arrivé quand ?

— Le 8 novembre, avant-hier.

Wilfrid s'arrête dans le corridor pour en savoir davantage.

— Pourquoi il a fait ça ? Il est fou ?

— Aucune idée. C'est affreux, ces dessins. La hache est sanguinolente et pleine de cheveux.

La grosse voix d'un frère sonne comme un glas.

— Derome et Mireault, vous venez de perdre votre excellence pour le mois de novembre.

— Comment perdre ce qu'on n'a pas ? murmure Derome.

Mireault parvient à cacher son journal.

— C'est McCaskill qui conduit l'enquête, chuchote Mireault.

Une odeur de chou brûlé envahit leurs narines.

★   ★   ★

Le père Morin tient à souligner les efforts de ses premiers de classe. Et rien de tel qu'une récompense symbolique. Il a convoqué Wilfrid pour lui annoncer une grande nouvelle.

— Asseyez-vous, dit-il en montrant la chaise dans un coin.

Sur le mur, les yeux agonisants du Christ en croix semblent le suivre. En regardant le lit, Wilfrid se demande comment le père peut prendre place sur ce petit grabat.

— Wilfrid, j'ai un voyage à vous proposer que vous ne ferez pas.

Le garçon fronce les sourcils. Il ne comprend pas très bien. Le père sort un cahier dans lequel le jeune homme reconnaît ses examens de la dernière année.

— Il y aura, dans un peu plus d'un an, une exposition universelle à Paris pour marquer le nouveau siècle. Nous aimerions que vos travaux représentent les Clercs de Saint-Viateur. On en a choisi un certain nombre qui montrent la qualité de notre enseignement et votre passion jamais démentie pour les sciences. Vous avez développé ce talent ici. Ne l'oubliez jamais.

Derome est bouche bée devant un tel honneur, que même son cousin Arthur n'a jamais reçu. Morin sort de la pile un premier texte.

— J'ai choisi ce travail sur les lois de Kepler, la distance des étoiles et les aérolithes, qui vous a valu 92 % en astronomie.

Il hoche la tête, approuvant tout ce que son professeur lui dit. Il ressent un bien-être proche de l'ivresse.

— Ce n'est pas fini. Je joins votre devoir de physique sur « les lois des attractions et des impulsions électriques ».

Derome aperçoit la note de 92 % que lui a donnée le père Morin. Le père se rembrunit devant le faciès par trop orgueilleux de son élève.

— Mais, mon enfant, après ces catastrophiques 4,5 sur 10 et 2 sur 10 en religion qui vous ont convié au « tartare », ce purgatoire des paresseux, vous avez redoré un blason sérieusement terni avec un beau 90 % en catéchisme. L'honneur est sauf et je joins ce travail. Je lis malheureusement sur cette dissertation-ci les commentaires négatifs du père Richard. Il ne mâche pas ses mots. Mais qu'est-ce que je vois là, en tête du travail : la mention « Nul ! » Mais qu'est-ce qui s'est passé ? Le père Richard écrit : « Vous partagez mal votre temps, voilà pourquoi vous ne donnez que rarement des travaux passable [*sic*] en littérature. » Décidément, le thème du « courage » vous inspire moins que les bolides spatiaux.

Derome voit la faute de grammaire du père Richard, mais ne s'en moquera pas devant le père Morin.

— Vous n'aimez pas la littérature ?

— Oui, mais je…, bredouille-t-il.

— Écoutez-moi, passons à la philosophie maintenant. Le professeur Geoffroy s'est emballé pour votre dissertation : une note parfaite de 100 %.

Derome lit le laconique message d'encouragement du père Geoffroy écrit en tête de son examen : « Très bon travail ! Continuez à bien vous appliquer à l'étude de la philosophie. »

— Nous joignons ce travail aux autres. Les Français verront que les jeunes Canadiens peuvent les concurrencer dans toutes les matières.

Derome voit le père sortir sa dissertation latine qu'il a intitulée *De Socialismo*, un sujet qui inquiète l'Église.

— J'annexe ce travail.

À partir d'une encyclique papale, *Rerum Novarum (Des choses modernes)*, il a renchéri sur la position du pape. Il a démontré tout le mal engendré par la philosophie marxiste. Il y est si bien parvenu que son texte a arraché la note de 95 % en philosophie. Décidément, le père Geoffroy apprécie les efforts de son jeune élève.

Morin pointe un index réprobateur vers son jeune prodige.

— Mais de grâce, mon garçon, appliquez-vous en littérature. Vos travaux nous feront honneur à Paris.

— Irez-vous à Paris pour l'occasion ?

— Je compte aller faire ma licence ès sciences à la Sorbonne avec Branly.

Derome hoche la tête.

Treize juillet 1923 : depuis une heure, la foule s'est massée devant le 190, rue Saint-Hubert, en attendant la Cour qui tient séance en après-midi à la résidence de l'abbé Delorme. *(La Presse)*

L'abbé Delorme sort de sa résidence, qu'il n'a pas vue depuis dix-huit mois, en compagnie du gouverneur de la prison, Napoléon Séguin. *(La Presse)*

Le 443, rue Saint-Vincent, à la veille de son inauguration officielle. La morgue, la Sûreté provinciale, la Cour du coroner et le laboratoire de médecine légale et de police technique cohabitent sous le même toit. *(La Presse)*

Le 443, rue Saint-Vincent. La Cour du coroner où siège le vénérable Edmond MacMahon et plus tard Lorenzo Prince. *(La Presse)*

La réception du 443, rue Saint-Vincent. La police provinciale occupe le premier étage. *(La Presse)*

L'une des nombreuses microphotographies produites lors du procès de l'abbé Delorme. (Musée de la civilisation, Collection du laboratoire de sciences judiciaires et de médecine légale)

Le colis expédié au chef Lorrain contenant la montre de Raoul Delorme. L'analyse graphologique de Wilfrid Derome, une première dans nos annales judiciaires, démontre qu'il s'agit de l'écriture de l'abbé. (Musée de la civilisation, Collection du laboratoire de sciences judiciaires et de médecine légale)

UN CHEF ARABE

Ci-dessus : Croquis du docteur Derome. (Musée de la civilisation, Collection du laboratoire de sciences judiciaires et de médecine légale)

Ci-contre : Le sergent-détective Georges Farrah-Lajoie en djellaba, tel qu'il apparaît dans *La Presse* du 15 février 1922. D'origine syrienne, il sera victime des préjugés raciaux entretenus par l'abbé et ses procureurs. *(La Presse)*

Le tribunal présidé par le juge Dominique Monet entend le plaidoyer de folie des procureurs de la défense. *(La Presse). En haut, à gauche :* Me J.-C. Walsh, procureur de la Couronne. *En haut, à droite :* M. le juge Dominique Monet. *En bas :* Me Gustave Monette, avocat de l'accusé.

Wilfrid Derome, croqué au moment de son témoignage au procès de Joseph Dion, accusé du meurtre de Blanche Dubois. *(Le Soleil)*

La résidence secondaire du docteur Derome dans le rang de la Petite-Rivière-de-Montréal à Saint-Cyprien de Napierville. (Collection Cécile Derome)

Derome entouré d'enfants et d'amis. Gabrielle est assise à l'extrême gauche, vêtue de noir. (Collection Arsène Paré)

Derome au Collège de Joliette en 1898 durant l'année de philosophie senior. (Archives du Collège de Joliette)

Le père Louis-Joseph Morin : professeur de sciences au Collège de Joliette. Goûteur de vin de messe pour la Commission des liqueurs, diplômé en sciences de la Sorbonne, pionnier et doyen de la faculté des sciences de l'Université de Montréal. Dès le début du siècle, il construit avec ses élèves du collège une TSF (tour de télégraphie sans fil). (Archives du Collège de Joliette)

Louis de Lotbinière-Harwood : gynécologue, surintendant puis président de l'hôpital Notre-Dame et doyen de la faculté de médecine. (Archives de l'hôpital Notre-Dame)

Georges Villeneuve : le professeur de médecine légale et neurologiste exerce une grande influence sur les médecins qu'il a formés. (Archives de l'hôpital Notre-Dame)

— Dépêchez-vous, vous allez être en retard pour la retraite spirituelle.

— Merci, père Morin.

Il sort de la chambre, euphorique.

★ ★ ★

Les yeux tout englués de sommeil, Wilfrid tire sur la cloche qui réveille tout le collège. Le précédent sonneur, dont la vue faiblissait, a trop souvent annoncé les matines une heure à l'avance. Il a fallu le remplacer. Derome a pris une chambre dans « la tour à deux dollars ». S'il écoutait ses compagnons, il ne la ferait jamais sonner, la cloche. Il peut y exercer le chant, réfléchir et lire en toute quiétude.

Il est fourbu et un peu de mauvaise humeur. La veille, ses coéquipiers des Invincibles et lui ont baissé pavillon en neuvième manche contre les Never Sweats (« Ceux qui ne suent jamais »). Un match disputé pouce par pouce, aux dires du scribe de *L'Étoile du Nord*. Le premier but Derome et le receveur Mireault se sont promis une revanche mémorable. Il s'étire en bâillant. Il regarde sa main, qui lui fait encore mal. La colère est mauvaise conseillère. Il n'aurait pas dû fracasser cette porte et cette lampe, qu'il lui faudra remplacer à ses frais. Les Clercs de Saint-Viateur lui ont ouvert un compte à cette fin.

Mais le printemps ramène la bonne humeur et laisse entrevoir la fin des classes. Les clercs organisent une activité pédagogique hors de l'ordinaire. Pourquoi ne pas utiliser le cas de Nulty pour incarner dans l'esprit des collégiens le pire des péchés, se disent les pères. Le 19 mai, ils obtiennent des autorités de la prison de Joliette la permission d'aller voir, avec leurs ouailles, l'échafaud érigé sous la geôle, là où Nulty égrène ses dernières heures. Dans ce monde où la peur sert d'engrais à la morale, il existe toutes sortes de manières de professer des leçons !

La nouvelle se répand comme une traînée de poudre dans la

cour de récréation que réchauffe le soleil. Derome et ses amis cessent de jouer à la balle, estomaqués.

— S'ils pouvaient organiser un tour guidé de l'enfer, ils le feraient, affirme Derome.

— Toi, Wilf, tu crois qu'on va voir Nulty du haut de sa cellule ? demande Mireault.

— Pourquoi il s'afficherait ?

— Moi, je ne toucherai pas la potence, dit Ducharme.

— C'est juste du bois, répond Mireault.

— Ça porte malheur.

— Pourquoi les frères veulent nous montrer ça ? s'exclame Pelletier.

— Parce qu'ils sont sadiques, répond Wilfrid, qui fait s'esclaffer ses amis.

— L'idée doit venir du père qui a exposé dans le musée la photo d'une chaise électrique, dit Lavoie.

Les oiseaux chantent la migration du printemps, ce qui contraste avec le climat lourd et malsain qui prévaut lorsque les élèves cheminent à la queue leu leu vers la prison.

— Escortés par tous ces pères, on dirait que c'est nous qui marchons vers l'échafaud, ironise Derome.

— Si je ne réussis pas mon bac, c'est ce qui risque de m'arriver, concède Pelletier, qui se destine aussi à la médecine.

— Qui est le bourreau ? demande Mireault.

— Un Anglais, répond Pelletier.

— Y font faire le boulot par un protestant ! conclut Derome.

— Ils n'ont pas hissé le drapeau noir ? s'interroge Ducharme.

— Uniquement après l'exécution, répond un père.

— Imagine si je hissais un drapeau noir à la tour, demain, lance Derome.

Les rires fusent, ce qui vaut à tous les collégiens les regards inquisiteurs des pères qui chaperonnent l'activité.

Après avoir longé les murs de la prison, ils entrent par une grande porte que gardent des policiers armés. À quelques mètres se dresse le gibet hissé sur un échafaud. L'affreuse corde pend en attente d'une tête. Personne n'ose monter les sinistres marches. Les élèves se penchent pour observer la trappe. Du doigt, le gardien leur indique où est enfermé Nulty. Les regards des collégiens lorgnent la geôle où croupit le condamné, guettant l'éventuelle apparition de Nulty derrière ses barreaux. Pour le salut de l'âme du condamné, un *Pater* s'élève et gagne en volume. Nous entend-il ? se demande Derome. Mais le condamné ne se montrera pas.

★   ★   ★

Wilfrid attend ce moment depuis longtemps. Ce lundi 20 juin 1898 est enfin arrivé, le long parcours du collège classique tire à sa fin. Derome vient de passer la dernière fin de semaine de sa vie au collège. La distribution solennelle des prix aura lieu dans la grande salle du collège. Ses amis savent qu'il peut tout rafler, mais les Pelletier, Lavallée et Bonin se révèlent être eux aussi de solides candidats. Dans le dortoir, Wilfrid revêt la soutane noire des finissants. Il brosse sa tignasse en prévision de la photo de collation des grades.

Une réception est offerte par les clercs. Les parents affluent aux portes depuis treize heures trente. Après le souper, on assiste à une pièce de théâtre en trois actes, *La Malédiction*. Affalé sur son siège à subir ce vaudeville ridicule, Wilfrid attend avec impatience et anxiété le début de la soirée.

C'est à dix-neuf heures trente que s'amorce la distribution des prix, à partir des plus jeunes lauréats jusqu'aux plus anciens. Le journaliste de *L'Étoile du Nord* constate qu'un « grand nombre d'anciens élèves, plusieurs membres du clergé, la plupart anciens élèves de la maison », remplissent d'une « foule immense » la salle. Assis sur sa chaise, Wilfrid Derome se rappelle la forte impression que lui a laissée le triomphe d'Arthur, trois ans plus tôt. Reparti bredouille l'an dernier, il a excellé tout au long de cette année, au point de limiter sa participation à des activités culturelles. Cette soirée pourrait être son couronnement et, de façon éclatante, lui ouvrir l'accès à la faculté de médecine de l'Université Laval à Montréal. Avec tous ses oncles médecins, les lettres de recommandation ne manqueront pas. Les examens de baccalauréat qu'il vient de réussir avec brio lui épargneront l'examen d'admission en médecine que fait passer le Bureau médical de la province de Québec. Il n'aura qu'à mettre la main sur le certificat de bonnes mœurs requis par la faculté de médecine.

Vers vingt heures, le directeur et supérieur du collège, le père Beaudry, s'amène sur la scène.

— Le premier prix de philosophie senior est décerné à… Wilfrid Derome.

C'est parti. Le costaud de Saint-Cyprien se lève. Ses amis lui donnent des tapes dans le dos. Près de la scène, le père Morin applaudit chaudement son protégé.

Le père Beaudry lui remet un livre entouré d'un beau ruban jaune. Il n'a pas le temps de retourner s'asseoir qu'il entend déjà la prochaine annonce.

— Le premier prix de physique est accordé à…Wilfrid Derome, de Saint-Cyprien.

Acclamé par les élèves, Derome se lève encore à plusieurs reprises, obtenant cinq premiers prix : philosophie, astronomie, mathématiques, dissertation et chant ténor. C'est l'apothéose. En économie politique, il ramasse un accessit. Le jeune homme a les bras chargés de livres. Et pour ajouter à son triomphe, « le prix Léon XIII (une médaille d'argent), offert par Sa Sainteté Léon XIII à l'élève qui a obtenu le meilleur succès dans l'étude de la philosophie, lui est décerné. » Même Arthur, son cousin, n'y était pas parvenu. Les plus jeunes le regardent avec admiration. Ses amis se pressent autour de lui pour le féliciter. Il a tout raflé ou presque…

— Je te ferais remarquer que tu as encore perdu ton excellence, lui signale Mireault à la blague.

— Je te la laisse pour quand tu seras évêque… et que je devrai t'appeler « Son Excellence ».

Une fois de plus, il ne figure pas sur la liste des quarante meilleurs élèves pour le prix de bonne conduite.

Un ensemble musical interprète une opérette canadienne intitulée *La Conversion d'un pécheur.*

La soirée se termine par le discours d'adieu des finissants.

On a demandé au futur avocat Jos Lavallée de représenter sa classe. Le pauvre Jos, qui pensait s'en tirer avec les honneurs, doit s'adresser à la foule : *« Sancte Joseph ! Ora pro nobis ! »*, entonne-t-il.

Le supérieur Beaudry salue et remercie parents et élèves. Le maire de Joliette, M. Renaud, prononce une courte allocution chaudement applaudie, mais que Wilfrid n'écoute pas dans l'excitation du moment. La soirée s'achève après minuit sur « les accords harmonieux » de la fanfare qui interprète *Consolation* de J. Howard. Plusieurs en ont besoin, pense Wilfrid. Il salue son ami Mireault, le receveur des Invincibles, qui poursuit ses études en théologie et qui restera à Joliette.

— C'est assez pour être sanctifié…

— Je t'enverrai des patients.

— Et je te les retournerai si je n'arrive pas à les soigner…

Il est ému.

— Tu fais attention à toi.

— Et toi aussi.

Il fait ses adieux à Scapin, son ami Calixte Pelletier, de Saint-Ambroise, qui a fini si souvent deuxième en cette soirée et qui se destine comme lui à la médecine. Il aimerait l'encourager mais la pitié n'arrange rien. Wilfrid se retrouve pour la dernière fois en compagnie de ses camarades de classe, les Plante, Lavallée, Ladouceur, Bellerose, Pelletier, Ducharme et Mireault, avec qui il a monté *Les Fourberies de Scapin*. Autant d'années passées ensemble laissent des traces. Il ne les oubliera jamais.

En cette nuit d'été, Wilfrid Derome, des livres plein les bras, rayonne en pensant qu'une nouvelle vie l'attend. Il s'apprête à rejoindre son cousin Arthur à Montréal. Le matin, un gros train noir l'attend en gare du Nord pour une autre station.

CHAPITRE 6

La faculté de médecine
de la rue Saint-Denis

Chaque jour à onze heures, après son cours de chimie médicale et de toxicologie, Wilfrid Derome se rend à sa leçon clinique. Ce matin, il s'est rendu à l'hôpital Notre-Dame. Il a préféré les cris d'un homme qui s'est fracturé le bassin aux contractions insoutenables d'une parturiente dont le nouveau-né se fait attendre. Avant de partir, il s'approche du professeur qui supervise la leçon. Il tend sa carte de certification, une condition à satisfaire s'il veut passer ses examens à la fin du semestre. Le médecin la signe mécaniquement.

Dehors, le vent vif et glacial de mars incite Derome à marcher rapidement.

Les branches des arbres s'éperonnent l'une l'autre et des croûtes de neige se détachent des toits en planant. Dans la rue Sainte-Catherine, les chevaux des charretiers ont les naseaux fumants et morveux. Printemps 1900, cela fait presque deux ans déjà qu'il étudie la médecine. Encore quelques semaines et les primaires seront derrière lui. Pour l'instant, il attend avec impatience son congé de Pâques. Son horaire est aussi rempli que son lourd sac de livres.

Ses leçons cliniques le confrontent à la misère des siens. Même si le monde vient de changer de siècle, la médecine ne fait pas de miracles. C'est une véritable encyclopédie vivante de maladies, de contagion et de douleur qu'il observe. C'est Montréal dans toute sa vulnérabilité. La misère s'accroche au pauvre monde. Il n'y a pas que les patrons anglophones qui s'acharnent sur les Canadiens français, mais aussi des virus et des bactéries de toutes sortes qui les tuent par milliers. Le manque d'hygiène de ses compatriotes est lamentable. Néanmoins, les percées importantes en bactériologie et les travaux du grand Pasteur sont une source de motivation pour lui. Il faut livrer bataille à ce monde invisible qui tue comme une armée.

Wilfrid gravit la trentaine de marches qui mènent au nouvel édifice universitaire de la rue Saint-Denis. S'élever ainsi lui donne l'impression d'être un homme important. Il lui en a fallu des efforts pour avoir l'honneur de fouler les marches de la faculté de médecine de l'Université Laval à Montréal.

Il passe sous de grandes arches et accède à la chaleur du hall d'entrée, pris d'assaut par les étudiants.

Après le régime fou du collège, il profite d'un relatif farniente. Plus de supérieur pour imposer la discipline! Il n'a pas non plus à se lever à cinq heures du matin ni à assister à toutes ces messes. Son examen de conscience, il le fait seul dans sa petite chambre : a-t-il trop fêté la veille ou pas assez étudié? Son premier cours en matinée, sur la physiologie, donné par le docteur Salluste Duval, ne débute qu'à huit heures. Les distractions urbaines du vieux centre, jusque-là inaccessibles, sont matière à confession. Il se rappelle que, pendant ses quatre années de collège à Montréal, avant son séjour à Joliette, il avait passé tout son temps entre quatre murs sans jamais sortir. Il a rattrapé le temps perdu. D'ailleurs, il en a payé le prix à la fin de son premier semestre, ayant accumulé de fort mauvais résultats : une mention « Bien » en physiologie, une note médiocre de 55 % en anatomie, un faible 60 % en chimie et un catastrophique 51 % en pathologie. Il lui a fallu vite redresser la situation. Son père, qui paie ses études, lui a rappelé la sueur de ceux qui s'esquintent pour qu'il devienne médecin. Le message a été bien compris.

Les règles de la faculté sont sévères et bien en vue. Wilfrid peut les réciter comme le petit catéchisme : « Interdiction de chanter ou de faire du bruit dans l'école pendant les leçons », « Les problèmes de comportement à l'intérieur ou hors de l'école et "l'ivrognerie" sont matière à renvoi ». À 80 dollars la session et à 10 dollars le cadavre, il vaut mieux s'amuser discrètement et bien choisir sa buvette.

Malgré ce corset disciplinaire, les conditions d'étude de la médecine n'ont jamais été aussi bonnes. Les salles de cours qu'il traverse sont vastes et bien éclairées. Grâce à de généreux donateurs, les anciens laboratoires sont mieux aménagés et mieux outillés et de nouveaux laboratoires ont été construits. Les départements de chimie et d'histologie sont riches de microscopes, d'appareils dernier cri et d'un laboratoire d'électricité.

Ses talons résonnent dans le couloir des pas perdus, un corridor large et haut qui amplifie la voix. Une succession de pilastres surmontés de corbeaux et sur lesquels reposent des poutres crée un effet de profondeur, qu'accentue le vertige causé certains jours par la fatigue, l'éther et le formol. Des chambranles imposants encadrent chaque porte en bois couronnée par une large imposte qui laisse passer la lumière.

Wilfrid s'engouffre dans la bibliothèque de la faculté. Il s'assoit derrière l'un des pupitres ouvragés de jolies rosettes. La hauteur des plafonds, les beaux planchers en lattes de bois et les poutres créent une atmosphère propice à l'étude. Devant son pupitre se dresse un demi-mur en bois surmonté d'un grillage dans lequel a été percée une ouverture pour un guichet. Là s'entassent sur les rayons plus de trois mille volumes et cent vingt-cinq périodiques. On n'a qu'à se présenter au comptoir et le bibliothécaire s'empresse d'aller chercher le document désiré.

Il sort de sa mallette le livre de Jamain, en prévision de la leçon d'anatomie pratique, son dernier cours, à quatre heures. Il en sera à son avant-dernière dissection de la session. Il sera interrogé sur une région du corps choisie par le professeur, qui lui posera trois questions. Il plonge dans son ouvrage et voyage un instant dans le complexe réseau coronarien en en identifiant les éléments constitutifs.

Dix minutes avant son cours d'histologie, il entre dans le musée d'anatomopathologie pour étudier une lésion sur laquelle on pourrait le questionner : il se penche sur un cœur gravement atrophié par l'alcoolisme. L'aorte est tachée d'athéromes, ces petits nodules de graisse si mortels. La collection de trois cents spécimens permet de constater *de visu* des lésions organiques, d'étudier les causes des affections morbides et d'élaborer des traitements appropriés. Cela ne lui donne pas pour autant l'envie de se joindre à une ligue de tempérance, mais les méfaits de l'alcool sont patents.

À quatorze heures cinquante-sept, il accourt au laboratoire d'histologie. Dès qu'il passe sous le chambranle, l'odeur de formol gagne ses narines. À droite de la porte s'élève une grosse armoire vitrée d'apothicaire, avec des tiroirs au bas. Il salue certains confrères et marche vers l'avant de la classe.

Quatre rangs de chaises à barreaux sont disposés devant la table du professeur. L'arabesque d'une lampe électrique descend du plafond. Tout autour de la classe s'allongent de longues tables sur lesquelles les étudiants examinent les tissus humains au moyen de puissants microscopes.

Le cours est donné par un jeune agrégé du nom d'Amédée Marien. Celui-ci est précédé d'une solide réputation. Devant le tableau noir, il sort ses notes de cours. Les traits de son visage sont durs et ses lunettes aux verres très épais grossissent ses yeux coiffés de sourcils hirsutes. Il porte une épaisse moustache et un toupet sur le côté. De fort tempérament, il déteste qu'on lui marche sur les pieds. Il se montre impitoyable envers les étudiants qui manquent d'assiduité. Aux examens de fin d'année, on le craint comme la tuberculose. Il ne s'attache qu'aux étudiants bien disposés à son égard, éloquents et courtois. Les autres n'ont qu'à sécher.

Il demande le silence, ce qui étouffe aussitôt la rumeur. Quarante regards l'observent avec intensité.

— Aujourd'hui, je vais vous montrer des coupes histologiques d'un très gros sarcome du rein qu'on a retiré avec succès sur un jeune homme. Nous préparerons avec les microtomes des coupes à partir de cette tumeur maligne. Mais avant, sortez votre livre de Klein et Variot.

Derome est vivement impressionné par Marien. Ce jeune médecin revient de Paris. Il se prépare à introduire l'asepsie en salle d'opération. Par souci d'économie, les autorités médicales se contentent de laver les éponges et les serviettes souillées. Conséquence : les germes amassés se déposent sur d'autres plaies. Marien a dû se battre pour qu'on le laisse installer dans l'antichambre de la salle d'opération les instruments de stérilisation qu'il a rapportés de Paris. Déjà un pont s'érige entre la jeune et l'ancienne générations. Derome entend les professeurs de la nouvelle génération raconter des histoires d'horreur. Certains chirurgiens feraient d'excellents barbiers, comme le laisse entendre le docteur Dubé : « J'ai même vu un chirurgien, au cours d'une opération de la cuisse qui présentait quelque difficulté, mettre son couteau entre ses dents, pour bien examiner, en s'aidant de ses deux mains, le fond de l'incision qu'il venait de pratiquer. »

Marien invite les étudiants à s'approcher pour observer les coupes histologiques de la tumeur rénale.

— Venez voir l'envahisseur ! Je lui réserve, un de ces jours, une petite surprise.

Derome s'approche, fasciné par le regard du docteur Marien qui, à l'instar d'un général, observe le rein comme s'il s'agissait d'un champ de bataille.

★   ★   ★

Après avoir salué le docteur Marien, Wilfrid file allègrement vers la salle d'anatomie. Les règles y sont strictes. Un comportement irrespectueux durant la dissection vaut à son auteur le renvoi. Il est strictement interdit d'y amener quiconque sans avoir obtenu la permission du trésorier.

Même si la pièce est vaste, haute et bien aérée, l'odeur prend au nez, mais Wilfrid s'y est habitué à la longue. Le docteur Rivet, un barbu robuste qui agit comme démonstrateur d'anatomie, l'attend pour sa leçon.

— Bonjour, docteur Rivet.

— Bonjour, jeune homme. Vous allez bien ?

— Oui.

— Prêt pour votre examen ?

Tête basse, Derome fixe les belles pattes évasées de la table de dissection. Sur le coin du meuble en bois massif, un squelette dépourvu de jambes est attaché et bien assis sur l'os iliaque. La scène est lugubre. Sur chacune des tables en étain repose un sujet. On a déplié la tablette rétractable qui permet d'étendre en croix les bras du cadavre. Wilfrid plonge son regard au-dessus du jeune cadavre décharné : celui d'un homme. Il l'a payé 10 dollars.

Elle n'est pourtant pas loin l'époque où les étudiants en médecine de la province allaient jusqu'à profaner des charniers pour se procurer des cadavres. Une nouvelle loi a mis fin à ces actes barbares en 1893, obligeant les hôpitaux à remettre aux facultés de médecine les corps non réclamés après quarante-huit heures.

Les étudiants sont installés derrière les tables, et le professeur Rivet circule d'un îlot à l'autre. Il demande à chacun de disséquer une partie du corps sur laquelle il les interrogera longuement.

Le professeur d'anatomie parcourt le dossier de Wilfrid pour voir où il en est dans ses dissections. L'étudiant doit, avant les examens des primaires, disséquer au moins six parties. Il en est à sa cinquième et avant-dernière séance. Il a déjà été questionné avec succès sur les systèmes respiratoire, cardio-vasculaire, nerveux et urinaire.

— Monsieur Derome, je vais vous interroger aujourd'hui sur le système digestif.

L'étudiant prend son couteau et trace une incision en V. Avec une cisaille, il découpe rapidement les côtes de chaque côté et retire le gril costal. Une forte odeur émane du corps.

Le professeur se parle à lui-même sans le regarder.

— L'ancienne médecine croyait que la bile était la source des humeurs et de toutes les maladies. D'où vient cette bile, de quoi se compose-t-elle, et à quoi sert-elle d'autre qu'à nous faire du mauvais sang ? Expliquez-m'en brièvement le rôle.

Derome dirige ses mains sous le foie, entre le duodénum et l'estomac. Il pratique deux incisions et retire l'organe, une pochette translucide aux parois très minces. Il presse légèrement sur la vésicule, un liquide vert et visqueux coule sur la table.

— La bile est sécrétée par le foie. Elle se compose de sels biliaires et de bilirubine qui, elle, n'est pas fabriquée par le foie. Elle joue un rôle important dans la digestion des graisses.

— Montrez-moi le principal canal biliaire.

Derome pointe un petit conduit reliant le duodénum à la vésicule biliaire qu'il replace pour la démonstration où elle se trouvait avant qu'il ne l'enlève.

— Ce petit conduit, ici, est le canal principal où transite la bile, on l'appelle le cholédoque.

— Quel nom porte son point d'entrée dans le duodénum ?

Derome revoit mentalement ses notes. Il a le nom sur le bout de la langue. Les secondes passent, angoissantes. Il penche la tête, fixe le squelette assis sur son sacrum.

— Pensez à une prière que vous récitez tous les soirs.

— Le *Pater* ! C'est la papille de Vater.

— Est-ce que cette vésicule est saine ?

— Oui, puisque les voies biliaires sont perméables.

— Quelles sont les affections que l'on rencontre dans la vésicule biliaire ?

— La lithiase.

— En canadien-français ? ironise le démonstrateur.

— On les appelle « calculs biliaires » ou « pierres au foie ».

— Quels sont les calculs les plus néfastes ?

— Les petits, car ils s'infiltrent dans les canaux biliaires et obstruent le passage de la bile.

— Allez me chercher la rate.

Derome replonge ses mains à gauche de l'abdomen, à côté de l'estomac, juste à la pointe du pancréas. Il saisit cet organe longiligne et bourgogne, le coupe et le retire.

— Expliquez-m'en la vascularisation.

Derome plonge à nouveau les mains dans ce réseau complexe. Après plusieurs questions, le démonstrateur d'anatomie demande à Derome sa carte de dissection. Comme le règlement l'exige, il y inscrit ses initiales ainsi que la date.

— Vous pouvez disposer, Derome.

— Merci, docteur Rivet.

Après s'être lavé les mains, Derome sort satisfait de la salle d'anatomie. Encore une séance de dissection et il sera autorisé à passer ses examens.

★   ★   ★

Les examens sont enfin terminés. On a affiché les résultats. Les étudiants, anxieux et fébriles, courent vers le babillard. Vont-ils être reçus bacheliers ou recalés ? Derome s'approche du tableau d'affichage, feuillette les listes à la recherche de ses résultats. Il sourit de satisfaction en voyant ce beau 100 % obtenu dans son examen oral de pathologie. Pas mauvais non plus, ce 85 % donné par le docteur Marien en histo. Le vieux Salluste Duval juge qu'il vaut 80 % en chimie, tant à l'écrit qu'à l'oral. Pas mal non plus. Mais il grimace en voyant la note que lui réserve Persillier Lachapelle, un vieux de la vieille : 70 % en hygiène. De quoi donner mauvaise haleine longtemps ! L'examen oral d'anatomie lui vaut 75 %. Il y a beaucoup plus de « Très bien » que de « Bien ». Une première étape touche enfin à son terme. Derome achève ses primaires et, le 7 juin 1900, se voit décerner le titre de bachelier en médecine.

★   ★   ★

Les finales, qui s'échelonnent sur deux années, sont amorcées depuis le 31 janvier 1901. Les professeurs mentionnés sur l'horaire brillent d'une aura incroyable : les Marien, Villeneuve et

Lotbinière-Harwood sont considérés comme la crème de la crème. Derome bénéficie d'un enseignement théorique et pratique, en cliniques interne et externe. Il suit les cliniques régulières données dans les hôpitaux ainsi que les cours de médecine légale pratiqués à la morgue ou à l'asile des aliénés de Saint-Jean-de-Dieu.

Ce matin, il descend d'un tramway. Il se dirige vers la petite rue Perthuis. Il aperçoit en arrière-plan les tourelles et les pignons de la gare Viger. De gros flocons molletonneux tombent paresseusement.

Tous les mercredis matin, il marche jusqu'à la morgue de Montréal. Le bâtiment de deux étages en briques est doté de jolies lucarnes et de volets à ses fenêtres.

Des étudiants se présentent, le précis de Tardieu sous le bras. Avec courtoisie, un carabin retient la porte et l'invite à entrer. Wilfrid monte jusqu'au dernier étage, qui sent épouvantablement mauvais. Il passe devant la glacière des cadavres que l'on garde sous les combles.

Droit comme un pic et le regard fier, le professeur Georges Villeneuve attend ses étudiants avec le sourire. C'est la coqueluche du département, le confident des élèves. Il les accueille d'un franc : « Bonjour, messieurs ! »

Villeneuve n'a pas encore quarante ans et sa réputation n'est plus à faire, tant comme médecin expert de la Cour du coroner et des tribunaux que comme spécialiste des maladies nerveuses. Expert-légiste, il a été de toutes les grandes causes criminelles des dernières années. Derome suit assidûment dans les journaux les affaires criminelles dans lesquelles son professeur agit à titre d'expert. Ces procès retentissants ont fait de Villeneuve une célébrité. Le docteur dispense aussi un cours sur les maladies mentales à l'asile de Longue-Pointe : il est surintendant à l'asile Saint-Jean-de-Dieu, où il soigne les aliénés.

Dans la mansarde, la table d'autopsie prolonge une jolie lucarne. À droite, sur une table, se trouvent des bouteilles et des fioles remplies de produits chimiques. Une pharmacie garnie de bouteilles est accrochée au mur. Même si le lieu d'étude est triste, lugubre et qu'il empeste, les cours sont si fascinants que

Wilfrid est presque insensible aux odeurs. Villeneuve dispose de soixante heures étalées sur deux années pour les initier à la jurisprudence médicale, au rôle du médecin devant les tribunaux civils et criminels, à l'expertise en empreintes et en taches, ainsi qu'à la recherche de sang par les procédés les plus récents. Le cours comporte de nombreux travaux pratiques et les élèves participent aux autopsies des cadavres retrouvés sur les lieux d'un crime ou ailleurs.

Pour Derome et ses compagnons, Villeneuve est un personnage marquant qui possède beaucoup de charisme. Maître d'exception, il est vite devenu l'ami de ses étudiants qui le vénèrent. Il se révèle être aussi un conteur hors pair, et les anecdotes foisonnent. On aime l'entendre parler des cours qu'il a suivis à Paris, à la Salpêtrière avec Jean-Martin Charcot, le professeur de Sigmund Freud et le médecin de Guy de Maupassant. Dans la Ville lumière, il a été formé par Mégnin, un éminent spécialiste de l'asile de Sainte-Anne, tandis qu'à la morgue du Châtelet il fut l'élève du grand Brouardel, et même le protégé de Garnier à la préfecture de police.

Tous les élèves sont assis devant la table d'autopsie, en attente d'un sujet. Le professeur Villeneuve doit adapter son cours en fonction des cadavres reçus la veille ou les jours précédents, et c'est ce qu'il compte faire ce matin. L'employé de la morgue doit apporter un cadavre d'un instant à l'autre.

Villeneuve tient dans ses mains l'ouvrage de Mégnin intitulé *Faune des cadavres,* le premier traité du genre. Il écrit le titre au tableau. Cette étude met à contribution l'entomologie pour déterminer la date d'un décès. La présence de larves sur un cadavre découvert après un long séjour dans l'eau ou dans un boisé offre une datation d'une précision stupéfiante. Voilà ce que Villeneuve propose au menu. Près de lui, il a accroché un tableau représentant les différentes larves qui apparaissent sur le corps humain.

Derome note le nom de l'auteur et le titre dans son cahier et pressent déjà la suite. Le prof Villeneuve prend sa voix de stentor.

— Les remarquables résultats des études de Mégnin sur la faune des cadavres ont fait entrer l'entomologie dans la pratique usuelle de la médecine légale. Dans une affaire où j'ai été appelé comme expert, l'étude de la faune a fourni des renseignements précieux à la justice. Dans les premiers jours de mai, en 1895, on trouve le cadavre d'un inconnu, une balle dans la tête, dans un endroit désert. La transformation du cadavre en gras, ou adipocire, s'était entièrement effectuée et, à plusieurs endroits, les os étaient à nu. Le corps et ses vêtements fourmillaient de petites larves blanches appartenant clairement, en raison de leurs sauts caractéristiques, à l'espèce *Pyophilacasei*, ce qu'a corroboré la métamorphose subséquente des larves.

Villeneuve identifie sur un tableau la larve en question. Sur le bout de leurs sièges, le jeune Derome et ses confrères attendent la suite avec fébrilité.

— De plus, le cadavre et les vêtements étaient recouverts de grosses larves de diptères et de pupes vides que nous ne pouvions identifier exactement. Il n'y avait pas d'acariens ni de coléoptères.

Tout en donnant son cours, Villeneuve marche d'un bout à l'autre de la table. Le prof s'arrête sec et regarde Wilfrid droit dans les yeux.

— La théorie émise par la police était que cet individu avait été assassiné pendant l'hiver dans une maison située près de l'endroit où il avait été trouvé. La présence en si grand nombre de diptères renversait complètement cette théorie en faisant remonter la date de l'exposition du cadavre aux jours chauds de l'été ou de l'automne précédents. Lancées sur cette piste, les recherches aboutissent à faire identifier le cadavre comme celui d'un inconnu qui avait été vu dans ce voisinage, pendant les récoltes, et qui avait sur lui un revolver. L'entomologie judiciaire donnera ainsi raison à l'opinion émise d'abord par l'expert, à savoir qu'il s'agissait d'un suicide. J'ai eu l'honneur, à l'occasion de cette expertise, de faire la première application de l'entomologie à la médecine légale au Canada, et probablement en Amérique.

Les étudiants le regardent, impressionnés.

— J'ai donc pensé, en raison d'un sujet fraîchement débarqué ce matin, vous entretenir, vous le devinez certainement, d'un nouvel apport à l'expertise médico-légale. Vous aurez à déterminer, à partir des pupes de larves retrouvées sur ce corps, la date du décès de ce monsieur. Hier, la police a découvert le cadavre en état de momification. Le corps a reposé longtemps dans le bois et je vous propose, jeunes hommes, d'établir le temps du décès à partir des indices entomologiques. Mon scénario fera en sorte que vous aurez à disculper ou à incriminer un suspect.

La poignée d'étudiants se regardent, sidérés par un tel programme. « Du Villeneuve tout craché ! » se dit Derome, admiratif.

— Vous verrez, ce n'est pas si compliqué, et laissez-moi vous dire quelle merveille c'est de devoir la vérité à un insecte qui se nourrit de la mort. Voici le premier insecte à pondre sur un cadavre, vous avez tous reconnu ici la mouche domestique.

Le préposé de la morgue passe la porte en poussant sur une civière l'énigmatique livraison. L'avant-midi devrait être passionnant.

★   ★   ★

Les efforts de l'étudiant en médecine sont à nouveau récompensés par la mention « Très bien » dans chacun des cours pratiques, soit la note maximale. Derome réussit avec brio le cours de médecine légale donné par Georges Villeneuve. En tout, sur les neuf matières proposées dans les finales, le jeune homme obtient sept fois la mention « Très bien » et deux fois la mention « Bien ». Ainsi, il est reçu docteur en médecine le 2 juin 1902 avec la mention *summa cum laude,* soit la plus haute récompense pour un étudiant en médecine. Il n'a plus qu'à s'inscrire au Collège des médecins et à pratiquer.

CHAPITRE 7

Rat de laboratoire
nouvelle génération

Wilfrid Derome sort quelques instants pour prendre l'air devant l'hôpital Notre-Dame. Il s'allume une cigarette. Adossé contre un mur, stéthoscope autour du cou, le masque antiseptique abaissé sur la gorge, il laisse la brise du Saint-Laurent chasser les relents de chloroforme. Son tablier est souillé. Dehors, la fraîcheur automnale contraste avec la chaleur étouffante dans les salles. Le silence succède aux râles et à l'agitation. Tous les volets de l'hôpital sont fermés pour la nuit. L'ancien hôtel Donegana qu'on a transformé en hôpital semble si calme de l'extérieur.

Deux sœurs grises coiffées de leur cornette descendent d'un fiacre. Il les salue. « C'est le jeune assistant-interne Derome, le frère de sœur Cécile », entend-il dire derrière lui alors qu'elles entrent par la porte principale. « Mais pour combien de temps encore ? » a-t-il envie de répliquer.

Depuis juin, il remplace un médecin parti pratiquer aux États-Unis. Ses journées sont longues et difficiles. Des journées de couleur hôpital. Il y vit vingt-quatre heures sur vingt-quatre, nourri et logé, courant du dispensaire à la salle d'attente et à la chambre des consultations, en passant par la salle des malades, puis il est appelé à nouveau dans la chambre de pansements. La course n'arrête jamais. Dans la nuit, une urgence le sort de sa petite chambre et le mène à la chambre de *delirium* pour calmer un aliéné ou à la salle d'examen. Il a l'impression de se retrouver à nouveau en régime carcéral, comme au collège. Il a vingt-six ans et il a passé près de la moitié de sa vie à être pensionnaire. Et le joug se poursuit en cette année 1903.

Dans un secteur aussi défavorisé que l'est de Montréal, il soigne une clientèle indigente, comme le veut la mission de l'hôpital. S'il s'en tient à la devise de l'établissement : « Qui donne aux pauvres prête à Dieu », il est en train d'accumuler une créance divine assez surprenante.

Son chef, le docteur Fleury, et les internes ont une lourde tâche. Sans eux, rien ne marche. Comme le stipule son contrat, il doit consacrer tout son temps et ses soins aux malades. Va-t-il survivre à la tâche ? Est-ce le type de médecine qui l'intéresse ? « Tiens-tu tant que ça à ce certificat d'internat ? », se demande-t-il. Non. Il envie son cousin Arthur Derome, qui dirige déjà le laboratoire de pathologie de l'hôpital Notre-Dame.

Même si le dernier rapport du Bureau médical mentionne qu'il a donné « la plus entière satisfaction », il a d'autres idées en tête. Ces journées folles lui taraudent le corps. Il ne s'habitue pas au train-train de la souffrance et de la misère : recevoir les patients, les inscrire, exiger le certificat de pauvreté, examiner leur condition, indiquer le type de traitement, les veiller jour et nuit, superviser la préparation des ordonnances, respecter les ordonnances des médecins de service, revoir les patients à la sortie pour un dernier examen. Depuis peu, il agit comme chloroformisateur. Puisque ce dernier n'était pas en fonction en tout temps, cette tâche à haut risque revient désormais aux internes, comme s'ils n'en avaient pas assez. Il a l'impression d'endormir le patient en jouant à la roulette russe. Autre contrainte agaçante : il ne peut s'absenter de l'hôpital, car en cas d'urgence c'est aux internes d'assurer aux patients les soins appropriés.

Il déambule jusqu'au Champ-de-Mars, où se trouvent l'arrière de l'hôpital et les salles des malades. Le ciel bleu d'encre vire peu à peu au noir. Au solstice d'automne, la nuit tombe vite sur Montréal. Dehors, les belles dames distinguées sortent dans les grands restaurants. Leurs talons claquent sur les pavés. L'une de celles qu'il croise semble lui dire : « Suivez-moi, jeune homme. » Toujours célibataire et vieux garçon ! Il faut aussi du temps pour sortir de cette impasse. Il exhale longuement la fumée de sa cigarette, tire sa montre de sa poche. Il doit faire sa tournée des salles. Ensuite, il pourra regagner sa petite chambre d'interne située au rez-de-chaussée. Il fait demi-tour.

Il entend les bruits sourds en provenance des quais. Une corne de brume annonce le départ d'un navire. La proximité du port et des usines draine à l'hôpital son lot d'accidentés du travail. L'ambulance sort en moyenne trois fois par jour, mais cet été elle a fait jusqu'à dix transports quotidiens. Des accidents en tous genres, des cas lourds qui défraient les manchettes des journaux : grands brûlés, polytraumatisés, victimes de fractures, de contusions, d'empoisonnements. Ce qu'il voit, sent, entend, est difficile à supporter : les cris, les amputations, les agonies, les délires de la fièvre. Montréal possède l'un des taux de mortalité infantile les plus élevés du monde industrialisé. Il voit passer, impuissant, le cortège des enfants victimes du manque d'hygiène, notamment des cas de gastroentérites fatales causées par le lait ou l'eau contaminés. L'est de Montréal est durement touché. Les quartiers ouvriers francophones enregistrent des taux de mortalité deux fois plus élevés que ceux des fiefs anglophones. C'est là, croit-il, que la médecine de laboratoire, une meilleure hygiène et la pathologie pourraient jouer un rôle accru. Une telle injustice sociale, qui tue avec discrimination, lui répugne. Il voudrait contribuer à la médecine d'une autre façon. Il se voit dans un labo. Son collègue Bourgouin songe à le suivre. Mais Wilfrid sait que leur décision mettra l'hôpital dans une situation difficile. La perte de deux assistants engendrera une pression terrible sur le personnel. Leur remplacement au pied levé ne sera pas une mince affaire. Le Bureau médical devra se réorganiser rapidement. Rester ou partir ?

Il tire longuement sur sa cigarette et inhale la fumée qui suit

le vent de l'est. La porte s'entrouvre derrière lui. C'est Bourgouin.

— Wilfrid, ma décision est prise. Je laisse tomber l'internat.
Fais ce que tu veux. Moi, je pars.

— …

La porte se referme.

Au loin, le jeune interne entend la chevauchée endiablée des
sabots sur les pavés. À la hauteur de la rue Berri, l'ambulance,
marquée du sceau de la Croix-Rouge, arrive à l'épouvante. Le
cheval noir semble fouetté par le diable en personne. Derome
jette sa cigarette, qui étincelle contre le pavé. La soirée va être
longue. « Wo ! » crie l'ambulancier. Lui et son assistant, tout de
blanc vêtus, bondissent sur le pavé. Derome s'avance pour leur
porter assistance.

— Je ne suis pas sûr que le gamin soit encore vivant,
annonce l'ambulancier. Sa mère m'a dit qu'il était fiévreux,
vomissait et qu'il avait la diarrhée.

Il ouvre les portières. On n'entend rien.

Derome prend le pouls du malheureux.

— Il est mort.

L'ambulancier aura à nouveau à sortir son marteau et ses
planches.

★　★　★

Deux jours plus tard, sa décision est prise. Il remet sa démis-
sion, qui entrera en vigueur le 25 septembre, en compagnie du
docteur Bourgouin. Évidemment, Derome tique lorsqu'il lit le
rapport du Bureau médical de 1903, où l'on se montre cinglant
à son égard : « Les docteurs Bourgouin et Derome, nommés
assistants internes au mois de juin, n'ont pas cru devoir tenir
l'engagement qu'ils avaient pris et nous ont quittés en septembre. » Il passe pour un lâcheur, mais il aura bien le temps de
prouver le contraire. Le certificat d'internat lui est bien sûr
refusé. Mais il n'a que faire d'un autre diplôme.

Il ne reste pas chômeur bien longtemps. Il trouve aussitôt du travail en tant que démonstrateur d'histologie à la faculté de médecine, sous la direction du bon docteur Marien, son ancien professeur. Après la leçon théorique donnée au tableau noir par le titulaire, Derome aide les étudiants dans l'enseignement pratique. Dans le labo de la rue Saint-Denis, il prépare les démonstrations au microscope, initie les étudiants à la méthode d'examen des tissus.

Être l'assistant du docteur Marien a tout pour le stimuler. Ce travail est valorisant. C'est l'antichambre qui pourrait le mener un jour à la titularisation.

★   ★   ★

Derome marche le cœur léger en ce printemps 1908. Il passe devant la statue de Vauquelin, s'arrête devant l'étrange commerce qui a la forme d'une bouteille d'alcool, juste en face du palais de justice.

— Donnez-moi une bouteille de cognac, la meilleure.

L'homme lui tend une bouteille de Courvoisier.

Derome a le cœur léger. Mais il se demande comment il pourra annoncer la nouvelle à sa douce.

Tout se passe à deux cents kilomètres à l'heure dans sa vie. Ses services en tant que démonstrateur d'histologie ont été si appréciés que le docteur Lotbinière-Harwood lui a confié la direction du nouveau labo de pathologie et d'histologie de l'hôpital. Il se trouve donc à remplacer le cousin Arthur qui vient d'être nommé chirurgien. Wilfrid suit sans dévier la voie que lui avait tracée son père. Les choses se dessinent de plus en plus nettement pour lui. Sa réputation est à la hausse, et, sans être riche, il ne manque pas d'argent.

Il marche en direction de son appartement, situé au 536, rue Sainte-Catherine Est. Il vit à proximité de l'hôpital, de la faculté de médecine et des commerces. Tout en assumant la direction du nouveau laboratoire, il pratique la médecine générale pour arrondir ses fins de mois. Il vient de rencontrer le grand amour en Sophie-Catherine. Tout marche à merveille.

Mais il sait maintenant que sa passion devra composer entre deux continents. Il tient dans sa main une lettre qui le déchire. Sa joie est assombrie par la nécessité d'en éteindre momentanément une autre. En ce dernier jour d'avril, le Bureau médical de l'hôpital Notre-Dame vient de lui accorder un congé d'un an pour qu'il poursuive ses études à la Sorbonne. Il se rendra à Paris, la Mecque de la médecine légale, pour se spécialiser. Ses cours avec le docteur Villeneuve l'ont convaincu que la science peut apporter son aide à la justice. Sa spécialisation pourra bénéficier aux tribunaux civils et criminels. Il se voit sauter dans l'arène des cours d'assises, un théâtre grisant aux yeux des élites. Œuvrer à la cour exerce une véritable fascination sur les jeunes intellectuels. Les juristes y ont le statut de vedette. Villeneuve a tracé la voie : allier la science de Thémis à celle d'Hippocrate confère une aura extraordinaire. Malgré tout, Derome marche dans la rue envahi de sentiments ambigus. Il a le cœur à la fête, certes, mais il doit annoncer la nouvelle à Sophie-Catherine. Comment réagira-t-elle, alors qu'ils en sont à leurs premiers jours de grâce ? Il jouera le grand jeu. Il aperçoit la vitrine étincelante d'une bijouterie. Il tient à ce qu'une bague de fiançailles brille jusqu'à son retour.

CHAPITRE 8

Tableau parisien

Assis à sa table de travail, Wilfrid cachette l'enveloppe adressée à Sophie-Catherine. Devant lui, dans un cadre, sa douce lui fait de l'œil. Il inscrit l'adresse avec attention. Il se garde bien de commettre l'erreur d'écrire « Canada » plutôt que « USA ».

Il aime sa chambre de l'hôtel des Balcons, situé au 3, rue Casimir-Delavigne. Elle est confortable mais petite, dix mètres carrés à peine, tout juste assez de place pour le lit, le chiffonnier et la table de travail. La plupart des résidents sont des universitaires ou des professeurs de toutes origines qui y logent pour une longue période. Une grande fenêtre à battants s'ouvre sur un élégant balcon en fer forgé, d'où le nom d'hôtel des Balcons. Heureusement que Wilfrid peut aérer, car les odeurs qu'il rapporte de la morgue dans les fibres de ses vêtements sont âcres et pénétrantes.

Serviette à la main, Derome sort de sa chambre. Il descend le long escalier en colimaçon. Il passe devant une porte vitrée traversée de belles volutes en bois. « C'est de style art nouveau », lui a dit l'hôtelière. À l'extérieur, il fait un froid de canard en ce 14 décembre de 1908. L'humidité cisaille les os comme un scalpel.

Le sixième arrondissement, en bordure du Quartier latin, est l'un des plus beaux coins de Paris. Derome s'estime chanceux d'être à proximité de tout : cafés, revues musicales, librairies, jardin du Luxembourg. Juste au bout de la rue, à deux pas, il y a l'Odéon.

Comme chaque jour de la semaine, il se rend à pied à la morgue. Dix minutes à peine l'en séparent.

Mais ce matin, dans la rue où se trouve l'École de médecine, il entend au loin des clameurs, qui deviennent de vives protestations. Les étudiants en médecine bloquent l'accès de la faculté. Derome pense à ses deux copains Benoit et Bourgouin, étudiants de deuxième cycle qui font une spécialité. La contestation concerne le concours d'admissibilité à l'agrégation. La fac est fermée pour la journée. Un professeur aurait été pris à partie. Derome écoute la foule scander ses revendications. De jeunes étudiants aux accents russes, orientaux et autres laissent libre cours à leur dépit.

Il entend crier son nom avec l'accent de chez lui. Les docteurs Benoît et Bourgouin s'approchent. Ils font partie des deux cent trente étrangers inscrits à la fac de médecine. Du nombre, il n'y a que trois Canadiens.

— Merde, Wilfrid. Les cours sont annulés, dit Bourgouin.

— Comment ça ?

— Il y aurait eu des irrégularités dans le concours d'agrégation de 1908, répond Emmanuel Benoit. Et toi, à la morgue ?

— Les morts ne revendiquent rien ! Nous le faisons pour eux.

— Tu viens à la prochaine rencontre du Club La Boucane ? demande Bourgouin.

— Oui.

Souvent, ils se rendent au Café Voltaire ou au Café anglo-américain, où se réunissent les membres du Club La Boucane, une bande de joyeux Canadiens français. Là, Derome côtoie les sculpteurs Laliberté, Hébert et Dubé : de bons vivants, ce qui contraste avec les macchabées quotidiens. Ils chantent, lisent des poèmes, parlent de leur lointain Canada, de Louis Fréchette. Suzor-Coté, qui aime chanter comme Derome, s'y rendait souvent encore récemment, mais il vient de rentrer au pays. La vie à Paris a ses bons côtés.

— Qu'est-ce que vous allez faire, aujourd'hui ?

— On va visiter Paris et ses charmes.

— Venez visiter la morgue et ses cadavres comme autrefois !

— On te laisse les catacombes !

Derome s'esclaffe. Il aime bien l'humour noir. Il salue ses copains.

— N'oubliez pas le onzième commandement : « Aux Folies-Bergère tu ne jouiras qu'avec des lunettes d'approche. »

Ses copains rigolent en le regardant s'éloigner.

Wilfrid débouche dans la rue Danton, tourne à droite, quai Saint-Michel, et traverse le Petit Pont sur la Seine. Là, le vent pince le visage. On se croirait à Montréal plutôt qu'à Paris. Malgré les bourrasques, les grues du port de la Tournelle dardent l'acier du ciel. De l'autre côté, la cathédrale gothique se perd dans une grisaille impressionniste.

D'ici peu, ce sera la nouvelle année. La dernière aura été éprouvante et mouvementée. Derome pense beaucoup à sa famille, qui passe les fêtes sans Médard, disparu au printemps et reposant à côté de Philomène, bien au chaud dans la crypte de l'église de Saint-Cyprien. Sa sœur Marie-Cécile aussi est décédée, au mois d'août. Les fêtes ne seront pas pareilles cette année, dans le rang des Patriotes. Il songe aussi à Sophie-Catherine, sa fiancée. Sera-t-elle là à son retour ? Il est assidu, ne manque pas un cours. Il obtient en moyenne des notes de 14 sur 20, ce qui vaut bien 18 sur 20 à Montréal : les professeurs sont très sévères à Paris. Il occupe le troisième rang de sa classe.

Sur le plan professionnel, la Ville lumière a été fidèle jusqu'à présent à sa réputation de coupe-gorge. Heureusement que Paris est la Mecque de la médecine légale et de la police technique, parce qu'on ne chôme pas à la morgue ! L'année a été si sanglante en matière criminelle que plusieurs réclament le retour du couteau de Dreiber. Mais le bourreau a été mis temporairement en chômage par le président Fallières. À peine Derome a-t-il mis pied à terre dans le port du Havre que la série rouge s'est allongée. Alors qu'il allait s'inscrire au Commissariat général du Canada à Paris, on ne parlait que de la terrible agression de la rue du Temple : une lingère poignardée avec acharnement. Puis, la mystérieuse affaire de l'impasse de la rue Ronsin avait fasciné l'opinion publique : le peintre Steinheil et une femme avaient été retrouvés bâillonnés et étranglés. De quoi faire travailler un étudiant en médecine légale. La matière première, soit les cadavres, ne manquait pas, ni les procès retentissants.

Derome arrive à la pointe est de l'île. Sous l'arche du pont, une péniche avance difficilement, à contre-courant. La Seine est maussade. Dire que Houdini s'y est jeté du haut de la morgue en avril dernier, menotté, enchaîné. Tous croyaient que le poisson passerait directement de la mer à la poêle, du fond des eaux à la table d'autopsie. Mais non, le prestidigitateur a finalement refait surface sans ses liens.

Derome tourne dans la rue de la Cité, débouche sur le quai de l'Archevêché. Il aperçoit la vieille morgue, sise dans l'ombre de Notre-Dame. Le lugubre bâtiment inspire « un sentiment d'horreur » aux Parisiens. C'est un édifice en pierres grises de style utilitaire. Le grand portique, au toit mansardé, est percé de trois arcades et encadré par deux longues ailes aux fenêtres carrées.

L'odeur âcre de la morgue, où il entre, est universelle. C'est pareil à Montréal, c'est pareil partout. La décomposition n'a ni sexe ni classe sociale.

Il passe devant le grand vitrage où, il n'y a pas si longtemps, on exposait les corps pour l'identification. Mais les Parisiens ne peuvent plus parader devant les cadavres. Un arrêté du préfet de la Seine a mis fin à cette pratique il y a deux ans. Le visage de Derome se reflète en contre-impression sur la vitre. Il s'imagine facilement à quoi pouvait ressembler l'affreuse mise en scène de cadavres. On y présentait les corps adossés sur des chaises longues, comme à la plage, les parties génitales recouvertes d'un morceau de cuir : des cadavres bleuis, gonflés, étripés, décapités, momifiés ou en saponification. Mais cette pratique occasionnait des comportements obscènes et scandaleux : « C'est à la morgue que les jeunes voyous ont leur première maîtresse », écrivait Zola dans *Thérèse Raquin*. Cette galerie de macchabées a longtemps été l'une des attractions principales de Paris.

Le docteur s'introduit dans le hangar de réception, qui comporte une vingtaine de cases frigorifiques superposées en trois niveaux. Il salue les deux garçons de service. Un cercueil repose par terre. Une famille examine le corps. Derome repassera. C'est là que se fait maintenant l'identification des cadavres.

★   ★   ★

Le docteur traverse la petite cour de la morgue et aperçoit Bertillon, le grand maître de l'identité judiciaire, accompagné d'un assistant. Avec un appareil qu'il a mis au point, le maître photographie un cadavre émacié qui repose sur une civière au dossier inclinable. Son assistant tient un long bâton qui va du bout du nez du macchabée jusqu'à l'objectif de l'appareil photo monté sur un trépied. Bertillon prend une photo de face et devra répéter l'opération de profil.

Derome pénètre dans la petite salle d'autopsie située dans une courette de la morgue. Son professeur, Léon Thoinot, a l'air d'un aimable vieillard avec son chapeau de paysan, ses petites lunettes rondes et sa moustache blanche en forme de croissant. Il observe un cadavre couvert de lividités, celui de Mme Gouin.

— Docteur Derome, venez voir ! Ce sera instructif pour vous.

Il s'avance.

— Il s'agit de l'histoire du vol de bijoux suivi d'un meurtre ?

— Oui, et c'est de plus en plus plausible ! Approchez. Regardez la main.

Il la lui met presque sur le visage.

— Il y a des lésions, dit Derome.

— Bien sûr, petit, qu'il y a des lésions et que la tour Eiffel coiffe Paris et que nous avons tous une tête ! Mais que constatez-vous ? Le mot « autopsie », du grec *autopsia,* signifie « action de voir de ses propres yeux ». Que voyez-vous, docteur Derome ?

Wilfrid se gratte la tête. Le professeur lui montre l'annulaire et l'index de la victime.

Derome, qui n'aime pas passer pour un cancre, se penche sérieusement sur le cas.

— Je vois que les doigts ont été fortement pressés.

— Bon, voilà ! fait Thoinot, tout sourire. Ensuite ?

— Ensuite…

Derome reste bouche bée.

— Regardez la séquence des événements. Elle vous parle. Il y a une photographie dans cette main.

— Ah, je vois ! dit Derome, examinant ce gros plan de la main devant ses yeux.

— Bien, dites alors !

— Les tueurs lui ont sans doute arraché ses deux bagues, dont le petit doigt garde l'empreinte.

— Voilà, Sherlock ! Vous avez compris. C'est ce que vous rapporterez à Montréal, la faculté de déduction.

Dès le lendemain, *L'Humanité* mentionne cette hypothèse au sujet de la mort de Mme Gouin.

★   ★   ★

Derome entre dans la grande salle d'autopsie. Les gradins sont remplis d'étudiants en complet et cravate. Ils sont debout, entassés jusque dans les coins. Il y en a même sur la tribune située derrière Balthazard. Quelques femmes assistent à la leçon. Derome salue un collègue roumain et s'accoude à la petite rampe, près du cadavre qui repose, à un mètre de lui, sur la table d'autopsie.

Derome fait partie des neuf étudiants qui se spécialisent en médecine légale et en psychiatrie. Il y a parmi eux six Français et trois étrangers. Pour faire partie de cette élite, il faut déjà être féru des méthodes de laboratoire appliquées à la médecine légale et à la toxicologie. Le jeune Québécois est déjà le plus assidu de tous les étudiants. Il constate à quel point ce cours est prestigieux. Des leçons comme celle d'aujourd'hui en donnent la preuve. Les professeurs sont des célébrités, et le positivisme, la connaissance scientifique par l'étude des faits, attire de nombreux auditeurs libres aux cours pratiques qui ont lieu le mercredi. La médicalisation de la criminalité passionne les gens. Même Freud, tout comme Georges Villeneuve, s'est arrêté ici pour suivre les cours de Brouardel.

Derome adore Balthazard, qui n'a pas son pareil pour discuter des mérites des personnages d'inspecteurs de roman, comme Lupin, Holmes et Lecoq, qui en parle avec passion, sans condescendance, et qui sait leur reconnaître des mérites. C'est aussi un redoutable expert en armes à feu et en trichologie, l'expertise des poils.

Victor Balthazard est un costaud. Dans sa blouse blanche aux manches à moitié retroussées, il a l'air d'un boucher avec sa grosse tête ovoïdale et sa barbe. Son large front est accentué par une demi-calvitie. Ses yeux montrent toute sa vivacité, son intelligence.

Derome suit des cours théoriques de médecine légale et de psychiatrie. Trois fois par semaine, il assiste à des autopsies judiciaires, comme aujourd'hui. Les travaux pratiques de médecine légale l'amènent à étudier les taches de sang et de sperme ainsi que les poils et les fibres. Les travaux de toxicologie lui font découvrir la détection des poisons dans les viscères. Heureusement que ce merveilleux Georges Villeneuve l'a initié à la médecine légale. Il a déjà une longueur d'avance sur les autres.

La leçon va commencer. Le silence se fait aussitôt.

— Le cas d'empoisonnement dont tout le monde parle! chuchote le Roumain à l'oreille de Wilfrid.

Balthazard relève la tête. Sa voix tonne :

— Devant une mort suspecte, il vous faut apprendre à douter de tout, à ne rien tenir pour acquis. Laissons les conjectures sensationnelles aux chroniqueurs judiciaires. À preuve, cet événement qui a assombri la nuit de Noël. « Deux amoureux se suicident dans un restaurant », clament les journaux du matin. Le garçon de table affirme avoir retrouvé l'homme râlant dans un cabinet à l'étage, alors que la jeune femme était déjà morte. Le lendemain, les journaux parlent du drame de Montmartre. Rumeurs allant, on croit que la femme aurait été empoisonnée au gaz par son ami. Qu'en est-il vraiment ? Les histoires tristes se vendent bien en cette période de Noël.

Balthazard, qui aime bien le cousin d'Amérique, l'interpelle.

— Docteur Derome, regardez cette spectrographie.

Derome l'observe devant une ampoule. Tous les regards sont tournés vers lui. Le spectre est constitué d'une seule bande claire située entre les deux bandes de l'oxyhémoglobine.

— Qu'en dites-vous, docteur Derome ?

— D'après le spectre, c'est bel et bien un empoisonnement au gaz.

— Un amant peut-il, dans un restaurant, empoisonner sa compagne et faire en sorte que le résultat de cet empoisonnement ressemble à ce spectre ?

— Il aurait fallu que l'amant lui flanque le tuyau dans la bouche… Et je crois que, dans un restaurant, le geste n'aurait pas passé inaperçu !

L'auditoire s'esclaffe.

— Bel humour, Derome ! Vous avez raison. Dans les journaux, on a accusé à tort son ami, qui a aussi subi un empoisonnement. On a cru qu'il avait voulu mettre fin à ses jours. On ne doit rien avancer sans preuves. L'analyse du sang de la jeune fille a prouvé qu'elle s'était intoxiquée. Alors qu'elle tournait le bouton du gaz d'éclairage, il s'est produit une fuite et le jeune couple s'est empoisonné, la femme davantage que le garçon — qui, lui, a survécu — puisqu'elle se trouvait plus près de la fuite mortelle. Heureusement pour l'amant que le sang absorbe le gaz d'éclairage… Son témoignage est corroboré par la spectroscopie.

Pour le suspect, se dit Derome, le rapport fait la différence entre la guillotine et la liberté, entre l'opprobre et la dignité. Le froid des derniers jours et un mauvais entretien de l'appareil sont les causes du drame.

★   ★   ★

Derome entre dans l'amphithéâtre où le célèbre Alphonse Bertillon donne sa leçon. La réputation du professeur déborde les frontières. Derome apprend de lui l'anthropométrie judiciaire, appelée aussi bertillonnage, mais également la dactyloscopie. Dans son cahier, il a retranscrit l'aphorisme inscrit sur un mur de la salle : « L'œil ne voit dans les choses que ce qu'il y regarde et il ne regarde que ce qui est déjà dans l'esprit. » L'œil redoutable de Bertillon met les criminels à rude épreuve. Il a aussi perfectionné la photographie métrique si utile sur la scène du crime et que Derome assimile peu à peu.

Sur un mur sont fixés les tableaux des formes du nez et des oreilles, de la nuance des iris, qui permettent d'identifier les récidivistes.

La salle se remplit peu à peu d'étudiants, dont plusieurs francs-tireurs — auditeurs libres — provenant des facultés de droit et de médecine. Bertillon vient d'entrer. Le silence se fait aussitôt. Le regard du vieil homme est intense. Il a la barbe en pointe, le front large au point d'en avoir les tempes dégarnies, le long nez pointu du limier qui est toujours fourré dans les affaires louches.

Pour se reposer des autopsies, Derome adore assister aux conférences pratiques de médecine légale que ses professeurs dispensent à la morgue, à l'asile ou à l'infirmerie du Dépôt. Il est épaté par l'éloquence des médecins et des avocats lorsqu'ils discutent de questions médico-légales.

Il ouvre son cahier de notes déjà bien garni. Bertillon a initié les étudiants à toute la panoplie de son système : l'anthropométrie, qui consiste, à l'aide d'un simple ruban, à prendre les mensurations osseuses : longueur et largeur du crâne du détenu, taille du bras droit, de l'annulaire, etc. La fiche anthropométrique permet aussi de cerner les signes distinctifs du récidiviste : barbe, moustache, cicatrices, tatouages. Depuis quelques années, la dactyloscopie rend plus précise l'identification des récidivistes. Bertillon a récupéré les travaux du préfet de police londonien

Edward Henry sur les empreintes judiciaires. Afin de contrer les récidivistes, Bertillon, dès 1896, prend systématiquement les empreintes digitales de la main droite des détenus parisiens.

Le professeur Bertillon relève le menton vers ses auditeurs.

— Aujourd'hui, nous allons poursuivre l'étude du portrait parlé. Nous avons vu au dernier cours les éléments essentiels à noter sur la fiche. Nous allons étudier les renseignements chromatiques, éléments complémentaires quoique plus secondaires, qu'il faut inscrire sur le portrait parlé.

Bertillon frotte sa barbichette.

— Nous allons commencer par les renseignements chromatiques qui concernent la couleur de l'iris et le teint. Comme vous le savez peut-être, l'iris est un élément très efficace d'identification puisqu'il présente des caractères stables. Le temps, les troubles de la vue ne viennent en aucun cas altérer la couleur de l'iris. De plus, un criminel ne pourrait en modifier la couleur. Il en est tout autrement, vous le savez bien, avec le système pileux, qui est un masque formidable pour la gent criminelle.

Avide de savoir, Derome prend tout en note. La crimino le passionne. Il tient à rapporter toutes ses découvertes au Canada et à les mettre en pratique.

★   ★   ★

Vers onze heures, Derome croit rêver en regardant par la fenêtre de sa chambre. Les passants sont couverts d'une neige abondante. Ils se secouent, balaient la neige de leur chevelure. Toute la semaine, il a gelé : une froidure homicide qui a fait son lot de victimes. Il descend l'escalier à la course.

L'hôtelière le taquine en l'apercevant.

— Docteur Derome, vous nous avez apporté l'hiver canadien !

— Mais il y a aussi des étudiants russes qui logent ici…

— Si vous sortez, les omnibus fonctionnent au ralenti. Si vous le pouvez, prenez le métropolitain, lance-t-elle.

— Je n'ai pas de cours aujourd'hui. C'est la veille du nouvel an.

Derome ouvre la porte. Il n'en croit pas ses yeux. L'Odéon, au bout de la rue, est voilé par la neige, à peine visible. Les rues sont déjà impraticables. Il lève la tête. Les toits en arête sont couverts d'un suaire blanc. Sur la chaussée, la neige s'accumule rapidement, la circulation est chaotique. Les chevaux non ferrés pour l'hiver glissent et tombent sur le pavé, épuisés, morveux, la croupe en sueur. Ils ne parviennent pas à se relever. Les voitures de livraison, les omnibus et les fiacres sont arrêtés en désordre. Les piétons avancent avec difficulté, mais certains semblent apprécier. La joie se lit parfois sur un visage.

Derome est tout excité. C'est une vraie tempête. Le pays revit en lui. Une vague d'émotions très fortes l'étreint. Il songe à Médard. L'ambiance du temps des fêtes est recréée. C'est Montréal à Paris. Le rang de la Petite-Rivière-de-Montréal est devenu la rue Casimir-Delavigne. Il ne manque que les tourtières, le violon et les rigodons.

CHAPITRE 9

Sherlock sort de l'ombre

Tout se précipite depuis son retour de Paris. Le 16 août 1909, à Shelburne au Vermont, Derome a passé la bague au doigt de Sophie-Catherine. John Dubuc a vu en lui un bon parti et lui a donné la main de sa fille. Dès son retour à Montréal, le couple Derome s'est installé au 411, rue de Montigny, près de la rue Saint-Denis.

Sur le plan professionnel, tout se bouscule également. Devant le miroir du vestibule du vieil hôpital Notre-Dame, le nouveau diplômé de l'Université de Paris se peigne et ajuste le nœud de sa cravate. Il s'est mis sur son trente et un pour cette entrevue déterminante : le docteur Louis de Lotbinière-Harwood l'a convoqué dans son bureau. Il frappe à la porte du surintendant général.

Le médecin apparaît dans l'embrasure. Avec son élégance et ses manières d'aristocrate, il en impose. On ne peut le manquer, avec son nez crochu, sa moustache bien fournie et ses yeux d'oiseau. Il tend une main cérémonieuse au docteur Derome.

— Le nouveau marié ! s'exclame-t-il en l'apercevant. Le voyage de noces a été agréable ?

Lotbinière-Harwood l'invite à s'asseoir.

— Vous êtes le mieux placé pour savoir qu'un réaménagement de nos laboratoires est nécessaire. Il y a des réformes urgentes à réaliser. J'aimerais vous confier cette tâche importante : soit la réorganisation et la direction des laboratoires de pathologie.

Derome reste flegmatique, la tête haute, prêt à relever le défi.

— Il faut moderniser nos laboratoires, établir un contrôle plus scientifique des maladies. Augmenter le nombre de tests.

Derome acquiesce de la tête.

— N'est-ce pas un pari stimulant, docteur Derome ?

— En effet, docteur. Je suis honoré de votre confiance et je mènerai à bien la tâche qui m'attend.

— Je vous demanderais aussi d'amorcer la collection de spécimens pathologiques, que nous pourrions utiliser autant pour l'enseignement qu'à des fins scientifiques.

— Comptez sur moi, docteur Lotbinière-Harwood.

— Vous aurez, bien sûr, un assistant.

Derome a déjà plein d'idées en tête pour améliorer les labos du vieil hôpital.

De la poche de son veston, le gynécologue sort une montre.

— Je dois y aller, j'ai une patiente qui m'attend à la maternité.

Le jeune docteur se lève et serre la main de son ex-professeur.

Avant de sortir, il tient à visiter le laboratoire et à constater de ses propres yeux ce qui l'attend. Le laboratoire de bactériologie est situé à l'arrière du premier bâtiment, juste avant les deux salles de malades. Il entre dans la pièce. Ce qu'il y voit est plutôt désolant en matière d'équipement. Après Paris, ce n'est pas le Pérou ici. Il examine et inventorie du regard l'instrumentation disponible : deux microscopes, deux étuves, une quinzaine de ballons pour les sérums, une centrifugeuse, une balance, une bouilloire, un four de Pasteur, un autoclave à vapeur, deux mortiers en pierre, un urinomètre, quatre cylindres, un filtre de Chamberland et une armoire pour conserver les cultures biologiques. L'équipement est tout aussi rudimentaire dans le labo d'anatomie pathologique. Le Bureau médical devra pallier la situation.

Il faudra aussi insister auprès des autorités pour que l'on installe l'éclairage électrique et le téléphone.

Derome descend au sous-sol pour voir la salle d'autopsie. Sous l'escalier se trouvent les cages d'animaux qui servent aux expériences de laboratoire. Il aperçoit, au bout du corridor, l'ambulancier qui entre dans son atelier ses planches sous le bras. C'est là que l'homme fabrique les cercueils offerts gratuitement aux pauvres.

★   ★   ★

Dans les mois qui suivent, Derome ne tarde pas à s'imposer comme chef du laboratoire. Lotbinière-Harwood ne tarit pas d'éloges dans son rapport : « Le docteur Wilfrid Derome, écrit-il dans son rapport annuel, est revenu de Paris, où il a brillamment remporté le diplôme de médecin légiste, il a repris son travail au laboratoire. [...] Grâce à son travail, déjà nous possédons des pièces intéressantes, dont la valeur, tant au point de vue scientifique que pour l'enseignement, ne peut être exagérée. »

Les échos provenant du Bureau médical sont de la musique aux oreilles du jeune médecin.

★   ★   ★

L'hôpital Saint-Jean-de-Dieu, ou The Longue Pointe Lunatic Asylum, comme l'appellent les anglophones, est sis dans un hameau verdoyant à proximité du Saint-Laurent. Derome a toujours été impressionné par l'ampleur des lieux. La folie semble incommensurable. L'établissement est si vaste qu'il compte son propre service d'incendie et un abattoir. De la rue Notre-Dame, Derome emprunte l'allée qui mène à l'entrée principale. Le chemin est large et encadré d'arbres. De hauts murs de pierres délimitent les terrains.

Cette oasis paisible contraste avec la froideur de l'intérieur. Les lieux sont profondément aliénants, une immensité de solitude : que des couloirs tristes et sombres. Derome aperçoit au bout du corridor blanc un mini-tramway, reliant les différents services de l'asile, qui tourne le coin et qui devient de plus en plus gros et bruyant. Ce rail qui sillonne les allées est l'œuvre d'un fou ! se dit-il. Mais le gigantisme des lieux et les sept mille patients rendent nécessaires ces moyens exceptionnels.

Un aliéné fait les cent pas en laissant doucement traîner sa main droite sur le mur et en la redressant quand il passe devant les cadres de porte. Les cris étranges que Derome entend dans une salle l'amènent à y jeter un coup d'œil. Des dizaines de femmes font tourner leur rouet. Les aliénés aiment les mouvements giratoires.

Devant la porte d'un bureau, il attend que le docteur ait terminé sa consultation avec un de ses patients.

La veille, Derome a été nommé agrégé à la chaire de médecine légale de l'Université Laval à Montréal, charge qui s'ajoute à celle de directeur du laboratoire de pathologie de l'hôpital Notre-Dame. Il le doit à l'homme qui se trouve derrière cette porte, le docteur Georges Villeneuve. L'année universitaire commence demain, mais son premier cours aura lieu mercredi.

La porte s'ouvre pour laisser passer un jeune homme à la tignasse folle, au regard perçant, qui s'éloigne, perdu dans ses pensées.

Villeneuve, tout guilleret, l'accueille à bras ouverts. Derome ne l'a pas vu depuis son retour de Paris.

— Wilfrid ! Content de vous retrouver. Comment avez-vous trouvé Paris ?

— Extraordinaire ! On m'a beaucoup parlé de vous là-bas. Vous avez laissé une grande impression tant chez les médecins que chez les limiers de la préfecture avec qui vous avez travaillé.

Villeneuve lui montre le gros fauteuil en cuir caparaçonné de clous de métal.

— Asseyez-vous !

Le vaste bureau de Villeneuve est peu éclairé. Les tableaux sur les murs sont accrochés en parfaite symétrie. Sur le plancher, un tapis persan donne de la chaleur au lieu. Derrière le docteur s'élèvent trois bibliothèques vitrées en merisier. Dans un coin, on voit un récamier victorien. Les patients de l'ex-élève de Charcot bénéficient d'un grand confort. Sur la longue table vernie aux pattes torsadées, livres, encrier, paperasse, buvard sont disposés avec un souci maniaque de l'ordre.

Sur le bureau repose un recueil de poèmes.

— Vous aimez la poésie, docteur Villeneuve ?

Villeneuve, tout en caressant sa barbe, pose son regard sur le livre.

— C'est Émile Nelligan. L'auteur est l'un de mes patients depuis dix ans. En 1903, il a publié un recueil de poésie. Je tenais à l'encourager, ce n'est pas tous les jours qu'un patient publie un livre.

— Je me rappelle, j'étais étudiant en deuxième année de médecine, il avait fait tout un tabac au Château Ramezay en lisant sa « Romance du vin ».

— Hélas, son heure de gloire a trop vite sonné. Trois mois plus tard il était interné à Saint-Benoît.

Villeneuve ouvre le livre et le remet à Derome.

— Il m'a dédié un de ses poèmes en le retranscrivant de mémoire sur la page de garde. C'est un très bon poète, une âme d'une infinie sensibilité, mais qui aurait eu avantage à connaître Paris comme nous. Trop en avance sur son temps… On l'a interné. Imaginez si l'on avait fait ça avec un docteur Marien, par exemple… ou avec vous, mon cher Wilfrid, trop en avance sur votre temps…

Derome s'approche pour lire le poème transcrit : « La réponse au crucifix ».

Derrière son bureau, Villeneuve se tient bien droit, à l'image de l'ordre qui régit la pièce.

— Vous allez m'assister.

— Eh oui !

— En mon absence, vous donnerez le cours aux étudiants de troisième et de cinquième années. Quand je serai là, je me chargerai de la partie didactique : jurisprudence médicale, rôle du médecin devant les tribunaux civils et criminels, expertises des empreintes et des taches, recherche du sang par les procédés les plus récents. Sinon, ce sera votre tâche. Après mon cours, vous assisterez les élèves dans leurs travaux de laboratoire. Aidez-les dans les exercices pratiques dans la mesure où le matériel le permet.

— Vous viendrez à la réunion de demain soir à la Société médicale ? lui demande Derome. On adoptera six résolutions pour modifier notre organisation médico-légale.

— Je ne pourrai y être, mais vous pouvez compter sur mon appui.

— Merci, docteur Villeneuve.

Villeneuve se lève pour accompagner son ex-étudiant jusqu'à la porte.

★   ★   ★

Derome dépose le blaireau dans la soucoupe. Il s'éponge le visage avec une serviette chaude et s'asperge généreusement d'eau de Cologne. Il marche jusque dans la chambre à coucher. De la grande commode, il sort une chemise et l'enfile devant la psyché. Il tâte les rondeurs de son menton. La prospérité lui fait prendre de l'embonpoint. Sophie-Catherine l'observe pendant qu'il enroule sa cravate. Elle aime cette façon qu'il a de se coiffer avec une raie au sommet de la tête.

— Tu reviens à quelle heure de ta séance ?

— Je crois que tout devrait aller rondement, mais ne m'attends pas.

Depuis qu'il a entrepris de chercher des alliés auprès des médecins, chirurgiens, journalistes et avocats pour rallier le gouvernement à sa cause, il ne s'accorde aucun repos.

— Tu travailles fort. Tu n'arrêtes jamais ! lui reproche-t-elle.

— Le travail est ma récréation favorite, dit-il en enfilant son veston.

— C'est très romantique…

— Qu'est-ce que tu vas faire ?

— Je vais jouer du piano. Je passe plus de temps en tête-à-tête avec Bach, de ce temps-ci, qu'avec toi.

Derome jette un coup d'œil sur le buste de Bach qui orne le piano droit. Il sourit.

— Bach, c'est quand même une excellente compagnie…

— Mais qui demande beaucoup d'efforts.

Il s'avance et lui donne un chaste baiser sur la joue.

Derome descend la rue Saint-Denis. Quelques promeneurs déambulent sous le quartier de lune. La soirée est fraîche en ce 5 octobre 1909.

La rencontre a lieu à la faculté de médecine de l'Université Laval. À mi-chemin du corridor des pas perdus, la rumeur est intense. En franchissant le seuil de la porte, l'instigateur de la soirée est accueilli par une volée de salutations. Il aperçoit les docteurs Bourgouin, Benoît et Bousquet, ses condisciples parisiens, qui discutent à travers un nuage de fumée.

— Tiens, Sherlock en personne, lance Bourgouin.

Ses amis médecins aiment bien l'affubler du nom des héros de la littérature policière.

— Nous sommes une bonne trentaine, fait remarquer le docteur Eugène Saint-Jacques, qui préside la réunion.

— Le quorum est plus qu'atteint ! réplique le médecin légiste.

Derome compte surtout les absents. Ils sont nombreux. La vieille garde ne s'est pas présentée. Le début de l'année universitaire ne constitue pas une excuse valable. Tant pis ! se dit-il. Heureusement, quelques grosses pointures sont là. La présence du docteur Marien est une caution importante. Plusieurs agrégés, de jeunes assistants de cours, comme lui, sont présents. Vive la jeunesse !

À l'occasion de cette séance ordinaire de la Société médicale de Montréal, les membres s'apprêtent à adopter à l'unanimité les résolutions défendues par Derome et à les faire parvenir au gouvernement provincial. Les médecins, les traits tendus après une dure journée de labeur, sont prêts à entériner leur projet de réforme médico-légale.

Le docteur Boucher fait la lecture de la proposition à l'assemblée. Le docteur Hervieux lève la main pour l'appuyer.

1. Considérant qu'il n'existe pas dans la province de Québec de médecins légistes experts près des tribunaux, c'est-à-dire des médecins dont la fonction spéciale est d'éclairer la justice dans les cas si complexes où la loi vient en contact avec la médecine ;

2. Considérant qu'il n'existe pas de laboratoire spécialement aménagé aux fins de toute analyse médico-légale ;

3. Considérant que ces analyses sont actuellement confiées à des personnes extra-médicales et par conséquent non revêtues de la compétence voulue pour en tirer des conclusions absolument inattaquables ;

4. Considérant que la société en général et les médecins en particulier sont, chaque jour, exposés à être la victime d'une erreur judiciaire grave, grâce à cette lacune de notre organisation médicale ;

5. Considérant que les médecins non légistes qui, par hasard, sont affectés à remplir les fonctions d'experts sont souvent fort embarrassés pour les accomplir parce qu'ils ne se sentent pas préparés ;

6. Considérant que tous les médecins de cette province, soit en particulier, soit en comité, ont, tour à tour, exprimé une opinion favorable identique à la nôtre.

Le docteur Boucher regarde ses collègues et poursuit la lecture de la proposition.

La Société médicale de Montréal demande respectueusement aux autorités administratives de vouloir bien prendre en considération et acquiescer, si possible, aux vœux qu'elle forme, à savoir :
a) que des médecins légistes soient nommés par le gouvernement comme experts devant les tribunaux ;
b) qu'il soit créé des laboratoires où les expertises pourront être faites avec tout le soin qu'exige l'importance de la matière.

— Est-ce que quelqu'un demande le vote ? s'enquiert le docteur Boucher.

Nul ne se manifeste.

— Eh bien, messieurs ! Aujourd'hui, 5 octobre 1909, les résolutions sont acceptées telles quelles et nous les adresserons au gouvernement provincial.

Des applaudissement nourris s'élèvent.

★   ★   ★

Quelques semaines plus tard, Derome reçoit à l'hôpital une lettre très attendue du Conseil du Barreau de Montréal. Les avocats vont-ils joindre leur voix à celle des médecins ? Tout en marchant dans le corridor, il décachette fébrilement l'enveloppe. Il vient de gagner un autre appui. Le Conseil du Barreau est pour la création d'un laboratoire. Il appuie la nomination de médecins légistes, qui seraient un atout précieux pour la justice criminelle, le Barreau et le public. Le Conseil du Barreau transmet sa demande au procureur général.

Derome jubile en repliant la lettre. Les avocats exercent sur l'appareil politique un poids tel que ce soutien sera précieux pour sa cause. Le premier ministre et procureur général Lomer Gouin, lui-même un avocat, devrait être sensible à son projet.

★   ★   ★

En ce début d'année 1910, Derome poursuit son offensive. Il met la dernière touche à sa conférence intitulée *Le Fonctionnement des expertises médico-légales en France*, qu'il est sur le point de prononcer devant la Société médicale de Montréal. Derome y fait l'apologie du système français qu'il veut implanter dans les cours de justice. Mais, à l'instar de ses collègues, il est fourbu. Depuis trois mois, une épidémie de fièvre typhoïde sévit à Montréal. Trois mille cas et déjà plus de deux cents morts. Ses

services sont constamment sollicités pour effectuer des sérodia-
gnostics. Il a même fallu ouvrir un hôpital de fortune. L'ambulancier qui fabrique les cercueils pour les indigents est bien
occupé.

Un facteur supplémentaire, dans le cas de Wilfrid Derome,
explique cet état de fatigue. Il vient d'être nommé, le 27 janvier
dernier, expert adjoint à la morgue de Montréal, sous l'autorité
du docteur Dugas. Il s'agit bien sûr d'une nouvelle exaltante,
mais ce cumul de postes sollicite lourdement le jeune médecin.

Pour le moment, Derome inspire profondément puis va lentement prendre place sur la tribune. Ses jeunes collègues sont
venus nombreux.

— Je voudrais vous parler brièvement, ce soir, de l'organisation médico-légale en France et des lacunes de la nôtre au
Canada.

Derome explique qu'un tribunal comme celui de la Seine, à
Paris, nomme d'une année à l'autre un certain nombre de spécialistes auxquels sont confiées les expertises durant cette
période. Un médecin non légiste ne peut y être appelé par la justice. Quand un juge d'instruction mène son enquête pour déterminer les circonstances d'un décès, il peut, dans le doute, faire
appel à un médecin légiste, qui examinera le corps et remettra un
rapport détaillé au magistrat.

À la fin de sa conférence, Derome, tout en réitérant ses
besoins, se fait grinçant. Il a calculé sa sortie. À force de marteler
son vœu, les autorités finiront bien par réagir.

— Il nous manque un laboratoire d'expertise médico-légale.
Ces analyses sont faites en ce moment par M. l'abbé Choquette,
de Saint-Hyacinthe, et, malgré tout le respect que je professe
pour ce savant abbé, je déclare qu'il est absolument impossible,
vous le comprenez comme moi, qu'il puisse donner une interprétation médico-légale à l'analyse la plus élémentaire.

Les invités s'esclaffent. Ils connaissent l'ironie de Derome.

En terminant, le conférencier souligne l'importance de la
motion présentée le mois précédent et votée à l'unanimité. Il
marque une pause.

— J'espère pour ma part que, pour l'honneur de la profession médicale de ce pays et pour la protection de la société, les autorités administratives feront droit le plus tôt possible à notre juste demande.

★   ★   ★

Wilfrid Derome passe de longues soirées à sa table de travail à écrire des articles. L'écriture, compagnon essentiel de son travail, lui permet de faire avancer sa cause. Devant lui se trouve la dernière édition de *L'Union médicale du Canada* avec sa belle couverture cartonnée.

Il aime travailler dans le calme du soir. Sophie-Catherine est allée se coucher. Plume à la main, derrière son bureau à cylindre, il fait état de ses recherches dans son article intitulé « La mort est-elle le résultat de la submersion ? » Son esprit sarcastique se manifeste aussitôt à l'endroit de sa bête noire, le système judiciaire : « Il est assez fréquent qu'en face d'un cadavre que l'on retire de l'eau, le public, souvent plus curieux que la justice de notre pays, se pose la question que voici : "La mort est-elle le résultat de la submersion ? En d'autres termes, l'individu était-il vivant ou mort lorsqu'il est tombé à l'eau ?". » Il sourit en écrivant ce passage. Il aime conférer à ses articles un caractère polémique, ce qui ne déplaît pas non plus à Marien et à Lotbinière-Harwood, les éditeurs de la revue.

L'Union médicale du Canada est devenue le fer de lance de son projet de réforme. Les premiers mois de 1910 se révèlent très fructueux en ce qui concerne ses travaux scientifiques. De janvier à octobre, Derome a fait paraître ses six premiers articles dans la revue, qui servent à asseoir sa réputation, alors qu'il cherche tant à rallier des adhérents à sa cause qu'à renseigner ses confrères sur la médecine légale. Dans « La loi sur les accidents de travail au Canada et le rôle du médecin », il a fait valoir l'importance qu'aurait la médecine légale dans les tribunaux civils. Cette science offrirait un arbitrage indispensable pour trancher les querelles entre patrons et travailleurs dans les cas d'accidents du travail. Dans un autre article, « La simulation en médecine légale », Derome affirme que c'est justement dans les affaires criminelles que la simulation révèle ses applications les plus intéressantes : « Si le prévenu est vraiment aliéné, il pourra dissimuler pour éviter l'asile ; mais s'il est délinquant ou criminel, il simulera pour éviter la peine et entrer à l'asile. » En juin, il publie un texte intitulé « L'alcoolisme en médecine légale » qui traite des effets pervers de l'abus d'alcool en matière de criminalité et de délinquance.

Les paupières lourdes, Derome clôt son article sur la submersion en expliquant l'éclairage qu'un laboratoire bien équipé apporterait dans les cas de noyade. Il éteint. Il ne lui restera qu'à relire son texte et à en chasser les fautes. Depuis quelque temps, il a remarqué avec agacement que la qualité du français s'est détériorée dans la revue. Il faudra y voir.

CHAPITRE 10

L'espoir au bout du couloir

Plusieurs mois ont passé et son projet de réforme du système judiciaire n'a fait aucun progrès notable. Mais une bonne nouvelle attend le docteur le 14 janvier 1911 : *La Presse* aurait enfin pris position dans un éditorial.

Il achète le journal au kiosque devant le palais de justice. Il va tout de suite à la page 2. L'article s'intitule « Laboratoire médicolégal ». Derome est aussitôt ravi par ce qu'il lit : « Nous n'hésitons pas à dire encore aujourd'hui que sa réalisation comblerait une profonde lacune de notre organisation médico-judiciaire. Il n'y a pas en effet de semaine sans que, dans l'une de nos cours criminelles, le besoin d'une analyse médico-légale se fasse sentir. »

Un peu de propagande. Voilà qui ne nuira pas ! se réjouit le docteur. La conclusion de l'article lui plaît tout autant.

Le mouvement puissant qui se fait actuellement, tant chez les médecins que chez les membres du Barreau, pour l'établissement d'un tel laboratoire, nous permet d'espérer que le gouvernement mettra bientôt fin à cette situation anormale et que dorénavant la société pourra compter sur une protection plus efficace contre les délinquants et les criminels.

Le docteur Derome, satisfait, referme son journal et le fourre dans la poche de son paletot. Il en oublie la froidure de janvier et retourne à la morgue avec de nouvelles munitions.

Quelques jours après cette prise de position, les étudiants de son cours, assis dans les gradins de la morgue, lui font part d'un autre éditorial de *La Presse* intitulé « L'analyse médico-légale ». Un étudiant lui tend le journal.

— Vous permettez que je le lise à haute voix ? demande Derome.

— Oui, docteur.

— « Il y a une dizaine de jours, *La Presse* attirait une fois de plus l'attention du gouvernement sur la nécessité d'un laboratoire médico-légal à la morgue de Montréal. Nous ne pensions pas que l'événement viendrait aussitôt confirmer notre réclamation. En effet, rien ne prouve mieux la nécessité d'un laboratoire médico-légal que la mystérieuse tragédie de Bromptonville, qui a coïncidé presque avec notre article du 14 janvier. »

— Qu'est-ce que ce drame de Bromptonville ? lui demande avec curiosité un étudiant.

Derome, derrière la table d'autopsie, relève la tête.

— Il y a quelques jours, les limiers ont découvert des habits tachés de sang sur le bord d'une grande route. Il y avait des traces de lutte visibles dans la neige. Et, pour ajouter au mystère, un cheval blessé errait autour de la scène du crime. Mais le mystère réside dans le fait qu'on ne retrouve pas le cadavre. Comme dans les mauvais romans…

— C'est l'as détective McCaskill qui doit résoudre cette énigme, lance un étudiant.

— En effet. Je poursuis ma lecture : « Or seule l'analyse médico-légale pourra démêler ce mystère. C'est le médecin légiste qui dira au moyen de l'analyse si les taches découvertes sur la neige du chemin sont faites de sang et non pas d'une matière colorante quelconque. Une analyse des taches permettrait de déterminer s'il s'agit de sang humain ou animal ou tout simplement d'une matière colorante quelconque. L'importance de l'analyse médico-légale ne peut échapper ici à personne. Malheureusement, nous n'avons pas dans notre province de laboratoire médico-légal complètement outillé. »

Le professeur referme le journal.

— D'après vous, demande Derome, s'agit-il d'un meurtre, d'un suicide, d'un enlèvement ou d'une simulation ? Cherche-t-on à encaisser une assurance-vie, une succession ou tient-on à semer des créanciers affamés ?

La discussion sur fond de cadavre s'engage avec passion.

— Un à la fois, s'il vous plaît.

Les étudiants lèvent la main. Derome est rayonnant. Ces articles sont de véritables cadeaux.

Dans les jours qui suivent, les journaux révéleront que McCaskill s'est persuadé que le mystérieux disparu serait un dénommé Pope, un homme criblé de dettes qui aurait peut-être pris la direction des États-Unis, ce qui ne fait qu'accroître les conjectures, mais laisse la justice sans réponse. Sans le savoir, se dit Derome, ce simulateur pourrait contribuer à l'érection de mon laboratoire.

★   ★   ★

Le docteur marche, troublé. Il se souviendra longtemps de ce 26 mai 1911 : un lundi sinistre avec la mort au bout du jour, une journée noire comme le drapeau qui flotte sur le pignon de la geôle. Il se rappellera ce lundi comme l'un de ces jours où le printemps joue à l'été. Même les lilas, les roses et les pommiers en fleurs ne suffiraient pas à égayer cette journée, pas plus que les belles résidences de la rue Cherrier ni le carré Saint-Louis verdissant de jour en jour… Et pourtant, ce ne sont pas les morts qui manquaient dans sa vie.

Il revoit le bourreau enfiler la cagoule sur sa victime, ajuster le nœud de la corde. Il entend encore l'extraordinaire déplacement d'air engendré par l'ouverture de la trappe et le cou du prisonnier qui craque comme une branche. Mal lui en prit de vouloir procéder à des observations scientifiques sur le cadavre du condamné.

La condamnation à la peine capitale demeure à ses yeux une réaction malsaine. Lui qui côtoie la mort sous toutes ses formes, de la plus banale à la plus brutale, il ne s'attendait pas à un tel choc. Il rentre chez lui. Sophie-Catherine est sortie. Dans un silence monacal, il ressent le besoin d'écrire une chronique. Il lui faut exprimer ce qu'il vient de vivre à la prison de Bordeaux.

Retranché derrière sa machine à écrire, le regard sombre, il réfléchit. Pour le moment, les considérations éthiques supplantent dans son esprit les observations scientifiques. Pas question de ménager les accents polémiques. C'est un devoir de prendre position. Il est plus que temps de porter un jugement sévère sur ces « lois répressives » qui ne prennent pas en compte les « facteurs sociaux ».

Il couche sur la page un titre grinçant, d'une ironie mordante pour quiconque le connaît : « À propos de la dernière pendaison ». Ces six mots disent ce qu'est devenue la peine capitale : un fait divers à sensation, un petit gueuleton à la une, alors qu'il s'agit d'une question très grave. Avant de commencer sa diatribe, il doit expliquer aux lecteurs les raisons de sa présence à cette exécution : « Pour justifier notre présence à un spectacle aussi peu attrayant que celui d'une exécution capitale, nous n'avions d'autre excuse que celle de faire profiter, si possible, nos connaissances médico-légales. » Après quoi, il dépeint le supplicié : « Le 26 mai, au matin, l'Italien Creola, pour avoir assassiné un de ses compatriotes, payait sa dette à la société. Le malheureux, traîné par deux agents, s'avança en pleurant vers le lieu du supplice. »

Il lui faut décrire ce dont il a été témoin, puisque aucune photo ne rendra compte de ce drame. Il lui faut garder vivants à jamais le regard désespéré du condamné et toute sa détresse. Les mots fusent en rafales :

> Sa physionomie, visiblement empreinte d'un mélange de crainte et de rage, semblait vouloir demander aux trop nombreux spectateurs présents un peu de pitié. Elle semblait, dis-je, vouloir démontrer aux générations présentes et futures que la société, si terrible dans ses jugements, n'est pas elle-même exempte de tout blâme, que par ses séductions, ses suggestions, ses imper-

fections, etc., elle exerce une influence excitante, formative même du crime, qu'elle ne devrait pas ignorer dans l'application de la peine.

Derome relit ce passage. La lumière de la lampe de travail se découpe sur son visage rembruni. Sur le mur, derrière, son ombre a pris une forme gigantesque. La subjectivité de son article tranche nettement avec la teneur scientifique des textes qu'il publie habituellement dans *L'Union médicale du Canada,* mais pas question de se censurer. Il a beau maintenir son indépendance sur le plan politique, il n'a pas honte de s'afficher comme un progressiste.

Partisan du déterminisme, il a toujours cru que le milieu façonne la nature humaine comme la vague sculpte le rocher. « Qui peut nier, en effet, écrit-il, que ce pauvre être, placé dès son enfance dans des conditions de vie meilleures, n'eût pas évité de faire un jour partie de la grande armée des criminels ? » À quoi bon aider les pauvres si on n'offre pas davantage par la suite ? « On fait supporter la peine entière à des individus *souvent dégénérés,* sans se soucier des influences sociales parfois prépondérantes qui les ont conduits au crime. » Il est temps, d'après Derome, de remettre en question une justice qui se penche sur les effets du crime, mais non sur ses causes. « Nul doute, par conséquent, que la misère, les conditions de vie morale et physique inférieures, le défaut d'éducation, les influences pernicieuses de toutes sortes, contribuent pour une part souvent très large dans la genèse du crime. » Ce passage risque d'offenser les conservateurs et certains de ses amis, mais il lui faut confesser que ces sentences lui paraissent inefficaces dans la mesure où des facteurs atténuants ne sont pas pris en compte : « La peine devient ainsi non seulement injuste par son exagération, mais elle risque fort d'être inutile. »

Le criminologue en lui cherche à comprendre les facteurs qui poussent un individu sur la voie de la criminalité et surtout à entrevoir les méthodes scientifiques qui pourront venir en aide à la société et au criminel en devenir. Le sujet l'inspire et les frappes s'abattent sur le papier :

Mon sentiment est que, tant que la justice ne tiendra pas plus compte du déterminisme social dans la production du crime, tant qu'elle ne s'appliquera pas davantage à étudier non seulement le crime, mais le criminel lui-même dans son hérédité, dans son ambiance familiale et sociale, tant, dis-je, qu'elle ne fera pas dans chaque cas une enquête médico-sociologique, elle ne peut espérer obtenir la vraie solution du troublant problème de la responsabilité humaine.

Son séjour en France, il s'en souvient, l'a mis en présence d'un débat houleux sur la peine capitale. Lorsqu'il arrive à Paris en 1908, le président de la République, Armand Fallières, avait gracié systématiquement tous les détenus condamnés à la peine capitale depuis 1906. Les opinions de Jaurès et de Clemenceau, des abolitionnistes notoires, ont momentanément envoyé au chômage le bourreau Dreiber. En 1909, par suite des pressions sociales, c'est le « retour en force de la guillotine ». Lors d'exécutions publiques qui frôlent l'hystérie, le bourreau Dreiber est acclamé comme une vedette.

En bas, Sophie-Catherine s'est installée au piano. Il ne s'en était pas rendu compte tellement il se concentrait pour écrire. Elle joue un prélude et fugue de Bach qui accompagne bien les sentiments qu'il éprouve.

Il termine son article par les observations médico-légales qu'il a faites sur le cadavre dans des conditions difficiles : le corps avait été transporté dans un sous-sol obscur. Cet espace ténébreux constitue à ses yeux une belle métaphore d'un système judiciaire que l'homme et la science peuvent éclairer.

Après avoir dégagé la feuille du cylindre, le docteur prend sa plume pour signer. La date de tombée du prochain numéro de *L'Union médicale du Canada* est proche. Il éteint la lampe.

★   ★   ★

En cette chaude matinée du 26 juillet 1911, le salon rouge de l'Assemblée législative regorge de médecins en complet-cravate. La délégation remercie Sir Lomer Gouin pour son écoute attentive. Le premier ministre, après avoir pris connaissance du projet entériné par la Société médicale et le Conseil du Barreau, a tenu à en rencontrer les promoteurs. Wilfrid Derome échange une franche poignée de main avec le premier ministre, un avocat qui sait apprécier ses efforts. Plusieurs collègues médecins ayant participé à la séance chez le docteur Saint-Jacques l'ont accompagné à Québec pour donner force à leur cabale.

Le premier ministre regarde Derome dans les yeux.

— Je conviens avec vous, docteur, de la pertinence et de la nécessité de créer un laboratoire et de nommer des médecins experts. Croyez-moi, je vais prendre la requête en sérieuse considération.

— Vous savez, ce serait un puissant appui à la justice. Ces laboratoires dans les grandes villes européennes ont prouvé leur utilité. Et nous serions les premiers en Amérique du Nord à bénéficier d'un tel outil. Même le pays de Sherlock Holmes, l'Angleterre, n'a pas ce genre de labo.

— Monsieur Derome, je vais appuyer votre projet auprès de l'Assemblée. Je constate vos talents d'organisateur. La politique ne vous intéresse pas, docteur ?

— Non, je préfère encore la compagnie de mes cadavres ! Ils ne me réclament rien. En fait, je suis indépendant en politique.

— Dommage.

Accoudé au bastingage du traversier, Derome observe le paysage. Les falaises de Lévis et la grande côte du Passage se rapprochent lentement. Au milieu du chenal, la brise rafraîchit une journée chaude, fertile en émotions. Près de lui, des collègues médecins discutent de la reconstruction du pont de Québec. Derome aperçoit le train du Grand Tronc en gare de Lévis. Il pense à la conférence qu'il doit préparer sur la police scientifique et les empreintes digitales pour la Société médicale de Montréal. Il aura tout le temps après un bon repas de réfléchir sur la nécessité d'uniformiser les fiches signalétiques d'identification judiciaire au Canada. Seule Montréal possède un système efficace. Ailleurs, on ne connaît pas encore la méthode Bertillon qui consiste à prendre la photo d'un suspect de face et de profil. Tout reste à faire... Mais aujourd'hui, une graine de plus a été semée.

★   ★   ★

Le 22 avril 1912, Derome profite du calme qui règne à la maison pour lire le 31ᵉ rapport annuel de l'hôpital Notre-Dame. Son travail au laboratoire d'anatomie pathologique y est souligné par le surintendant général. Lotbinière-Harwood prend même un ton enthousiaste pour parler de son « zélé pathologiste », comme il aime à le nommer :

> La création d'un cabinet moderne de physique médicale et la complétion de notre laboratoire de chimie biologique, de bactériologie et d'anatomie pathologique, que dirigent respectivement avec tant de compétence messieurs les docteurs Panneton et Derome, ont permis la réorganisation de nos grands services de médecine, de chirurgie, de gynécologie et d'ophtalmologie, et nous pouvons affirmer que le contrôle scientifique de l'observation des malades est devenu complet à l'hôpital Notre-Dame.

Derome se réjouit de cet appui. En faisant la preuve de ses compétences, il finira bien par obtenir son laboratoire et par réaliser ses réformes médico-légales.

Il feuillette ensuite le journal. On ne parle que du naufrage du *Titanic*. Près de mille cinq cents morts. Dire que la tuberculose tue presque autant en une seule année à Montréal. Il ne regrette pas d'avoir accepté de créer et de diriger le laboratoire de l'institut Bruchési, à la demande du docteur Joseph-Edmond Dubé. Le phtisiothérapeute veut ainsi mettre sur pied une série de dispensaires pour soigner les tuberculeux.

Mais, aujourd'hui, la mort, compagne fidèle de l'existence de Wilfrid Derome, a cédé la place à la vie. Sophie-Catherine vient de mettre au monde une fille qu'on baptisera du nom de Gabrielle. C'est le cœur léger que le nouveau père grimpe l'escalier sur la pointe des pieds pour se rendre au chevet de sa femme et de son enfant.

★   ★   ★

À sa table, le docteur effectue avec son microtome une coupe histologique d'un rein scléreux et kystique.

On frappe à la porte du laboratoire de pathologie de l'hôpital Notre-Dame.

— Entrez ! crie Derome.

Après quelques instants, il se retourne. Le garçon s'avance lentement, perdu dans son habit du dimanche. Derome ne lui donne pas plus de vingt ans. Son visiteur affiche un grand sourire et un air intimidé. La forte odeur d'éther ne semble pas le déranger. Ses yeux brillent déjà de tout connaître. Derome le regarde un moment. Le jeune homme s'immobilise devant lui, le chapeau pendu au bout d'une main.

— Docteur Derome ?

— Oui.

— Je suis Rosario Fontaine. J'aimerais discuter avec vous.

— À quel sujet ?

— Je me destine à la médecine légale.

Derome esquisse un sourire amusé.

— Dur destin, jeune homme…

— Je sais. Je suis les affaires judiciaires dans lesquelles vous travaillez comme expert. Votre métier m'intéresse.

— Vous voulez me remplacer ? lance le docteur, pince-sans-rire.

Le garçon s'esclaffe de bon cœur.

— Bien sûr que non !

Derome regarde l'heure à sa montre, observe à nouveau ce

drôle de moineau. Il finira plus tard sa préparation histologique du rein.

— Allons dans mon bureau.

Fontaine est nerveux, car l'impatience du docteur Derome envers ceux qui lui font perdre du temps est légendaire. Le jeune homme ne veut pas décevoir son modèle. Le médecin légiste diplômé de l'Université de Paris pratique à ses yeux les deux plus belles professions : la médecine et le droit.

Ils entrent dans le bureau. Dès que s'engage la conversation, le jeune homme est frappé par la vivacité des yeux du docteur, des yeux intimidants.

— La médecine légale… Vous devrez étudier longtemps, y êtes-vous disposé ? Êtes-vous présentement aux études ?

— Je les ai interrompues.

— Pourquoi ?

— Je voulais voyager. J'ai été cow-boy dans un ranch au Montana.

Derome sourit. Il pressent déjà la forte personnalité dissimulée par le regard timide. Une forte tête.

— Et là, de *rancher* vous voulez devenir médecin légiste ! Il n'y a qu'un trot… Êtes-vous sûr que vous ne voulez pas davantage embrasser la carrière de cultivateur ?

— J'en suis certain.

— Que fait votre père ?

— Il est médecin à Rougemont.

Fontaine note le sourire ironique accroché en permanence au visage du docteur. Se moque-t-il de lui ? Mais non. Il lit son regard bon et scrutateur à la fois, ses traits délicats. Il s'étonne de ce que le docteur ait déjà les cheveux tout blancs. Sa diction est lente et son propos entrecoupé de longues pauses.

— Avez-vous fait une demande d'admission en médecine ?

— Oui. J'ai été accepté.

— Bon, c'est un excellent début.

— J'aimerais aller étudier à Paris, comme vous.

— Pas avant quelques années, car il vous faudra faire votre internat.

— Je sais.

— Et qu'est-ce que vous voulez savoir ? Vous voudriez assister à une autopsie ?

Le collégien se raidit, cherche ses mots… Il n'est manifestement pas prêt.

Il a un sérieux problème, inavouable ici. Il craint maintenant que ses questions naïves n'embêtent le docteur. Sa gorge se serre.

— Docteur Derome, avez-vous peur des morts ?

— Des morts ! Non, ce sont plutôt les vivants qui m'effraient. Les assassins et bien sûr leurs avocats me font faire des cauchemars.

Fontaine glousse.

Le visage du docteur se rembrunit.

— Mais il vous faudra de la force pour supporter ce que le métier de médecin légiste vous fera voir chaque jour. Serez-vous capable d'entrer dans une maison, en plein cœur de la nuit, alors que s'imposera à vous l'image de quatre enfants, deux par lit, qui viennent d'être tués à coups de marteau par leur père devenu fou ? Il vous faudra raisonner, rester calme dans cette situation, alors que les pleurs hystériques des proches retentiront tout autour. Serez-vous capable d'installer froidement l'appareil photo et de croquer ce carnage ? Pourrez-vous prendre vos notes sans trembler ? Et si ce massacre s'est produit à l'extérieur de Montréal, aurez-vous la force de faire les autopsies sur place ? De rapporter avec vous le crâne défoncé d'une victime ? Je ne veux pas vous décourager, mais nous sommes loin des pâturages du Montana. Ce métier vous montrera d'un côté les pires travers de l'âme humaine et de l'autre son visage noble, celui de la compassion et de la justice.

Fontaine avale sa salive de travers. Il est livide.

— Voilà l'une des réalités de mon travail. Rien n'est comme dans les livres. Certains disent à la blague que nous arrivons toujours trop tard, mais nous n'arriverons jamais assez tôt pour coffrer les brutes qui peuplent ce monde.

— Mais vous arrive-t-il, docteur, de rêver aux morts que vous autopsiez ?

— Je rêve plutôt de retrouver les assassins de mes morts. J'ai toujours vu les victimes comme des alliés, des anges qui me guident vers leur meurtrier. Ces disparus nous parlent. Nous sommes leur ultime voix. Mais je comprends cette peur des morts, mon garçon. Comment vous appelez-vous, déjà ?

— Rosario… Fontaine.

— Oui, c'est ça, Rosario. Cette angoisse de la mort, nous la ressentons tous. Nos rites religieux sont farcis de symboles effrayants : les crêpes noirs sur les portes, les vitraux recouverts de draps noirs, les cadavres en chapelle ardente sous nos toits, les marches funèbres, les corbillards sinistres. Mais ce n'est rien par rapport aux horreurs que vous verrez sur certaines scènes de crime si vous empruntez cette voie. Il me faut vous le dire en toute honnêteté. Vous devez sans doute lire ces romans policiers anglais, fort divertissants par ailleurs, qui ne montrent pas grand-chose du travail que nous faisons ?

Fontaine approuve de la tête.

— Et les odeurs ? ose-t-il.

— Bien, on ne s'y habitue jamais totalement, mais on finit par cohabiter. Sauf qu'on ne peut jamais chasser ce locataire indésirable… Les corps qui ont séjourné dans l'eau, ceux qui sont en état de saponification ou ceux que l'on doit exhumer sentent affreusement mauvais. Il faut s'y faire. Mais il y a des parfums bon marché et des haleines d'avocat qui puent davantage ! Les avocats véreux et bavards vous feront apprécier le silence des morts.

Fontaine est conquis. Ce Derome est d'une ironie mordante. Les minutes passent. Il ne voudrait plus repartir. Le docteur Derome est généreux de son temps et de sa personne. À aucun moment il n'a montré de signes d'impatience, contrairement à ce que Fontaine a entendu partout.

Derome regarde sa montre.

— Vous m'excuserez, mais j'ai ce rein qui m'attend.

Fontaine tend la main au docteur. La poigne est forte, sincère.

★   ★   ★

Derome sent bien tous les regards admiratifs de ses collègues. Il regarde l'ordre du jour. Avec sa plume, il trace une arabesque sur sa feuille. Cette séance de la Société médicale de Montréal sera hors de l'ordinaire. Ce 3 mars 1914 est un jour historique pour la médecine et la criminologie en Amérique du Nord. On tient à ce que Derome, à titre de secrétaire de la Société médicale de Montréal, annonce lui-même la nouvelle, mais son humilité le pousse à la discrétion. Le docteur Villeneuve le gratifie d'un large sourire. Son protégé hérite très jeune des plus hautes responsabilités qui puissent échoir à un médecin. Le neurologiste barbu est fier du chemin parcouru par son ex-étudiant. Qui mieux que lui, a-t-on pensé, pour annoncer ce que vient d'accomplir le docteur Derome ? Le regard vif de Villeneuve balaie la salle. De sa voix qui porte, celle des grandes occasions, il déclare :

— Je suis chargé de vous faire une communication. Comme il est question de notre digne secrétaire… M. le docteur Derome en est empêché par la modestie de vrai savant qui le caractérise…

Villeneuve le regarde affectueusement.

— Je désire vous apprendre que Sir Lomer Gouin, premier ministre et procureur général, a décidé la création d'un laboratoire de médecine légale à la morgue de Montréal. Or, ces jours derniers, M. le docteur Derome a reçu de Sir Lomer Gouin lui-même l'assurance de sa nomination comme directeur de ce laboratoire et comme remplaçant, à titre de médecin expert, du regretté docteur Dugas.

Le docteur Villeneuve est interrompu par des applaudissements. Derome reste flegmatique, remercie d'un geste de la tête. Même s'il s'agit d'une promesse que lui a faite le premier ministre en décembre 1913, il sait que la parole ne vaut pas une entente dûment signée, surtout en politique. Villeneuve, qui avait préconisé dès 1904 l'adoption de ces grandes réformes, n'en prend aucun crédit. Comme tout bon professeur, il regarde avec satisfaction celui qu'il a formé. Derome écoute avec émotion les éloges de son premier maître, heureux d'avoir remporté la bataille.

Villeneuve poursuit son envolée oratoire.

— Le passé est plein de promesses pour l'avenir ; l'orientation scientifique de la morgue se trouve assurée. Désigné par le suffrage de ses maîtres, M. le docteur Derome est au début d'une belle carrière ; nous lui souhaitons bonne chance et bon succès.

Les applaudissements succèdent à la présentation. Modeste, Wilfrid Derome se lève, s'incline, remercie ses collègues.

CHAPITRE 11

Meurtre à l'heure du sanctus

Ce matin-là, 10 mai 1914, alors que carillonnent les cloches de l'église Saint-Sauveur, le fils Dubois sort de chez lui pour aller à la messe de dix heures. Il est 9 h 55. Sa mère et sa sœur, Blanche, restent à la maison, dans l'appartement qu'habite la famille au-dessus de leur boutique, à la fois cordonnerie et magasin de chaussures, à l'angle des rues Massue et Sauvageau. Vers 10 h 20, une tante, Mme Fréchette, vient leur rendre visite. Dix minutes plus tard, les trois femmes entendent frapper à la porte du magasin, même si c'est dimanche. Blanche Dubois, qui n'a que dix-neuf ans, prend la clé et descend répondre. « C'est pour un échange », lance-t-elle en s'engouffrant dans l'escalier.

Les minutes passent. L'échange s'éternise. L'horloge marque 10 h 45. Inquiète de ne pas voir sa fille remonter, la mère l'appelle du haut de l'escalier. De l'arrière-boutique non éclairée, elle entend un râle. Elle descend en vitesse et allume. C'est la consternation. Blanche est étendue sur le dos, dans un étroit passage entre des boîtes de chaussures. Elle gît dans son sang. « Mon Dieu ! Mon Dieu ! Ma fille va mourir ! » hurle Mme Dubois. La tante s'amène. « Allez chercher le docteur », lui demande la mère. « J'écrase sur mes jambes, je ne peux pas », répond-elle. Prises de panique, la mère et la tante sortent dans la rue. Sur le trottoir, chacune de son côté hurle à l'aide. Un voisin va chercher le fils à la messe. Il accourt. À son arrivée, sa sœur respire encore.

— Vite ! Allons chercher le docteur, crie la mère.

Le docteur Leclerc arrive sur les lieux quelques minutes plus tard. La jeune femme est exsangue, son pouls, extrêmement faible et son corps, froid comme de la glace. Comme il fait très noir dans l'arrière-boutique, on transporte Blanche dans sa chambre. Elle porte un tablier à carreaux, des bas et des souliers noirs, un jupon et un cache-corset. Sous ses cheveux tressés, sa tête est totalement défoncée. Voyant la matière cérébrale sortir du crâne, Leclerc appelle aussitôt un prêtre, puis retourne au sous-sol avec une lanterne.

Il examine les lieux. La famille croit que la jeune femme est tombée du marchepied ou dans l'escalier. Mais Leclerc voit bien qu'elle n'aurait pu s'infliger une telle blessure en tombant de cette manière. Il aperçoit un marteau près de l'endroit où se trouvait la tête de la victime. Il téléphone au chirurgien Marois, qui agit comme expert médico-légal à Québec.

Le professeur de médecine accourt immédiatement sur les lieux du crime. Il y recueille un marteau de cordonnier dont la face striée est couverte de sang, de fragments d'os et de matière cérébrale. L'assassin s'est tellement acharné que le manche du marteau s'est brisé.

— Le meurtre a été d'une violence inouïe, conclut Marois.

Le chirurgien se penche. Il y a des esquilles partout. Il ramasse un à un ces petits fragments osseux. Ces éléments de preuve étayent la thèse du meurtre, d'autant plus que l'arrière-boutique présente des traces de lutte : des boîtes de chaussures sont éparpillées sur le plancher.

Blanche, constate Marois, a subi deux fractures à la main gauche, dont une ouverte, survenue sans doute lorsqu'elle essayait de se protéger des coups.

Blanche rend l'âme en début d'après-midi.

L'enquête démarre rapidement. Une passante, Bernadette Dion, et d'autres témoins affirment aux policiers avoir croisé un « homme en gris » dans la rue Châteauguay. Cet homme leur a donné l'impression de s'essuyer les mains dans les poches de son pantalon.

Les limiers se lancent sur la piste de l'individu. Les renseignements qu'ils ont obtenus les conduisent en fin d'avant-midi à l'arrestation de Joseph Dion. Il est un ex-employé du commerce de la famille Dubois. Il connaît bien les lieux et savait où était rangé le marteau. L'enquête est confiée au coroner George-William Jolicœur.

Le mardi 12 mai

Dès le premier jour de son témoignage, Dion affiche un sang-froid hors du commun. Pour le faire craquer, les jurés demandent que cet homme frêle et bigle soit mis en présence du cadavre de la jeune fille. Escorté par le chef McCarthy, de la police provinciale, Dion est conduit dans la chambre funéraire drapée de blanc et de mauve, où s'est déplacée la Cour du coroner. Pour éviter tout incident, trois policiers encadrent le cercueil. Mais l'inculpé reste impassible devant la victime, ce qui crée un doute dans l'esprit des jurés.

Le coroner Jolicœur et les jurés se rendent ensuite jusqu'aux lieux du crime, soit dans l'arrière-boutique. La forte odeur de tanin, de cuir et de colle donne la nausée. Dans l'étroit passage du *back store*, une mare de sang, de la matière cérébrale et des traces sanguines sont encore visibles sur les boîtes.

Après analyse de la scène du crime, le coroner Jolicœur ajourne l'enquête au jeudi matin. Pour le moment, il est dans le noir.

Le jeudi 14 mai

Rien ne va plus. L'enquête piétine et est de nouveau reportée au lendemain. *Le Soleil* s'impatiente et critique sévèrement le travail des enquêteurs : « La triste tragédie de Saint-Sauveur donne en ce moment à certains de nos confrères l'occasion de déployer leurs talents de détective amateur. »

Le vendredi 15 mai

Il y a longtemps qu'un homicide n'a pas soulevé autant de passion dans la ville de Québec. Cinq jours après le meurtre de Blanche Dubois, la foule de curieux est toujours aussi imposante à l'angle des rues Massue et Sauvageau. Les policiers doivent diriger la circulation des automobiles. Encore une fois, la Cour du coroner tient ses assises au domicile de la victime. On attend Joseph Dion. À son arrivée, il est accueilli par des insultes.

Le coroner Jolicœur invite d'abord les jurés à ne pas se laisser influencer par les ragots qui se sont écrits dans les derniers jours, autant à Québec qu'à Montréal.

On apprend alors que Dion ne travaille plus chez les Dubois et que le marteau utilisé pour tuer la victime se trouvait dans le magasin.

Un ami de Joseph Dion, Hermas Laperrière, qui a passé l'après-midi avec le suspect, déclare que ce dernier lui a paru déprimé. Quand il l'a interrogé sur la cause de ses tourments, l'autre a répondu : « Je n'ai pas sorti de l'avant-midi et je m'ennuie. »

Des rumeurs persistantes laissent entendre qu'on s'apprête à le libérer, faute de preuves. Le coroner Jolicœur est coincé, et la vindicte des redresseurs de torts s'amplifie. Il n'apprécie pas l'ironie du *Soleil* : « Que nos confrères cessent un peu de vouloir jouer les Sherlock Holmes et de nous écrire chaque jour des romans-feuilletons qui ne sont même pas dignes d'être signés Ponson du Terrail ou Xavier du Moulin. »

Devant la surenchère de l'indignation, Jolicœur téléphone au procureur général, le premier ministre Lomer Gouin. L'entretien est long. Gouin suggère au coroner de faire appel au nouveau médecin légiste en chef de la province de Québec, Wilfrid Derome. Après tout, le gouvernement s'apprête à investir des milliers de dollars dans le laboratoire de cet entêté. À lui de faire ses preuves ! Le coroner inscrit sur un bout de papier le numéro EST 4456 et le nom du médecin en question.

La rumeur se répand dans les journaux : « On assure, dans les cercles de la police, qu'à la suite de ce voyage, de nouveaux détectives entreront en scène pour aider à faire la lumière. » Au *Soleil,* on ignore alors qu'un jeune médecin de Montréal qui a pour nom Wilfrid Derome s'apprête à inscrire son nom au générique de cette enquête.

Après l'ajournement des travaux de la cour, le docteur Jolicœur prend la direction de Montréal. Tôt le samedi, il cherche la morgue, au 179, rue Craig Est. Habitué au calme des rues de Québec, il est happé par la frénésie de cette artère du vieux centre où la circulation est chaotique. Il aperçoit le manège militaire. Il tient un sac contenant les vêtements du suspect ainsi que le marteau. Le mot « Morgue » est visible sur la porte du bâtiment. Il entre et marche jusqu'au comptoir. L'employé des pompes funèbres lui sourit.

— Je viens rencontrer le docteur Derome. Je suis le docteur Jolicœur, le coroner du district de Québec.

— Il est en bas, à la morgue.

L'homme lui indique l'escalier qui mène au sous-sol.

Jolicœur aperçoit la porte de verre givré où il lit « Wilfrid Derome, médecin légiste ». Il frappe.

— Bonjour, docteur Jolicœur, lance Derome.

— Enchanté, docteur Derome. C'est le premier ministre qui m'a dirigé vers vous.

Derome lui serre la main. Il souhaiterait qu'un plus grand nombre de coroners fassent appel à ses services. Il connaît l'excellente réputation du docteur Jolicœur. Enfin un homme dans la soixantaine qui fait confiance à la jeunesse.

— Déposez votre chapeau et votre imperméable sur la patère.

— Vous êtes bien situé, dans le centre.

— On a l'avantage d'être près du palais de justice. On gagne un temps précieux.

Derome l'invite à s'asseoir.

— Monsieur le premier ministre Gouin m'a dit le plus grand bien de vous.

Wilfrid Derome sent de la pression. Cette affaire est importante. Il doit démontrer qu'on ne se trompe pas en le plaçant à la tête d'un laboratoire de médecine légale. Il n'ignore pas que les politiciens ont les yeux rivés sur lui. Jolicœur aussi, qui veut sauver sa réputation alors que gronde la vindicte populaire. Derome plonge ses yeux perçants dans ceux du coroner.

— Maintenant, coroner, faites-moi le récit des événements et ensuite j'examinerai les pièces à conviction.

— Voilà comment tout a commencé. Il faut remonter à dimanche dernier… Blanche Dubois…

Derome prend des notes.

Le coroner, comme le lui avait demandé Derome, a méticuleusement enveloppé les vêtements de Dion de ouate et de papier blanc.

— Pensez-vous pouvoir en tirer quelque chose, docteur Derome ?

— Soyez assuré, docteur Jolicœur, que les procédés de Meyer et d'Uhlenhut, ainsi que la méthode spectroscopique seront sans appel. S'il y a du sang frais sur ces vêtements, je ne veux pas être dans la peau de celui qui les portait.

Le coroner, qui ne connaît pas tous ces procédés, paraît rassuré par la détermination du jeune médecin.

Derome entre dans la salle d'analyse. Du sac, il sort chacune des pièces à conviction. Il les extrait avec précaution de leur gaine protectrice. Avec ses jumelles à court foyer et sous un éclairage adéquat, il examine le veston sous toutes ses coutures, pendant quelques minutes. Il conclut à un résultat négatif. Idem, constate-t-il, sur le pantalon et le col. À son tour, la cravate ne révèle rien. Il se penche sur le dernier morceau, le pardessus. Le devant est taché de croûtes de sang séché. Derome retourne l'imperméable et aperçoit en quantité moindre du sang séché, particulièrement derrière l'épaule droite. L'assassin est droitier. La main assassine et la motion du meurtrier sont venues déposer une preuve accablante. Derome est fébrile. Mais, d'abord, est-ce bien du sang humain ?

Le docteur doit maintenant caractériser le sang par des moyens scientifiques. Il prend le pardessus et l'emporte au laboratoire. Il sort une paire de ciseaux, découpe la plus grande des croûtes, qui lui servira pour tout l'examen, et l'imbibe avec un liquide dissolvant. La réaction de Meyer, un procédé récent, sied parfaitement à ce type d'analyse. Elle est l'une des plus sensibles et ne nécessite qu'une infime quantité de sang. Devant la grande pharmacie, il sort une fiole de phtaléine de phénol. Avec une mesure, il en retire deux grammes qu'il dépose dans un flacon. Il prend ensuite 20 grammes de potasse anhydre qu'il mélange à l'autre composé. Puis, il verse 100 millilitres d'eau distillée ainsi que 10 grammes de zinc en poudre très fine. Il fait bouillir le mélange, qui perd peu à peu sa coloration rouge. Derome sait qu'il peut mettre le réactif directement sur la tache, mais il est recommandé de le faire interagir avec une solution de sang.

Il verse dans un tube deux centimètres cubes du réactif et ajoute un volume identique de la « solution suspecte ». Il secoue le tube et verse trois gouttes d'eau oxygénée. Aussitôt, le mélange incolore devient rouge vif. C'est bel et bien du sang ! Et de un. Derome passe ensuite aux épreuves décisives : la recherche microscopique des hématies. Le sang s'altère facilement dans des conditions d'humidité, de putréfaction ou sous l'effet de la température. Dans de bonnes conditions, les globules conservent leur forme caractéristique pendant des jours et des semaines. Derome souhaite que ce soit le cas. Il s'active.

Il prépare d'abord le sérum d'Hayem, qui a la propriété de régénérer les globules rouges. Tout en manipulant les flacons, il marmotte pour lui-même la recette du mélange de vérité : 200 grammes d'eau distillée, 1 gramme de chlorure de sodium, 5 grammes de sulfate de sodium et 0,50 centigramme de chlorure mercurique.

Il dépose une croûte de sang dans le sérum. Il se penche sur son microscope. Au bout de la lunette, les globules sont bel et bien visibles et leur forme crénelée est presque intacte. Derome sourit. Il s'assoit sur le tabouret et note précieusement la date et le résultat de son analyse.

Il est si concentré qu'il n'entend rien du rugissement urbain provenant de la rue Craig ; ni les moteurs des camions ni les tramways n'arrivent à sortir le savant de sa bulle.

Il soumet ensuite le sang à une analyse spectroscopique. Après l'avoir dissous dans de l'eau distillée, il s'approche du spectroscope et verse la solution dans la petite cuve de Schulze à faces parallèles.

À travers la lumière du spectre coloré, il aperçoit à son grand plaisir les deux raies caractéristiques du sang normal, ou oxyhémoglobine. Ce sang était donc oxygéné au moment où il s'est répandu et l'oxygène demeure un temps limité dans le sang frais. C'est donc du sang récent qui souille le pardessus.

Derome se dit que c'est l'occasion ou jamais de présenter un faisceau de preuves imparables. Il décide de recourir au procédé des cristaux d'hémine, un vieux procédé qui consiste à faire précipiter le sang au moyen de chlorhydrates ou d'acide bromhydrique. À nouveau, il mélange une croûte de sang à de l'eau distillée. Pour former ces cristaux, il ajoute au mélange une faible quantité de chlorure de sodium. Il dépose ensuite une goutte de la solution sanguine au milieu d'une lamelle de microscope qu'il réchauffe, tout en y incorporant de l'acide acétique très froid. Il utilise la méthode lente, qui donne de plus gros cristaux. Il maintient la température à 60 degrés pour éviter que l'albumine ne coagule. Il ajoute à nouveau de l'acide acétique.

Au bout de quelques minutes, la réaction se produit : les cristaux d'hémine apparaissent sous forme de losanges, très anguleux et jaunâtres. La journée avance rapidement. Derome regarde l'horloge. Il ne lui reste qu'à pratiquer le test d'Uhlenhut sur un lapin et à analyser les boîtes, et il se présentera en cour armé jusqu'aux dents.

Mais, pour l'instant, il a faim. Il ferme la boutique quelques minutes. Avant d'aller manger, il lui faut réserver sa chambre d'hôtel à Québec. Il aime bien la pension Clarendon, tout près du palais de justice de la rue Saint-Louis.

Le lundi 18 mai

Pendant que Derome s'active derrière ses éprouvettes, *Le Soleil* annonce encore une fois que Dion, gardé dans la geôle de l'Assemblée législative, pourrait être libéré. De nouvelles pistes conduiraient la police jusqu'à l'homme en gris. Ce nouvel indice est fourni par le notaire Savard, qui affirme aux policiers que, durant la grand-messe, il était chez lui au deuxième étage, à l'angle des rues Massue et Chénier. C'est à environ 180 ou 200 pieds du magasin : « Un peu avant le sanctus, il a vu un homme vêtu de gris, chapeau dur, ayant un paquet, sortir de la porte privée de la résidence Dubois. L'homme a remonté la rue Sauvageau, côté est. » L'impression du témoin est que l'individu n'avait pas de pardessus. Le paquet avait la forme d'une boîte de chaussures.

Le vendredi 22 mai

L'enquête du coroner peut reprendre avec un nouveau personnage. Les lumières qui arrivent de Montréal sont celles de Wilfrid Derome : un inconnu diplômé de la Sorbonne.

Après le témoignage d'Eugène Bilodeau, à qui Dion avait confié en plein Vendredi saint qu'il allait se venger des Dubois, Derome est appelé à la barre.

Alors que le médecin attend, le greffier produit dans l'ordre un paletot brun, une chemise blanche, une camisole, un caleçon en coton et une cravate noire.

Derome se tourne vers les jurés pour leur faire part des trois questions qu'il s'est données à résoudre :

— Premièrement : s'il y avait du sang. Deuxièmement : quelle était la disposition de ce sang. Troisièmement : si ce sang remontait à une date plus ou moins récente.

Le greffier montre ensuite le paletot, le seul vêtement qui, aux dires de Wilfrid Derome, porte les traces du crime. Baguette à la main, le docteur Derome prend un ton professoral, sa voix est lente et posée.

— Nous avons procédé pour établir de façon certaine si le sang était en nappe ou en gouttelettes, partout sur le paletot et même dans le dos de cet habit.

Derome regarde son aide-mémoire.

— J'ai trouvé plusieurs traces de gouttelettes de sang sur le paletot brun que le coroner Jolicœur m'a soumis pour analyse. De cela, je suis sûr.

Pour étayer la démonstration, le greffier exhibe ensuite sept boîtes de chaussures qui étaient disposées à des hauteurs différentes sur les tablettes de l'arrière-boutique. Derome établit un lien entre la forme des gouttelettes de sang présentes sur les boîtes et celle des gouttes retrouvées sur le paletot. Il note que cette forme correspond à un jet artériel consécutif à une blessure causée par un objet contondant.

Pendant ce temps, le dessinateur du *Soleil* croque, de profil, le visage du docteur. À quelques mètres de là, Dion n'en mène pas large. L'expertise de Wilfrid Derome ne tarde pas à ébranler le suspect : « Joseph Dion, jusqu'à ce midi, détenu comme témoin important, a gardé son apparente insouciance jusqu'à ce que les déclarations du docteur Derome lui fassent perdre son flegme et son calme », lit-on dans le quotidien.

Durant le témoignage du docteur Derome, le journaliste note que « Dion, qui était resté maître de lui-même […] tout le temps que durèrent les investigations routinières », perd toute sa superbe. « Sa figure et toute sa personne changèrent d'attitude du moment même où, avec l'assurance que lui donnaient ses analyses de la science et la certitude de ce qu'il avait découvert, le docteur Derome accumula sur sa tête les déclarations effroyables qui ont motivé le verdict du jury. »

Le journaliste du *Soleil*, qui ne quitte pas Dion de l'œil, décrira minutieusement l'altération de l'expression faciale de l'accusé : « Dion commença par baisser la vue, puis il négligea sa cigarette dont il ne semblait jamais se fatiguer jusqu'ici, puis ses mains se mirent à trembler légèrement. Pour se donner une contenance, le jeune homme se nettoya les ongles, arrangea ses manches d'habit, fouilla nerveusement ses goussets. »

Mais Derome n'a pas fini, il entreprend la troisième partie de son analyse.

— Nous n'avons aucun signe absolu pour établir la date, dit-il. Nous savons cependant que ce sang ne pouvait pas avoir plus de six mois, puisque nous avons décelé des globules non déformés.

Après quelques minutes de délibérations, le jury affirme qu'il existe assez de preuves pour que Dion subisse une enquête préliminaire.

Après l'audience, le docteur Jolicœur s'approche de Derome et lui serre la main.

— Le premier ministre a bien fait de vous accorder sa confiance.

— Merci, docteur Jolicœur. N'hésitez pas à recourir à nos services, au besoin. Vous recevrez bientôt un document que je prépare à l'intention des coroners.

— Je vous revois début juin au Bureau de la paix pour l'enquête préliminaire.

— J'y serai.

Derome quitte les lieux en évitant les journalistes. Après un bon repas, il passera prendre ses effets personnels au Clarendon et descendra en taxi jusqu'à la traverse vers Lévis. Dès la fin du jour, le croquis de Wilfrid Derome fait la une du *Soleil*. En manchette, on peut lire : « Le docteur Wilfrid Derome, analyste officiel de la Sûreté de Montréal, a trouvé du sang sur les habits de Dion. Le prévenu est nerveux », souligne-t-on en caractères gras. Il peut rentrer à Montréal. Après cette dure semaine, il a hâte de se détendre dans le train, de lire un bon livre.

★   ★   ★

Derome se réjouit de lire que, dans son rapport du 25 juin 1914, le premier ministre et procureur général Lomer Gouin décrète que « Messieurs Donald McTaggart et Wilfrid Derome deviennent médecins experts pour les fins d'examen, d'autopsie ou d'analyse, avec un traitement annuel de 2 000 dollars chacun ». Mais ce qui est intéressant pour Derome, c'est le deuxième paragraphe de la lettre de Lomer Gouin :

Ledit docteur G. Wilfrid Derome [est nommé] expert pour les analyses chimiques dans les autres affaires qui pourront de temps à autre lui être confiées par le Procureur Général, avec un traitement annuel de 1 000 $.

Le comité concourt dans cette recommandation et la soumet à l'approbation du lieutenant-gouverneur.

Lomer Gouin
Président du comité

Derome sait bien que le « de temps à autre » de la deuxième ligne est ambigu et susceptible d'engendrer une surcharge de travail, mais il en assume les risques.

★ ★ ★

La rue Saint-Louis est lumineuse en ce matin du 3 juillet. Québec fête ses trois cent six ans, mais la tragédie de l'*Empress of Ireland* assombrit les célébrations. Les crieurs de rue s'égosillent devant les kiosques à journaux : « Quatre nouveaux cadavres ont été remontés. » Mais il y a aussi la mystérieuse affaire Dion qui refait les manchettes : « Joseph Dion subira ce matin son enquête préliminaire. Toutes les nouvelles et plus dans *Le Soleil*. »

La journée est chaude et humide. Heureusement, la brise venant du fleuve rafraîchit les visages. Les docteurs Derome et McTaggart, portunas à la main, gravissent les marches du palais de justice de la rue Saint-Louis. Dès qu'ils en franchissent le seuil, les journalistes les regardent passer avec intérêt, car le sort de Dion à cette étape est lié à l'analyse du docteur Derome. Leurs pas claquent dans le long couloir humide et mal éclairé qui mène à la salle d'enquête située au rez-de-chaussée. Alertés par un bruit, ils se retournent. Encadré par deux détectives, Joseph Dion, qui a l'œil hagard, gesticule et se laisse tomber par terre dans le corridor.

— Calme-toi, lui intime un des hommes qui l'escortent.

McTaggart et Derome échangent un petit sourire. Derome sait que sa présence intimide Dion comme la lumière effraie les vampires. Le flegme de l'assassin est allergique à la médecine légale.

L'expert en homicides prévoit que son témoignage durera plus d'une heure. L'enquête se déroule à huis clos. Derome sera le premier à témoigner, puis McTaggart viendra corroborer ses dires.

Sous le regard du juge, les procureurs de la Couronne s'installent à la table d'enquête et sortent leurs volumineux dossiers. En face d'eux, Dion semble hébété. Pendant que le sténographe et les officiers de la Couronne se préparent, Derome révise ses notes. Après quelques minutes, il est appelé à prêter serment. Me Arthur Lachance, le substitut du procureur de la Couronne, se tourne vers lui.

— Voulez-vous identifier les effets qui vous ont été montrés et dire si ce sont ceux-là sur lesquels vous avez procédé à l'examen dont vous êtes à nous rendre compte ?

— J'identifie les sept boîtes de carton, le marteau et son manche, le paletot brun, tous des effets sur lesquels j'ai fait l'examen en question.

Le greffier produit chacune des pièces dûment identifiées et les dépose devant Wilfrid Derome.

— J'ai trouvé cette disposition du sang en taches. Cette disposition était la même sur le paletot, et j'ajoute que sur le paletot il était facile de constater des croûtes de sang séché.

Derome allonge le doigt vers la boîte.

— Une tache de sang sur la boîte est imbibée dans le papier, mais sur le paletot on pouvait la décoller. Il y en avait quelques-unes. Maintenant, je passe le marteau parce que ces constatations n'étaient pas possibles, car si le sang se voit à l'œil nu, il n'était pas possible de constater cette disposition du sang sur le marteau après qu'il eut passé par plusieurs mains.

— Constatez-vous qu'il y a du sang sur le marteau et sur le manche ? demande Me Lachance.

— Si, monsieur.

— Mais vous dites qu'après avoir passé entre plusieurs mains… ?

— Je n'ai pu remarquer cette disposition du sang que l'on constate sur les boîtes et sur le paletot.

— Ensuite, docteur ? En dehors de ça.

— Il y a une autre question que j'ai essayé de résoudre : depuis combien de temps ce sang-là a-t-il été répandu ?

Derome sait que le cours de chimie sera long. Il lui faut expliquer chacune des analyses sanguines qu'il a effectuées.

Le substitut du procureur revient sur le test qui consiste à injecter du sang humain à des lapins.

— Je crois que ça date de 1900, la première fois qu'on l'a appliqué à la médecine légale, dit Derome.

— Ça a été appliqué par qui ?

— Par Uhlenhut.

— Qui était ce monsieur ?

— C'était un médecin hollandais, pour autant que je me rappelle.

— Ça, c'est une opinion scientifique ou bien si c'est passé à l'état du système reconnu et admis par la médecine légale ?

— C'est reconnu par toutes les écoles de médecine, et même par toutes les cours de justice ; je l'ai vu moi-même, appliqué et reconnu, en France, pendant que j'étais là, que j'étudiais.

— Devant les tribunaux ?

— Oui, monsieur.

— Est-ce que ça vous a été enseigné en France, ou vous l'avez appris dans les ouvrages ?

— Cela m'a été enseigné.

Le juge intervient.

— Je comprends que vous avez étudié spécialement cette branche-là ?

— J'ai mon diplôme de l'Université de Paris, en médecine légale.

Me Lane, l'avocat de Dion, enchaîne.

— Voulez-vous dire que vous l'avez entendu confirmer par des juges devant les tribunaux, ou seulement en témoignage devant les tribunaux ?

— On l'a reconnu, on l'a apprécié comme une preuve.

Le docteur McTaggart approuve de la tête les explications de son patron.

Me Lane réclame ensuite des explications sur une réaction à partir de cristaux d'hémine.

— Est-ce un nouveau système pour découvrir le sang sur les vêtements ?

— C'est vieux ; je crois que ça date de 1867.

Pendant de longues minutes, Derome en explique les étapes. Viennent ensuite des explications détaillées sur l'analyse spectrographique.

Après ce long témoignage, de près de quatre-vingt-dix minutes, les experts de Montréal peuvent disposer.

Dans le couloir, McTaggart félicite Derome.

— Vous avez été, docteur, d'une clarté et d'une précision extraordinaires, dit-il avec un accent anglais prononcé.

— Merci. Comme vous pouvez le constater, la chimie et l'alchimie sont parfois confondues chez mes compatriotes.

Le professeur de l'Université McGill répond par une moue empreinte de réserve.

— Il ne fait pas de doute que Dion devra subir un procès, conclut l'anglophone.

★ ★ ★

Derome ne tient plus en place en ce 30 juillet 1914. Il a le sourire des conquérants. Et le téléphone à la maison qui ne cesse de sonner. Cognac dans la main gauche, Derome marche jusqu'au téléphone mural, décroche le récepteur.

— Derome à l'appareil. Docteur Villeneuve ! Je vous remercie. Oui, j'ai le journal ouvert devant moi. On le savait, mais…

Assise sur son Chesterfield, Sophie-Catherine se réjouit pour son mari. Tout en aidant la petite Gabrielle à vêtir sa poupée, elle écoute son homme recevoir avec humilité les éloges de l'élite médicale. Sophie-Catherine se souvient de tous les efforts qu'il a déployés depuis des années pour réaliser son but. Son homme rappelle à ses amis qu'ils étaient là à ses côtés, qu'il n'y est pas arrivé seul.

Ses collègues l'appellent fièrement le nouveau directeur. On lui demande s'il a lu le journal. Bien sûr, répond-il. Son alliée de la première heure, *La Presse,* annonce à la une que « Montréal sera doté, dans quelques jours, d'un service nouveau, le seul du genre au Canada, qui aidera puissamment aux recherches de la justice — outillage complet pour analyses de toutes sortes ». On a enfin rendu la nouvelle publique. Le texte retrace l'historique de sa croisade. La photo qui chapeaute l'article est celle d'un jeune homme fier et décidé.

Derome est sur un nuage. Son regard se perd dans l'écran de verdure de la grande baie du salon. Le soleil embrase de ses feux le vitrail de l'imposte. Une ombre au tableau, toutefois.

— Ce matin, en additionnant ma colonne de chiffres, j'ai sourcillé. À première vue, j'aurai besoin de 5 573,26 dollars pour équiper et aménager le labo. Le trésorier de la province ne m'accorde que 2 500 dollars. Il me faudra faire un téléphone à Québec.

Il fait tourner lentement le chaud liquide brun dans son verre.

— Merci, docteur Villeneuve, dit Derome en raccrochant.

— Je crois que tu vas bien dormir, ce soir.

— Oui.

Le téléphone sonne à nouveau.

— Si le téléphone ne sonne pas trop…

★   ★   ★

La semaine du 19 octobre commence par une bien mauvaise nouvelle en provenance de Québec. Derome est sidéré d'apprendre que Joseph Dion a été acquitté. Le procès a pris fin samedi soir dernier devant une grande foule. Le médecin légiste est médusé en prenant connaissance de la plaidoirie de Me Lane, l'avocat de la défense, qui a remis en question ses expertises : « Le coroner qui a eu, le premier, les habits de l'accusé n'a vu, lui, aucune trace de sang. Il a envoyé le paletot à Montréal, où il l'a remis à l'un des médecins experts de la Couronne, un homme qui est payé par le gouvernement. »

Que veut-il sous-entendre par là ? Qu'il a été suborné, lui, Wilfrid Derome ? Qu'il aurait volontairement déposé du sang sur les vêtements ? C'est un jugement tendancieux, inacceptable, maugrée-t-il. Et Lane va jusqu'à désapprouver des analyses médico-légales reconnues dans les vieux pays : « Parce que ce qui est bon aujourd'hui peut changer du tout au tout. La science aujourd'hui n'est pas infaillible. »

Derome est outré. La logique de Lane est erronée lorsqu'il affirme aux jurés qu'on aurait dû découvrir du sang sur le pantalon s'il y en avait sur le paletot. Puisque la défense a l'avantage de conclure la plaidoirie avant l'adresse du juge, il déplore que personne n'ait pu réfuter cette affirmation : le paletot était long et protégeait le pantalon des éclaboussures.

Et l'argument suivant, plein de pathos, exaspère le docteur : « Il n'y a aucune preuve que ce sang provenait de madame Dubois. C'est bien difficile, c'est dur, pensez-y, de pendre un homme parce qu'on a trouvé du sang humain sur son paletot. » Les avocats sont si habiles pour faire pleurer les jurés.

Il n'apprécie pas non plus le titre qui coiffe l'article dans *Le Soleil* : « La science qui se trompe ».

Ce n'est rien pour lui faire oublier le malheur des derniers jours. La France et la Belgique subissent les assauts de l'armée allemande. Anvers est tombé la semaine dernière aux mains des Allemands.

★   ★   ★

Derome a enfin le bail en main. Un pas de plus est franchi. Sir Lomer Gouin signe le document de trois pages. Le laboratoire occupera tout le dernier étage de l'édifice de la morgue. Assis à son bureau, Derome examine les détails du contrat. Le bail, d'une durée de cinq ans, est fixé à 900 dollars par année. L'édifice appartient aux entreprises funéraires Bourgie. Il est mentionné dans le contrat que les employés du laboratoire n'emploieront en aucun temps l'entrée du salon funéraire. Derome trouve cependant qu'il s'agit d'un bien étrange mariage que cette morgue sise chez un croque-mort.

En prenant du papier pour établir sa liste de commandes, il sait que la guerre dans les vieux pays va retarder l'appareillage du labo. Il pense à la France aux prises avec la guerre, il songe à ses amis qui luttent contre l'envahisseur. À l'instar de ses compatriotes, le comportement des Allemands le révolte et rien n'annonce la fin des atrocités.

CHAPITRE 12

Une lutte scientifique
contre le crime

E ntre deux autopsies et une réunion du Conseil de la faculté auquel il vient de se joindre, Derome peut enfin s'enfermer dans son bureau. « Prière de ne pas déranger pour au moins 10 minutes », indique l'avis qu'il accroche sur la porte. Ce n'est pas tout d'avoir un laboratoire depuis à peine deux mois, il doit aussi inculquer une méthode scientifique aux officiers judiciaires habitués aux vieilles méthodes empiriques employées sur la scène d'un crime. Le docteur s'installe derrière son bureau à cylindre, engorgé de documents. Il doit taper à la machine la circulaire de cinq pages destinée aux coroners de la province. Il sait que ces mesures ne le rendront pas populaire, mais les besoins modernes de la police scientifique l'y obligent. Il lui faut insister sur la nécessité de recueillir méthodiquement les preuves et de préserver de toute contamination tant les cadavres que la scène d'un crime. Les coroners n'aimeront sans doute pas cet abécédaire, mais ils devront s'y habituer ou alors changer de métier.

Il se passe une main dans les cheveux, prend son nouveau papier à en-tête et glisse une feuille dans la machine à écrire.

LABORATOIRE PROVINCIAL DE RECHERCHES
MÉDICO-LÉGALES
Dr G.Wilfrid Derome. Directeur
179, RUE CRAIG, MONTRÉAL
Montréal (Canada) 10 septembre 1915
PROVINCE DE QUÉBEC

Circulaire adressée à MM. les coroners de la province de Québec
Messieurs,
Vers le mois de juillet 1914, l'Honorable Procureur Général de la
province de Québec, à l'instar des pays d'Europe et à la sugges-
tion des diverses sociétés savantes, décidait la création d'un laboratoire.
Le but de ce laboratoire étant d'aider par des moyens scientifiques à la recherche du crime, il est nécessaire que les préposés à
cette recherche : coroners, médecins-autopsistes, policiers, etc.,
prennent les mesures convenables pour faire parvenir au laboratoire, en même temps que les matières sur lesquelles doit porter
l'analyse, tous les renseignements susceptibles de guider l'analyste
dans ses travaux et lui permettre d'établir une relation de preuves
aussi conformes que possible à l'ensemble des faits.

Le professeur Derome annonce aux coroners qu'ils devront,
dans une affaire d'empoisonnement, fournir à l'analyste les renseignements suivants :

1. Nom, âge, occupation de la victime ;
2. Circonstances de la mort telles qu'établies par les dépositions
   des témoins et en particulier les symptômes observés avant et
   au moment tant par le médecin de la famille que par les personnes de l'entourage de la victime ;
3. Rapport d'autopsie ;
4. Constatations intéressantes sur le lieu du crime.

Derome explique par le menu comment les matières doivent
désormais lui être expédiées à des fins d'expertise. Il se dit que la
chose va en dégoûter plus d'un, mais le médecin devra prélever

les viscères et « les traces de vomissements ou autres déjections sur des planchers, sur des linges, etc. ». Puisque la preuve judiciaire repose sur l'analyse de ces matières, il demande également aux coroners de veiller à ce que celles-ci soient « recueillies avec soin et mises sous scellés. Il en est de même pour les médicaments, poudres, restes d'aliments et objets divers trouvés au domicile du défunt ou chez l'inculpé ».

Dans les affaires criminelles, il leur faudra désormais relever « les taches de sang, les empreintes de toutes sortes et en particulier les empreintes invisibles facilement révélables par des procédés chimiques, sur des objets vernis de couleur quelconque, sur du verre, sur du papier, etc. ; les taches de sperme sur les draps du lit, sur les linges de la victime ou de l'inculpé ». Aux fins de l'identification du suspect, il réclame, dans les cas de viol, que soit « prélevé du sperme dans le vagin de la victime afin de relever des maladies microbiennes telles que la gonorrhée, le chancre mou, la syphilis ».

Le temps qui court, c'est la vérité qui s'enfuit, lui a-t-on appris. Cette maxime d'Edmond Locard exprime parfaitement l'importance du facteur temps auquel est lié son travail. Le temps altère les preuves au moyen desquelles se fonde la vérité.

Derome intitule ainsi la partie suivante de sa circulaire : « Mesures à prendre pour expédier les matières à analyser ». La rigueur qu'il a rapportée de ses études à Paris est celle qu'il veut inculquer aux officiers judiciaires du Québec. Derome leur rappelle que « les mesures à prendre sont peu nombreuses mais très importantes » : puisque la putréfaction altère les preuves, les matières « doivent être expédiées dans le plus bref délai possible » après avoir été mises sous scellés « et ensuite entourées d'une ficelle que fixe, aux deux bouts, un cachet de cire. Cette ficelle doit retenir une fiche en carton mentionnant : 1) le numéro du scellé ; 2) le nom de la victime ; 3) la nature du contenu ; 4) la signature de l'officier, médecin ou policier qui a fait le prélèvement ou le coroner lui-même ». Il lui semble que ce n'est pas trop demander, que tout cela va dans le sens du progrès.

Derome, qui n'ignore pas que la plupart des médecins rechignent à effectuer des autopsies, voit déjà leurs haut-le-cœur.

Mais il insiste. Il faudra dorénavant, dans le cas d'un empoisonnement, « que chaque viscère soit placé dans un bocal séparé et
scellé ». De la méthode avant toute chose. Dix bocaux, dûment
numérotés, devront être présentés dans cet ordre :

> Bocal 1 : l'estomac doit être ligaturé aux deux extrémités avant de
> l'enlever du cadavre, il peut ensuite être ouvert au-dessus du
> bocal 1, qui doit le contenir ; bocal 2 : intestin et son contenu ;
> bocal 3 : foie ; bocal 4 : reins, vessie et son contenu ; bocal 5 : cœur
> et autant de sang que possible (au moins 100 grammes) ;
> bocal 6 : un poumon ; bocal 7 : le cerveau ; bocal 8 : la rate ;
> bocal 9 : environ 500 grammes de muscles pris à la cuisse ou au
> diaphragme, et, pour finir, dans le bocal 10 : des ongles, deux ver-
> tèbres et des cheveux.

Pour réduire le temps de putréfaction, « l'emballage des
bocaux se fait dans une boîte ordinaire au moyen de la sciure de
bois ou de la ouate », et, « en été, il vaut mieux entourer les
bocaux d'un mélange de sciure de bois et de glace ».

Après avoir relu son document, Derome va le porter chez
l'imprimeur. Il tient à ce que la lutte scientifique contre le crime
commence sans délai. Mais à peine s'est-il levé que la sonnerie
du téléphone retentit.

— Derome à l'appareil.

— Docteur, ici Lorrain. Une affaire d'empoisonnement de
vaches…

— Encore ! Bon. Je descends.

Les empoisonneurs sont devenus un véritable fléau dans les
campagnes, se dit Derome. Ils monopolisent un temps fou et il
est seul pour faire les analyses toxicologiques. Il lui faudra mobi-
liser de nouvelles ressources.

★   ★   ★

Il traverse le grand couloir de marbre qui mène à l'une des grandes salles de conférences de l'hôtel Windsor. Des avocats le saluent au passage. Sous le plafond à caissons, les lustres de cristal scintillent de tous leurs feux.

En ce samedi 30 octobre 1915, Derome est l'invité de l'Association du Jeune Barreau. Les nouvelles réformes qu'il veut soumettre à l'Assemblée législative vont rendre bien nerveux certains confrères.

Il repasse chacun des points forts de sa conférence en se dirigeant vers la salle. C'est tout un menu qu'il a à présenter. Il veut qu'un plus grand nombre de médecins experts soient au service des tribunaux et surtout que des commissions formées de médecins et d'aliénistes neutres soient choisies, dans les causes civiles, par la cour. Il lui importe de mieux servir les travailleurs et les patrons dans les cas d'accidents du travail. Il faudrait aussi que les dégénérés, les amoraux et les alcooliques bénéficient d'une infirmerie spéciale et des soins d'un aliéniste pouvant pratiquer la psychiatrie d'urgence. Le Tribunal des jeunes délinquants verrait aussi un aliéniste lui être rattaché.

Derome jette un regard sur la salle. C'est une mer de blanc et de noir. Les jeunes maîtres attendent avec impatience l'arrivée du docteur. Rosario Genest, le président du Jeune Barreau, a déjà préparé le terrain auprès de son association. Son ami, le docteur Albert Prévost, grand spécialiste des maladies nerveuses, est dans la salle.

Le jeune réformiste, gonflé à bloc par ses récents succès, apparaît plus confiant que jamais. Son nom est bien en vue et sa réputation s'étend. Il entend en profiter pour lancer des réformes. Il sort son texte de la poche de son veston. Le titre de sa communication, « L'organisation médico-légale en France et au Canada, en particulier dans la province de Québec », n'a rien de fortuit.

Après les présentations d'usage, Derome s'avance, sous les applaudissements, derrière la tribune qui forme un îlot de lumière. La salle est bondée.

— *L'Organisation médico-légale en France et au Canada, en particulier dans la province de Québec.* Pourquoi, dis-je, particulièrement dans la province de Québec ? Cette expression laisse entendre qu'il existe déjà quelque différence, au point de vue de l'organisation médico-légale, entre cette province de Québec et les autres faisant partie de la Confédération canadienne. Il en est une, en effet, messieurs, et très importante, qui est heureusement à l'avantage de notre province.

Après avoir rappelé l'ouverture de son laboratoire, Derome embrasse la salle du regard.

— Laissez-moi vous déclarer qu'il est dès maintenant ouvert à tous ceux d'entre vous qu'une louable curiosité scientifique pousserait vers le microscope, les réactifs chimiques et surtout la bibliothèque médico-légale.

Il s'arrête un instant, regarde son texte. Ce passage est délicat, il doit user de diplomatie. Ces jeunes maîtres sont ses alliés et il ne doit surtout pas froisser leurs sensibilités. Son discours est un terrain miné. Il pose ses mains sur la tribune.

— Je n'ai même aucun doute que, maintes fois déjà, vous avez craint de vous montrer insuffisants dans l'interrogatoire des experts médicaux et dans l'appréciation de leur témoignage, et je m'empresse de répondre avec Lutaud qu'il suffirait aux juristes de connaître en médecine ce qui touche de plus près aux applications judiciaires, ce qui dans notre art est utile, pour ne pas poser des questions inutiles, insignifiantes, et pour saisir dans un cas donné le point décisif sur lequel doit s'appesantir l'expert.

Derome n'entend pas non plus ménager certains confrères sans scrupules. Son rictus ironique s'accentue.

— J'ai connu un médecin qui, il y a quelques années, eut une grande vogue dans les procès de tous genres. D'une intelligence moyenne, mais servi par une mémoire et une volubilité qu'excitait d'ailleurs habituellement l'alcool, il…

Derome est interrompu par les rires dans l'assistance. Il réprime à peine le sien.

— … il se déclarait prêt à témoigner dans un sens ou dans l'autre, suivant le prix que les avocats voulaient bien y mettre. Eh bien! messieurs, il y a encore, il y aura toujours des experts semblables tant que notre système actuel ne sera pas modifié. La chose est regrettable pour ma profession, mais il me semble qu'elle l'est davantage pour la justice, qui se trouve ainsi privée non seulement des lumières dont elle a besoin et auxquelles elle a droit, mais qui est bien souvent faussée délibérément.

Derome donne l'exemple d'un accidenté du travail qui, devant la cour civile, entend faire reconnaître une incapacité.

— Pour fixer l'indemnité, chacune des parties en présence choisit le ou les médecins qu'elle désire, et dont la valeur dépend souvent du prix qu'elle veut y mettre. Mais, dans tous les cas, elle paie pour avoir une opinion, non pas tant dans le sens de la vérité que dans le sens contraire à l'opinion des experts de la partie adverse.

Afin d'éliminer les débats contradictoires sans fin qui n'éclairent pas la justice, Derome privilégie le système médico-légal français et ses trois catégories de médecins légistes rattachés aux tribunaux et recrutés parmi les meilleurs de la profession. D'abord les experts au civil, spécialisés dans l'appréciation des accidents. Ensuite des experts aliénistes, choisis parmi les directeurs d'asile. Enfin, des experts chargés de faire la lumière sur les causes de la mort et d'apporter les preuves médico-légales qui déterminent l'innocence ou la culpabilité d'un accusé.

Derome sollicite à nouveau l'appui de son auditoire.

— Messieurs du Jeune Barreau, vous devriez aider les médecins à modifier une situation aussi dangereuse et, dans l'espèce, à obtenir que toutes les affaires civiles soient confiées à une commission de médecins probes et instruits, choisis chaque fois par le tribunal sur une liste dressée à cet effet au début de chaque année.

Sa vision du sort à réserver aux délinquants représente une véritable bombe, une fronde qu'il risque de payer cher, mais il n'y a pas de guerre menée sans péril.

— Il est nécessaire, n'est-ce pas, de traiter ces malheureux avec un peu plus d'humanité que nous le faisons ici, où les soins les plus élémentaires leur sont parfois refusés, où même des aliénés évidents sont envoyés à la prison commune sans bénéfice d'examen médical.

Derome insiste sur les limites actuelles de son travail.

— Comme vous le savez, je suis chargé, avec mon collègue McTaggart, de rechercher les causes de mort et de faire rapport devant les tribunaux, mais je considère que nous ne sommes chargés que d'une partie de la besogne qui incombe aux médecins légistes.

Derome évoque un autre fléau qu'il entend combattre avec de nouveaux moyens mis à sa disposition.

— Les multiples cas de viols, d'attentats à la pudeur, de plaies et de blessures sont laissés ici à l'appréciation de médecins pratiquants, le plus souvent au médecin de famille qui, à son grand regret, est forcé de se transformer du jour au lendemain en expert et de se prononcer *ex cathedra* sur des questions qu'il n'a pas étudiées spécialement.

Il fait une pause.

— Il n'est pas aussi facile qu'on le croit généralement de réunir en un faisceau solide les divers éléments scientifiques pour établir la preuve de ce crime infamant qu'on appelle le viol.

Derome marque un arrêt. Il parle depuis déjà quarante minutes. L'attention de l'auditoire n'a pas faibli. Encore deux pages et le message sera livré.

— Je considère donc que toutes les expertises dans les cas de viols, d'attentats à la pudeur, de plaies et de blessures tombant sous la loi criminelle devraient être faites par mon collègue et moi.

Après ce long discours, Derome remercie ses hôtes, qui l'applaudissent chaleureusement. La séance plénière et les délibérations peuvent maintenant commencer.

Les dix-sept résolutions sont proposées par Me Genest et adoptées à l'unanimité.

★ ★ ★

Plein d'appréhension, il fronce les sourcils en se jetant sur la dernière édition de *L'Union médicale du Canada*. Son discours à l'hôtel Windsor lui vaut une réplique cinglante de la part du docteur Villeneuve.

Est-il vrai « que nous n'avons pas de médecins attachés aux tribunaux ni aux affaires civiles ni dans les affaires criminelles », ainsi qu'on a prétendu dernièrement ? Peut-on admettre que ceux qui sont chargés de l'administration de la justice dans cette province et les tribunaux de juridiction criminelle méritent le reproche qui leur a été adressé à l'égard des délinquants : « Il est nécessaire, n'est-ce pas, de traiter ces malheureux avec un peu plus d'humanité que nous le faisons ici, où même des aliénés évidents sont envoyés à la prison commune sans bénéfice d'examen médical » ?

Derome est peiné. Une dure lutte s'engage avec son ami et protecteur. C'est bien la dernière personne qu'il aurait aimé trouver en travers de son chemin. Certaines propositions de sa réforme remettent en question l'« œuvre » de son maître, à qui l'on doit la création de l'assistance municipale, l'expertise médico-légale psychiatrique auprès des tribunaux et les soins à prodiguer aux jeunes délinquants. Ce n'est pas rien. Ses récentes déclarations ont affecté le vieux Villeneuve, qui se sent bousculé.

Derome est néanmoins déterminé à aller de l'avant. Trois mois avant Noël, il reçoit une bonne nouvelle : un autre appui de gagné. Après le Jeune Barreau, la Société médicale de Montréal, le Collège des médecins et des chirurgiens et le Conseil du Barreau, la Société médicale de Québec adhère sans réserve au principe du projet de loi.

Mais la tuile sur la tête ne se fait pas attendre. Après avoir bien accueilli le projet, le Conseil de la faculté de médecine, dont fait partie Villeneuve, se ravise et en approuve uniquement le principe. Derome juge inacceptables les modifications proposées. Il peste. Les vieux bonzes prônent le *statu quo*.

Ce retournement le laisse perplexe. Les succès des dernières années semblent soudain fondre comme peau de chagrin.

Heureusement, encore une fois, la vie familiale vient apporter une contrepartie heureuse à ses soucis professionnels. Sophie-Catherine vient de lui donner un fils, Léon, baptisé le 21 juillet 1916.

★   ★   ★

Lors de son assemblée du 2 mars 1917, le Conseil du Barreau de Montréal affirme à son tour qu'il ne peut donner que son accord de principe au projet. Le Conseil du Barreau fait alors appel au docteur Villeneuve pour obtenir son avis. Gravement malade, ce dernier ne peut se présenter devant le Conseil, mais il adresse un mémoire à la commission où il se montre farouchement opposé aux réformes.

Derome, qui vient d'être nommé gouverneur à vie de l'hôpital Notre-Dame, sait que toute cette cabale cause un tort considérable à la santé de son vieil ami et à leur amitié. Ce lavage de linge sale effectué devant toute la profession médicale et juridique le fatigue.

De sa résidence de la rue Saint-Denis, Villeneuve réécrit au secrétaire général du Barreau. Il rappelle deux principes à la base du droit : « la contradiction » et « la liberté de défense ». Derome constate l'entêtement du vieux neurologiste : « Voyez-vous la situation d'un avocat qui ne pourrait faire entendre un médecin capable de jeter une vive lumière sur sa cause parce qu'il ne serait pas inscrit ? » Derome sait que cette argumentation produit une forte impression. Les dernières phrases de son ami rappellent sa santé déclinante :

> Il y aurait beaucoup à dire mais je suis à bout de forces. [...] Depuis 23 ans, j'ai donné le meilleur de ma vie à l'étude de l'aliénation mentale. Je puis dire, sans forfanterie, que l'on me doit l'amélioration du sort des aliénés, le relèvement de l'expertise médico-légale psychiatrique devant les tribunaux, la création de l'assistance municipale et l'introduction de méthodes scientifiques à des jeunes délinquants.

Derome referme sa revue en gardant une impression amère. Ces arguments qui font appel au pathos ne vont pas sans susciter un sentiment de culpabilité chez lui. Valait-il la peine de faire tout ce bruit ? Pour la première fois de sa vie, il essuie un cuisant échec.

En exergue d'un texte manuscrit portant sur l'ensemble de

ses réformes, les fructueuses comme les avortées, il exprime son désarroi par la voix de Jean-Jacques Rousseau : « Ce qui rend pénible l'ouvrage de la législation est moins ce qu'il faut établir que ce qu'il faut détruire. »

★ ★ ★

Derome inscrit les dépenses issues de ses récents voyages effectués à l'extérieur de Montréal : hôtel, transport par train. Il appose l'adresse de l'assistant du procureur général sur l'enveloppe. Alors qu'il cueille un timbre dans un compartiment du bureau, le téléphone sonne.

— Docteur Derome à l'appareil.

— C'est le docteur Bourgeois. Je suis porteur d'une triste nouvelle. J'appelle pour vous annoncer que le docteur Villeneuve est décédé. Connaissant l'affection et le respect que vous vous portiez, nous aimerions que vous rédigiez la notice nécrologique dans *L'Union médicale du Canada*.

Derome est foudroyé.

— Je la ferai, dit-il d'un ton laconique avant de raccrocher.

Il est abasourdi. Le décès survient peu de temps après leur querelle. La mort le traque partout. Il revoit le visage du vieux professeur, sa bonhomie. Après quelques instants de recueillement, il prend sa plume. La notice sera longue et émouvante.

Nous ne croyons pas trop affirmer en disant que les nombreuses générations d'élèves qu'il a formés — depuis, ses amis — ne peuvent que regretter le sort qui a voulu si tôt ravir à leur affection un tel maître.

Dans le grand public, le professeur Villeneuve s'était acquis une juste célébrité, grâce aux nombreux procès retentissants auxquels il fut mêlé comme expert, et où chacun fut à même d'apprécier notamment sa profonde érudition, sa clarté, sa précision, mais encore et surtout sa droiture et sa franchise que rien n'altérait jamais.

Derome conclut par un clin d'œil à leur dernière querelle en souhaitant que les mesquins lui pardonneront.

> Nous nous consolons de sa perte en songeant qu'il a laissé une œuvre impérissable et qu'il a été, surtout, selon l'expression du philosophe Caro, « un de ces promoteurs d'idées dont la science profite, même quand ils se trompent ».

Cette apostrophe amicale aurait-elle arraché un sourire à celui qu'il aimait et qu'il a déçu dans les derniers jours de sa vie ? Il le souhaite.

CHAPITRE 13

La mort sur tous les fronts

Bientôt ces jeunes arbres furent remplacés par des moissons luxuriantes ; puis des vergers, des jardins surgirent comme par enchantement. Le soleil brillait dans tout son éclat : il se crut au milieu du paradis terrestre.

A. GÉRIN-LAJOIE

Il en a déjà trop dit. Assis dans l'amphithéâtre, les étudiants de son cours de médecine légale insistent. Il doit raconter cette insolite affaire à la campagne. Puisqu'il est un habile conteur, ses étudiants ne se lassent jamais d'entendre ses récits judiciaires. Derome frotte ses yeux cernés de demi-lunes noires, qui racontent les journées d'intense labeur. Il toise ses étudiants d'un regard défiant qui semble dire : « Vous ne m'aurez pas cette fois ! »

— Une aliénée accusatrice, docteur Derome ? Vraiment ? La vaste campagne se révèle-t-elle aussi inquiétante que vous nous l'affirmez ? lui lance le jeune Fontaine, qui est inscrit à son cours de médecine légale. Êtes-vous bien sûr que les crimes à la campagne soient plus brutaux qu'à la ville ? Car je viens de la campagne, vous savez. Nous avons notre honneur !

La classe est secouée de rires.

— Je vous rappelle, monsieur Fontaine, que je viens moi-même de Saint-Cyprien…

Derome sourit. Ce « malcommode » de Rosario, son meilleur élève, est un véritable stimulant dans son cours. Il pose des questions, est informé de tout, blague.

Derome aime raconter des anecdotes qui rivent ses étudiants à leurs chaises.

Il efface le tableau noir. Tout bon conteur sait se faire attendre. Il s'appuie contre la table d'autopsie, essuie une trace de craie sur son veston.

Il sait depuis longtemps que la vie à la campagne n'a rien du romantisme à l'eau bénite proposé dans les livres de l'abbé Casgrain. Ce qui n'arrive pas dans les romans a pour nom : viols, violations de sépultures, actes de dépravation, profanations d'églises, empoisonnements d'animaux et de puits, meurtres brutaux.

Tous ses étudiants ont croisé les bras. Ils attendent l'histoire de cette aliénée accusatrice. Derome hoche la tête et tend les bras en signe de reddition. Les étudiants applaudissent. Ce récit, il s'apprête à le publier dans *L'Union médicale du Canada*. Il n'a jamais utilisé dans un texte un ton aussi près de l'oralité. Il s'est bien amusé à écrire son récit et il l'a encore tout frais à la mémoire. Il prend une grande inspiration.

— La famille M… a toujours vécu dans une parfaite tranquillité sur une terre à la fois pittoresque et fertile. De la maisonnette rustique qui s'élève sur le penchant d'une petite colline, on peut admirer un joli troupeau de vaches laitières paissant dans la plaine.

Derome expose ensuite le cas en usant de l'anaphore. Il n'a pas oublié ses cours d'éloquence et de rhétorique.

— La famille M… a toujours vécu dans une parfaite tranquillité et surtout en bonne harmonie avec ses voisins ; mais voilà que, dans les premiers jours du mois de mai dernier, deux des plus belles vaches du troupeau tombent soudain malades et meurent en l'espace de quarante-huit heures, malgré les soins attentifs du « maréchal » du village.

Derome joint les mains comme pour la prière.

— Une telle perte était, on le conçoit, de nature à affecter tout propriétaire ; mais chez cette famille de paysans, naturellement âpres au gain, elle causa une douleur particulièrement grande. On se perdait en conjectures touchant les causes de la mort, lorsque le « maréchal » consulté déclara fermement qu'il s'agissait d'un empoisonnement. Ce fut assez pour déclencher chez la femme M… une bouffée délirante à base de persécution. Ses soupçons, d'abord très vagues, ne tardèrent pas à se porter sur une personne, le voisin B…, à qui elle prêta plusieurs complices.

Les étudiants s'esclaffent.

— Mais le point intéressant ici, et qui explique l'intervention du ministère de la Justice dans cette affaire, c'est que la malade en parla tant et si bien — le persécuté actif est d'ordinaire très loquace et d'une logique serrée — qu'elle finit non seulement par faire partager son délire à son mari — cas fréquent de délire à deux, surtout lorsque le sujet passif est, comme dans ce cas-ci, un débile intellectuel — mais, chose plus étonnante, par convaincre le médecin de famille. Celui-ci a délivré une lettre appuyant les revendications de sa cliente.

Le docteur toussote.

— Un avocat de la région obtint du procureur général l'autorisation de faire analyser au laboratoire médico-légal divers échantillons d'eau, qui tous, évidemment, se sont montrés exempts de poison. On conçoit facilement que les rapports signés par le directeur du laboratoire n'ont guère eu pour effet de calmer cet esprit en délire ; mais ils eurent au moins celui d'attirer l'attention des policiers qui, pour plus de sûreté, requirent ma présence sur les lieux…

La classe éclate de rire.

— La famille M… me reçut avec bienveillance, convaincue qu'elle était que j'allais enfin mettre un terme à ses tribulations, en découvrant les preuves multiples et évidentes de la culpabilité des persécuteurs.

Le professeur Derome replonge un instant dans ses souvenirs.

— Le chef de la famille est âgé de quarante-huit ans ; il est grand et robuste, sa face bronzée est encadrée par une chevelure abondante et toute noire. Il ne paraît guère excité par les événements qui m'amènent chez lui ; il sourit volontiers lorsque la conversation porte sur un sujet autre que celui qui fait la matière de l'enquête. Il parle peu et, à l'instar de ses deux enfants, il se contente d'affirmer par un signe de tête, ou d'appuyer par une phrase très brève les explications abondamment fournies par son épouse.

Cette galerie de personnages a l'heur de plaire aux étudiants. Vingt paires d'yeux sont accrochés aux siens.

— Celle-ci est née quelque part dans l'Ouest américain, c'est ce qui explique que, nonobstant son long séjour au Canada, elle « casse » encore le français. Elle a aujourd'hui quarante-six ans ; elle est grande, et surtout très grosse. Elle paraît très agitée ; elle va et vient ; elle s'assoit un instant puis se relève aussitôt, pour appuyer avec force et gestes son argumentation.

Le docteur Derome, qui décrit plus souvent qu'autrement des êtres morts, essaie, avec toute la précision que nécessite un rapport d'autopsie, de tracer un portrait précis de l'aliénée.

— Son teint est pâle, terreux, et ses cheveux sont déjà tout blancs. Sa physionomie exprime la fatigue et pourtant son œil est très vif, scrutateur ; elle surveille son interlocuteur et ne manque pas d'arguments apparemment logiques pour répondre aux objections qu'il lui pose. Comme tous les malades de cette catégorie, sa loquacité — sa logorrhée — est particulièrement à remarquer : c'est un peu comme une chantepleure qui, une fois ouverte, coule indéfiniment.

Une fois de plus, les étudiants sont secoués de rire sur leurs sièges.

— Après avoir raconté d'un ton autoritaire, devant son auditoire attentif, les circonstances qui ont entouré la mort des deux vaches, elle nous invite à venir constater les traces du passage du criminel.

Derome prend la voix affirmée et convaincue de la femme.

— Voyez, dit-elle, ces empreintes de pas près du puits, je les ai remarquées un matin de la semaine dernière, alors que, pour-

La morgue du 179, rue Craig. En 1915, Derome installe au dernier étage son laboratoire de recherches médico-légales, le premier du genre en Amérique du Nord. (Bibliothèque nationale du Québec)

Wilfrid Derome, en 1915, durant la première année d'opération du laboratoire de la rue Craig. (Laboratoire de sciences judiciaires et de médecine légale)

Le laboratoire de pathologie de la morgue de Montréal du 179, rue Craig. (Collection André Münch)

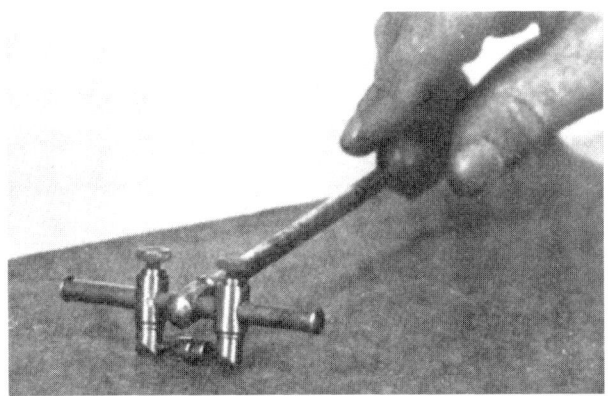

Le roule-balles sert à imprimer les marques particulières des projectiles sur du papier d'étain ou carbone. Une fois les tracés photographiés et agrandis *(comme ci-dessous)*, l'expert peut comparer les analogies entre les balles. Un policier de Copenhague, Nefling, a inventé cet appareil. (Source W. Derome, *Expertise en armes à feu*)

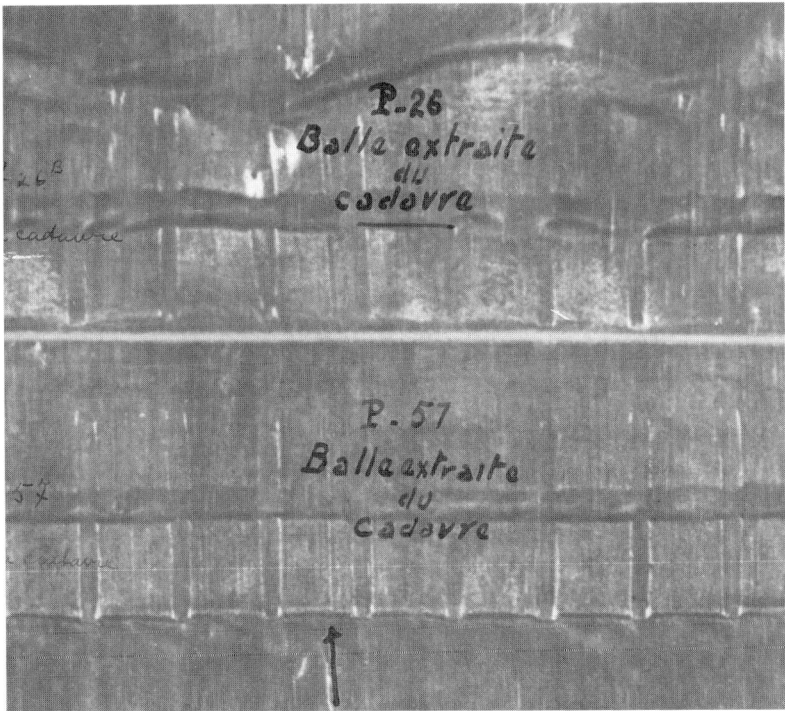

Le viaduc de la rue Ontario, théâtre du hold-up du siècle.

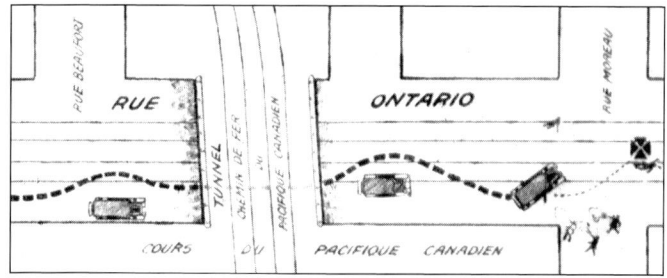

Plan indiquant le déroulement du hold-up de la banque d'Hochelaga.
(La Presse)

Le viaduc de la rue Ontario photographié à l'intersection nord-ouest des rues Ontario et Moreau. L'endroit se remplit de curieux quelques minutes après la fusillade. *(La Presse)*

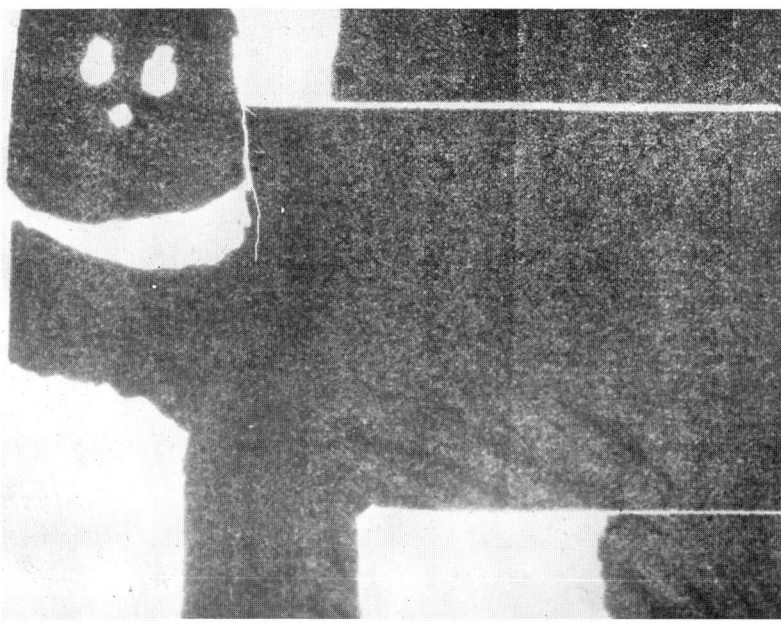

L'un des masques des gunmen découpés par Derome pour servir de pièce à conviction. (Musée de la civilisation, Collection du laboratoire de sciences judiciaires et de médecine légale)

Frank Gambino : l'un des quatre pendus pour le cambriolage du convoi de la banque d'Hochelaga. Il était déjà mort d'une syncope avant que la trappe ne s'ouvre. (Musée de la civilisation, Collection du laboratoire de sciences judiciaires et de médecine légale)

Louis Morel : l'ex-policier qui rêvait d'ouvrir un garage de la Texas Oil Company termine sa vie sur le gibet. (Musée de la civilisation, Collection du laboratoire de sciences judiciaires et de médecine légale)

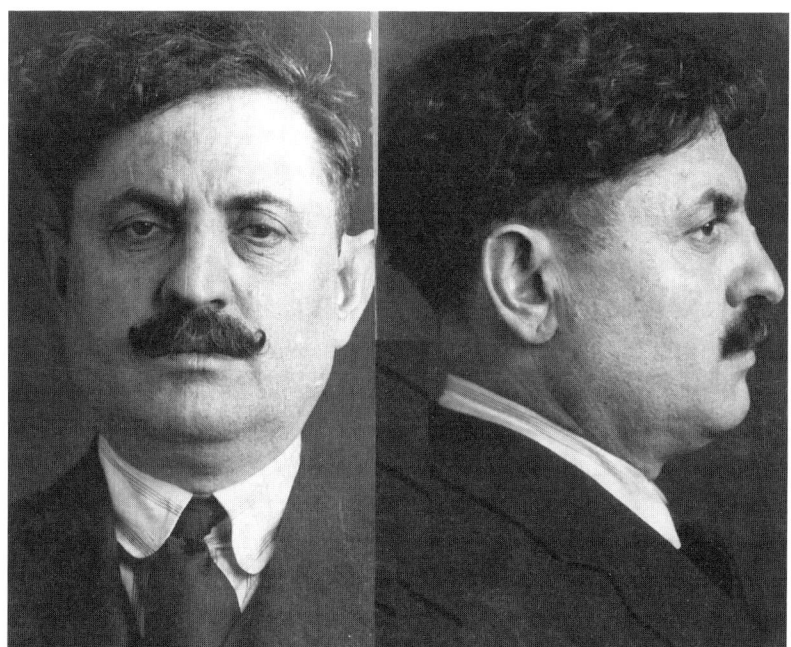

Tony Frank : le prétendu chef de la mafia montréalaise qui aurait acheté les magistrats.

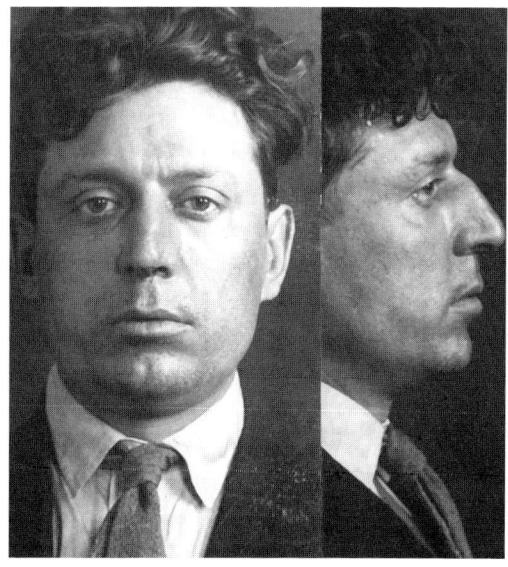

Ciero Nieri accepte de devenir délateur. (Musée de la civilisation, Collection du laboratoire de sciences judiciaires et de médecine légale)

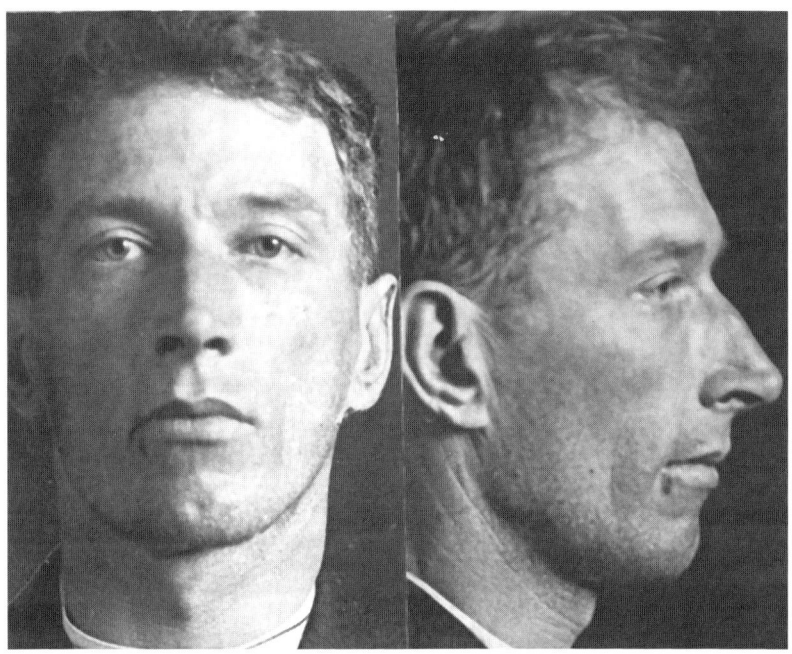

Harry Stone, alias Ward ou Warren, est abattu pendant la fusillade. Le numéro de téléphone qu'il oublie dans son veston conduit Dominique Pusie au repaire de Nieri. (Musée de la civilisation, Collection du laboratoire de sciences judiciaires et de médecine légale)

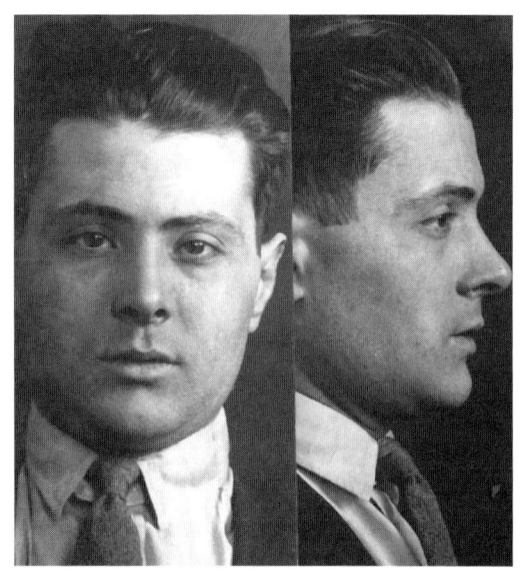

Guiseppe Serafini tentera d'acheter les gardiens de prison, puis ratera son évasion. Il est affreusement mutilé lors de la pendaison du 24 octobre 1924. (Musée de la civilisation, Collection du laboratoire de sciences judiciaires et de médecine légale)

tant, j'avais passé une bonne partie de la nuit à surveiller : il a dû venir jeter du mercure dans le puits ; aussi nous ne buvons plus de cette eau, nous allons puiser chez C…, notre deuxième voisin, à une vingtaine d'arpents d'ici. Voyez, là, cette brique écrasée parmi celles qui entourent le parterre, ce n'est certes pas le vent qui a pu faire cela.

Derome, de ses doigts, esquisse des guillemets en l'air.

— C'est l'eau provenant de ce puits que j'avais déjà examinée, à la demande de l'avocat.

Il s'avance un peu plus vers la première rangée d'étudiants.

— Comme je lui demandais si déjà elle avait aperçu le criminel, ou un de ses complices, rôdant à des heures indues autour de leur propriété, la femme répond sans hésitation : « Non, mais j'entends souvent des bruits bizarres qui indiquent bien qu'ils sont là quand même. »

Derome lève l'index.

— Et voilà… Il n'en fallait pas davantage pour me fixer sur l'origine pathologique de l'accusation d'empoisonnement.

Derome termine son conte médico-légal par une conclusion morale dirigée à l'endroit du gouvernement.

— L'intérêt pratique qui me paraît découler de cette observation médico-légale, c'est qu'elle démontre une fois de plus que le médecin légiste peut, souvent, sans sortir du domaine scientifique, jouer un rôle utile à côté du policier. Il n'y a pas de doute que les recherches policières seraient souvent plus fructueuses, toujours plus complètes — sans toutefois grever le budget de l'État — si les policiers et experts médicaux travaillaient plus souvent de concert.

Les étudiants hochent la tête, réceptifs à la proposition. Rosario Fontaine lève la main.

— Oui, monsieur Fontaine ?

— Mais où est la brutalité dans cette histoire ?

— Ah ! Perspicace, Fontaine… Mais cela, c'est une autre histoire. Pour l'instant, si je veux faire de vous de bons médecins, je vous demande de sortir le précis de Tardieu.

★   ★   ★

Enfin, vendredi : une autre matinée de travail et la semaine sera terminée. Derome glisse un à un ses livres dans son sac de cuir. Il a hâte de se laver, de regagner sa coquette maison de campagne. Il vient tout juste d'en prendre possession. Il est devenu un *gentleman farmer* du dimanche. Avec son frère Maxi, il a commencé à planter des arbres fruitiers, des peupliers et une haie pour délimiter sa terre. Il construit peu à peu son petit paradis.

Un jeune homme entre au labo de l'hôpital en tenue militaire. Il avance lentement. Sur le coup, Derome ne le reconnaît pas immédiatement.

— Docteur Fontaine !

— Appelez-moi « lieutenant », docteur.

— Vous aussi ?

— Je m'embarque dans le corps expéditionnaire.

— Mais tous les jeunes médecins s'engagent ! Il n'y aura plus personne pour nous soigner…

Derome est estomaqué.

En 1915, son ami Lotbinière-Harwood, avec l'appui d'autres collègues, a mis sur pied l'hôpital volant numéro 6 : un établissement de quatre cents lits destiné à recevoir les blessés de guerre près du théâtre des opérations. Plusieurs jeunes finissants enthousiastes se sont alors enrôlés. L'an dernier, la construction d'un hôpital de guerre de deux mille lits a attiré encore plus de jeunes médecins.

— À quel hôpital serez-vous ?

— Je serai basé en Angleterre. Mais je compte servir dans un bataillon. Je veux être au cœur de l'action.

— C'est ironique de penser que la pire des calamités puisse devenir la meilleure école pour nos jeunes médecins, dit Derome, songeur. Vous partez quand ?

— Ça ne devrait pas tarder.

Il éprouve pour ce garçon un attachement paternel. Fontaine baisse la tête et la relève soudainement.

— J'aimerais bien, au retour, travailler pour vous au laboratoire, vous assister.

— Alors, il faut d'abord revenir en un morceau… Vous ferez votre internat et on en discutera.

Rosario regarde sa montre.

— Je dois…

Derome pose une main sur l'épaule du jeune homme.

— Soyez prudent, Rosario. J'ai une place pour vous.

— Je tiens, docteur, à vous remercier pour tout ce que vous m'avez donné durant ces cinq années. Je ne l'oublierai jamais.

Derome, qui a la carapace des durs, résiste tant bien que mal aux émotions qui l'étreignent, mais il a un gros sillon sur le cœur en voyant son petit Rosario tourner les talons. Il l'imagine se frayer un chemin entre les obus et les mines pour porter assistance à un blessé.

Il referme son sac. Ici comme ailleurs, rien ne va plus. Quelques semaines auparavant, en plein dimanche pascal, une manifestation pacifique a été brutalement réprimée dans le quartier Saint-Roch à Québec. Un bataillon ontarien, dépêché par le premier ministre Borden, a tiré sur la foule, tuant cinq civils, dont un enfant. Ils ont utilisé des balles explosives qui sont pourtant interdites. Des journaux anglophones ont recommandé l'usage de la force pour enrôler les Canadiens français. Derome, fils d'une lignée de patriotes, ne l'a pas apprécié. Il comprend les fils de cultivateur qui se terrent pour échapper à la guerre.

Il éteint la lumière. Le monde est devenu noir. Le monde est une morgue pleine.

★   ★   ★

Derome attache son masque. Il est fin seul dans son labo de l'hôpital Notre-Dame. Il verse un colorant basique ordinaire d'un par dix de fuchsine phéniquée. Il applique ensuite cette matière colorante sur le crachat pendant cinq à dix minutes.

Il se penche sur l'oculaire du microscope. Après avoir ajusté la lentille, il peut observer ce bâtonnet droit, très petit. Il ne fait pas plus de 1,5 mm de longueur sur 0,3 mm de large. Mais quel prédateur ! Derome scrute les bouts arrondis, qui réagissent mieux que le centre à la coloration. « Sacrée peste ! » murmure le docteur. Pire que les bottes de toutes les armées du monde. Ce bacille n'a d'autre mission que de tuer. Il vient de foudroyer cinquante millions d'individus, c'est la grippe la plus meurtrière de l'histoire. Comme si huit millions de morts à la guerre n'avaient pas suffi. Les soldats ne ramènent pas que des récits d'horreur, mais aussi la mort en eux : la grippe espagnole.

Étrange paradoxe, pense le docteur. Le présent conflit a beau être souillé par la guerre chimique, le virus le plus destructeur se meut dans le sang des soldats. Les fantassins microscopiques se propagent en Amérique et dans la province de Québec. On doit fermer les lieux publics, établir des quarantaines. Derome n'est pas allé à l'église depuis plusieurs semaines. En trois mois, du 15 septembre au 18 décembre 1918, le bacille de Pfeiffer a tué 3 500 Montréalais et plus de 12 000 Québécois. Son collègue, le docteur Mercier, est du nombre. L'étrange bête s'attaque davantage aux hommes qu'aux femmes et se délecte des adultes âgés de vingt à quarante-cinq ans : « Preuve que l'agent infectieux, écrit-il, quelque infime qu'il soit, sait s'attaquer avec succès et d'une façon élective à la classe de sujets les plus résistants. »

La veille, le docteur a déposé une goutte de sang dans de la gélose. Allons-y voir, se dit-il. Vingt-quatre heures plus tard, le microbe s'est propagé à la température du corps : un tueur virulent, pressé d'en finir.

Derome se redresse, rédige quelques notes pour son article : « Nos constatations tendent donc à établir que le microorganisme découvert par Pfeiffer, outre qu'il circule à un moment donné dans le sang des grippés, se montre d'une façon constante dans les lésions et les exsudats inflammatoires d'origine grippale. »

Pour le combattre, Derome a offert de l'argent au fonds de soutien. Mais sa plus grande contribution provient des 4 718 expertises et recherches scientifiques de son labo.

Il achève un article sur le sujet contenant de précieuses données. Il lui faut témoigner de l'hécatombe. N'est-ce pas l'histoire de sa vie que de mettre son nez dans la mort des autres ? L'étude s'intitule « Sur quelques autopsies de grippe ».

> À la bonne fortune d'avoir échappé aux atteintes de l'épidémie de grippe, qui vient de ravager si cruellement notre population, sans épargner la profession médicale, s'est ajoutée pour nous une autre bonne fortune, qui est celle d'avoir pu pratiquer 22 autopsies de grippe. C'est le résultat de notre humble travail sur cette grave affection que nous désirons soumettre à votre haute appréciation.

Derome n'utilise pas l'expression « bonne fortune » à la légère. Pour lui, ces autopsies constituent un champ d'observation inestimable pour contrer le fléau. Sur le plan anatomopathologique, il a repéré les ravages directement sur le champ de bataille. Les déterminations morbides sont abondantes, les lésions pulmonaires nombreuses, les exsudats purulents. Heureusement, l'assassin est reparti comme il est venu, sans faire de bruit.

CHAPITRE 14

Flacons assassins
et boulettes d'arsenic

Le petit nouveau ne chôme pas, se dit Derome en regardant se démener Franchère Pépin, son chimiste-pharmacien. Ce dernier sort du bocal un estomac que le coroner a bien pris soin de ligaturer aux extrémités. Il n'y aura pas de dégât, comme cela s'est produit récemment.

Pépin dépose l'organe dans un bac et retire les fils qui le fermaient.

— Docteur Derome, éteignez la lumière, s'il vous plaît.

Pépin allume la lampe à rayons ultraviolets, ce qui crée une ambiance insolite. Les dents du chimiste deviennent d'une blancheur absolue. Avec sa maigreur, ses traits sévères et sa calvitie naissante, il ressemble à un vampire. Il dirige les rayons sur la paroi interne de l'estomac. L'organe devient soudain une lampe qui suffit à éclairer la pièce.

— De la quinine ! Il s'est empoisonné avec de la quinine, dit Pépin, laconique.

— Un médicament contre le paludisme.

— Oui.

— Ma foi ! Il en a pris pour guérir toute la colonie !

Pépin glousse. Ce docteur Derome a la bonne dose d'humour pour rendre sympathiques des lieux aussi macabres.

Le chimiste-pharmacien allume la lumière. À vingt-sept ans, il est fraîchement diplômé de l'École de pharmacie de l'Université Laval à Montréal. Durant son entrevue d'embauche, il s'est montré renfermé, timide, peu volubile, mais extrêmement brillant et enthousiaste sur les questions concernant la chimie. En l'écoutant parler, Derome a tout de suite vu qu'il serait un piètre communicateur à la cour, mais qu'il agirait avec une terrifiante efficacité derrière ses éprouvettes.

Mais, tradition européenne oblige — et heureusement pour Pépin! —, c'est le directeur qui continuera de livrer à la cour les analyses chimiques et toxicologiques. Au tournant des années 1920, Derome ne pouvait plus effectuer ce travail seul. Le mandat qu'il a confié à Pépin est ambitieux. Le pharmacien devra mettre au point des méthodes d'analyse servant à extraire et à reconnaître des substances toxiques comme les poisons métalliques et les alcaloïdes. Dans les cas d'incendie, il lui faudra perfectionner des procédés lui permettant d'identifier les « accélérants » mais également les poudres explosives. Pépin s'est dit prêt à relever tous ces défis. La section Chimie et Toxicologie, une autre première continentale en matière criminelle, s'ajoute au laboratoire.

Pendant que Pépin note les résultats de son analyse dans son carnet noir, Derome feuillette les requêtes provenant des différents services de police et des coroners.

— Les suicides à Montréal sont en hausse, dit Pépin en agitant un flacon.

— Mais nos statistiques ne révèlent que la pointe de l'iceberg.

Les suicidés, en effet, tiennent la section Chimie et Toxicologie fort occupée. La facilité avec laquelle les désespérés obtiennent des substances toxiques comme l'acide phénique, l'arsenic et le vert de Paris explique la grande popularité du *modus operandi*.

Derome est très préoccupé par cette vague de suicides sans précédent. Il prépare un article sur le suicide, dans lequel il veut poser un regard philosophique et scientifique sur ce fléau.

« Le suicide est, pour le médecin légiste, une question du plus haut intérêt, écrira-t-il ; mais il constitue aussi, croyons-nous, un sujet d'étude qui ne peut être indifférent à aucun médecin, surtout en ce qui a trait aux circonstances morales qui d'ordinaire provoquent ou précèdent le suicide. »

Pépin glisse sur le bureau du patron les résultats de son analyse. Derome retranscrit les résultats à l'intention du Bureau du procureur général. Un empoisonnement accidentel, celui-là, croit-on.

Pépin examine la prochaine demande d'analyse, à laquelle est rattaché un échantillon sanguin. Il se dirige vers le spectroscope, le précieux contenant à la main.

La spectroscopie est d'une grande précision pour déceler la présence de substances chimiques. Selon les types de poisons, les rayons ultraviolets du spectroscope sont absorbés ou réfléchis. Pépin expose l'échantillon de sang au prisme. Le spectroscope révèle aussitôt une raie noire.

— De l'oxyde de carbone.

Derome s'approche.

— Le poêle était resté ouvert, ajoute Pépin. Soit il s'est empoisonné par mégarde, soit il a mis fin à ses jours.

— Il faut voir dans quel état psychologique se trouvait le malheureux et s'il a lancé des messages désespérés dans les jours précédents.

Afin d'établir une preuve formelle, Pépin fixe le spectrographe à l'appareil. Il photographie le spectre de cette raie noire qui montre bien la teneur réduite en hémoglobine.

— Vous avez écrit, docteur Derome, dans votre dernière étude sur le suicide, vous me permettrez de vous citer de mémoire : « Ce qui rend l'exemple contagieux, c'est la publicité excessive que donnent de ces lugubres drames les grands journaux et cette plaie moderne, les cinémas. » Croyez-vous vraiment qu'ils en sont responsables ?

— Ils favorisent certes l'effet d'entraînement.

Derome retourne s'asseoir derrière le petit secrétaire du laboratoire. Il doit gérer la correspondance du labo de chimie-toxicologie. Puisque Pépin agit comme assistant, Derome est tenu d'approuver tous les rapports officiels. Les demandes entrent à la chaîne et il faut y donner suite tout aussi prestement. Il répond à une demande d'analyse du Bureau d'hygiène.

— Franchère, avons-nous terminé l'analyse du docteur Brault : l'échantillon du type qui étendait des « boulettes » sur les terres agricoles ?

— La voilà, docteur.

Derome s'esclaffe en lisant le résultat de l'analyse. Il glisse une feuille dans la machine à écrire et ne peut s'empêcher de taper le point d'exclamation : « J'ai analysé un mélange de fromage ! et une poudre cristalline blanche. Nous sommes en présence de sulfate de strychnine. »

Pépin s'approche du docteur et lui remet une autre analyse.

— Docteur, les viscères des poules de Mme J. T. démontrent clairement la présence d'arsenic, poison qui a causé la mort de ces animaux.

— Encore les boulettes ! dit Derome en tapant son rapport.

La mentalité des empoisonneurs, se dit le docteur, évolue plus lentement que le dépistage des substances toxiques. À la campagne, les animaux sont des cibles faciles pour ceux qui veulent assouvir une vengeance. Les boulettes, c'est le nom donné à ces moulées d'avoine ou de viande mélangées à de l'arsenic, à de la strychnine ou à du vert de Paris. Les deux premières substances font partie de l'arsenal des chasseurs. Le vert de Paris, lui, est utilisé par les agriculteurs comme pesticide contre les doryphores. Quant à l'arsenic, plusieurs médicaments en contiennent. Pépin s'avance avec un autre rapport.

— Docteur Derome, la requête du chef Lorrain est prête.

Un autre épisode d'empoisonnement à la campagne, se dit Derome en prenant connaissance du document : « J'ai l'honneur de faire rapport que l'eau de puits que vous m'avez envoyée pour l'analyse contient du vert de Paris en quantité suffisante pour causer la mort. »

— Je vous apporte les demandes du jour, docteur.

Derome prend connaissance des nouvelles demandes : encore de la moulée homicide. Il note rapidement : « Reçu du chef Lorrain les matières suivantes, provenant de Saint-

Guillaume d'Upton, P. Q. (3 paquets séparés) : de l'avoine mélangée au vert de Paris, un estomac de vache (vert de Paris) et l'estomac d'une jument (avoine et vert de Paris). »

— Docteur, je descends à l'animalerie. Il me faut établir une dose mortelle de vert de Paris pour un procès.

— Faites, mon cher.

Afin d'étayer ses expertises dans un cas d'homicide, le labo dispose d'une animalerie. Combien de grains de strychnine a-t-on retrouvés dans l'estomac de ce cadavre ? Combien en faut-il pour tuer un cobaye ? Ensuite, on établit les équivalences avec le poids de la victime. Derome et Pépin recourent habituellement à des grenouilles, à des poissons et à des lapins.

L'efficacité du redoutable duo ne tarde pas à rapporter des dividendes. Le Bureau du procureur général, les services de police ainsi que le Bureau d'hygiène monopolisent la section Chimie et Toxicologie du laboratoire. Mais Derome veut aller encore plus loin.

⋆ ⋆ ⋆

Sur sa carte postale, Rosario Fontaine écrit la date : 3 juillet 1919. Dans le port de Liverpool, le docteur Fontaine s'apprête à quitter l'Europe. Il est démobilisé depuis le 8 juin. Devant lui, le *S.S. Celtic* déploie sa passerelle, sur laquelle défilent ensuite les malles des soldats. Il rentre enfin au pays. La traversée durera deux semaines. Il sera à Montréal le 18 juillet. Il prévoit commencer son internat dès l'automne à l'hôpital Notre-Dame.

Accrochée à son veston, la médaille de guerre britannique. Il est maintenant capitaine. Il est content que la guerre soit terminée. Il a vu et senti la mort de près.

⋆ ⋆ ⋆

Derome a convoqué Franchère Pépin dans son bureau pour un entretien.

— Vous voulez me voir, docteur ?

— Asseyez-vous.

Pépin affiche un air inquiet.

— Rassurez-vous, tout va bien. Je suis comblé par votre contribution au laboratoire. Si je vous ai fait venir, c'est pour vous proposer un défi.

— Un défi?

— Je souhaiterais que nous soyons en mesure de déterminer des dosages de petites quantités d'alcool éthylique. Ce serait très utile devant les tribunaux. Imaginez l'impact d'un tel apport ! On serait en mesure d'affirmer clairement et incontestablement au jury si tel ou tel individu a commis son crime sous l'effet de l'alcool. Ce serait un élément de preuve essentiel. La méthode mise au point par Nicloux en France est longue et complexe. Il faut la simplifier.

L'expression de Pépin évoque toute la difficulté de l'entreprise. Il connaît les exigences de son patron. Le directeur pousse ses employés à la limite de leurs capacités.

— Il nous faut ça pour quand ?

— Hier, comme toujours…

Le jeune Pépin le prend au sérieux. Derome éclate de rire.

— Non. Je blague. Mais le plus tôt possible.

— Ne vous inquiétez pas. Je vais vous accompagner dans vos recherches.

Pépin se lève, non sans ressentir un certain vertige…

★   ★   ★

Derome jette un regard à travers les lames du store. Un ciel rose et empourpré orne l'horizon entre les édifices. Le soir s'installe, l'ami du criminel, comme le dit Baudelaire. Le médecin légiste veut profiter de l'accalmie pour clore son article sur le suicide. Il sait que son point de vue choquera, mais il ne craint pas de lever les tabous.

Il consulte une série de colonnes de chiffres, fronce les sourcils. À partir des statistiques qu'il a puisées dans les registres de la morgue, le professeur Derome a comparé les données du Service de santé de la Ville de Philadelphie avec celles de la Ville de Montréal. Son regard passe d'un document à l'autre. À sa grande stupéfaction, il constate que la moyenne annuelle des suicides à Montréal se révèle être en deçà de la réalité, dans la mesure où il est trop souvent ardu d'obtenir « la preuve matérielle du suicide ». En une décennie, à Montréal, 368 suicides ont été rapportés, contre 3 709 en quinze ans à Philadelphie. Il est clair que le nombre de suicides dans la métropole est sousestimé. Derome remarque, en cette année 1919, une augmentation constante des suicides. La question touche à la fois la religion, la morale, mais aussi la justice, car le suicide est un acte criminel. Puisque le tabou masque la réalité, il devient ardu de comprendre une problématique sans disposer de données qui mettraient en lumière l'ampleur véritable du phénomène.

La question est délicate, mais il lui faut en débattre. L'Église va-t-elle trop loin avec son code canonique qui condamne les suicidaires en les privant d'une sépulture ecclésiastique, d'une messe de funérailles et même d'un service anniversaire ? Se tuer est-il un crime ? Derome tient à rappeler à ses lecteurs que, depuis la Révolution de 1789, les lois françaises n'édictent plus aucune peine contre le suicide. Entend qui veut entendre, pense-t-il. Lui a décidé de faire preuve de compassion.

$$\star \quad \star \quad \star$$

Le téléphone l'extirpe brusquement de sa réflexion.

— Docteur Derome.

— C'est le docteur Marois, de Québec. Je vous appelle au sujet du terrible infanticide. Avez-vous reçu les viscères de la petite Gagnon ?

— Oui, et j'ai reçu aussi le télégramme de Me Fitzpatrick au sujet de cette analyse.

— J'aimerais que vous me disiez si on lui a bel et bien fait absorber de la lessive, comme on le prétend.

— Je vais y voir, docteur. Comptez sur moi.

Derome apprécie le chirurgien de Québec. Sans être un médecin légiste diplômé, le docteur Marois, qui enseigne à l'université Laval, fait un travail exemplaire. Malheureusement, Derome ne peut en dire autant de certains confrères trop négligents.

Il éteint la lampe de lecture. Il finira son article une autre fois. Il n'a plus qu'une envie : retrouver Sophie-Catherine pour un souper en tête à tête. Il range ses statistiques. Devant lui se trouve une invitation à un dîner-conférence donné au Cercle universitaire, dont il est un membre fondateur. Mais le temps se fait rare pour les sorties mondaines.

★   ★   ★

Le lendemain matin, samedi, Derome et Pépin complètent l'analyse toxicologique des viscères de la petite Aurore. Le chimiste est dépité en remettant à Derome les résultats de son travail.

— Je déteste cette mégère, docteur.

— Comment pourrait-on l'aimer !

— Tout comme pour les métaux, le test de Stas-Ogier est aussi négatif pour les alcaloïdes, dit Pépin.

— Merci, Franchère. Tout a été fait pour le mieux.

Derome prend les rapports et s'installe derrière son bureau. Il regarde l'heure. La lettre doit absolument partir avant midi.

Montréal, le 21 février 1920

RAPPORT DE L'ANALYSE TOXICOLOGIQUE
DES VISCÈRES D'AURORE GAGNON

L'autopsie a été faite par M. le docteur Marois et les viscères ont été expédiés au laboratoire médico-légal par ordre du coroner de la ville de Québec M. le Dr W. Jolicœur.

Les renseignements fournis par le médecin autopsiste nous laissant croire à la possibilité d'une ingestion d'un poison irritant, nous nous sommes attachés à rechercher surtout cette classe de poison. Dans une analyse systématique, aucun des poisons suivants ne peut nous échapper : le mercure, le plomb, le cuivre, l'arsenic, l'antimoine, le zinc, l'alumine, le manganèse, la potasse, la soude et l'ammoniaque, etc. En l'absence de ces poisons métalliques, nous avons recherché des irritants acides comme l'iode, etc., dans le liquide stomacal, mais n'avons encore trouvé aucune trace de ces poisons. Nous avons alors dirigé nos recherches du côté des alcaloïdes qui, bien que peu irritants par eux-mêmes, peuvent parfois être mêlés à toute autre substance. Après extraction par la méthode de Stas-Otto, modifiée par Ogier, le résidu a été soumis aux réactifs généraux des alcaloïdes, ainsi qu'à une douzaine au moins de réactifs spéciaux, ceux-ci couvrant la série principale des alcaloïdes visuels. Or, nous n'avons pas trouvé de traces d'alcaloïdes.

CONCLUSION

L'analyse des viscères d'Aurore Gagnon a montré l'absence de poisons.

Derome appose sa signature. Il relève la tête et aperçoit le visage fatigué et le corps chétif de Pépin dans l'embrasure de la porte.

— Vous êtes un spectre, on ne vous entend pas venir.

— Je pensais bien qu'on trouverait quelque chose.

— Réjouissons-nous, Franchère. Disons-nous qu'elle aura eu un supplice de moins à subir.

Le visage de Pépin s'illumine. Il n'y a que le docteur Derome pour réfléchir ainsi. Derome met le rapport sous enveloppe, glisse la bande gommée sur le mouilleur et referme le tout. Il inscrit l'adresse du procureur : la côte de la Montagne à Québec, un superbe endroit.

Avec tout ce qui se dit de mal sur Marie-Anne Houde, alias la femme Gagnon, il fera bientôt un voyage à Québec.

— Franchère, la semaine est terminée. Je vous souhaite un beau dimanche.

— Vous aussi, docteur Derome. À lundi.

Derome se lève, range sa plume dans l'encrier. Il ne lui reste qu'à poster la lettre et il aura droit au repos du septième jour.

CHAPITRE 15

Devant la mère d'Aurore

L e dimanche 18 avril 1920. Les cloches de l'église Saint-Dominique résonnent dans le ciel de Québec. Le fond de l'air est frais, mais le soleil réchauffe l'épiderme. Wilfrid Derome passe derrière le monastère des dominicains. Devant lui, les plaines d'Abraham étendent leurs rondeurs. La pelouse est jaunie après la fonte des neiges. Les végétaux en décomposition exhalent leurs relents printaniers. Devant la vieille prison, les jeunes peupliers bourgeonnent déjà. Derrière, les fenêtres en ogive allongent leurs barreaux. Sur la tourelle qui perce le ciel, une sentinelle monte la garde.

Derome bifurque dans l'allée qui mène au porche du pénitencier. Il fêtera demain son quarante-troisième anniversaire de naissance et aurait souhaité le passer avec Sophie-Catherine plutôt qu'avec cette meurtrière sadique. Une fois de plus, le septième jour de la semaine ne sera pas de tout repos. À la demande du juge Louis-Philippe Pelletier, il se rend examiner un être abject, abhorré des Canadiens français : Marie-Anne Houde, la mégère de Sainte-Philomène. Celle qu'on appelle aussi la femme Gagnon est accusée du meurtre de sa belle-fille, Aurore. L'histoire de l'enfant martyre sème la consternation dans la province de Québec.

Après avoir vérifié son identité, le portier, armé, laisse entrer Derome, qui va rejoindre les docteurs Roy et Devlin ainsi que l'intendant de l'asile de Beauport, le docteur Brochu. Ils devront déterminer si la marâtre est apte à comprendre la nature de ses actes.

— Docteur Derome, content de vous voir !

Après les poignées de main et les échanges de politesses, ils suivent le gardien à l'étage. Le cliquetis de son trousseau de clés se propage dans la cage d'escalier. Le couloir voûté est humide. Les prisonniers de l'aile sud voient le fleuve, qui leur rappelle la beauté du dehors, ceux de l'aile nord ont une vue sur les belles maisons de la Haute Ville. Le Saint-Laurent se libère des dernières glaces qui avancent par îlots. On dirait un vaste vitrail aux bleus, aux blancs et aux gris mouvants.

La porte s'ouvre en grinçant. Assise sur son lit, Marie-Anne Houde cache sa vilenie sous une voilette noire à mailles fines. La scène est lugubre. Derome observe le ventre de l'infanticide. Elle est enceinte. « Ça parle au diable ! » se dit-il.

Ils s'entassent dans l'étroite cellule tout en briques. Sans tarder, ils la questionnent longuement.

— Tuer ne va-t-il pas à l'encontre… ? Ne croyez-vous pas que… ?

Elle acquiesce en pleurant. Sa voix est atone. Les médecins ne remarquent aucune déformation crânienne ou asymétrie faciale, comme le prétend la partie adverse.

Elle est apte à comprendre le jugement moral porté sur ses crimes. Les experts de la Couronne concluent « à une aversion toute particulière de la mère pour cette enfant » qui n'était pas la sienne.

Derome n'envie pas le rôle ingrat du médecin expert de la défense. C'est à son bon ami Albert Prévost, de l'asile Saint-Jean-de-Dieu, que revient l'odieux travail. Prévost, pour qui Derome a une grande estime, appuie la thèse de l'aliénation mentale.

Les médecins, en descendant, se remémorent les événements des derniers jours. Les témoignages entendus à la Cour du banc du roi ont choqué le Québec. Tour à tour, le docteur Marois, le policier Couture, les oncles et les tantes ainsi que les sœurs et les frères d'Aurore ont raconté les actes sadiques que la petite a subis.

Le policier Couture a dit aux jurés ce qu'il a vu en arrivant sur la scène du crime : « J'ai trouvé la chambre très malpropre… Il y avait un lit, un lit double, seulement de petites planches dans le milieu. Il y avait une odeur qui s'échappait de cette maison, de cette chambre, c'était tout pour l'endurer. Dans un coin de la chambre, j'ai trouvé un matelas, non, une paillasse avec très peu de paille. Sur la paillasse, j'ai constaté qu'il y avait du sang. […] Le cadavre a été transporté à la sacristie comme c'est l'habitude à la campagne. »

Albert Marois, l'expert-légiste, a présenté les conclusions de son autopsie : « La muqueuse intérieure de l'estomac présentait des plis nombreux, rouges et noirâtres. Cet état particulier de l'estomac indiquait que quelque poison ou substance irritante avait dû être administré. J'ai alors recueilli la plupart des organes pour qu'ils soient soumis à l'examen du chimiste expert. Les organes ont été envoyés au docteur Derome de Montréal. »

Le négligent Andronic Lafond, médecin de famille, se rend ensuite à la barre des témoins. Appelé sur la scène du crime, il a vu qu'Aurore était dans le coma et « couverte de blessures des pieds jusqu'à la ceinture, et ensuite, il a remarqué aussi qu'il y avait un épanchement abondant sous le cuir chevelu ». Étonnamment, le docteur Lafond n'a pas essayé de la réanimer sous prétexte que le pouls était trop faible. Médecin de famille, il n'a jamais dénoncé cette situation qu'il connaissait. Et pourtant, le docteur Marois a compté plus de cinquante lésions et quatre blessures ouvertes.

Les pièces à conviction présentées aux jurés donnent froid dans le dos : une hache blanche, un manche de fourche, un fouet, un tisonnier, une corde, un fer à friser et une lanière de cuir.

Quant à Georges, le frère d'Aurore, il a raconté au procureur que sa sœur « couchait à terre, dans un petit coin. C'est parce que maman faisait rien que la fesser et la brûler avec le tisonnier ici, là. Et puis elle lui mettait les deux mains sur le poêle pour les faire rôtir ».

Son frère Gérard ne l'a pas contredit. Il a affirmé que, le matin de la mort d'Aurore, sa mère l'a lavée avec une brosse à plancher, ce qui était de nature à infecter les plaies sur le corps de sa fille.

— Est-ce qu'elle mangeait des beurrées, ta petite sœur ? lui demande-t-on.

— Oui.

— Quelles sortes de beurrées ?

— Des beurrées de « lessi ». J'ai été chercher du « lessi » au magasin. Quand j'ai arrivé, maman a dit : « Aurore, viens que je te donne du candy. » Elle a dit : « Si tu manges pas toute, je vais te donner une volée. »

Le même jour, Marie-Jeanne Gagnon, la demi-sœur d'Aurore, a elle aussi révélé la torture mentale et physique que Marie-Anne Houde a fait subir à Aurore. Lorsque le procureur lui a demandé pourquoi sa mère brûlait Aurore avec un tisonnier, elle a répondu :

— Parce qu'elle voulait pas lui donner le pot, elle faisait partout, elle la brûlait pour ça.

— Qui ne voulait pas lui donner le pot ? demande le procureur de la Couronne, Me Fitzpatrick.

— Maman, répond la jeune fille. Ma mère me disait alors de faire chauffer le tisonnier qu'elle utilisait pour brûler Aurore sur tout le corps.

Marie-Jeanne a aussi raconté la fin tragique d'Aurore.

— Pourquoi est-elle tombée ?

— Elle était trop faible.

— Qu'est-ce qui est arrivé ?

— Maman a pris le manche de fourche…

— Vous voulez dire le manche de fourche ici ?

— Oui.

— Et puis ?

— Elle lui a donné trois coups, là. Aurore a rachevé d'écraser.

— Dans quel état était-elle ? Elle était… à moitié morte ?

— Elle est morte à sept heures du soir.

Derome se remémore avec dégoût le récit des supplices. Mais la suite des événements l'a mis sur la sellette malgré lui.

Ce qu'on appelle la bataille des aliénistes est survenu la veille de sa visite à la prison. L'un des avocats de la défense, Me Francœur, a tenu à se prévaloir des dispositions de l'article 19 du Code criminel : démontrer l'aliénation mentale de sa cliente. Son collègue à la défense, Me Lemieux, a insisté pour faire « entendre des médecins qui ont assisté au procès et qui nous diront si cette femme est folle. Il a demandé qu'on entende le Dr Derome ». Mais le juge s'y est opposé, exigeant que la mégère soit examinée aussi par des aliénistes. Il a finalement accepté la requête de la défense. Le juge a ajourné les travaux au lundi matin, le temps de permettre aux médecins d'examiner l'accusée. Toute la fin de semaine, plusieurs aliénistes se sont relayés auprès de l'accusée.

Les médecins sortent de la prison ; l'air est meilleur. Tous s'entendent pour dire que le docteur Prévost, malgré ses compétences, aura de la difficulté à convaincre le jury.

— On se voit demain, messieurs.

Chacun retourne vers sa voiture.

— Je vous raccompagne à votre hôtel, docteur Derome ? lui demande un collègue.

— Non merci. Je vais rentrer à pied.

★   ★   ★

En ce lundi 19 avril, Derome fête son anniversaire en pleine controverse. La bataille des aliénistes prend une tournure dramatique. Me Francœur vient de réveiller l'esprit de clocher qui sommeille chez certains. Il affirme qu'il a été contraint de recourir à des aliénistes de Montréal.

— La Couronne a mobilisé tous les médecins de Québec pour sa cause, argue-t-il.

Pourtant, pense Derome, il oublie de mentionner qu'Albert Prévost est un médecin montréalais.

Le juge Pelletier se rembrunit, déplore la tournure des événements.

— Combien est regrettable le spectacle qu'offre la profession médicale en se divisant ainsi en deux camps opposés.

La tirade du juge se révèle être un véritable cadeau d'anniversaire pour Wilfrid Derome. Afin d'éviter de telles controverses, le juge souhaite que le gouvernement mette sur pied une commission d'aliénistes qui aurait la tâche d'examiner l'état mental des accusés dans des cas semblables.

Derome se réjouit en son for intérieur. Ce souhait est précisément celui qui avait nourri sa bataille contre Georges Villeneuve. L'éditorialiste de *La Presse* offre à son tour un autre présent à Wilfrid Derome. Le texte intitulé « Une réforme pressante » exprime un appui à des changements fondamentaux, ceux que le docteur préconise depuis longtemps : « Nous avons eu plusieurs fois l'occasion de dire que l'initiative des recherches et des poursuites dans les affaires criminelles devrait être laissée au procureur général ou à l'un de ses substituts, et non au premier venu. Nous le répétons aujourd'hui plus fortement que jamais. D'ailleurs, nous ne demandons rien d'extraordinaire. Il s'agit d'un système qui existe depuis longtemps en France et que nous avons intérêt à établir chez nous le plus tôt possible. »

Cet épisode survient à un moment du procès où les esprits s'échauffent chez les éditorialistes de Québec et de Montréal. *La Presse* accuse les autorités judiciaires d'incompétence, puisqu'un citoyen aurait dès le mois de février informé les autorités des sévices que subissait Aurore. *Le Soleil* réplique : « Si *La Presse,* la virago, cherche encore à se faire de la publicité avec cette triste et pénible affaire Gagnon, c'est une publicité malsaine et malfaisante. »

Avec de grands effets de toge, Me Francœur s'avance vers la barre qui le sépare du jury et s'y appuie. Il revient sur la présence de lessive dans l'estomac d'Aurore.

— L'expert Derome a trouvé qu'il n'y en avait pas, martèle-t-il.

Le docteur Brochu, de l'asile de Beauport, rétorque :

— Dans tous les cas, les témoignages prouvent que l'accusée a bien donné de cette lessive.

Brochu établit ensuite clairement la responsabilité de Marie-Anne Houde.

— La conclusion est qu'elle était dans un état de comprendre parfaitement la nature de ses actes, qu'elle était intelligente et qu'elle est responsable pour les gestes commis.

Le docteur Prévost reprend, quant à lui, les arguments de son rapport.

— Je suis forcé de conclure qu'elle a été pratiquement en couches toute son existence et que, par conséquent, elle présente des troubles hallucinatoires, ou illusoires. Elle a des hallucinations : elle entend des choses qui n'existent pas.

Le lendemain, au milieu de cette polémique d'aliénistes, Derome s'avance à la barre des témoins, sous le regard du juge Pelletier. Il aura le dernier mot dans ce procès fortement médiatisé. Dans le vieux palais de la rue Saint-Louis, à l'ombre du Château Frontenac, le silence est à couper au couteau. Au bout de la salle, dans le box des accusés, et sous bonne garde, la mégère porte son voile funèbre.

Le juge fixe le docteur Derome.

— Docteur Derome, veuillez déposer votre main sur les saints Évangiles.

Derome pose sa main sur le grand livre noir.

— Docteur, jurez-vous de dire la vérité, toute la vérité, rien que la vérité ? Dites « Je le jure ».

— Je le jure.

Le procureur de la Couronne, Me Arthur Fitzpatrick, s'avance vers lui.

— Docteur, quelles sont les conclusions quant à l'état mental de l'accusée ?

— Ma conclusion est que les actes reprochés à l'accusée ne peuvent être imputables à la folie.

— Vous n'avez aucun doute là-dessus, docteur ?

— Non, monsieur.

— Pourquoi ?

— Comme l'a expliqué tout à l'heure le docteur Brochu, pour être imputables à la folie ces actes doivent être corroborés. C'est-à-dire qu'il doit se trouver, dans le passé de l'accusée, des actes analogues ou qui s'en rapprochent, des actes qui montrent une correspondance avec ceux qui lui sont reprochés aujourd'hui, qui montrent une tendance chez cette personne à des actes pervers. Or nous n'avons pas constaté ça dans l'examen qu'on a fait… Ces actes isolés ne peuvent pas constituer par eux-mêmes la preuve d'aliénation mentale quelle qu'elle soit.

— Êtes-vous en état de jurer qu'au moment où l'accusée a commis les actes d'atrocité relatés dans la question hypothétique posée par le procureur de la Couronne elle jouissait de ses facultés mentales ?

— Oui, monsieur, je pense qu'elle connaissait parfaitement la portée, jusqu'au point d'en être responsable.

— Pouvez-vous le jurer ?

— Oui, monsieur.

Derome termine sa brève déposition.

Le diagnostic émis par l'expert Derome pourrait signifier un aller simple vers l'échafaud pour Marie-Anne Houde, qui repart sous bonne garde.

Dès le lendemain, *La Presse* en fait sa une : « La femme Gagnon connaîtra probablement à la fin du jour le sort que lui réservent les jurés de la cour d'assises de Québec. Le Dr Derome est catégorique. »

Les plaidoiries peuvent commencer. Pendant trois heures, le juge Pelletier démolit l'argumentation de la défense selon laquelle l'accusée est folle. Le jury ne met que dix minutes à rendre sa décision : coupable ! « La femme Gagnon sera pendue le 1er octobre », titre *Le Soleil*.

Mais, la veille de son exécution, la peine de la marâtre sera commuée en emprisonnement à vie. Après avoir accouché de jumeaux en prison, le 8 juillet 1920, elle finira ses jours à l'ombre.

CHAPITRE 16

Les affaires pressantes

Derome va quérir son courrier dans son casier postal de l'hôpital Notre-Dame. La voilà enfin ! La préface de son ami Lotbinière-Harwood pour son *Précis de médecine légale* est arrivée. Il est impatient de la lire. Il se dirige vers le laboratoire. En avril 1920, Derome met la dernière main à son ouvrage. L'exergue qu'il emprunte à Alphonse Devergie, l'un des grands experts de la profession, est révélateur : « Au contraire de la pratique médicale ordinaire, la pratique médico-légale vit de faits rares. » Dans l'esprit de Wilfrid Derome, la justice est complexe et nécessite des instruments de grande précision pour résoudre les énigmes que pose un cadavre.

Il s'installe derrière son bureau et déplie la lettre.

Le médecin légiste se réjouit. Le doyen de la faculté de médecine de l'Université de Montréal est généreux de sa plume : « Le travail que nous présente le professeur Derome est le premier du genre publié au Canada. Il vient au moment opportun, car chez les légistes comme chez les médecins, l'on reconnaît que des modifications pourraient être avantageusement apportées à l'organisation du service médico-légal de notre province. » Lotbinière-Harwood, constate le docteur, résume bien l'ambition du livre : « Le rôle de conseiller de la justice est lourd de responsabilités. Il exige chez l'expert une haute compétence scientifique, il lui faut posséder une érudition à la fois étendue et variée. Inspiré par cette conviction, résultat d'une expérience déjà longue, l'auteur de ce précis a voulu présenter à ses élèves et aux hommes de loi une mise au point bien ordonnée des questions médico-légales souvent complexes et difficiles. »

Derome parcourt une dernière fois son introduction. Il y explique qu'il a voulu « combler une lacune » dont il a « longtemps souffert ». Il ressent une certaine fierté à lire en page de titre : Wilfrid Derome, professeur à l'Université de Montréal. Depuis le 14 février dernier, l'Université Laval de Montréal a obtenu son autonomie, après des années de lutte. Mgr Bruchési a obtenu l'autorisation papale. Son université ne sera plus une succursale de l'Université Laval à Québec. Derome sait que la science en bénéficiera. Son ex-professeur à Joliette, le père Morin, est en train de mettre sur pied la faculté des sciences de l'Université de Montréal. Il faudra former de plus en plus de professeurs de sciences pour le progrès de la patrie.

Derome range son manuscrit. Plus tard dans la journée, en se rendant au labo médico-légal, il ira rue Notre-Dame porter son texte à la Compagnie d'imprimerie des marchands.

★   ★   ★

Wilfrid Derome s'installe derrière sa vieille Remington et y glisse une feuille qu'il déroule rapidement jusqu'à lui. La gestion de son laboratoire s'avère fastidieuse. Soucieux d'améliorer ses installations et d'engager du personnel, il doit convaincre Lomer Gouin de lui adjoindre les services d'un photographe judiciaire. Ce travail lui incombe plus souvent qu'autrement, ce qui lui fait perdre un temps fou sur la scène d'un crime. Il sait qu'il peut compter sur un allié en la personne du premier ministre de la province de Québec.

Le 10 juin 1920
Honorable Sir Lomer Gouin
Premier ministre

Sachant tout l'intérêt que vous avez toujours porté aux choses de la médecine légale, je m'adresse encore à vous au sujet d'une amélioration que je considère importante pour l'administration de la justice criminelle.

On peut dire que depuis sa découverte, il y a près d'un siècle, la photographie a joué un rôle de plus en plus utile dans l'administration de la justice, si bien qu'aujourd'hui aucun pays n'oserait plus se priver de son concours. Elle sert, en effet, à l'identification d'un cadavre inconnu déposé à la morgue, d'un enfant en bas âge égaré intentionnellement, d'un aliéné égaré sur la voie publique, d'un malheureux frappé et incapable d'énoncer son nom et son adresse, et elle est, depuis quelques années, utilisée pour l'étude des traces sanglantes et pour la révélation des empreintes digitales invisibles. Prise sur le lieu du crime, la photographie métrique donne à la cour et aux jurés une idée aussi exacte que possible de la position du cadavre, de la condition dans laquelle sont ses habits après la lutte, enfin de la nature et de la position relative des objets qui s'y trouvent.

Tout ce long exposé, Monsieur le Premier Ministre, est pour vous démontrer la nécessité d'avoir au service du laboratoire médico-légal et du département de la police provinciale un photographe de profession, maître de son art, capable enfin de mener à bien cette tâche si spécialisée.

Je vous ferai remarquer que le laboratoire médico-légal possède déjà toute l'instrumentation voulue, il ne manque que le photographe.

Wilfrid Derome

Dès le lendemain, Lomer Gouin écrit au procureur général, Louis-Alexandre Taschereau, qui s'apprête à lui succéder comme premier ministre : « Au sujet d'une demande du docteur Derome […], il recommande de nouveau avec plaisir M. Georges Quéry. »

Le 15 juin, Derome reçoit une lettre de Taschereau : « Vou-lez-vous avoir l'obligeance de me dire si monsieur Quéry a les qualifications voulues pour remplir cette tâche et quel serait le coût approximatif pour le travail qu'il fera ? » Derome fulmine. Il a déjà recommandé son photographe. À moins que monsieur Quéry ne soit pas membre du Parti libéral… Est-ce cette com-pétence particulière qui lui fait défaut ?

Derome répond immédiatement au procureur général. Il déteste perdre son temps pour de pareilles futilités. S'il a aupara-vant recommandé Quéry, c'est que celui-ci possède les qualités requises : « Georges Quéry est un photographe très compétent et nul doute qu'il soit capable de mener à bien le genre particulier de photographie qu'exige le laboratoire médico-légal. »

Il ironise sur la question du salaire de monsieur Quéry, tout en faisant référence au sien. Pourquoi ne pas passer deux mes-sages à la fois ? « Quant à la question du salaire, je crois — soit dit sans malice — que celui-ci ne devrait pas être inférieur à l'humble somme (1 000 dollars) qui m'est allouée pour m'occu-per de la partie analytique. »

Les semaines passent et le dossier n'aboutit pas. Derome continue de prendre les photos ou de recourir au photographe de la Sûreté. Sans nouvelles depuis deux mois, il réécrit à Tasche-reau, devenu entre-temps premier ministre de la province de Québec. Cette fois-ci, il ne voile pas son impatience : « Souffrez que je rappelle à votre attention la nomination de monsieur Quéry, comme expert-photographe au laboratoire médico-légal. Il me paraît inutile d'exposer de nouveau les raisons qui rendent absolument pressante cette nomination ; vous les trouverez d'ailleurs dans une lettre antérieure. »

Le 8 octobre, c'est par la voix laconique de l'assistant procu-reur général, Charles Lanctôt, que Taschereau répond à Derome qu'il « regrette de ne pas pouvoir recommander la nomination de monsieur Quéry comme expert-photographe ».

★   ★   ★

Le timbre strident du téléphone à cornet résonne. Derome décroche le récepteur.

— Bonjour. Georges Jolicœur, de Québec. Ça va ?

— Occupé.

— Nous avons une sale affaire sur les bras : un meurtre ignoble.

— Vous m'inquiétez ! Racontez.

— Voilà. Un enfant qui jouait dans le parc Victoria a découvert un cadavre entre la voie ferrée et la grève de la rivière Saint-Charles. Une dénommée Blanche Garneau était portée disparue par son père adoptif depuis une semaine. Elle a été identifiée par la police de Québec. C'est un meurtre, docteur Derome, d'une brutalité inégalée. Je n'ai rien vu de tel en trente ans de métier.

— En quoi je peux vous être utile, docteur Marois ?

— Je vous envoie les sous-vêtements de la jeune fille. Votre analyse sera déterminante. J'ai détecté des lésions vaginales, mais comme le corps a été retrouvé huit jours après la disparition, je n'ai trouvé aucune trace de spermatozoïdes dans l'organe génital.

— La jeune femme a-t-elle été violée ?

— C'est ce que votre analyse prouvera.

À la réception, Derome vient de recevoir la pièce à conviction. Il monte aussitôt au labo, pressé d'effectuer son analyse. Dans l'escalier, il croise Pépin en train de discuter avec un limier.

Il dépose le sac sur l'îlot central du labo. Il en sort la petite culotte et l'examine. Il détecte entre les fibres du tissu des taches qui s'y sont imprégnées. Il verse une partie de glycérine dans dix parties d'eau. Il trempe le vêtement dans la préparation. Il devra macérer plusieurs heures avant qu'on puisse y déceler la présence des spermatozoïdes. Derome pose les mains sur les hanches. Son regard en plongée fixe la bassine. Blanche Garneau peut compter sur lui. Il fera parler ce bout de tissu.

Il reviendra en fin de journée effectuer la seconde opération de l'analyse, qui déterminera ou non la présence de sperme. Entre-temps, il descend pour autopsier un corps à la morgue.

Quelques heures passent. Il regarde sa montre. Le tissu a assez macéré. Il accourt au labo de chimie et de toxicologie pour y préparer la réaction de Florence. Il ouvre la grande armoire d'apothicaire et en sort deux flacons qu'il dépose sur le comptoir. Le réactif est un liquide à base d'iode ioduré. Il dissout 1,56 gramme d'iodure de potasse dans une petite quantité d'eau et ajoute 2,54 grammes d'iode lavé à 30 centimètres cubes d'eau.

Le moment de vérité est arrivé. Il siphonne avec sa pipette une goutte du liquide provenant de la macération qu'il dépose sur une lame de verre. Même opération avec une goutte du réactif de Florence, qu'il mélange à l'autre. Il se forme aussitôt des cristaux d'un brun jaunâtre. Derome sourit de satisfaction. Dire que *Le Soleil*, l'organe du Parti libéral, avance l'idée farfelue que Blanche Garneau a été tuée par un train. Bande de crapules ! se dit-il. Il faut vraiment être à la solde d'une idéologie. Il coupera court à cette désinformation.

Le docteur s'assoit au pupitre du labo. Il inscrit la date du 2 août 1920 sur son rapport et y consigne les faits : « J'ai trouvé des spermatozoïdes nombreux dans les sécrétions déposées sur les lames de verre. J'ai trouvé que la réaction de Florence était positive sur des taches empesant une portion du caleçon. » Il signe le document. Cette information, ajoutée au rapport d'autopsie de son collègue Marois, qui a constaté des lésions vaginales, devrait suffire. Blanche Garneau a été violée puis sauvagement assassinée.

★   ★   ★

Lorsque Franchère Pépin tourne les talons, Derome le rappelle.

— Franchère, je compte faire des représentations auprès du gouvernement pour que vous obteniez de meilleurs gages et un poste d'assistant. Je vais écrire au premier ministre.

— Merci, docteur.

— Comment avancent vos recherches sur le dosage d'alcool ?

— J'y travaille.

— Excellent !

Pépin s'en retourne satisfait. À 900 dollars par année, il ne détesterait pas obtenir un meilleur traitement. Derome ne veut pas le perdre au profit d'un autre laboratoire. Pépin est devenu un maillon essentiel de la chaîne. Grâce à lui, le labo peut désormais détecter un empoisonnement à l'alcool méthylique à l'aide de la réaction de Schiff. De même, le pharmacien-chimiste est parvenu à détecter la présence de morphine dans l'estomac d'un drogué mort d'une surdose. La méthode de Stas-Ogier, caractérisée par le recours au chlorure ferrique et au réactif de Froede, donne des résultats magistraux. Gare à ceux qui recourent à des poisons à des fins criminelles. Pour toutes ces réalisations, Pépin mérite une meilleure rémunération.

★ ★ ★

Assis confortablement dans un fauteuil, Derome réfléchit à son avenir. Sa réputation de « cerveau pensant de la police », comme l'appelle son ami Lotbinière-Harwood, va croissant. Ses collègues de la faculté de médecine lui attribuent maintenant le surnom de Sherlock. Il tient à ce que ce respect s'accompagne de nouvelles ressources.

Derome se tourne donc vers les instances universitaires. Il a devant lui le procès-verbal de la récente assemblée de la faculté. « Le docteur Derome se plaint de l'exiguïté des bureaux à la morgue et demande un assistant compétent. Monsieur le doyen se charge d'une entrevue avec le premier ministre sur ce sujet et s'adjoindra les professeurs qu'il jugera à propos. » Il faudra faire vite, se dit Derome en rangeant son document.

Autre motif de frustration : son salaire n'a pas augmenté depuis 1914. Huit ans déjà. Il est temps de le faire savoir à Lanctôt, l'assistant du procureur général. Derome glisse une feuille dans la machine à écrire. Le moment est aussi venu, pense-t-il, de rappeler les services qu'il a rendus à la justice. Il ne masque pas son exaspération.

On me confia la direction du laboratoire médico-légal, avec le traitement peu ordinaire de mille dollars par année. Ayant à cœur le succès d'une œuvre à laquelle j'ai fait le sacrifice de ma vie, je m'y suis donné entièrement. Or, jusqu'ici, je crois avoir réussi à montrer l'utilité de cette œuvre et je m'engage à lui faire donner, dans l'avenir, un rendement plus considérable — en particulier au point de vue policier — si seulement on ne me limite pas les moyens.

Le message est bien capté par Lanctôt. Quelques jours plus tard, Derome rayonne en lisant la réponse de Lanctôt : le gouvernement augmente de 2 000 dollars sa rémunération. Il gagnera dorénavant 3 000 dollars par année. À ce salaire s'ajouteront les revenus tirés des analyses privées faites pour les Américains et le Canada anglais.

On frappe à la porte de son bureau. Rosario Fontaine apparaît. Derome caresse de nombreux projets pour le jeune chef des internes et directeur médical de l'hôpital Notre-Dame. Ce dernier tient à faire équipe avec son ancien professeur. Il a même proposé ses services à titre bénévole pour le seconder dans son cours de médecine légale.

— Rosario ! Entrez.

Fontaine enlève son chapeau. Il tend la main à son ami.

— Comment se passe l'internat ?

— Un vrai cauchemar de nuits d'hôpital qui tire à sa fin.

Fontaine est fébrile. Vivement le silence des morts plutôt que les râles des agonisants…

Il sait que le docteur ne l'a pas convoqué pour rien. Celui-ci est beaucoup trop occupé. On n'a qu'à voir les piles de dossiers sur son bureau.

— Vous tenez toujours à devenir mon assistant ?

— Depuis notre première rencontre.

— Ça, je le sais ! Êtes-vous prêt à retourner en France ? Vous iriez faire vos études de médecine légale. Au retour, je ferai de vous mon bras droit. Vous pourriez bénéficier de l'enseignement du docteur Locard, ce génie de la police scientifique.

— Docteur Derome, je suis prêt.

— Puisque vous êtes médecin et déjà salarié, il sera difficile pour vous d'obtenir une bourse. J'ai tenté une démarche auprès du premier ministre, mais je ne fonde que très peu d'espoir. Il vous faudra peut-être étudier à vos frais.

Fontaine se rembrunit.

— En moins de deux ans, vous pourrez y arriver. Avez-vous des économies ?

— Oui, j'ai ce qu'il faut.

Fontaine reste sonné un instant, mais le moment qu'il attend depuis si longtemps est enfin venu. Retourner en Europe après les horreurs qu'il y a vues ne sera pas facile. Mais c'est la dernière étape avant l'aboutissement d'un rêve.

Il se lève.

— Docteur, je suis déjà parti ! Attendez-moi, je reviens demain.

Derome sourit.

★   ★   ★

Des pas de course retentissent dans le corridor du laboratoire. Le plancher craque. Assis à son bureau, Derome fait les comptes.

— Docteur ! Docteur ! Nous y sommes !

Pépin entre tout essoufflé, le visage rayonnant.

— Pour l'amour de Dieu, Franchère, qu'est-ce qui vous arrive ?

— Le cadavre que vous avez autopsié, hier. Vous savez, Napoléon Caron, qui est mort dans une bagarre…

— Oui, Franchère. Asseyez-vous. Reprenez votre calme.

Il est hors d'haleine.

— Ça marche ! Je l'ai eu ! J'ai obtenu un centimètre cube d'alcool éthylique rapidement et en simplifiant de beaucoup la méthode de Nicloux. Nous pourrons présenter en cour des dosages d'alcool éthylique dans le sang. Et même en très petite quantité.

Derome est rayonnant.

— Nous serons les premiers à le faire en Amérique avec autant de facilité, dit Derome. Ces analyses auront un impact considérable dans les procès.

Derome allonge le bras vers Pépin, le félicite chaleureusement.

— C'est une contribution importante à la toxicologie, Franchère. Vous y êtes parvenu en moins de trois ans. Il nous faudra écrire un article là-dessus, autant en français qu'en anglais.

★ ★ ★

Derome vient de recevoir les dates de sa communication en vue du septième congrès de l'Association des médecins de langue française de l'Amérique du Nord, qui aura lieu du 7 au 9 septembre 1922. Elle s'intitule *Jury d'expertise devant les tribunaux au point de vue criminel*. Avec l'aura qu'il a acquise lors de l'affaire Delorme, le moment est venu de remettre à l'avant-plan son projet de réforme médico-légale, celui qui a avorté cinq ans plus tôt. Les docteurs Vézina et Simard, de Québec, Me Rosario Genest, devenu professeur de procédure civile à l'Université de Montréal, et le docteur Laviolette, de Saint-Jean-de-Dieu, viendront l'appuyer avec des communications. Les médecins de Québec relanceront son projet de réforme concernant les accidents de travail. Il inscrit la date à son agenda : 9 septembre à neuf heures, bibliothèque Saint-Sulpice. À force de clamer le bon sens de sa réforme, il finira bien par la faire accepter.

★ ★ ★

Derome est consterné en raccrochant le téléphone. Le directeur de l'asile de Beauport affirme que l'abbé Delorme ne montre plus de signes de folie ou de démence. Étrangement, se dit

Derome, l'abbé semble recouvrer la santé mentale après qu'un curateur a été nommé exécuteur testamentaire de Raoul. Il se doutait bien qu'il n'en avait pas fini avec l'abbé. L'été sera chaud.

⋆ ⋆ ⋆

Le docteur vient de recevoir une citation à comparaître au procès pour meurtre de l'abbé Delorme. Il ressent l'intense fébrilité du savant impatient de se remettre à la tâche. Il réserve de nouvelles surprises à l'abbé et à son avocat. Il se rend au laboratoire afin de tester un nouveau procédé.

Il prend son appareil pour rouler les balles sur une feuille de papier carbone. Cette expérience toute récente a été présentée par Georgiadès dans les annales de médecine légale au mois de janvier précédent. Derome sera le premier à en faire profiter une cour de justice en Amérique. Il s'assure que la surface est bien lisse sous la feuille et après avoir inséré un premier projectile dans la tige roulante, il saisit le manche et imprime le tracé de la balle meurtrière. Il reprend l'expérience avec la balle de comparaison. En observant chaque tracé des deux balles l'un par-dessus l'autre, il constate leur parfaite similitude : le diamètre du projectile, le nombre de rayures, leur inclinaison, leur largeur et autres marques significatives. Il ne lui reste plus qu'à photographier sa preuve en la grossissant plusieurs fois.

Les jurés y verront beaucoup plus clair. Jamais en Amérique du Nord n'a-t-on été aussi loin que lui dans une analyse balistique. Il va devoir la faire accepter comme preuve devant le tribunal. Il est fin prêt pour le 20 juin.

CHAPITRE 17

Affaire Delorme, acte II
Comment disqualifier
le docteur Derome ?

Vers neuf heures trente, le mercredi 20 juin 1923, le palais de justice devient un grand théâtre de l'interdit, un lieu d'intrigues et de sensations fortes. De nombreux correspondants canadiens et étrangers s'entassent pour assister au deuxième acte de l'affaire Delorme. L'abbé subira son procès pour le meurtre de son frère.

Sac de cuir à la main, Wilfrid Derome monte le grand escalier qui mène à la salle d'audience. Les regards se tournent sur son passage. Il est un des acteurs principaux du drame.

Ce matin, il reprend son rôle d'expert-légiste sous la présidence de l'illustre juge Sir François Lemieux, l'avocat de Louis Riel. À nouveau, une tâche colossale attend Derome. Il affrontera un avocat coriace, Me Charles Cahan, un Néo-Écossais qui prétend connaître la médecine légale. Le docteur a bien hâte de constater la chose.

Il entre dans la salle, où règne un brouhaha indescriptible. Cent paires d'yeux se posent sur lui. Il salue les avocats.

L'abbé Delorme, que l'on conduit à son procès, semble d'aussi bonne humeur que d'habitude et dans une excellente forme physique. Du corridor qui mène à la salle d'audience, les figures connues du précédent procès font leur entrée. Sont appelés ce jour-là plus de cent quatre-vingts jurés potentiels, avec lesquels il faut constituer un jury mixte. Afin que la religion n'influence pas la décision du jury, des hommes de différentes confessions décideront du sort de l'abbé.

Le lundi suivant, Derome, dont le portrait apparaît à la une de *La Presse*, tiendra le rôle principal. La chaleur est écrasante et il doit s'éponger le front avec un mouchoir. La salle est bondée d'étudiants et d'avocats qui s'éventent avec des feuilles, des chapeaux et des cartons.

Derome communique aux jurés ses observations quant aux traces de sang sur le pardessus de Raoul Delorme. Baguette à la main, il fait face au mannequin revêtu des vêtements ensanglantés de la victime. L'abbé devient alors plus anxieux. Il marche dans le box des accusés, s'arrête et continue à prendre des notes.

Après les questions de la Couronne, Me Cahan s'approche du médecin légiste.

— À quel âge avez-vous fait vos études à Paris ?
— C'était en 1908-1909 ; j'avais trente-deux ans.
— Combien de temps êtes-vous resté à Paris ?
— Deux ans.
— Depuis ce temps, avez-vous continué d'étudier à Paris ?
— Non.

Derome saisit bien la stratégie de la défense : le discréditer. Ses expertises ont tant desservi l'abbé qu'on veut montrer aux jurés que la médecine légale n'est pas toujours une science exacte. Ainsi, les avocats de l'abbé pourront avancer l'hypothèse que Raoul a été abattu à Snowdon par plus d'un tireur. Déjà, Wilfrid Derome peut lire leur jeu : chercher à imposer un nouveau scénario.

— À part être médecin légiste, êtes-vous aussi expert en chirurgie ?
— Non.
— Expert en biologie ?

Il ne va pas se laisser embobiner en répondant par la négative.

— Toutes les fois que c'est nécessaire pour des besoins de la
cour, oui, répond-il avec un sourire malicieux.

— Vous êtes aussi expert en écriture ?

— Oui.

D'entrée de jeu, Me Cahan obtient la confirmation, par
Derome, qu'il est possible en théorie que Raoul ait été tué par
deux personnes.

Pour appuyer sa stratégie, l'avocat de l'accusé recourt à un
traité de médecine légale qu'il cite abondamment, espérant faire
reconnaître par Derome l'existence de cas d'exception concernant la rigidité cadavérique. Mais mal lui en prend, car le juge
intervient : « Le tribunal aime mieux entendre le témoignage
d'un expert sous serment. » Derome sourit. Lemieux ne s'en
laisse pas imposer par un légiste amateur, fût-il avocat.

Sur la question balistique, Derome affirme à nouveau que
six coups ont été tirés, « cinq à droite et un à gauche ». Mais seulement deux balles ont pu être récupérées.

— Les deux balles qui sont passées tout droit, qui ont traversé le corps, d'après ce que vous en avez constaté, est-ce
qu'elles ont rencontré des os ou simplement de la chair ?

En voilà une question stupide, se dit le docteur, qui se
montre cinglant dans sa réponse.

— Je comprends ainsi la force de pénétration : quand une
balle a passé à travers la chair, elle a une plus grande force que
quand elle a traversé un os.

— D'après vous, une balle qui ne fait que passer à travers les
chairs tombe-t-elle ensuite ou si elle continue son chemin ?

— Elle conserve assez de force pour continuer encore loin.

— Ces deux balles qui ont pénétré pour sortir ensuite, savez-
vous si elles étaient du même calibre que celles que vous avez
trouvées ?

— Je n'en suis pas certain ; je puis dire jusqu'à un certain
point qu'elles sont du même calibre, mais je ne pourrais dire la
différence entre un calibre 25 et un calibre 32.

— En ce qui concerne les deux trous faits par les balles que vous croyez être restées logées dans la tête, la réponse que vous venez de donner s'applique-t-elle ?

— Je le crois.

— Par l'autopsie que vous avez faite, pouvez-vous déclarer que la même personne a tiré les six ou sept coups remarqués ?

— Je puis déclarer que la même personne peut le faire, mais je ne puis certifier que la même personne l'a fait.

Derome, sous pression, doit répondre du tac au tac et affirmer son autorité. Me Cahan, lui, poursuit l'étalage de ses connaissances pour impressionner le jury.

— N'était-il pas tout à fait possible que deux personnes aient tiré les balles qui ont produit ce que vous avez constaté lors de l'autopsie ?

— D'après moi, ce n'est pas vraisemblable, mais ce n'est pas impossible non plus.

Me Cahan s'emporte.

— Je ne vous demande pas votre opinion ; je veux savoir si c'est possible.

— Je dis qu'il n'est pas impossible d'imaginer deux personnes près de la victime et tirant chacune un coup ou un certain nombre de coups, répond Derome en haussant le ton.

Me Cahan veut ensuite l'entendre parler du phénomène de la rigidité cadavérique qui apparaît entre trois et six heures après la mort. L'avocat cherche des cas d'exception pour tenter de montrer que Raoul a été tué à Snowdon bien après l'heure du décès mentionnée par Derome. Il demande au docteur d'accréditer la thèse selon laquelle, dans certaines circonstances spécifiques, la rigidité survient instantanément. Il cite le cas de suicidés dont il faut littéralement arracher l'arme de la main parce que la balle a touché une artère vitale.

— Ce n'est pas invraisemblable, réplique Derome, mais je n'ai pas vu de rapport dans ce sens-là. Cependant, quand la balle traverse des vaisseaux importants, la mort ne survient pas immédiatement et la rigidité cadavérique ne peut survenir sur-le-champ.

— En considérant l'état dans lequel vous avez trouvé le corps et en tenant pour acquise la version que vous avez donnée selon laquelle la victime avait succombé à l'hémorragie, dans combien de temps aurait pu survenir la rigidité cadavérique ?

Derome voit bien le piège tendu par l'avocat.

— Je n'ai pas dit que l'individu était mort d'hémorragie. Et je n'ai rien constaté qui aurait pu modifier le moment de l'apparition de la rigidité cadavérique.

Me Cahan veut à nouveau attirer l'attention du jury sur les cas d'exception.

— N'arrive-t-il pas fréquemment que la rigidité cadavérique se produise en trois heures ?

— Cela arrive fréquemment, mais il faut certaines conditions.

— Comme celles dans lesquelles vous avez trouvé le cadavre.

— Je n'ai pas constaté dans ce cas précis des conditions pouvant faire modifier la rigidité cadavérique ; c'est ce que je veux dire.

Me Cahan interroge l'expert-légiste sur le contenu de l'estomac de la victime.

— Je crois savoir que la digestion n'était pas encore terminée.

— En effet, il y avait des résidus alimentaires.

À la question de l'avocat portant sur le temps moyen de digestion pour un homme en santé, Derome répond :

— Le temps ordinaire de digestion pour un homme en bonne santé, comme il l'était, est d'environ quatre heures.

Si Delorme a pris son repas vers une heure du matin, il aurait donc été abattu vers cinq heures.

La défense sort une autre carte cachée.

— Quand vous avez vu le corps à la morgue, vous êtes-vous demandé si le cadavre était rigide et si cela était dû à la rigidité cadavérique ou à la congélation des muscles ?

— Le cadavre était à demi gelé.

— N'existe-t-il pas des tests permettant de déterminer si la raideur est due à la gelée ou à la rigidité cadavérique ?

Derome se doute bien que des visages vont grimacer dans la salle.

— Il y a en effet une expérience simple : plier l'articulation. Quand il s'agit de rigidité pure, il ne se produit pas de craquement, mais quand la raideur provient du froid, on entend une espèce de craquement ou de déchirement. C'est une expérience simple, mais je dois ajouter qu'elle n'est pas juste dans tous les cas.

Toujours avec l'objectif de remettre en question l'heure du crime, Me Cahan demande alors à Derome si la coagulation du sang dans la blessure s'est produite immédiatement.

— D'ordinaire, elle se fait au moment de la mort, mais il arrive qu'elle est retardée ; ici, évidemment, le sang a coulé à l'extérieur, sur les habits, la figure, etc. Souvent ce n'est pas le sang complet, c'est seulement la partie liquide qui, après les globules rouges, s'écoule à l'extérieur.

— Si le sang coulait sur les vêtements, cela ne vous indiquait-il pas que la blessure devait être relativement récente ?

— Une plaie saignante n'est pas toujours une plaie récente.

— Le fait que le sang coulait encore n'indiquait-il pas que la blessure avait été causée quelques heures auparavant ?

— Non, pas du tout ; ça aurait pu couler durant plusieurs heures de plus.

— Pendant combien de temps ?

— Suivant la position du corps et les blessures, l'écoulement du sang peut se prolonger pendant deux, trois, quatre, cinq jours, même davantage, après que la coagulation est commencée.

La sérologie apparaît une question trop risquée pour la thèse de Me Cahan, qui revient alors à l'état de congélation du corps.

— Avez-vous vu des cadavres gelés ?

— J'en ai vu plusieurs, un, entre autres, bien congelé.

Les spectateurs se regardent avec étonnement.

— Combien a-t-il fallu de temps pour le faire dégeler ?

— Trois heures, mais je dois dire qu'il y avait un poêle rempli de bois qui chauffait tellement que je n'en pouvais approcher. Ceci s'est passé dans le Nord.

— Dans ce cas-ci, vous n'avez pas mis le corps de Raoul Delorme dans l'eau chaude, ni soumis à aucun autre moyen, pour en faire disparaître l'effet de la gelée ?

— Non, monsieur.

— Avez-vous constaté qu'il y avait encore de la gelée dans le corps quand vous avez commencé l'autopsie ?

— Il n'y en avait pas.

★   ★   ★

Un revirement spectaculaire marque la séance du 27 juin : le corps de Raoul Delorme sera exhumé en après-midi sur ordre du procureur général : « Nous avons cru qu'il est de notre devoir d'agir ainsi afin de faire subir au corps un examen supplémentaire », déclare Me Calder. L'annonce de cette décision, peu après dix heures, crée tout un émoi dans la cour. Il faut plusieurs minutes pour rétablir le silence. C'est ainsi que débute la septième journée du procès, alors que la Couronne termine sa preuve après la comparution d'une trentaine de témoins.

En après-midi, la cour libère Derome, qui doit superviser l'exhumation. Son objectif est de trouver des balles qui seraient demeurées dans le cou ou la tête de la victime.

★   ★   ★

La défense, conduite cette fois par Me Alleyn Taschereau, l'assistant de Me Cahan, entend maintenant miner la crédibilité de l'enquêteur Farrah-Lajoie. L'abbé ne s'est jamais caché pour dire ce qu'il pense du Canadien d'origine syrienne : « Oui, ce n'est pas un senteux ordinaire. Il charrie tout ce qu'il trouve ici. Il m'a l'air d'un homme qui ne fait pas de religion et d'un grand flirt avec les femmes. »

On a même remis à la presse une photo de Farrah-Lajoie vêtu en cheikh d'Arabie. L'objectif de la défense est pervers : insinuer que cet immigrant en a contre la religion catholique et particulièrement contre l'abbé Delorme. Ce qui n'aide pas

Farrah-Lajoie, devenu une vedette lors du précédent procès, c'est qu'il a publié un livre intitulé *Ma version de l'affaire Delorme*. Tous les éditeurs du Québec ont refusé de se compromettre et le limier a dû se tourner vers un éditeur de Toronto, Central News and Publishing Company. Ostracisé par des collègues, critiqué de toute part, Farrah-Lajoie porte un lourd fardeau.

À Me Cahan qui lui demande de se nommer, le détective répond d'une voix ferme, assurée. L'avocat joue à fond de train la carte du racisme et de l'intolérance. Derome assiste avec indignation à ce procès d'intention.

Me Taschereau prend aussitôt le relais.

— Êtes-vous né au Canada ?

— Non, je suis né à Damas, en Basse-Syrie.

— Depuis combien de temps êtes-vous au Canada ?

— Depuis vingt-trois ans.

— N'avez-vous pas dit, dans vos conclusions, que l'abbé a commis le crime ?

— Est-ce que cela est écrit dans mon livre ?

— Je vous demande si vous l'avez dit.

— Je ne sais pas si c'est de cette façon.

— Si vous ne le savez pas, vous ne savez pas grand-chose. Donnez-moi vos conclusions, celles que vous rapportez dans votre livre.

— Mes conclusions personnelles sont qu'il y a une grande présomption de meurtre contre l'accusé.

À ce moment, l'avocat de l'abbé jette à la figure du détective une volée de préjugés.

— N'avez-vous pas dit que, d'après vos recherches, déclarant que vous élevez vos enfants dans la religion catholique, Adélard Delorme est coupable du meurtre de son frère ?

Me Calder s'oppose à cet examen de ouï-dire parce qu'il ne repose sur aucune preuve.

— On peut examiner un témoin pour démontrer qu'il est un athée, un être sans morale, répond Me Taschereau.

Me Calder exige alors des preuves de l'athéisme de Lajoie, ce que ne peut évidemment fournir la défense. Mais l'objectif est atteint : le doute a été semé dans l'esprit des jurés.

— Le témoin peut être athée et faire des déclarations telles que son témoignage puisse devenir un parjure.

Me Taschereau dépasse vraiment les bornes. Les assises se transforment en tribunal de l'Inquisition.

— N'avez-vous pas dit et déclaré à ces mêmes compagnons que vous ne croyez pas en Dieu et que pour vous il n'y a qu'une seule religion, celle qui procure le plus de femmes, celle de Mahomet ?

— Non, je le nie carrément. J'ai toujours cru en Dieu. J'y crois et j'y croirai toute ma vie, s'emporte Farrah-Lajoie.

— Le jour de l'arrestation d'Adélard Delorme, n'avez-vous pas dit à ces mêmes personnes : « On en a, une soutane, et on n'est pas pour la lâcher » ?

— Je nie catégoriquement avoir dit cela, s'écrie Farrah-Lajoie.

Me Taschereau continue sur sa lancée et exige l'arrestation de Lajoie pour outrage au tribunal, ce à quoi s'oppose la Couronne. Le juge reconnaît alors que « Lajoie a joué un rôle déplorable en écrivant le livre dont il est question. Mais cela n'est pas suffisant pour le récuser ».

Après cette attaque contre lui, Farrah-Lajoie doit présenter au jury le résultat de ses fouilles en s'aidant d'une maquette de la maison de l'abbé, mais sa crédibilité est atteinte.

Puis, une nouvelle du *Herald* crée toute une sensation : elle porte sur le dernier examen du crâne de la victime. La rumeur laisse entendre que Derome aurait découvert un nouveau projectile après exhumation. Les scribes, qui épient tous les gestes des employés du laboratoire et font filtrer de l'information, mettent en rogne le procureur.

— S'il se produit de nouveau des rapports prématurés dans cette cause, je devrai faire comparaître devant ce tribunal les journalistes pour mépris de cour, menace Me Calder.

Le détective Desgroseillers vient ensuite confirmer le témoignage de Farrah-Lajoie quant aux perquisitions effectuées avec le docteur Derome, le 22 janvier.

★   ★   ★

Derome et McTaggart présentent les résultats de leur seconde autopsie. Pour étayer leur preuve, les médecins légistes ont apporté la mâchoire de Raoul Delorme. McTaggart livrera les conclusions de la seconde autopsie, alors que Derome se chargera de l'expertise balistique.

Dans son témoignage, McTaggart décrit l'état lamentable du cadavre. Il devient même impossible de sonder certains orifices de balle en raison de l'abondance des larves, explique-t-il devant un parterre dégoûté.

— On a procédé à un examen soigneux des tissus du cou ; la peau était disparue et les os de l'épine dorsale étaient exposés. Le docteur Derome a soulevé les tissus de gauche, a pressé dessus et a trouvé une substance dure.

Pour s'assurer qu'il s'agit bien d'une balle du même calibre que celles déjà recueillies, Me Calder lui demande d'insérer le projectile dans le trou de la mâchoire de Raoul pour qu'on voie s'il « s'introduit facilement ».

Le professeur de McGill insère le projectile dans le trou.

— Oui. Je constate que le trou est un peu plus grand et que la balle s'introduit facilement, constate Me Calder.

Pour la première fois depuis le début des procédures, l'abbé fond en larmes. Derome est aussitôt appelé pour corroborer les dires de son collègue. Devant une grande foule, l'expert affirme à nouveau que le Bayard de calibre 25 de l'abbé est l'arme qui a servi à tuer Raoul Delorme. Une clameur se répand dans l'assistance.

Le docteur Derome repasse dans sa tête le témoignage complexe qu'il a préparé de longue date. Il va faire part d'une technique mise au point par Georgiadès. Il s'agit d'une méthode de comparaison faisant appel au roulement des balles sur un papier carbone. Son expertise permettra aux jurés d'observer facilement à l'œil nu les similitudes ou les dissimilitudes entre les balles.

Il se doute bien que Me Cahan va encore chercher à le discréditer. Derome a préalablement effectué des tests comparatifs avec un Browning, un Webley and Scott et un Bayard différent de celui de l'abbé. Le docteur passe ses notes en revue. Les balles du Bayard sont compromettantes pour l'accusé :

Elles sont identiques au point de vue du calibre, du poids, du nombre de rayures, de la largeur des rayures, de la profondeur des rayures, de la forme du fond, de la façon dont la chemise et le plomb sont joints à la partie postérieure. La composition de la chemise est un alliage de zinc, cuivre, nickel. La vitesse de la balle du Bayard à sa sortie : 300 mètres environ à la seconde. Sa force de pénétration : 10 à 15 mille livres au pouce carré.

Derome est appelé. Il s'amène à la barre avec une preuve blindée. Me Cahan le dévisage.

— Ce témoin a déjà comparu comme expert dans les diverses autres choses… Je dis que ses qualifications précédentes ne sont pas suffisantes.

Derome se contente de répliquer par un sourire ironique.

— Vous avez dit que vous étiez attaché à la spécialité de la médecine légale depuis longtemps. Depuis combien de temps ?

— Depuis 1910.

— Est-ce que vous avez poursuivi vos études depuis, en rapport avec cette expérience ?

— Oui.

— Plus particulièrement, avez-vous étudié la méthode de comparaison des balles par cette expérience que l'on appelle le roulement des balles ?

— Oui, il n'y en a qu'une ! Celle qui consiste à rouler la balle ou les balles que l'on veut comparer sur un papier, qui peut être soit du papier carbone, soit du papier d'étain. Ce papier prend l'empreinte des défectuosités qu'il peut y avoir dans la balle, qu'elles soient normales ou anormales. Ces traces sont photographiées, agrandies et reproduites de telle façon que la comparaison peut être faite à l'œil nu.

— De quelle façon la lumière est-elle projetée sur le papier qui est photographié ? demande Me Calder.

— La seule particularité du procédé est que l'on emploie la lumière oblique.

À nouveau la défense s'oppose, mais la requête est rejetée. Pour que ce soit plus clair, Me Calder demande à Derome des explications supplémentaires.

— La lumière oblique a pour objet de mettre en relief les projections, répond le médecin.

Derome rapporte à la cour qu'il a effectué ses expériences le 16 juin et dans les jours suivants.

— Et la dernière ?

— Hier.

— La dernière balle, celle de la mâchoire, n'ayant pas été produite jusqu'à hier ?

— Oui. J'avais deux balles qui servaient d'étalon de comparaison et une balle extraite du cadavre. J'en avais trois en tout.

Derome signale qu'il a tiré une balle avec le revolver de l'abbé Delorme (pièce P-48) et une autre (pièce P-51) avec un Bayard de même calibre mais n'appartenant pas à l'abbé.

— Aviez-vous aussi à votre première expérience une balle extraite du cadavre ?

— Oui.

— Quelle cote porte-t-elle ?

— La cote P-20.

— Voulez-vous examiner la balle P-20 ? Vous pouvez en parler personnellement, c'est vous qui l'avez extraite ?

— C'est moi qui l'ai extraite.

— Alors, votre première expérience a porté sur les balles 48, 51 et 20 ?

— Oui.

— Voulez-vous nous dire ce que vous avez fait de ces trois balles ?

— Je les ai roulées, de la façon dont je viens de parler, sur du papier d'étain et sur du papier carbone. J'ai photographié les impressions et j'ai agrandi ces dernières. J'ai ces photographies ici.

— Est-ce que ces photographies indiquent une caractéristique de l'arme appartenant à Delorme ?

— Oui.

Afin d'examiner les agrandissements, Me Calder veut que le docteur Derome livre ses conclusions sur les balles P-20 et P-48. Comme le fil électrique de la lampe n'est pas assez long, il veut que les jurés s'approchent du docteur et de la preuve. Derome se tourne vers chacun des jurés.

— Vous voyez, la flèche indique la strie sur la balle. Vous voyez comment elle est reproduite, et, si on roulait la balle, la strie serait reproduite indéfiniment.

Derome leur montre une microphotographie des balles P-20, P-51 et P-48.

— C'est l'impression des trois balles roulées et agrandies six fois. Je veux vous faire remarquer que, dans les balles P-20 et P-48, vous pouvez voir l'impression de la même série longitudinale que vous avez remarquée dans l'autre, tel que l'indique la flèche.

Les jurés, observe Derome, semblent bien comprendre la technique.

Pour terminer sa preuve, la Couronne démontre que la balle extraite de la mâchoire a aussi été tirée par le Bayard de l'abbé.

Le lendemain, la défense avise la cour qu'elle ne peut procéder à son contre-examen des expertises balistiques. Elle a trop à perdre après la démonstration du docteur. Mais la défense exige désormais que les tirs soient faits dans un réservoir d'eau et non sur des planchettes.

Le lendemain, Derome monte à nouveau à la barre des témoins. Il est formel quant à son expertise sérologique : ce qu'il a constaté sur les piqués et les coussins correspond à du sang humain. Mais ce n'est pas l'avis de la défense qui, par la voix de Me Cahan, remet en cause l'analyse du médecin légiste en citant un juge du Delaware : « Un médecin ne peut démontrer l'identité du sang humain au-delà de tout doute raisonnable. »

— Le docteur Derome, s'il est un honnête homme, ne peut dire que les taches trouvées sur le coussin sont des taches de sang humain.

Cela revient à présumer qu'il a été malhonnête auparavant et qu'il le sera une fois de plus ce jour-là. Derome n'aime pas l'allusion. Le juge tranche finalement la question en déclarant que la preuve est recevable d'un point de vue scientifique. Derome jubile intérieurement.

Le greffier pose ensuite le coussin maculé de sang devant le docteur Derome. Me Calder s'avance.

— Quand, docteur, avez-vous vu ce coussin pour la première fois ?

— Dans l'auto de l'accusé.

Derome rappelle qu'il se trouvait là en compagnie du chef Lepage, des détectives Pigeon, Lajoie, Desgroseillers ainsi que de l'accusé.

Me Calder enjoint au docteur de montrer au jury ce qu'il a vu sur le coussin.

— J'ai constaté qu'il y avait des taches qui me paraissaient être des taches de sang.

— Où étaient ces taches ?

— J'en ai trouvé trois. Une grande, sur le coussin, dont j'ai pris une partie pour l'examen ; l'autre partie est là. Il y en avait une deuxième au coin antérieur droit : j'ai dû l'employer complètement pour faire l'analyse. La troisième est en arrière du siège. Je n'y ai pas touché, car je l'aurais détruite complètement. Je l'ai laissée telle qu'elle était.

— Dites-nous si la science peut nous permettre de savoir si la tache est du sang et, si c'est du sang, si c'est celui d'un animal ou d'un homme.

Derome est prêt pour une longue tirade scientifique.

— Le procédé qui permet de reconnaître si c'est du sang humain est le suivant : on injecte un certain nombre de fois le corps d'un animal, disons par exemple un lapin, avec une substance spécifique. Il se produit alors dans le sang de cet animal une substance nouvelle qui précipite la seule substance qui a été injectée.

Me Calder l'interrompt. Il veut s'assurer que l'information est suffisamment vulgarisée pour les jurés. Il demande à l'expert ce qu'il a fait, lui, pour déterminer la présence de sang.

— Nous avons différents procédés. Nous prenons l'un ou l'autre, suivant la quantité de sang que nous avons à notre disposition ou suivant l'ancienneté de la tache. Ici, j'ai employé la cristallographie, c'est-à-dire que j'ai fait des cristaux avec le sang.

Me Calder, qui a passé une nuit blanche à étudier ce test sanguin, l'arrête :

— Comment appelez-vous ces cristaux ?

— Hématites. De plus, sur la grande tache, j'ai employé le microscope, parce qu'il y avait assez de sang coagulé pour faire un examen au microscope. Les deux tests m'ont parfaitement convaincu que c'était du sang.

Me Calder, pour que le jury comprenne bien que la détermination n'est que partielle à ce stade, coupe court aux explications du docteur.

— Voulez-vous dire si vos vérifications vous ont prouvé que c'était bien du sang humain ?

Derome hoche la tête.

— Étant donné que j'ai trouvé que c'était du sang, il me restait à établir si c'était bien du sang humain ou non. Comme je l'ai dit tout à l'heure, j'ai pris du sang humain et j'en ai injecté 1 centimètre cube dans l'oreille d'un lapin.

Calder voit bien que certains jurés sont dans le brouillard. Le professeur Derome devra être plus clair.

— Pour bien vous faire comprendre, vous avez tiré du sang d'un lapin, vous l'avez mis dans une éprouvette avec du sang que vous saviez humain. Qu'avez-vous fait ensuite ?

Le docteur Derome est bien conscient de la complexité de son intervention. Des centaines d'yeux sont fixés sur lui.

— Il y a deux parties dans le sang, l'une solide, les cellules, et l'autre liquide, le sérum. Je ne prends que le sérum extrait du sang de lapin. Le sérum est clair et limpide. J'en fais une dilution à un gramme pour mille, pour trois mille, pour dix mille et pour vingt mille ; pour voir la proportion de la force de mon sérum, il faut que je dilue beaucoup. Je prends une petite quantité de chacune de ces dilutions que je mets dans des tubes, et, là, j'ajoute l'extrait de la macération des taches que j'ai trouvées sur le coussin.

Me Calder veut alors savoir comment il s'y prend pour récupérer le sang séché sur le tissu. Le fait-il baigner dans un liquide ?

Derome approuve d'un geste de la tête.

— Dans une solution d'eau et de sel de cuisine. Donc, après que ces taches ont macéré, le sang qui a pénétré les tissus en sort et se répand dans le liquide. Alors, je mets dans une proportion de un à dix les substances trouvées, et il se fait un précipité qui indique que c'est du sang humain.

— À l'œil, de quelle couleur est le précipité ?

— La couleur de l'albumine.

— Ce précipité vous permet-il de reconnaître le sang humain du sang des autres animaux ?

— Oui.

— Pouvez-vous donner cette opinion comme une certitude scientifique ?

— Oui, catégoriquement.

Cependant, à la question de savoir si les taches étaient récentes, le docteur indique qu'il n'existe pas de procédé scientifique permettant de déterminer ce qu'il appelle la « fraîcheur du sang ».

Au sujet des tissus qui recouvraient la tête de la victime et de ceux ayant été retrouvés chez l'abbé, Derome affirme que, après les avoir examinés au microscope, il a la certitude absolue qu'ils sont en tous points identiques.

Me Cahan se lève pour contre-interroger le témoin.

— Dans votre enquête, avez-vous eu déjà l'occasion de comparer des plumes ?

— Non.

Me Cahan, plus méprisant que jamais, veut faire sortir Derome de ses gonds en se payant sa tête.

— Alors, cette fois, on peut dire que vous n'êtes pas un expert en plumes ?

Sir François intervient, signalant en souriant à Me Cahan qu'« il n'y a rien de léger dans la science du témoin ».

L'avocat rappelle au jury que, sur le piqué ensanglanté de la victime, une plume jaunâtre a été retrouvée, et plusieurs autres se trouvaient dans la voiture de l'abbé.

— Avez-vous fait une expérience pour démontrer qu'il y avait similarité entre cette plume et celles trouvées dans l'auto ?

— J'ai examiné la plume à l'œil nu et à la loupe. On peut remarquer qu'il y a analogie dans la forme et la couleur, c'est tout.

Revenant à l'analyse sérologique, Me Cahan sous-entend qu'il a été négligent dans ses expériences.

— Avez-vous tenu un journal dans lequel vous avez entré les dates auxquelles vous avez fait chacune des expériences dont vous avez parlé ?

— Non, il m'est impossible de faire cela dans un laboratoire de médecine légale. Il me faudrait passer mes journées à écrire. Je ne suis pas avocat…

— N'est-il pas vrai que, pour bien contrôler une expérience de cette nature, il n'était pas sage de procéder sans inoculer la substance à trois lapins au moins ?

— Ça n'est pas nécessaire, mais ça peut être utile, car, lorsqu'un lapin nous meurt dans les mains, nous avons toujours la chance d'avoir l'autre…

Me Cahan s'attarde ensuite à la sorte de seringue utilisée pour inoculer la substance au lapin.

— Voulez-vous me dire si cette seringue avait déjà servi à d'autres usages ?

— Je le crois, mais elle avait été stérilisée.

— Comment ?

— On stérilise à la chaleur sèche.

— Êtes-vous sûr qu'aucun corps étranger n'est tombé dans les éprouvettes ?

— Les éprouvettes sont tellement petites que ce n'est pas concevable.

— L'épreuve de la précipitine n'est-elle pas l'une des plus difficiles ?

— C'est une des plus sensibles et des plus utiles. Mais difficile, non.

L'affrontement entre Me Cahan, habile à semer le doute, et Wilfrid Derome, habile à offrir des certitudes, est le spectacle du jour.

— Au sujet des coussins, si quelqu'un avait craché justement sur ce morceau que vous avez examiné, est-ce que ça n'aurait pas rendu l'expérience nulle ?

— Pour cela, il aurait fallu que cette salive soit très abondante.

Me Cahan cherche à montrer qu'un agent chimique a pu entrer en contact avec le coussin.

— Vous avez dit que, sur le coussin, la tache avait été lavée. En supposant que, pour laver ce coussin, on se soit servi de savon et que, dans ce savon, il y ait eu du gras, est-ce que la présence du gras aurait faussé le résultat de l'expérience ?

— Du savon contenant du gras, je ne connais pas ça.

— Êtes-vous d'opinion qu'il n'y a pas de gras dans aucune sorte de savon ?

— Bien, il faut se rappeler comment est fait le savon : c'est une combinaison de glycérine et d'acide. C'est tout.

Cinglant, le juge Lemieux s'adresse à Me Cahan : « Voulez-vous vous qualifier comme expert ? »

Le 6 juillet, le premier des trois experts en écriture mandatés par la Couronne, Charles Hazen, de New York, reconnaît l'écriture de l'abbé Delorme sur la lettre expédiée au chef Lorrain : une écriture simulée et déguisée. Il confirme ainsi la première expertise graphologique du docteur.

En fin d'après-midi, Wilfrid Derome est appelé à commenter la dernière preuve préparée par la Couronne. Les jurés veulent voir les balles à l'aide d'un microscope afin de reconnaître les stries et les rayures qu'ils ont pu observer sur le papier carbone. L'expérience est si longue qu'elle doit se poursuivre le lendemain. Wilfrid Derome doit livrer ses explications à chaque juré qui regarde par l'oculaire. Cette analyse l'exaspère littéralement.

Mes Taschereau et Cahan rendent à dessein l'expérience fort difficile. Alors qu'il se penche sur le microscope, le premier s'écrie : « Il y a un fil dans la lentille. »

Sans perdre contenance, Derome s'adresse alors à Taschereau et Cahan comme à des enfants d'école.

— Certainement qu'il y a un fil noir, comme dans tous les microscopes. Ce fil noir est dans l'instrument même et permet de mesurer la distance entre deux points donnés. Il fait partie de l'instrument.

Me Taschereau gâte à nouveau la sauce.

— Je pense que le docteur devrait indiquer ce fil aux jurés, car je l'ai pris moi-même pour une strie. Un juré aussi, je crois.

Derome pousse un long soupir.

À l'autre bout de la salle, dans le box des accusés, cette expérience ennuie au plus haut point l'abbé Delorme, qui affecte de lire des notes sténographiques du procès.

Pendant que les jurés défilent un à un derrière la lunette, l'un d'eux demande :

— Est-ce que les balles tirées par un Bayard portent des marques spéciales ?

En voilà un qui n'a rien compris des notions balistiques élémentaires, se dit le docteur, qui répond tout de même :

— Tous les Bayard font des marques spéciales, mais il se peut qu'un Bayard fasse en outre une marque qu'un autre Bayard ne fera pas.

Puis les deux avocats posent des questions de nature à susciter des réponses imprécises. L'interrogatoire ne vise qu'à montrer les limites du docteur Derome.

— Pouvez-vous distinguer les balles de différents revolvers, en les examinant ?

— Je pourrais le faire, à condition qu'on me donne les balles d'un tel revolver. Cependant, si on me remettait tout simplement une balle, je ne pourrais pas dire avec quel revolver elle a été tirée.

— Savez-vous, dans le cas d'un Bayard, si le pas de vis tourne à droite ou à gauche ?

— Je n'ai pas examiné assez d'armes pour me prononcer. D'ailleurs, je ne peux pas me laisser entraîner en dehors de mes fonctions, qui consistent à vérifier et à mesurer les balles que j'examine.

Voilà une réponse qui clôt le bec des avocats de la défense.

Le 14 juillet, la défense invente l'histoire la plus incroyable pour expliquer la présence de taches de sang : « Deux personnes, selon des témoins, auraient saigné dans la voiture Franklin d'Adélard Delorme. Le fils de M. Léo Racette, âgé de huit ans, et la fillette de Mme Fédora Vincent auraient saigné du nez sur les coussins. »

Derome, qui a entendu les pires mensonges à la cour, n'en revient tout simplement pas.

★ ★ ★

Sophie-Catherine adore cette maison du quartier Saint-Louis-de-France. Depuis qu'elle a vu l'annonce de sa vente, elle rêve d'y habiter. Derome, qui n'a pas beaucoup de temps, prend une heure pour la visiter en cette chaude journée. Il apprécie ce quartier où habitent la majorité de ses collègues médecins. L'intersection Saint-Denis et Sherbrooke est le meilleur endroit dans la province pour tomber malade.

Sur le trottoir, ils regardent l'extérieur de la résidence de deux étages. Sophie-Catherine trouve mignon le petit balcon-lucarne.

— Elle te plaît ?

— Rue Cherrier. C'est bien. L'intérieur est spacieux et très beau.

— Tu serais à côté du futur hôpital Notre-Dame et de l'Institut Bruchési.

Il approuve silencieusement en examinant la belle maçonnerie en pierres grises de Montréal. La maison date d'une trentaine d'années. Un menuisier de talent l'avait enjolivée de bois ornemental ; c'est l'une de ces « pâtisseries maisons » typiques de la métropole avec ses lucarnes en saillie, chapeautées d'une flèche. Un escalier de bois ouvré par un habile tourneur mène à une double porte vitrée. La grande fenêtre du salon est encadrée par d'imposants linteaux en pierres lisses. Au second étage, on trouve une porte à carreaux qui ouvre sur un petit balcon ornementé de boiseries. La partie supérieure de la façade est un toit à mansarde dont le brisis est couvert d'ardoises en forme d'écailles de poisson. Le rez-de-chaussée, indépendant des deux étages, peut accueillir un locataire.

Il hoche la tête et regarde sa femme.

— Elle me plaît !

Elle demeure sans voix. Trop réservée pour l'enlacer en pleine rue, elle le gratifie d'un sourire radieux. Ils retournent à l'intérieur pour donner leur réponse au propriétaire.

Quelques jours avant la fin du procès, le 18 juillet, les Derome déménagent dans leur nouvelle résidence du 512, rue Cherrier.

* * *

Plus de neuf cents personnes s'entassent dans la salle pour l'audition du verdict, le 21 juillet. À l'extérieur, une foule de quatre à cinq mille personnes attend fébrilement. Avant d'envoyer le jury délibérer, Sir François lui a rappelé qu'un désaccord entre eux renverrait Delorme en prison et qu'il faudrait alors tout reprendre. Il signale au passage que ce nouveau procès a coûté au Trésor québécois 60 000 dollars, ce qui est une manière de dire : qu'on en finisse avec cette sale affaire.

Sir François Lemieux, dans son adresse au jury, se fait lyrique et reprend l'argumentaire de son prédécesseur, le juge Monet.

— Quitter l'autel où l'accusé a célébré le saint sacrifice, quitter le confessionnal où il a pardonné, pour venir à la barre des accusés où figurent tous les bandits, les créatures abandonnées du monde, les malfaiteurs. Quelle déchéance ! Quelle chute ! Mes amis, devant la loi, tout le monde est égal. Le roi lui-même fléchit devant la loi. Ce serait un travesti de justice si, à cause de son caractère de prêtre, on lui donnait un autre traitement que celui donné aux accusés.

Malgré tout ce qui a été entendu, le jury déclare à quinze heures dix-sept qu'il ne peut arriver à un verdict unanime. Dix jurés jugent l'abbé coupable de meurtre et deux sont d'avis contraire.

Derome ne s'est pas présenté pour la décision finale. Il sait bien que tout est à recommencer.

* * *

Le visage osseux et livide de Pépin se pointe à la porte entrouverte. Derome, penché sur sa paperasse, relève la tête. Pépin a l'air d'un fantôme dans son sarrau blanc.

— Entrez, Franchère.

— Vous voulez me voir, docteur ?

Derome est souriant. Il sort un document.

— Je viens de recevoir cet arrêté en conseil. Je vous lis ce qui suit : « L'Honorable procureur général, dans un mémoire en date du 27 septembre 1923, expose : Que la multiplicité des affaires au laboratoire provincial de recherches médico-légales, à Montréal, nécessite la nomination d'un assistant à la personne qui occupe actuellement la charge d'analyste. Que monsieur Franchère Pépin, de la cité de Montréal, est une personne compétente pour occuper cette position et consent à l'occuper. »

Le visage anguleux de Franchère Pépin s'allume d'un large sourire plein de satisfaction.

— Et ce n'est pas tout, écoutez. C'est la suite qui vous intéressera : « EN CONSÉQUENCE — c'est écrit en grosses lettres, fait remarquer Derome —, l'honorable ministre recommande que monsieur Franchère Pépin soit nommé comme assistant du docteur Dérome — je déteste qu'on sabote l'orthographe de mon nom, grommelle Derome — avec un traitement annuel de 2000,00 $. » Et c'est signé par le premier ministre Taschereau.

Pépin demeure bouche bée.

— N'est-ce pas la nouvelle du jour ? Belle augmentation !

— Je suis très heureux, docteur Derome. Je ne sais pas comment vous remercier !

Il passe une main dans ses cheveux filasses.

— Vous n'avez qu'à continuer sur cette lancée. Détectez-moi les méthodes assassines des criminels. J'ai besoin de vous. Vous êtes un brillant savant ! Il n'en tient qu'à vous de laisser votre marque dans l'histoire de la chimie judiciaire.

— Merci, docteur.

Pépin tourne les talons, ému.

Le docteur stimule ses collaborateurs, leur donne l'élan nécessaire. Il se montre d'une affection toute fraternelle pour ses employés. Et il sait qu'une augmentation salariale ne nuit jamais au rendement.

★   ★   ★

Derome déroule les plans de l'architecte. Ses yeux brillent. L'édifice de style beaux-arts est magnifique avec ses grandes arches. Sur le haut de la façade, on peut lire « Institut médico-légal ». En plein cœur de la période des fêtes, il veut croire au père Noël. Il écrit, en ce 27 décembre 1923, une autre lettre au premier ministre Taschereau. Le temps presse. Il doit prendre les devants. Le médecin légiste prépare le terrain pour son nouveau projet : la construction d'un très grand laboratoire. Il a pris l'initiative d'en faire dessiner les plans par un architecte. Il sait que le gouvernement est en pourparlers avec l'entreprise de pompes funèbres pour racheter l'édifice de la rue Craig. Le contrat qui les lie vient à échéance le 1er mai 1924. Des citoyens ont déjà signé une pétition pour que le Bureau du coroner ne soit pas incorporé à la morgue, qui est la propriété d'un croque-mort ! L'entrepreneur sans vergogne profite de sa situation pour appâter ses clients. Il n'y a pas que les mouches qui parasitent les cadavres à la morgue.

C'est le temps de jouer ! se dit Derome en s'installant derrière sa machine à écrire. Il rappelle au premier ministre, dans une pétarade de frappes, l'incongruité de cette cohabitation : « La morgue n'est pas tout à fait neutre vis-à-vis de la clientèle. » Une façon polie de dire que cette situation a assez duré. Combien de fois a-t-il vu le stratagème ? « Le citoyen, tape-t-il, qui va réclamer au Bureau du coroner le cadavre d'un proche ou obtenir un permis d'inhumation est confronté aux employés des pompes funèbres. » Les vautours en profitent pour les amener à retenir les services qu'offre l'entreprise.

Il relit son passage, à la recherche de fautes ou de coquilles. Il déteste en laisser et corrige les fautes trouvées dans les lettres qu'il reçoit. Voilà pour la question du croque-mort. Il faut aussi informer Taschereau des conditions difficiles qui sont les siennes.

1. Les salles d'autopsie ne sont pas toujours tenues suivant les règles d'hygiène.

2. Les médecins n'ont même plus, depuis deux ans, de tables d'autopsie ; les opérations post mortem se faisant sur des brancards mobiles et malcommodes.

3. L'édifice est d'ailleurs trop étroit. La cour du coroner est petite, mal éclairée et nullement ventilée.

4. Les étudiants qui, avec la permission de votre prédécesseur, Sir Lomer Gouin, assistent aux leçons de médecine légale ne peuvent tous trouver place dans les salles d'autopsie.

Le laboratoire médico-légal, entre autres inconvénients, rappelle Derome, ne dispose pas d'un espace suffisant pour qu'il installe convenablement ses appareils.

Après avoir exposé ses doléances, Derome propose au premier ministre une solution permanente : « C'est la construction d'un nouvel édifice dont le nom serait "Institut médico-légal" (au lieu de morgue, qui fait peur) et qui serait construit sur un plan moderne, conforme à la fois aux exigences de l'hygiène et à l'importance de l'œuvre de la Justice, digne enfin de la métropole du Canada. »

Derome tient à dissocier la morgue du laboratoire de recherche. Son laboratoire n'est pas un lieu où l'on empile les cadavres, mais un centre de recherche de pointe dans le domaine de la criminalistique. Il tient à le faire savoir au premier ministre.

★   ★   ★

Derome raccroche le récepteur téléphonique. Il n'a pu dire non, une fois de plus. *La Presse* lui donne carte blanche pour écrire un article sur son travail. On lui accorde une page et demie. Bien qu'il soit très occupé, Derome est flatté de cette attention. Il se met aussitôt à réfléchir à la manière d'aborder la question. Les premiers mots ne tardent pas à jaillir sous sa plume.

Derome sait que la popularité du Sherlock Holmes de Conan Doyle lui confère une aura romanesque aux yeux des journalistes et du public. Il le sait mais n'en abuse pas. Il s'est souvent servi des journaux pour faire avancer ses causes. Ses alliés méritent aussi de recevoir quelques faveurs. Il a toujours eu le sens du placement. Derome constate un intérêt accru du public pour les questions médico-légales, intérêt nourri par la presse écrite. Les témoignages spectaculaires qu'il a rendus dans des causes célèbres ont ébloui les lecteurs, autant par leur aspect scientifique que par leur côté sensationnel. Que ce soit dans *La Patrie, La Presse* et même *Le Devoir,* ou dans leurs contreparties anglophones, *The Montreal Daily Star, The Montreal Gazette* et *The Standard,* les affaires judiciaires passionnent le public. Wilfrid Derome a acquis un statut de célébrité. On le sollicite de plus en plus pour donner des entrevues, ce à quoi il se plie très rarement. S'il accepte, comme il vient de le faire, c'est avec le souci de vulgariser le travail complexe du médecin légiste.

Au bout de quelques heures, il accouche d'un article de trois mille mots écrit expressément à la demande de *La Presse,* qu'il intitule « La police technique et ses méthodes ». C'est l'occasion de retracer l'historique de sa profession, de rappeler certaines affaires criminelles, de passer en revue les moyens dont cette profession dispose à ce jour.

La Presse publie son article dans la volumineuse édition du samedi 26 janvier. L'auteur de l'article entend montrer que la médecine légale a atteint un haut degré d'expertise : « Que dire maintenant des traces de dents dont le sadique marque les chairs de sa victime ou que le malfaiteur laisse sur les substances alimentaires trouvées sur le lieu du crime ? Ces morsures moulées au plâtre fin et comparées aux moulages à la cire, puis sur les mâchoires des détenus, suffisent assez souvent à montrer leur culpabilité. »

Derome explique aux lecteurs comment interpréter les signes sur la scène d'un crime : « Les travailleurs qui portent de lourds fardeaux ont tendance à placer leurs pieds dans une situation parallèle, écartant les talons de la ligne droite de la marche. Telle est aussi la façon de marcher des personnes ayant de l'embonpoint. »

Il ne va pas terminer son article sans lancer un message aux hommes politiques. On ne se sert pas de pareille tribune sans distribuer quelques reproches.

En conclusion de cette étude, nous dirons :

1. que la police technique comporte des ressources nombreuses susceptibles d'aider puissamment à la lutte contre le crime ;

2. qu'il est de notre intérêt, comme peuple qui veut être policé, d'utiliser ces ressources d'une façon plus systématique ;

3. que nous possédons déjà à Montréal techniciens, limiers et un laboratoire qui conviennent pour faire bénéficier pleinement, dès demain, la justice criminelle du concours précieux de preuve qu'est l'indice.

L'effet final, il le réserve aux autorités : « Malheureusement, nous manquons d'organisation, c'est tout. »

★   ★   ★

La dernière station est enfin arrivée pour l'abbé Delorme, se dit le docteur en sortant ses documents. Les voilà à nouveau confrontés l'un à l'autre. L'abbé se présente en grande forme en ce 7 mars. Derome est appelé à la barre des témoins. Il a hâte que cette saga judiciaire soit terminée. Delorme lui a fait perdre assez de temps.

Avec un peu d'imagination, une preuve peut être établie de plusieurs façons. Le souhait qu'il a formulé au secrétaire du barreau de Montréal est exaucé : le greffier, grimaçant et essoufflé, pose la sculpture sur le piédestal.

— Voilà, docteur.

— Merci.

Le docteur sort de son sac un crayon marqueur rouge. Il se met à dessiner sur le gros buste en marbre blanc l'emplacement des blessures et la trajectoire des balles, à l'intention du jury. Il a aussi apporté les projectiles. Les regards des jurés passent du buste au crâne qui circule derrière leur table.

Le juge Paul Martineau, attentif, interrompt Wilfrid Derome. L'expert-légiste se demande bien ce qui se passe. Le magistrat, gardant avec peine son sérieux, signale au procureur

Calder que son « savant médecin » profane la mémoire d'un illustre magistrat en la personne de Sir Andrew Stewart, l'ancien juge en chef. La salle éclate de rire. Derome aussi. Quelques instants plus tard, le greffier va quérir un autre buste et revient avec celui de Mozart. Sourire aux lèvres, Derome reprend son explication. « L'immortel compositeur de musique personnifiera pendant quelques heures la victime de Snowdon. »

Le lendemain, Derome revient à la barre avec une nouvelle expertise balistique. Le juge signale alors au jury : « C'est une partie importante de la cause et vous devez, messieurs, bien comprendre ce que dit l'expert. » Les explications du docteur Derome doivent être d'une grande clarté.

— Il suffit de couler le soufre dans le pistolet en question, après en avoir huilé le canon. Une fois le soufre refroidi, on remue le cylindre et, lorsqu'on tire le chien, le soufre durci sort du canon, plus lentement, cependant, qu'une balle. Il porte à sa surface les rainures qu'y ont incrustées les reliefs du canon. Les cylindres de soufre extraits du canon permettent de constater les stries qui se sont imprimées sur les balles.

Plus tard, les témoins sur lesquels la Couronne comptait n'apporteront rien et encore une fois tout est à recommencer. Delorme peut reprendre le chemin de la prison, et Derome, celui de son laboratoire.

CHAPITRE 18

Le hold-up
de la Banque d'Hochelaga :
peine de mort à volonté

C e ne sera pas un poisson d'avril. Dans la grisaille d'une journée froide, une fine pellicule de neige recouvre la chaussée. Les gangsters tapis dans la grosse Hudson noire évaluent la situation. La voiture de la banque a fait un arrêt imprévu dans un garage de la rue Ontario, non loin de la rue Saint-Hubert. Les bandits, nerveux, regardent leur montre : deux heures. Les vitres s'embuent rapidement. L'habitacle est humide et enfumé. Le battement monotone des essuie-glaces et le ronron du moteur invitent au sommeil. Mais l'attention des bandits est maximale.

Plus à l'est, là où la rue Ontario plonge sous les voies ferrées du Canadien Pacifique, leurs comparses attendent dans la Ford, prêts à passer à l'attaque. Depuis plusieurs semaines, les bandits suivent quotidiennement le trajet qu'emprunte le véhicule de la Banque d'Hochelaga, notant l'horaire et les arrêts des messagers. La date choisie n'est pas fortuite, car, le premier de chaque mois, les banques ont grand besoin de liquidités.

Pour s'emparer de 500 000 dollars, les voleurs doivent orchestrer l'opération de main de maître.

Le cerveau du hold-up, un ex-policier, se nomme Louis Morel. Il se trouve à bord de la Hudson. Beau ténébreux, il a tout du tombeur de ces dames. Avec l'argent du coup, il veut refaire sa vie, acheter une station-service de la Texan Oil. Pour y parvenir, ce père de famille s'est entouré d'une confrérie de mafieux issus de la communauté italienne et d'un Américain du nom de Harry Stone, arrêté quatorze fois sous différents noms d'emprunt. Depuis novembre 1923, ils se rencontrent dans une buvette, à l'angle des rues Saint-Dominique et Vitré, pour mettre au point l'un des plus audacieux braquages en Amérique, le plus intrépide tenté à ce jour au pays. Trois ou quatre complots ont été envisagés, mais Morel a retenu le coup de la Banque d'Hochelaga.

Les malfaiteurs ont mis en place un scénario très précis, où la fin justifie les moyens.

Quelques minutes plus tard, la Ford démarre. À son bord, Stone, Nieri, Gambino et Serafini. Le conducteur s'arrête sous le viaduc, dans la voie du tramway. Une portière s'ouvre. Stone sort de l'habitacle avec des cisailles. Avec l'agilité d'un singe, il enjambe l'aile de la voiture, monte sur le capot et se hisse sur le toit. Il allonge les bras et sectionne le fil électrique du tramway. Les braqueurs ne veulent pas être importunés par le passage des « p'tits chars ». Les deux autres descendent à leur tour de la voiture, une lourde chaîne à la main. Ils la tendent d'un poteau à l'autre de l'entrée est du tunnel. La chorégraphie criminelle est d'un synchronisme parfait. Les malfrats retournent à la voiture pour y prendre les armes à feu.

— *Shoot to kill, if they don't stop,* lance Stone à ses collègues.

Dans la Hudson, Morel, Carrero et Arena ont toujours le regard dirigé vers le garage. La neige fond en touchant les vitres et glisse en rigoles d'eau.

— Mais qu'est-ce qu'ils font ? peste Morel en voyant la voiture de la banque toujours immobile en raison d'un problème mécanique.

L'atmosphère est à trancher au couteau, et pour cause. Le

déroulement de l'opération est perturbé. Or, le moindre retard pourrait être catastrophique. Les bandits sont désemparés. Leurs complices sont déjà dans le tunnel en train d'agir.

— Les voilà ! dit Morel.

En effet, les messagers de la banque sortent enfin du garage en portant les sacs remplis d'argent. Ils montent dans une autre voiture.

Les messagers armés — Henri Cléroux, Roland Fortier, Maurice Thibodeau et Lucien Brunel —, se sont déjà arrêtés à une vingtaine de succursales et transportent 270 000 dollars en billets qu'ils s'apprêtent à déposer à la succursale du boulevard Maisonneuve.

— *Let's go !* lance Morel au conducteur.

La voiture opère un virage à 180º sur les chapeaux de roue dans la rue Ontario. La Hudson, tous rideaux baissés, suit le véhicule de la banque. Ils vont refermer l'étau derrière leurs complices. Mais le crissement des pneus de la Hudson n'est pas passé inaperçu. Deux agents de police à motocyclette, Israël Pelletier et Joseph Lévesque, faisaient leur ronde dans le quartier, sans se douter le moins du monde qu'ils s'apprêtaient à tenir un rôle, ne fût-ce que secondaire, dans le hold-up du siècle. En remarquant le comportement délinquant du conducteur, ils filent la voiture. Trop pressés d'atteindre le tunnel, les truands ne voient pas dans la lunette arrière les deux engins qui les suivent à bonne distance.

En attendant le véhicule de la banque, Stone, vêtu d'un costume bleu et d'un chapeau mou, feint de réparer une crevaison. Bruit de moteur. Il aperçoit la voiture de la banque dans le haut du viaduc. Il porte la main à la crosse de son arme.

Cléroux, le chauffeur de la banque, s'engouffre dans le tunnel. En passant près du coupé Ford, dans la partie la plus déclive, il ralentit car la voiture empiète sur sa voie.

Stone bondit devant le véhicule avec un revolver de calibre 38 au bout du bras. Il fait feu. La voiture de la banque zigzague. L'Américain la canarde en courant à reculons sans ménager les balles. Le véhicule remonte tant bien que mal jusqu'à la rue Moreau, puis il s'immobilise. Trois mafieux allongent leur bras armé vers la voiture de la banque. Les balles sifflent partout. Au coin nord de la rue Moreau, Stone surgit à nouveau devant la voiture. Avec un revolver de calibre 38 spécial, il fait feu à bout portant. Du côté sud de la rue Moreau, les trois bandits arrosent l'automobile, transformée en passoire. Les vitres et les phares volent en éclats. Le réservoir pisse l'essence, le radiateur, l'eau fumante.

Les bandits dans la Hudson de Morel enfilent leurs masques noirs, et leur voiture s'engage sur la pente qui mène au tunnel. Ils entendent les coups de feu. Un piéton aperçoit la voiture de Morel qui fonce à grande vitesse. Voyant le canon d'un fusil pointer hors de la fenêtre, il se cache derrière un pilier.

En haut de la côte, les policiers en moto qui suivent la Hudson entendent les détonations. Ils ont tout compris. Devant eux, les bandits qu'ils filaient font maintenant feu sur les employés de la banque. Les policiers sautent de leurs motocyclettes, s'accroupissent en dégainant, vident leurs chargeurs. C'est au tour des « Apaches » de subir le feu croisé des policiers et des messagers.

Surpris, les malfrats ouvrent un nouveau front en direction des policiers. Le messager Poirier voit son doigt arraché par une balle.

Henri Cléroux sort revolver au poing et tire quatre fois sur Stone, qui l'arrose à bout portant. Cléroux fait quelques pas, chancelle et s'affaisse sur le rail du tramway près d'un trolley, à dix mètres devant son auto. Le jeune homme aux lunettes rondes est mort l'arme à la main.

Alerté par la fusillade, un agent du Canadien Pacifique, qui faisait sa ronde sur la voie ferrée qui traverse la rue Hochelaga, brandit son arme. Bien posté en haut du viaduc et surplombant la scène, il décharge son pistolet. Dans son manque de discernement, il vise autant les bandits que les employés de la banque qui tentent désespérément de prêter main-forte à Cléroux. Un des braqueurs vise deux fois l'agent du CP, mais sans succès.

L'échange est nourri, mais les policiers ont le temps de recharger leurs armes. Un messager, blessé, se réfugie derrière la voiture. Mais il sent bientôt la chaleur d'un canon sur une oreille.

— *Hands up, mother fucker, and get rid of your gun!* entend-il hurler.

Il obtempère. C'est Morel. Son collègue et lui sont frappés sauvagement à coups de carabine. Morel monte dans le véhicule. Il s'empare du plus grand des deux sacs qui contient plus de 140 000 dollars. Stone est touché à la poitrine et se traîne péniblement jusqu'à la Hudson.

Deux minutes se sont écoulées entre le début et la fin de la fusillade. Quelques-uns des voleurs se ruent sur la Hudson et Serafini prend les commandes. Sur la banquette avant, Stone agonise, perd son sang. Les autres montent dans une seconde Ford, garée à la sortie du tunnel, que personne n'avait remarquée jusque-là.

En pleine fuite, la Hudson s'arrête pour laisser descendre Carrero et Arena. Ils doivent comparaître en cour pour une affaire, à deux heures trente. Ils auront un alibi exceptionnel.

Du renfort policier et une ambulance arrivent à grande vitesse. Cléroux gît sur le pavé avec son pistolet à la main. Les curieux accourent par dizaines sur les lieux de la fusillade. Ils examinent la Ford abandonnée par les bandits. Les journalistes interrogent les témoins.

Le capitaine Mercier charge aussitôt les détectives Monarque, Bergeron et Pusie, de la Cour du coroner, de mener l'enquête. Le hold-up a exigé une préparation et une audace telles que les autorités pensent qu'il porte la signature de « desperados américains ». Tous les policiers disponibles sont appelés au quartier général de la police pour recevoir les directives de leurs supérieurs. Une chasse à l'homme sans précédent s'organise dans la ville.

Mme Sarah Berthiaume, qui étend son linge à l'arrière de chez elle, sur sa galerie, voit une voiture passer à une allure folle. Puis elle entend comme un coup de tonnerre. Une automobile vient d'emboutir un poteau. Elle téléphone aussitôt à la police : « Un homme est sorti de l'auto et s'est mis à courir rapidement sur la rue Everett. Il semble avoir des ailes. Il portait une casquette grise. » L'homme a décampé avec un sac de cuir à la main, laissant le cadavre de Stone dans la Hudson.

★ ★ ★

Giuseppe Serafini regarde sa montre. Il arrive enfin à l'intersection des rues Bélanger et Saint-Denis. Soulagé, il aperçoit la compagne de Carlo Nieri, Marie-Emma Lebeau. Il lui remet discrètement une valise pleine d'argent, leur part du gâteau qu'elle doit apporter à l'appartement de la rue Coursol. La compagne de Serafini devrait suivre avec la seconde valise. Mais, en fin d'après-midi, elle remarque dans un kiosque à journaux la une du *Montreal Star* qui relate le spectaculaire cambriolage. Un vent de panique s'empare de la jeune femme. Elle se voit monter sur le gibet. Et c'est la peur au ventre qu'elle rentre chez elle.

Rue Everett, les limiers découvrent dans la Hudson le cadavre et des pièces à conviction : des masques noirs, des cisailles, deux fusils de chasse, une carabine à répétition, des revolvers et des munitions. Pusie et Sanscartier y sont dépêchés pour fouiller le corps du bandit. Stone a laissé glisser son masque autour du cou. Il a perdu beaucoup de sang. Pusie fourrage dans ses poches et découvre une carte professionnelle portant un numéro de téléphone : « Uptown 4553J ». C'est un premier indice encourageant. De la poche du veston, il sort un 38 spécial et dix projectiles de marque Remington.

La seconde Ford, abandonnée dans le nord de la ville, est rapidement retrouvée : à l'intérieur, les policiers y découvrent des armes et un sac de la banque, vide, comme il se doit.

Les empreintes digitales permettent d'identifier Harry Stone, alias Ward ou Warren, un truand arrêté en 1917 pour possession d'opium et connu des corps policiers nord-américains. Stone a été atteint en plein milieu de la poitrine. Sanscartier et Pusie hissent le cadavre dans le fourgon. Puisque les nouvelles installations de la morgue ne sont pas prêtes, on transporte le corps de Stone à l'hôtel de ville pour un examen.

Dominique Pusie, vite en affaire, trouve l'adresse qui correspond au numéro. Fort de sa piste, le détective file au 818 de la rue Dorchester Ouest. En discutant avec le propriétaire, il apprend que ceux qui habitaient à ce numéro sont déménagés. L'homme lui file aussitôt leur nouvelle adresse : le 57, rue Coursol, à Saint-Henri. Pusie doit préparer une descente.

Les véhicules criblés de balles sont transportés à l'hôtel de ville. Derome, qui attend l'ouverture de son labo de la rue Saint-Vincent, travaille temporairement rue Saint-Gabriel.

Pusie rapporte à Derome une véritable macédoine de douilles et de projectiles.

— Docteur, voici des pièces à conviction.

Derome regarde au fond du sac, puis en vide le contenu sur un plateau.

— Ce sera un véritable casse-tête balistique.

De visu, il inventorie une trentaine de marques de balle différentes.

Une intense fébrilité règne au quartier général. Tout Montréal ne parle que du hold-up de la Banque d'Hochelaga, le cambriolage le plus important de l'histoire canadienne. Les yeux sont rivés sur le travail des enquêteurs. Pourra-t-on débusquer ceux qui se cachaient derrière les masques ?

★   ★   ★

Pusie, accompagné de deux détectives, gare son véhicule devant l'immeuble de la rue Coursol. Il est huit heures trente. Avant de sortir du véhicule, Pusie leur répète le plan. Il faut cerner la maison. Pendant que ses collègues passent en catimini par l'entrée avant, Pusie examine la cour, à la recherche d'une issue. Derrière la fenêtre de l'appartement suspect, il aperçoit des ombres qui s'agitent, un continuel va-et-vient.

Pusie, l'arme au poing, monte l'escalier à pas feutrés et rejoint ses collègues à l'étage supérieur.

— C'est bon, on y va !

Son calibre 38 armé, Pusie frappe à la porte. Les limiers prennent soin de ne pas s'exposer dans l'embrasure.

— Police, ouvrez !

Nieri refuse, prétextant qu'il a égaré la clé. Pusie insiste.

— Si vous n'ouvrez pas, j'enfonce.

Après avoir parlementé trois minutes, l'Italien entrouvre la porte. L'agitation a cessé. Pusie aperçoit Serafini assis seul à une table, en train de faire une patience. Sa femme est couchée sur un lit, plongée dans un livre, tandis qu'une autre « semble lire » dans une chaise berçante. Les policiers investissent chaque pièce.

Les quatre individus, deux hommes et deux femmes, sont arrêtés. L'un des couples s'apprêtait à partir pour New York, ses valises ayant été expédiées le matin même du crime. Dans les heures qui suivent, la police multiplie les rafles dans le « milieu » montréalais.

Les journalistes sont emballés par le travail de Pusie : « Comment on put arrêter Serafini. Le raid de la rue Coursol », titre à grasse encre *La Presse*. « C'est grâce à un numéro de téléphone, trouvé sur le cadavre de Stone, que le détective Dominique Pusie découvrit son adresse — Uptown 4553J. » La maladresse de Stone coûte cher à ses complices.

Le limier reçoit un concert d'éloges dans les journaux : « C'est une des parties les plus intéressantes du procès, qui montre le beau travail des détectives de la cause. »

Le jour même du braquage, Derome arrive vers six heures pour pratiquer les autopsies de Stone et de Cléroux. Les cadavres du héros et du truand reposent l'un à côté de l'autre sur les tables blanches : « L'opération commence vers six heures quinze, écrit Derome, et un peu après sept heures tout était fini. » Sur le cadavre de Stone, le docteur a observé qu'une balle est entrée à la hauteur du cœur mais du côté droit, a perforé le poumon pour aller se loger entre la onzième et la douzième côtes, du côté gauche et en arrière. Une mort instantanée.

Pendant qu'il se lave les mains, Derome écoute un bulletin radiophonique qui retrace le passé criminel de Stone : « Un sombre individu bien connu du banditisme international comme trafiquant de drogue à grande échelle et qui s'est évadé du pénitencier d'Atlanta, où il purgeait une peine de cinq ans. À Vancouver, en août 1909, il a été accusé d'avoir fait la traite des Blanches, puis finalement acquitté. Le 7 mai 1917, il a été trouvé en possession de 129 bidons d'opium. »

Mais Stone, allongé sur le billard, ne nuira plus.

★   ★   ★

Pusie effectue une seconde perquisition en compagnie du propriétaire, un dénommé Swail. En fouillant tous les recoins, le propriétaire remarque une cloison en bois qui a été installée dans le placard après la location. Pusie se penche et l'ouvre.

— Voici l'argent de monsieur Leman.

Les détectives mettent la main sur des milliers de dollars et sur du tissu incriminant.

La négligence des malandrins, comme on les appelle, paraît surprenante.

Le 3 avril, Me Calder, qui dirige l'enquête du coroner, se rend aux quartiers généraux de la Sûreté pour s'entretenir avec le docteur Derome, l'inspecteur Egan, M. Eugène Laflamme et les principaux agents concernés. Au sortir de l'entretien, il tient à rassurer la population.

— Le meilleur moyen d'enrayer la vague de criminalité, c'est de montrer au criminel que le crime ne lui est pas profitable, déclare-t-il aux journalistes qui boivent ses paroles.

La déclaration de Calder et sa détermination annoncent de terribles lendemains pour les canailles.

Quatre jours plus tard, les analyses de Wilfrid Derome donnent leurs premiers résultats : « R.-L. Calder et le docteur Derome continuent à s'occuper de la sensationnelle affaire. Derome s'intéresse surtout à découvrir des empreintes digitales sur les revolvers et les carabines », lit-on dans *La Presse*. Quatre individus connus des policiers ont été identifiés formellement grâce aux empreintes digitales déjà prélevées sur les voitures, les armes et les billets de banque.

Calder et Derome pressentent qu'« un chef inconnu, intelligent et rusé, qui n'a pas pris part à l'attentat mais l'a préparé, imaginé et dirigé », est sur le point d'être capturé.

Les journaux annoncent que l'enquête progresse rondement : « On a eu recours, pendant la soirée, aux lumières de maître Calder et à celles du docteur Derome, médecin expert de la Cour du coroner. On voulait, sans doute, demander leur opinion à propos d'une découverte sensationnelle faite au cours de l'après-midi. » En fin de soirée, Derome se rend à l'annexe de l'hôtel de ville où se trouve le quartier général temporaire de la Sûreté. Son savoir-faire dans l'examen des tissus, mis à profit lors du procès Delorme, sera déterminant. Le chef du service de l'identification, Eugène Laflamme, le reçoit pour l'examen des effets perquisitionnés au 57, rue Coursol.

Ils échangent quelques civilités et se mettent au boulot. Pusie sort le masque en flanelle retrouvé dans la Hudson abandonnée rue Everett.

— Docteur, c'est le masque que portait Stone.

— Posez-le ici.

Derome l'examine à la loupe. Avec une pince, il prélève un poil, un fil rouge, un fil rose, qu'il identifie aussitôt. Le docteur examine ensuite les coutures du masque.

— Il est composé de trois morceaux.

Avec précaution, il découd chacune des parties.

À l'aide d'un savon, Me Calder marque d'un trait blanc chaque ligne des coutures de manière à « reconstituer le masque original ».

Derrière son microscope, Derome examine le fil noir utilisé pour coudre le masque. Il fait ses premières constatations : « Le fil noir qui a servi à coudre ce masque compte six cordes roulées deux à deux, puis ensuite les trois ensemble *(double twists).* »

— Décidément, vous vous y connaissez en couture ! lance Pusie à la blague.

— Mais ne me demandez pas de repriser mes pantalons…

Les officiers judiciaires éclatent de rire.

Derome montre aux collègues le mauvais travail du « couturier ».

Il note aussitôt cette observation dans son rapport : « Les coutures ont été faites à la main, comme l'indique l'irrégularité des points, et apparemment d'une façon malhabile comme le ferait un homme. »

Il mesure ensuite l'épaisseur de ce fil : « Neuf millièmes de pouce en moyenne ». Il examine attentivement chaque morceau de tissu qu'il étale devant lui. Il hoche la tête. Ses collègues, qui n'y voient rien, le regardent, amusés. Derome écrit en parlant à voix haute : « Les trois morceaux qui constituent ce masque ont été découpés d'une pièce de même tissu. »

Pusie sort ensuite le masque saisi chez Nieri et le remet au docteur. Derome remarque qu'il comporte des « échancrures analogues » à celles du masque trouvé dans la voiture.

— On a sans doute utilisé des petits ciseaux, d'où ces irrégularités.

Pusie sort un autre masque découvert dans la voiture immobilisée rue Everett.

— Un masque fait avec des chaussettes !

La fatigue et la fébrilité aidant, la remarque déclenche une vague de rires. Derome l'examine. Le masque est confectionné avec deux chaussettes d'homme en coton noir, cousues ensemble. Derome le retourne et note une doublure en satin.

— Le fil noir compte aussi six cordes *(double twists)* mais est plus gros que celui de l'autre masque, le fil du fuseau est de onze millièmes de pouce en moyenne.

Derome écrit cette mesure et ajoute : « Les coutures sont aussi faites d'une main inexpérimentée. »

Il frotte ses yeux fatigués. Il est près de minuit. Mais il lui reste un morceau de flanelle noire à examiner. Pusie l'a trouvé chez Nieri.

— À première vue, c'est le même tissu que celui des masques.

Derome décrit ensuite les analogies : « Même couleur, même teinte, même épaisseur, même finition des bords, même nombre de fils dans la chaîne (32 au pouce carré) et dans la trame (30 au pouce carré), même constitution de laine et de coton. Bien plus, il porte des déchirures, des échancrures faites avec de petits ciseaux mal aiguisés, qui indiquent que le masque a été découpé dans cette pièce en flanelle. »

— La preuve est là, conclut Me Calder.

— Ce sera tout pour ce soir, lance Derome. Demain, je ferai une analyse plus méthodique.

À l'extérieur, la meute de journalistes avides de commentaires se rue sur eux.

— Docteur Derome ! Vos commentaires ! Les preuves sont-elles solides ? Me Calder… D'autres arrestations sont-elles…

Derome et Calder se taisent. Pas question de commenter les preuves qu'ils détiennent. Déjà, certaines sources les qualifient d'écrasantes.

La rumeur au sujet de la cloison mystérieuse se répand rapidement et les journaux parlent encore de « sensations ».

Le lendemain, les journalistes restent sur leur appétit.

« Le docteur Derome et maître Calder se sont enfermés avec l'inspecteur Egan, et ce qui s'est dit entre eux restera secret. Il ne faut pas être devin, cependant, pour savoir qu'il s'agissait des récentes découvertes, ainsi que des individus qui sont gardés comme témoins pour l'enquête du coroner », écrit *La Presse*.

★   ★   ★

Dans son laboratoire temporaire, Derome entreprend une analyse fouillée des tissus. Son rapport fera deux pages. Derome consigne les cinq étapes de son examen.

J'obtiens après vérification et essai des fils :

1. Leur numéro ou titre
2. Leur conditionnement
3. Leur élasticité à la rupture
4. Leur examen microscopique et chimique
5. Leur taux de torsion

Le conditionnement se détermine par le degré hydrométrique d'un textile, c'est-à-dire le pourcentage d'eau qu'il absorbe.

Derome prélève un kilogramme de tissu et le chauffe à l'étuvée, à une température de 100 degrés. Puis il compare le résultat. La flanelle ou laine cardée en contient 17 %, alors que la soie n'en tolère que 11 %. Les échantillons prélevés à différents endroits, de la rue Everett au magasin Morgan en passant par la rue Coursol, révèlent le même degré de conditionnement.

Il accroche le fil au dynamomètre pour en mesurer la résistance. L'instrument lui indique « la charge de rupture et l'élasticité du fil mis à l'épreuve ». Là encore, il y a concordance d'un fil à l'autre. L'unité de force Newton est similaire. L'examen au microscope lui permet ensuite de constater la régularité et le diamètre du fil. Une fois de plus, il existe une similarité.

Il peut maintenant passer à l'analyse balistique. Il lui faudra effectuer ses essais dans une piscine de la Ville de Montréal. Il devra bientôt chercher une solution à ce problème.

★ ★ ★

La parade des suspects se poursuit au poste de police. Ils vont rejoindre leurs compères sous les verrous. Mais ce ne sont pas tous ces individus qui seraient liés directement à l'affaire. Déjà, 33 000 dollars ont été recouvrés sur les 142 288 dollars qui ont été dérobés. L'enquête avance rondement.

Neuf jours après le méfait, la brochette de criminels se présentent en Cour du coroner. La salle temporaire de la rue Sainte-Catherine est bondée de témoins, de limiers et de journalistes. L'enquête est présidée par le coroner MacMahon et dirigée par Me Calder. Les Nieri, Serafini, Corelli, Miller, Horowitz, Feldman, White et Gold font leur entrée, chaînes aux pieds, en groupe de trois ou quatre. Une véritable Société des Nations de la racaille. Seules les femmes, escortées par des policiers, ne sont pas attachées. Morel, le cerveau du coup dont le public ignore encore l'existence, court toujours, tandis qu'Arena et Carrero ont réussi à s'enfuir aux États-Unis.

Comme le coroner l'explique aux jurés du haut de sa tribune :

— Le but de cette enquête consiste à savoir qui a causé la mort des deux personnes que vous avez vues à la morgue. Nous n'avons rien à faire avec la cause du vol et ne nous en occuperons pas.

La compagne de Nieri, Marie-Emma Lebeau, qui craint maintenant pour sa vie, a tout révélé aux enquêteurs. Elle a avoué avoir acheté de l'étoffe chez Morgan et confectionné les masques noirs. Après cette révélation, Derome a tout de suite envoyé Pusie acheter un tissu identique dans ce grand magasin. La preuve est maintenant bétonnée.

On apprend que Nieri et Serafini auraient confié les sacs d'argent à leurs compagnes. Marie-Emma Lebeau déclare qu'elle vit avec Nieri depuis un mois et que c'est lui qui a construit la cache dans le placard pour dissimuler un butin de 23 000 dollars. Elle affirme aussi que Serafini et sa femme devaient partir pour New York le soir même. Elle se rappelle avoir entendu Nieri lancer, après avoir lu la première page du journal : « Si nous sommes pris, nous serons pendus ! » Ces paroles l'ont traumatisée.

Dès la première journée de l'enquête, Ciero Nieri et Giuseppe Serafini sont tenus responsables de la mort de Cléroux par le jury bilingue de la Cour du coroner.

Derome, qui s'est montré critique à l'égard de la peine capitale, entrevoit de mauvais lendemains pour ces gangsters. La justice pourrait tous les livrer d'un coup au gibet. La finalité du procès sur les plans moral et philosophique pèse lourd. L'article 69 du Code pénal canadien punit la complicité dans un homicide aussi sévèrement que l'homicide lui-même. Le docteur, qui répète les dictons suivants aux jeunes légistes qu'il forme : « Dans le doute, abstiens-toi » et « N'avance rien que tu ne sois capable de prouver », comprend plus que jamais l'importance de ces devises, car il est difficile d'identifier tous les hommes masqués, d'autant plus que leur nombre diffère d'un témoignage à l'autre. Étaient-ils sept, huit, dix ? L'anthropométrie — mesurant la grandeur et la corpulence — qui sert d'argument à certains témoins n'est pas une preuve fiable. Des empreintes, des étoffes, des masques, des armes et des balles serviront à Derome pour incriminer le ou les meurtriers. Déjà écrasé par la tâche qui l'accapare, le docteur apprend que la cause du curé Delorme est inscrite aux assises de mai. Encore une fois, il lui faudra témoigner dans cette saga interminable.

La mise en accusation de Nieri, de Serafini et de sa femme, Mary Knight, a lieu le lendemain devant le juge Perreault. Marie-Emma Lebeau, qui a témoigné contre Serafini et Nieri, craint d'être assassinée.

À quatorze heures trente, Wilfrid Derome est appelé le premier à la barre des témoins. Après avoir prêté serment, il pose les mains sur la barre. Le rondelet Me Calder s'avance vers lui.

— Quel a été le résultat de votre autopsie et qu'avez-vous constaté ? lui demande le procureur de la Couronne.

— Le cadavre portait, comme marque de violence, l'orifice d'entrée d'une balle qui a pénétré par le bord du collet d'un pardessus, du côté gauche, et qui, après avoir traversé le vêtement, a pénétré presque au-dessous de la clavicule gauche. La balle a continué son chemin et pénétré le poumon gauche pour ensuite dévier vers la droite du corps. Elle est sortie par le dos, du côté droit, de nouveau à travers les vêtements, et c'est dans la doublure du veston du défunt que la balle est tombée et nous l'avons trouvée par terre.

— Dans quel état était cette balle quand vous l'avez trouvée ?

— Elle était passablement déformée, à tel point que j'ai dû la placer dans une boîte pour ne pas en perdre les morceaux.

— Bien que la balle fût brisée, l'était-elle au point que vous n'avez pu découvrir ou constater de quel calibre elle était ?

— J'ai pu constater que la balle était de calibre 32.

— Pouvez-vous dire avec quelle arme elle a été tirée ?

— Je suis d'opinion que c'est avec une carabine Winchester, calibre 32.

Calder montre la carabine au docteur Derome.

— Reconnaissez-vous cette carabine ?

— Je suis d'avis que c'est avec cette carabine que cette balle a été tirée. Je reconnais cette arme, qui m'a été remise par le détective Pusie en même temps que plusieurs projectiles.

Derome présente à la cour les projectiles en question.

— Pouvez-vous nous dire, en examinant l'extrémité de ces balles, si elles étaient explosives dès qu'elles touchaient un corps quelconque ?

— Oui.

— La balle trouvée dans le corps de la victime était-elle de ce même type ou calibre-là ?

— Oui.

Derome exhibe alors un véritable arsenal : des revolvers de calibres 38, 45 et 32, une carabine et un fusil à répétition ainsi que des projectiles. Il précise qu'il a effectué lui-même les essais balistiques.

Me Calder continue :

— Avez-vous d'autres choses à produire en votre qualité de médecin légiste quant à ce qui concerne vos expériences et vos recherches dans cette cause ?

— Oui.

— Mais avant d'aller plus loin, docteur, pouvez-vous nous dire quelle a été la cause directe de la mort d'Henri Cléroux ?

— Il n'y a aucun doute que la mort a été causée par la balle.

— La mort a-t-elle été instantanée ?

— Elle a certainement dû être très rapide.

— Vous avez en votre possession des masques que vous a confiés le détective Pusie. Pouvez-vous les produire ?

— Certainement, et je produis aussi une paire de ciseaux portatifs, un rouleau de fil numéro 40 ainsi qu'un peloton de fil numéro 13.

Me Calder présente les morceaux d'étoffe noire épinglés dans un cadre. Me Alban Germain, l'avocat des accusés, pas trop ferré en couture ou encore trop conscient du fardeau de la preuve, remet plutôt en question l'expertise balistique de Wilfrid Derome.

— Avez-vous examiné les canons des diverses armes avant de faire vos expériences et pouvez-vous dire, par le résultat de vos recherches, si ces armes avaient été utilisées récemment ?

— J'ai examiné le canon de chaque arme et je crois qu'elles ont servi peu de temps avant qu'elles m'eussent été remises, malgré que je ne puisse spécifier le nombre de jours.

— Mais, au point de vue chimique, ne pouvez-vous pas dire à quel degré de cristallisation se trouvait la poudre contenue dans ces canons ? Vous n'ignorez pas que la cristallisation peut être constatée grâce aux règles de la chimie.

Me Germain s'aventure sur un terrain glissant.

— J'ai examiné la poudre et… j'affirme que malgré cela on ne peut jamais dire exactement quel est le degré de cristallisation.

L'avocat de la défense change rapidement de sujet, pas trop féru en la matière.

— Vous dites que la mort de Cléroux, ce malheureux jeune homme, a été instantanée ?

— Oui.

— L'a-t-elle été au point que le coup a dû être porté à peu près au même endroit que celui où le corps a été trouvé ?

— Oui, car je crois que la victime n'a pas pu aller beaucoup plus loin.

— Ne croyez-vous pas que la balle qui a été retrouvée a pu être tirée aussi bien par une autre arme que par celle que vous avez produite comme étant du calibre 32 ?

— Elle n'a certainement pas pu être tirée par une arme d'autre calibre que le 32.

Coup de théâtre, on annonce durant l'audience que les magistrats pourraient être la cible de la mafia. La lecture du texte a de quoi glacer le sang : « Nous sommes jeunes et nous ne craignons pas la mort, sachant que c'est la fin inévitable de tout homme. Quant à vous, nous vous réservons une balle de revolver 44 pour chacune des années que nos amis auront passée en prison ou au bagne. » Derome ne s'en fait pas trop. Hier, c'étaient des dévots enragés, maintenant, c'est la mafia.

Lors d'une rafle nocturne subséquente, sept nouveaux suspects sont arrêtés. Le journaliste de *La Presse* les décrit en quelques traits. Comparaissent dans l'ordre E. Baker, « qui souriait nerveusement pendant qu'on l'accusait de meurtre », Leo Davis, « un brun aux yeux piquants », Tony Frank, le chef de la mafia montréalaise, « fort bien mis, les poches rcmplies de cigares », Gambino, « dont les cheveux sont très longs et noirs »,

Mike Valentino, « bel homme et bien fait », Moreno, « le regard farouche », et l'ex-détective Morel, « pâle et fort affecté ». L'entrée de ce dernier dans les bureaux de la Sûreté sème la consternation chez ses anciens collègues.

Les bandits sont écroués dans l'aile A de la prison commune. Neuf gardes assurent leur surveillance. Par souci de sécurité, car on craint les gestes suicidaires, les détenus n'auront droit qu'à une cuillère pour leurs repas.

Pendant que l'affaire continue de passionner le Canada, Derome éprouve de l'amertume en lisant *La Presse* du 3 mai 1924. Le shérif de Montréal annonce l'endroit où seront désormais situés les bureaux de la police provinciale, du laboratoire de recherches médico-légales, de la Cour du coroner et de la morgue. Après un bref séjour rue Saint-Gabriel, le laboratoire sera déménagé rue Saint-Vincent, rue perpendiculaire à la rue Notre-Dame. Derome a perdu sa bataille, il n'aura pas son super laboratoire.

★   ★   ★

Pour la première fois de son histoire et en raison des mesures de sécurité, la prison de Montréal accueille, le 5 mai, le tribunal d'enquête présidé par le juge Amédée Monet. *La Presse* est le seul journal autorisé à assister à l'événement. Une centaine de curieux sont tenus à l'écart par la police, qui délimite un large périmètre de sécurité.

Serafini, sa femme, Morel, Davis, Valentino, Gambino et Frank comparaissent devant les assises sept jours plus tard. L'audition de la cause *Le roi vs Serafini et al.* débute le 26 mai. Le choix d'un jury sans opinion sur l'affaire est problématique. Les récusations abondent, la défense et la Couronne se livrant un âpre combat. Les jurés craignent de s'exposer à des représailles, puisque leurs noms et adresses apparaîtront dans les journaux. Il faut beaucoup de témérité pour affronter la mafia montréalaise. La sélection des douze jurés prend toute une journée et leurs coordonnées se retrouvent à la une. Les jurés demanderont cependant à Me Calder qu'on interdise la publication de photos ou de croquis les identifiant.

Durant le procès, le messager Thibodeau se dit être en mesure de reconnaître, par son physique, l'un des meurtriers masqués. Serafini, d'après lui, ne serait pas le meurtrier.

Le Bureau du procureur général est devant une impasse. En plus du témoignage de Marie-Emma Lebeau, il lui faut celui d'un autre complice. Sans un témoin qui puisse les lier au meurtre d'Henri Cléroux, Tony Frank, Gambino, Valentino ainsi que Morel, l'architecte du vol à main armée, et son complice Leo Davis échapperont à la justice.

La nouvelle éclate comme un bâton de dynamite dans les journaux. Le 3 juin, Nieri devient délateur en échange d'une immunité complète. Le juge Wilson lui donne son assurance : « La Couronne et le tribunal […] promettent de ne pas offrir de preuve contre vous et de vous faire acquitter. […] On ne pourra porter aucune accusation contre vous à la suite de votre témoignage, sauf si vous ne dites pas la vérité. »

En après-midi, durant le témoignage de Nieri, le shérif Lemieux conduit au prétoire des avocats un invité de marque. L'ex-premier ministre Lomer Gouin, ancien titulaire du ministère de la Justice, assiste au procès. Pendant le témoignage de Nieri, Serafini le regarde calmement, tandis que les yeux sombres du délateur fuient le regard de son ex-compagnon d'armes.

Le délateur a une dent contre le jeune Leo Davis et l'incrimine pour une ancienne querelle. Cette dénonciation fâche Morel, qui jure que le jeune homme n'a rien à voir avec le cambriolage. Nieri, pourtant, n'a aucun scrupule à incriminer un innocent, alors qu'il a déjà livré douze complices, dont l'un, Sam Behan, purge sa peine à la prison de Sing-Sing — il a été arrêté avant le fameux attentat et n'a participé qu'à la préparation de ce qu'on appelle le premier complot. Nieri dit avoir remis l'un des masques à Salvatore Arena. On apprend ensuite que Tony Frank et Gambino ont fourni les armes. Dans la salle, les spectateurs éclatent de rire lorsqu'ils entendent Nieri affirmer que les sommes supplémentaires données à Frank et à son lieutenant,

Valentino, devaient servir à acheter « les cautionnements, les garanties, les avocats, la protection légale ». Les forces de l'ordre avancent en terrain miné. Qui a-t-on acheté ?

Le lendemain, 6 juin, le jury, tiraillé entre la peine capitale et l'emprisonnement à vie, est en proie à la division. Durant son adresse, qui dure près de deux heures, le juge Wilson menace l'indépendance du jury, ce qui constitue un vice de procédure : « Je crois Nieri dans tout ce qu'il dit. » Et il ajoute sur un ton dramatique : « J'espère que la nuit vous portera conseil. » Le président du jury, W. E. James, demande au juge si les jurés peuvent rendre un verdict d'homicide involontaire. Wilson répond qu'ils le peuvent, mais que, d'après lui, c'est un verdict de meurtre qu'il faudrait prononcer. « C'est un devoir de croire Nieri ; pour ma part, je le crois de la première à la dernière parole. Même le plus grand bandit peut dire la vérité sous serment. »

Malgré l'ingérence de l'impétueux juge Wilson, le jury ne s'entend pas sur un verdict d'homicide au premier degré. Mais la justice a d'autres tours dans son sac. On fera le procès des six bandits. Le colérique juge Wilson entend à nouveau présider ce futur procès. C'est une bien triste nouvelle pour les accusés. Auront-ils droit à un procès juste ? Deux jours plus tard, Serafini revient en cour d'assises avec ses complices : Morel, Frank, Gambino, Valentino et Davis.

Sur ordre de Wilson, le shérif nolise cinquante taxis afin de réquisitionner cent trente-six personnes dans les rues et les usines de Montréal. Au total, deux cent soixante personnes devront prêter serment, et, de ce nombre, on retiendra huit francophones et quatre anglophones.

★   ★   ★

Le verdict tombe le 23 juin. Le gros juge Wilson se coiffe du tricorne et enfile ses gants noirs. Le jury déclare que les accusés sont coupables. Wilson condamne Morel, Frank, Valentino, Davis, Serafini et Gambino à monter sur l'échafaud le 24 octobre. Au nom du peuple canadien, les douze jurés ont apposé leur nom sur un document orné d'une feuille d'érable qui autorise l'exécution des six hommes. Lorsque la sentence est rendue, Davis pleure et lance à la cour d'une voix « extraordinairement forte » : « Je suis innocent, votre Seigneurie, je suis un homme innocent qui est mis en accusation pour le crime le plus important qui se soit commis au Canada. » Morel le soutient en hurlant son indignation : « Je suis coupable, il est innocent. » Il tient à conserver sa dignité dans la déchéance et s'insurge contre Me Calder, qui essaie de lui soutirer le nom d'un messager de la banque impliqué dans le coup : « Je vais vous dire, monsieur Calder, je me suis dégradé au point de devenir voleur, c'est un fait ; mais vous me croyez plus méchant que je le suis. J'ai encore une parole honnête et quand elle est donnée, elle reste donnée. »

Alors que Nieri s'envole vers l'Italie grâce aux deniers de l'État, ses camarades, eux, seront pendus. Tour à tour, la Cour d'appel et la Cour suprême confirment le verdict. Cependant, Davis, dont on doute de la culpabilité, et Valentino, dont le rôle dans l'affaire n'a jamais été clair, verront leur sentence de mort commuée en emprisonnement à vie par le cabinet de Mackenzie King.

Quelques jours avant d'être exécuté, Serafini tente de s'évader avec la complicité des gardiens de la prison. Sa tentative échoue. Il s'est confectionné une longue corde avec des tissus variés. Comment a-t-il pu réunir tout ce matériel ? On découvre que la femme de Tony Frank a signé un chèque destiné à un gardien. Après les déclarations des bandits, pendant le procès, qui affirmaient avoir acheté de la protection, il n'en faut pas plus pour que le juge Coderre s'amène à la prison de Bordeaux. Coderre est à la tête d'une commission royale chargée d'enquêter sur les liens entre la pègre et la police. Dans sa cellule, Morel, un homme fier, répond : « Je serai bientôt pendu. Je laisse à ma famille une triste fortune, je ne tiens pas à jeter de boue sur d'autres familles. » Gambino laisse planer l'ambiguïté : « Je pourrais en dire long, mais que me rapporteront mes déclarations ? » Il ne dira rien, finalement. Serafini, lui, a la langue déliée : il mentionne de nombreux vols à l'issue desquels la recette a été partagée entre policiers, bandits et receleurs.

★　★　★

Dans la cour de la prison du district de Montréal, le feu croisé des projecteurs balaie la nuit. Le glas de cinq heures retentit dans la cour. Le soleil n'est pas encore levé. L'exécution aura lieu dans quelques minutes.

Le docteur Fontaine grille une cigarette en silence. Derome a confié à son tout nouvel assistant la sinistre tâche d'être médecin-juré lors de l'exécution. Voilà une façon peu banale d'amorcer sa carrière de médecin légiste. Fontaine sait que le patron, critique de la peine capitale, n'apprécie pas les mises à mort. À ses côtés se tient le docteur Philippe Panneton, alias Ringuet, qui fait aussi partie des sept jurés. Ils auront à signer les certificats de décès. De nombreux journalistes, la nuit blanche imprimée sur le visage, attendent en bâillant. Autour d'eux, la prison est en état de siège depuis minuit. Deux cent vingt-cinq policiers montent la garde. Il faudrait cinq mille hommes pour prendre d'assaut la forteresse. Serafini étant parvenu à acheter un autre gardien, on craint le pire. En raison des mesures de sécurité exceptionnelles, Rosario Fontaine a été contraint, comme les autres témoins, de dormir dans la prison. Les puissants projecteurs qui ont tournoyé au-dessus de la bâtisse l'ont empêché de fermer l'œil. Sans compter que vers deux heures trente, Serafini a piqué une crise de nerfs et s'est mis à hurler : « Je ne veux pas mourir, non, non, qu'on ne me fasse pas mourir ». Le jeune diplômé de l'université de Paris est fourbu. Il a dormi sur un lit de paille. Ce n'est pas tous les jours que l'on couche en prison à la veille d'une quadruple pendaison.

Toutes les têtes convergent vers le même point. Les quatre condamnés sortent accompagnés des bourreaux et de deux religieux. Morel avance d'un pas ferme en murmurant une prière qui s'élève dans la cour de la prison : « Mon doux Jésus, ayez pitié de moi… Mon doux Jésus, ayez pitié de moi. » Prêt à expier, il porte une chemise blanche. Stoïque, il monte d'un pas ferme les marches du gibet, priant toujours : « Mon doux Jésus, ayez pitié de moi… Mon doux Jésus, ayez pitié de moi… ». Morel a écrit la veille une lettre émouvante à sa famille :

À mes chers enfants,

Je vous écris ma dernière pensée avant de quitter cette terre, mon cœur déchiré par la douleur et les remords du malheur que je vous ai causé. Je demande à Dieu dans cette agonie suprême, de vous bénir et aussi de prolonger la vie de l'âme charitable qui s'est offerte comme votre père, et que vous avez acceptée en me donnant le baiser éternel. Je vous aime mes enfants et je prierai le bon Dieu pour vous amener avec moi dans le ciel.

Votre père

Fontaine, qui a l'âme sensible, est touché comme bien des collègues autour de lui. Personne ne parle. Aux côtés de Morel, le jeune Gambino chancelle, défaille au pied de l'exécuteur. Les gardes le relèvent. On enfile sur sa tête le capuchon de satin noir. L'aide-pendeur, Scott, pleure comme un enfant en faisant sa sinistre besogne. Coiffé du capuchon, Morel saisit lui-même la corde qu'il passe à son cou, proférant une dernière prière : « Mon doux Jésus, ayez pitié de moi ». Le petit garage Texaco l'a mené sur le palier de la mort. Morel s'y tient droit, digne. Le bourreau Ellis ajuste la corde. Le nœud doit être parfaitement en place pour que la fracture soit franche et la mort rapide. En contrepoint, en bas de lui, les lamentations de Serafini ajoutées à celles de Scott rendent la scène encore plus lugubre. Les bourreaux se rangent de chaque côté du garde. Ellis empoigne la manette. D'un coup franc, synchronisé, il actionne les leviers. Les deux trappes fouettent l'air dans un fracas de pentures. Les deux hommes chutent comme des marionnettes, le cou fracturé. Dix-sept secondes à peine ont suffi.

Les bourreaux descendent les corps et détachent les cordes. Le médecin de la prison de Bordeaux, Emmanuel Benoît, vient constater les décès.

Au tour de Serafini et de Frank, qui paraît désorienté, mais résolu à mourir chrétiennement. « *Mia Madonna, mia cara Madonna* », murmure le caïd en montant sur le gibet. Serafini gémit et faiblit en foulant la dernière marche. À ses côtés, le bourreau Ellis montre des signes d'énervement, lui d'ordinaire si calme. Il coiffe Tony Frank d'un second capuchon de satin, celui destiné à Serafini. Le père Mullins lui crie de se ressaisir et de corriger son erreur. La chorégraphie mortelle reprend, mais tourne à la catastrophe. Le bourreau s'emmêle dans les cordes. Au bout de sa corde mal ajustée, le jeune Italien souffre inutilement. Ellis l'a-t-il fait volontairement ? A-t-on voulu faire payer au mafieux ses déclarations qui embarrassent tant la police ? Les spectateurs ont aussi remarqué qu'Ellis a attaché le veston de Serafini à celui de Frank. Pourquoi ? Dix-neuf secondes ont suffi pour leur passer la corde et les basculer dans l'éternité, pour reprendre la métaphore du journaliste de *La Presse*. Est-ce le récent succès du Paul Whiteman Orchestra qui fait chanter Arthur Ellis ? Toujours est-il qu'il siffle un air de jazz en détachant les cordes. Quatre cadavres s'allongent à ses pieds. Il sourit.

Les corps sont transportés et conservés dans une cellule. Fontaine entre dans la prison pour signer le verdict du certificat d'exécution. Il est ébranlé. Le docteur lui avait bien dit que ce ne serait pas facile.

Au journaliste qui l'interroge dans la geôle humide, Arthur Ellis, tout en sueur, se targue d'avoir battu un record de l'Empire britannique : « Dix-sept secondes ! »

— Cette exécution, vous savez, avait un caractère de notoriété internationale… La fracture a été complète et les exécutions propres et rapides.

Ce n'est pas l'avis du journaliste qui cherche à savoir ce qui s'est passé dans le cas de Serafini.

— Bah ! répond-il avec un sourire malin. Vous devez comprendre pourquoi on fait ces bonnes petites choses !

À six heures le drapeau noir est hissé sur le portique de la prison.

Fontaine et les médecins qui pratiquent l'autopsie sur Gambino affirment qu'il était déjà mort d'une syncope pendant que les gardes le soutenaient.

La justice de la *cosa nostra* a le bras long. Quelques semaines plus tard, Nieri est exécuté par la mafia.

★　★　★

Le nouveau labo de la rue Saint-Vincent sent la peinture fraîche.

Fontaine est revenu d'Europe en 1923 avec son diplôme de médecin légiste. La relation qui se noue entre Derome, un cérébral ironique, et Fontaine, un sanguin passionné, rend la morgue moins triste. Puisque le docteur McTaggart n'effectuait aucun voyage à des fins d'investigation, Derome, qui approche de la cinquantaine, confie au jeune homme la plupart des enquêtes qui nécessitent des déplacements.

— Rosario, vous avez reçu un grand paquet, lui dit le docteur Derome.

— J'arrive, docteur.

Fontaine défait le papier d'emballage brun. Il sort un cadre.

— Tiens ! le porte-bonheur…, dit-il à Derome, qui n'aime pourtant pas cette tradition.

On a expédié au labo la corde qui a servi à pendre Morel. Elle est fixée sur un cadre et enroulée de manière à former le nom de l'ex-policier. Cet étrange rituel est accompagné d'un message de félicitations. Fontaine le lit à voix haute :

Mon cher Rosario,
Voici pour votre musée. Recevez mes meilleurs vœux de bonne santé.

Avec mes compliments,
Un confrère

Ce confrère est nul autre que l'étrange Arthur Bartholomew, nom véritable d'Arthur Ellis, l'exécuteur canadien. Rosario Fontaine n'oubliera pas de sitôt la nuit du 24 octobre 1924.

CHAPITRE 19

Un thé à la morgue

Coiffé d'un Stetson fauve, couvert d'un imperméable et parapluie à la main, le docteur Derome, comme tous les matins quand le temps s'y prête, descend la rue Saint-Denis à grands pas.

À son agenda figure une visite du reporter du *Standard*. Après la tournée des journalistes francophones au printemps, c'est au tour des journalistes anglo-montréalais de signer des articles sur le labo. L'équipe du *Standard* a choisi une journée idéale pour réaliser son reportage à la morgue : le ciel de plomb hésite à larguer ses trombes d'eau et les feuilles mortes virevoltent dans un décor funeste. Une autre journée chargée l'attend. Et le temps court comme les assassins ! Mille neuf cent vingt-quatre : année noire. L'agenda mental du docteur se met en marche : terminer son rapport sur le cas du restaurateur Beauvais, assassiné lâchement à Verdun ; grâce à son analyse balistique, William Watkins, alias Davis, vient de confesser le meurtre de cet honnête citoyen. Derome doit aussi témoigner d'ici peu en Cour suprême ontarienne au sujet du meurtre d'un policier.

Derome traverse prudemment la rue Craig et enjambe le trottoir en se méfiant du tapis de feuilles humides. Un passant qui l'a reconnu le salue discrètement. Il tourne à droite dans la rue Notre-Dame, passe devant le monument Vauquelin. En traversant la rue suivante, il constate que la construction du nouveau palais de justice, dessiné par Ernest Cormier, avance rondement. Le bâtiment annonce déjà son parti pris néoclassique, avec sa devanture toute en colonnes. À l'ombre de l'édifice La Sauvegarde, il oblique à gauche vers Saint-Vincent, une petite rue pavée et pentue.

Devant Derome, le bâtiment en pierres grises de style néoclassique s'élève sur quatre étages. Les huit pilastres géants qui le soutiennent s'allongent sur toute la hauteur de la façade. De grosses lettres dorées brillent sur les vitrines :

LABORATOIRE PROVINCIAL DE
RECHERCHES MÉDICO-LÉGALES
POLICE PROVINCIALE
COUR DU CORONER
MORGUE

Il passe sous la marquise noire qui a vu défiler Sarah Bernhardt au temps de l'hôtel Richelieu. Mais, depuis peu, le bâtiment reçoit des invités moins bavards : les cadavres qui font couler l'encre à la une.

Le vaste rez-de-chaussée grouille de sergents-détectives en veston et cravate et d'agents de police en uniforme.

Le répartiteur de la police provinciale, derrière son comptoir, vaque à ses occupations.

— Docteur Derome, lui dit le commis, vous avez reçu un sujet ce matin à six heures. D'après les policiers, il s'agit d'un suicide par empoisonnement.

Derome traverse de bout en bout la pièce où se multiplient les cagibis vitrés. Les frappes des machines à écrire rendent bien le rythme fou des lieux. Le chef Dieudonné Lorrain, qui sort de son bureau, le gratifie d'un franc « Bonjour, docteur », mais la voix du chef n'a pas le tonus des beaux jours. Depuis quelques semaines, un climat malsain règne au bureau. La police montréalaise est dans la mire du commissaire Coderre, qui enquête sur la corruption au sein des forces de l'ordre. Les limiers marchent les fesses serrées. Depuis le braquage du convoi de la Banque d'Hochelaga, de sales rumeurs circulent.

Le docteur entre dans la salle d'autopsie. Ses talons claquent sur le carrelage en céramique. Pour des raisons d'hygiène, la pièce est située à l'arrière de l'édifice, avec la morgue. Les murs étincelants sont émaillés. Au centre se dresse sa nouvelle table en étain, et contre un mur, un évier tout aussi blanc. Un tableau noir est accroché à sa droite. La mort ici se pare de noir sur fond blanc lustré. Un amphithéâtre à angle très incliné permet à Derome de recevoir ses étudiants de l'Université de Montréal.

Dès qu'il ouvre la porte de la morgue, des effluves à la fois âcres et sucrés chatouillent son odorat. En dépit d'un investissement important, les nouvelles installations ne satisfont pas aux critères de salubrité qu'il aurait souhaités. Malgré la présence d'un système d'aération et de réfrigérateurs refroidis par quatre mille livres de glace, une morgue restera toujours une morgue. Heureusement, c'est l'automne et les miasmes sont plus tolérables. L'été, les asticots envahissent les planchers, et les conditions d'hygiène deviennent insoutenables. Dans un coin, des piles de papier journal servent à recouvrir les macchabées.

Derome s'arrête devant le mur où sont encastrées les quatre portes lambrissées des glacières. Il en ouvre une et fait glisser la dalle mobile. À voir l'état de rigidité cadavérique du malheureux, il estime que la mort doit remonter à une dizaine d'heures. Il demandera au jeune Fontaine d'effectuer l'autopsie pour que Pépin puisse procéder à l'analyse toxicologique.

Le docteur pousse la dalle, qui glisse sinistrement sur le rail. Mais avant de refermer le tout, il vérifie, sur le rail au-dessus de la case réfrigérée, l'état de la glace. Le gros bloc, de cinq pieds de long sur huit pouces de large, a fondu et devra bientôt être changé. Lorsqu'il se retourne, son regard tombe sur le gros crucifix qu'a fait accrocher le shérif de Montréal.

Derome s'engouffre dans l'escalier. À l'étage se trouvent les bureaux des détectives. C'est aussi là que se tiennent les enquêtes de la Cour du coroner.

À part la tribune du président qui en impose, la salle n'a rien de solennel. L'ameublement de la pièce est modeste, avec ses chaises et ses tables de bois ; seuls les sièges des jurés, à la gauche du tribunal, sont munis d'accoudoirs.

Arrivé au second étage, Derome entre dans son laboratoire, fait de six pièces en enfilade. Les lattes de bois franc craquent sous ses pas : les planchers ne sont pas tous de niveau et vibrent pour un rien. Cet inconvénient le met en rogne, car il affecte les appareils de mesure lors d'expériences de précision. Il lui a fallu glisser un morceau de bois sous la balance pour la mettre de niveau. À ses yeux, l'espace est encore trop étroit pour contenir tout l'appareillage scientifique. On se marche littéralement sur les pieds : « *cramping science* », a écrit avec justesse le journaliste du *Herald* en voyant les contorsions déployées par les employés dans le laboratoire de photographie. Bien sûr, il ne va pas jusqu'à s'ennuyer de son labo de la rue Craig, mais il aurait souhaité mieux.

Le docteur ouvre la porte de son bureau. Sur le verre givré est inscrit son nom : « Wilfrid Derome, médecin légiste, directeur ». Il accroche son chapeau, son parapluie et son imper sur la patère. Son gros bureau à cylindre est encombré de paperasse, de livres et d'un téléphone à cornet. Sur un babillard s'étalent les coupures de presse évoquant ses nouvelles installations, qu'il devra trier pour ses archives. « La propreté ! la propreté ! Oui, bien sûr, pense-t-il, mais la science ? » Certains journaux mettent trop l'accent là-dessus. Une vraie mentalité de concierge ! peste-t-il. Pour ses archives personnelles, il ne veut conserver aucun article de ce genre. La science a du chemin à faire dans l'esprit de ses compatriotes. C'est tout le contraire dans les journaux anglophones. Trois semaines plus tôt, *The Herald* titrait, à son grand plaisir : « Il y a de fabuleux instruments au laboratoire médico-légal que dirige le grand expert canadien. Le docteur Derome a mis au point une machine de haute précision pour mesurer les balles. Cet instrument, qui pourrait jouer un rôle décisif dans le troisième procès de l'abbé Delorme, est l'un des plus intéressants. » Voilà les mots qu'il aime entendre : ceux de la modernité.

Des voix s'élèvent derrière la porte entrebâillée jouxtant son bureau. Les ombres de colosses se dessinent sur le mur du corridor. Un cercle de détectives s'est formé autour du docteur Rosario Fontaine. De grands éclats de rire tonnent à l'unisson. Rien d'étonnant, songe Derome. Autant lui-même paraît réservé, autant son assistant se montre flamboyant, cabotin, culotté. Son jeune prodige, nouvellement diplômé de l'Université de Paris, est un conteur hors pair. Quand il prend le crachoir, les invités s'amusent beaucoup. Il a mis de la vie dans la morgue. Derome l'aime comme un fils. De son bureau, il entend une conversation qui le concerne. Il prête l'oreille.

Les ombres des bras de Fontaine tracent des arabesques sur le mur du couloir. Devant le médecin légiste, les limiers de la Sûreté provinciale sont tout ouïe.

— Vous auriez dû entendre le docteur Derome l'autre jour, au palais de justice. Il croise un membre du Barreau dans la salle des pas perdus. L'avocat dit au docteur qu'un expert, avec qui il se serait querellé, répand la rumeur que Derome est si honteux de son comportement qu'il ne peut plus supporter son regard. Le docteur lui riposte du tac au tac : « Il se trompe, c'est son haleine fétide que je ne peux supporter. »

Les policiers épanchent une cascade de rires.

— Imaginez le tout venant d'un homme qui travaille à la morgue… Puis, l'autre jour, un autre avocat « obséquieux et raseur », comme Derome le qualifie, l'apostrophe avec un brin d'indignation dans la voix parce qu'on l'accusait, lui, le grand Derome, d'avoir été partial lors d'une affaire judiciaire. Le docteur réplique : « Allons, allons ! mon ami, calmez votre indignation ; on dit tant de choses. Tenez ! On a même dit de vous que vous étiez avocat ! » Vous auriez dû lui voir la face s'allonger.

En voyant apparaître son vénéré maître, comme il l'appelle, Rosario s'interrompt un instant. Il est rouge de plaisir.

— Bonjour, docteur !

— On travaille fort !

Les limiers le saluent respectueusement d'un coup de chapeau. Dans leurs yeux se lit toute l'admiration qu'ils portent au directeur.

À trente-deux ans, Fontaine a encore des airs juvéniles. C'est un homme de petite taille, vêtu élégamment. Sous un front large apparaissent des yeux vifs, un nez délicat et des lèvres bien dessinées. Ses cheveux bruns, qu'il renvoie en une longue frange vers l'arrière, lui confèrent des airs de tombeur.

— Docteur Derome, je termine l'analyse balistique à l'instant.

— Les journalistes du *Standard* sont arrivés ?

— Non, pas encore.

Un policier remet une enveloppe à Fontaine et le docteur Derome retourne à son bureau.

⋆   ⋆   ⋆

Derome pose pour le photographe du *Standard,* qui tient à le croquer derrière son « puissant » microscope. Pendant que son collègue ajuste l'appareil à soufflet, le reporter, séduit, entrevoit déjà ce qu'il écrira : « Assis derrière un bureau dans le laboratoire, le docteur Derome est l'un des médecins légistes et criminalistes les plus connus sur le continent. Sympathique et génial, avec des yeux perçants, il est devenu la terreur de la classe criminelle. Il a amené son laboratoire à un tel niveau d'efficacité que personne ne peut le surclasser sur le continent. »

Sitôt libre, le docteur invite le scribe à passer dans le laboratoire de toxicologie adjacent à son bureau.

— Comme vous le savez, messieurs, la toxicologie est la science qui étudie les poisons.

Dans la vaste pièce qui ressemble à une boutique d'apothicaire, les armoires vitrées montent jusqu'au plafond. Il y a du verre partout : des dizaines de fioles et de flacons sont alignés sur les tablettes. L'îlot central, en bois massif, est encombré de brûleurs, de pipettes, de ballons et de becs de gaz. Au bout du comptoir se trouve un vieux secrétaire sur lequel Pépin et lui déterminent les doses mortelles.

— Nous aimerions prendre une photo de l'expert Franchère Pépin.

Le laboratoire du 443, rue Saint-Vincent. *(La Presse)*

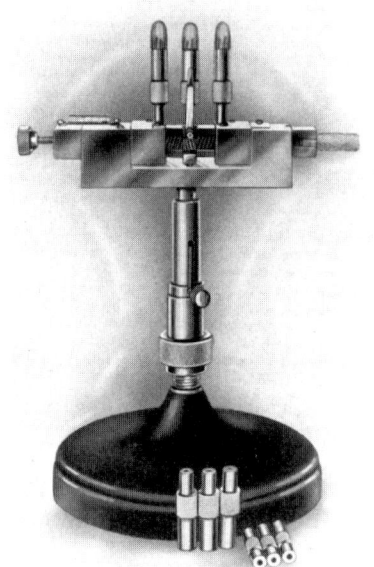

Porte-balles conçu par Wilfrid Derome. *(L'Union médicale du Canada)*

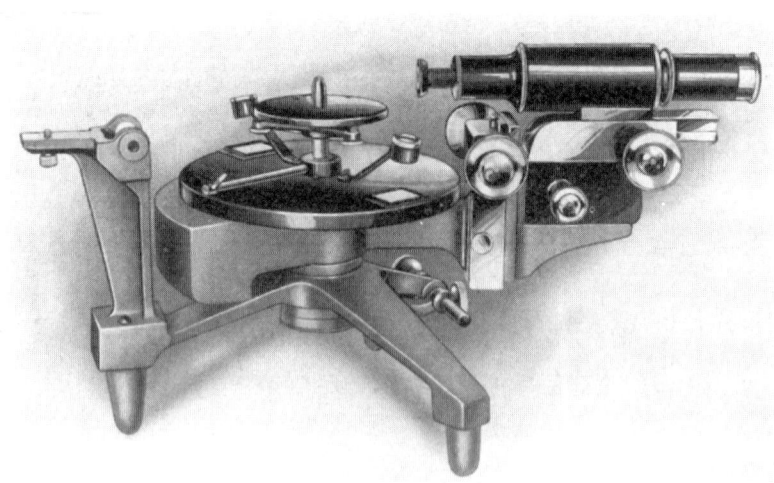

Le microsphéromètre construit d'après les données du docteur Derome. *(L'Union médicale du Canada)*

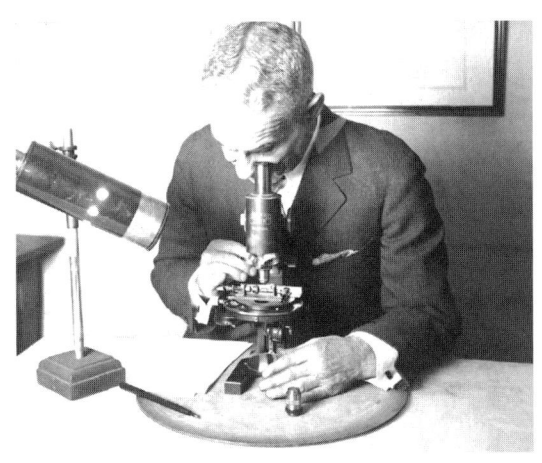

Le docteur Derome en pleine analyse. *(La Presse)*

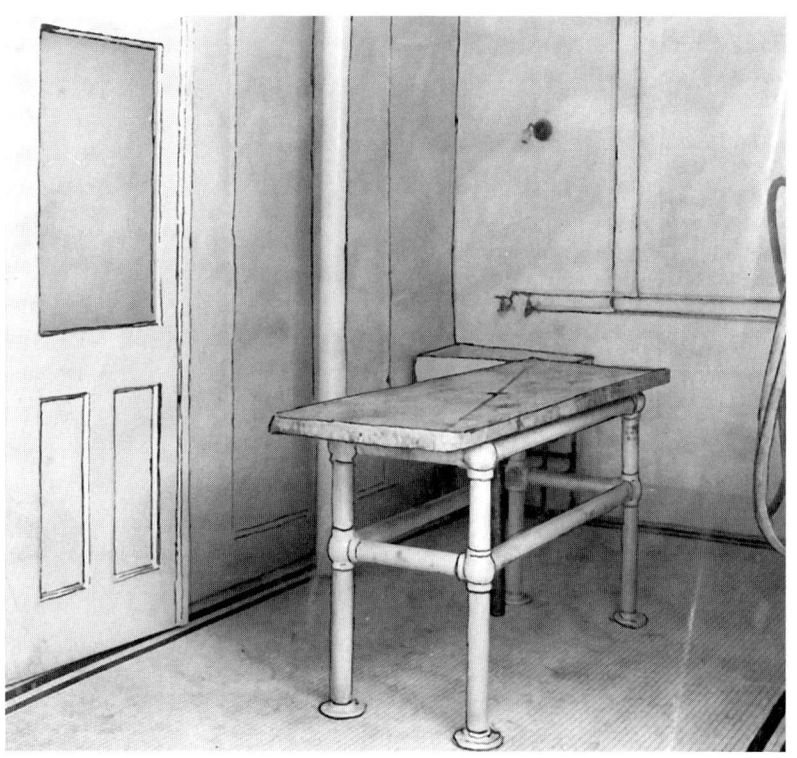

La table d'autopsie et la chambre
froide.

Rosario Fontaine et Horace Chamberland posant pour le photographe du *Standard*. (Musée de la civilisation, Collection du laboratoire de sciences judiciaires et de médecine légale)

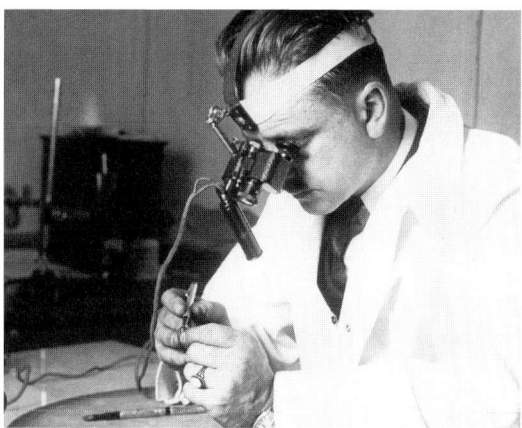

Le docteur Rosario Fontaine faisant un examen avec ses jumelles à court-foyer. (Musée de la civilisation, Collection du laboratoire de sciences judiciaires et de médecine légale)

Arsène Paré, neveu du docteur, dans la bibliothèque. Il deviendra le premier photographe judiciaire du laboratoire. (Musée de la civilisation, Collection du laboratoire de sciences judiciaires et de médecine légale)

Le pharmacien chimiste Franchère Pépin, pionnier de la chimie judiciaire en Amérique. (Musée de la civilisation, Collection du laboratoire de sciences judiciaires et de médecine légale)

Le musée médico-légal. (Musée de la civilisation, Collection du laboratoire de sciences judiciaires et de médecine légale)

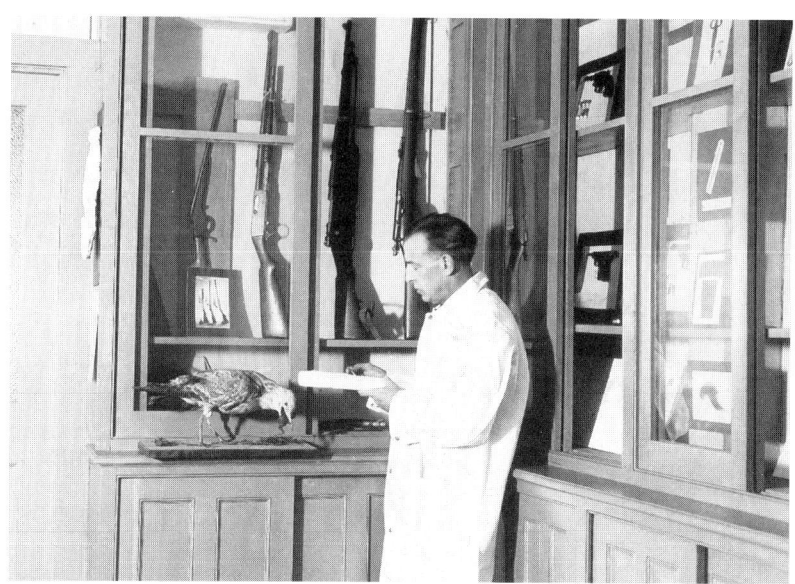

Horace Chamberland dans l'armurerie. Le goéland empaillé a servi de pièce à conviction après qu'il s'est étouffé en tentant d'avaler un fœtus mort. (Musée de la civilisation, Collection du laboratoire de sciences judiciaires et de médecine légale)

Le regard du justicier. « *Derome is a "terror" to the criminal class* », selon le journaliste du *Standard*. (Collection Arsène Paré)

— Malheureusement, mon pharmacien-chimiste est absent aujourd'hui. Mais laissez-moi vous parler des services que la chimie et la toxicologie peuvent apporter à la justice. Il faut opposer aux empoisonneurs des méthodes de détection efficaces.

Pour le reportage, le journaliste tient à faire photographier toutes les sections du laboratoire. En l'absence de Pépin, Derome demande aussitôt à Fontaine et à Chamberland de s'improviser chimistes pour les besoins de la cause. Détestant les feux de la rampe, il ne tient pas à apparaître sur toutes les photos.

Rosario et Horace entrent dans la pièce.

— Et qu'est-ce qu'on prépare à ces *gentlemen,* un Bloody Mary à l'arsenic ou une liqueur au vert de Paris ? lance Fontaine en secouant une fiole.

— Je me dis, répond Derome, pince-sans-rire, qu'en bon sujet de Sa Majesté, ils préféreront sans doute du thé.

Les invités éclatent de rire devant tant de désinvolture.

— Le docteur Fontaine a étudié la médecine légale et la criminalistique à Paris et à Lyon sous la férule d'Edmond Locard.

— *Ready ?* demande le photographe.

Fontaine lève une pipette au-dessus de sa tête en prenant un air de savant. De l'autre côté du comptoir, le vieux Chamberland reste sérieux comme un pape. Dans une explosion sourde, l'éclair de magnésium illumine la pièce.

— *It'll be a good one !* lance l'homme en relevant son œil de l'appareil photo.

Pendant que ses deux employés se retirent dans le laboratoire d'analyse, Derome, d'une voix posée, décrit le fonctionnement de l'appareil qu'observe le journaliste : un spectroscope.

— Cet appareil est constitué d'un prisme qui décompose la lumière blanche par réfraction, qu'elle soit solaire ou électrique, en sept couleurs. Vous les apercevez ici de gauche à droite : du rouge, de l'orange, du jaune, du vert, du bleu, de l'indigo et du violet. Nous sommes en présence du spectre solaire, soit les couleurs de l'arc-en-ciel. En quoi cet instrument nous est si utile, vous demandez-vous ? Observez le faisceau lumineux qui passe à travers le prisme. Si j'interposais sur son chemin, et dans des conditions particulières, un corps solide, liquide ou gazeux, vous

constateriez que le spectre solaire en serait modifié, il présente-
rait alors des bandes d'absorption sous la forme de traits, selon
l'échantillon. L'échelle micrométrique nous permet ensuite de
déterminer de quelle substance il s'agit.

— Cet examen sert à détecter les empoisonnements ? avance
le journaliste.

— C'est exact, dit Derome.

Derome prie ses invités de passer dans la salle d'analyse. Le
journaliste hoche la tête, admiratif.

— *What a multiplicity of scientific apparatus !* s'exclame-t-il en
apercevant la panoplie d'appareils scientifiques avec lesquels
œuvrent Chamberland et Fontaine.

Ce dernier examine un projectile avec le microsphéromètre,
une invention du professeur Derome. Derrière la lunette gros-
sissante, il observe une balle dressée sur un petit plateau. Il repère
les marques laissées sur le projectile. L'appareil lui permet
d'examiner la balle dans sa totalité, sans avoir à lever les yeux
de la lunette. Celle-ci grossit les marques et les stries invisibles à
l'œil nu.

— Mon collègue Fontaine devra ensuite effectuer des
microphotographies de la balle meurtrière et de celle qui sert à
établir la comparaison, pour en faire ressortir les équivalences de
l'une à l'autre.

— Vous savez tout maintenant ! dit Fontaine au journaliste
en levant l'œil de la lunette.

Le docteur Derome montre ensuite le porte-balles qu'il a fait
construire et qui permet des mises au point rapides devant l'objectif photographique. Trois balles peuvent être photographiées
simultanément aux fins des comparaisons nécessaires.

— La balistique est une science assez récente dans les
cours nord-américaines. Elle offre une preuve incontestable
devant un jury, explique-t-il aux journalistes. Une analyse balistique est aussi unique qu'une empreinte digitale. Nous nous y
intéressons particulièrement. Depuis des années, je recueille des
données de chacune de mes analyses et note mes observations
sur le sujet.

Pendant que le photographe ajuste son appareil, le docteur

Fontaine, derrière la lunette du microsphéromètre, garde la pose en adoptant une expression sérieuse. Après l'éclair de magnésium, il relâche sa position.

Les regards se déplacent vers Chamberland, qui scrute à la loupe une corde de dix mètres dont l'extrémité pend sous le coin de la table. Désireux de quitter le couloir de la mort de la prison de Bordeaux, Serafini avait tressé sa corde de salut avec des draps, des serviettes, des bouts de barreau de lit.

— La corde est si solide qu'elle aurait pu soutenir trois hommes, confie Chamberland.

— C'est un maître de la criminalité ! dit le journaliste.

Le reporter du *Standard* s'entend déjà prendre le ton des actualités filmées : « Ici, derrière le portail silencieux de la morgue, on fait une fois de plus la preuve du développement des sciences dans la lutte contre le crime sous la direction du renommé "autopsiste" et criminaliste, le docteur G. Wilfrid Derome. C'est un homme avec une vaste expérience et, avec l'aide de ses assistants, il a permis de résoudre certains crimes parmi les plus mystérieux dans cette ville. »

Le journaliste aurait bien voulu en savoir plus sur la personnalité du docteur Derome. Fontaine, regardant son patron, sait que celui-ci ne révélera rien de personnel aux reporters désireux de le connaître davantage. Il faut, pour y parvenir, percer sa muraille, gagner sa confiance, et l'affection suivra.

Le photographe effectue un gros plan sur Chamberland et la lumière le laisse avec des lucioles plein les yeux.

— *Hey ! What's that light ?* demande le journaliste en regardant travailler Chamberland.

— *A mercury vapor lamp.*

Chamberland tient dans ses mains ce petit appareil qui émet un rayon lumineux. Grâce à un fort courant électrique, au contact du mercure, une lumière est projetée à travers une série de lentilles, d'ouvertures et de prismes. Elle se décompose en un spectre aux couleurs de l'arc-en-ciel. Chamberland dirige cette lumière sur un papier spécialement conçu pour réagir aux rayons ultraviolets. L'appareil permet de détecter les manipulations opérées par des faussaires sur des documents.

— Ce merveilleux appareil permet de voir ce qui est invisible à l'œil nu ?

— C'est une façon de voir les choses.

Le docteur convie ses visiteurs dans la bibliothèque scientifique. Des pans de livres et de revues tapissent les murs : *Annales de la médecine légale de Paris*, *Revue internationale de criminalistique*, *Annales de l'Institut de médecine légale de Lyon*, *The Medico-Legal Journal*, *The Journal of Organic Chemistry*, *Annales de médecine légale, de criminologie et de police scientifique*, *The American Rifle*. Chercheur de pointe, Derome lit tout ce qui s'écrit au sujet de son champ de savoir. Le journaliste est stupéfait d'une telle érudition, mais surtout de la présence de vieux bouquins à la reliure en maroquin rouge : *Traité de médecine légale*, 1848 ; *Traité des signes de la mort et des moyens de ne pas être enterré vivant*, 1874.

Le journaliste tire ce livre de la tablette en arborant un rictus dégoûté.

— *Is it possible, doctor?*

— *Not with me, my friend.*

Le docteur remet le livre sur le rayon et reprend son sérieux.

— Même si la littérature médico-légale et la jurisprudence médicale ont fait des avancées importantes au cours du dernier siècle, il y a des livres ici qui datent d'une centaine d'années. Je suis toujours en attente des dernières découvertes dans cette discipline afin de compléter ma collection. Maintenant, messieurs, passons au musée, la pièce de résistance.

Derome sait que son musée donne des sueurs froides aux visiteurs. S'il a aimé l'article enthousiaste du *Herald*, il a toutefois tiqué en lisant le qualificatif « *Chamber of horrors* » que l'on a accolé à son musée. C'est plus qu'un cabinet de curiosités ou un musée de la mort. À l'instar de grandes villes européennes comme Paris, Berlin et Lyon, Derome a voulu doter Montréal d'un musée de médecine légale.

Le journaliste et son photographe ne savent plus où tourner le regard. Derrière de grandes armoires vitrées, les visiteurs observent des centaines de pièces à conviction et des objets qui reflètent la criminalité de leur époque : cadres contenant des rasoirs de suicidés, instruments utilisés par les faiseurs d'anges, pipes à opium et balances saisies dans les buanderies du Chinatown, bouteilles de boisson gazeuse contenant de la strychnine, casse-tête. Accrochées à un mur, des cordes de pendus : bourreaux et gardiens se font un plaisir de les expédier au musée après l'exécution d'un condamné à mort.

— Est-ce vrai que ces cordes porteraient bonheur ?

— Certainement pas au pendu…, répond Derome avec son ironie habituelle.

Le journaliste poursuit son inquiétante promenade. Il désigne, dégoûté, une sinistre pièce à conviction : une meule toujours enfoncée dans un cœur humain.

— Ceci nous rappelle le manque de sécurité sur les lieux de travail, dit le docteur. C'est un dossier qui me préoccupe depuis toujours.

— *Oh Gosh ! What's that ?* s'exclame le journaliste interloqué en apercevant un objet surréaliste.

— C'est un fœtus mort qu'on a retrouvé dans la bouche d'un goéland à Laprairie. Le volatile s'est étouffé en tentant d'avaler la petite victime d'une opération criminelle.

L'équipe du *Standard* est sans voix. Dans une armoire, des dizaines de crânes la contemplent ; les uns fracturés, les autres fracassés, certains percés d'une balle.

Les pièces à conviction de l'affaire Delorme, le plus formidable procès jamais tenu à Montréal, ont déjà trouvé leur place dans la lugubre galerie : s'y trouve entre autres la maquette de la maison de l'abbé Delorme que le docteur Derome a fait construire à l'échelle.

— Elle se démonte étage par étage et comporte les divisions du 190, Saint-Hubert. Grâce à ce procédé, il a été possible au jury de suivre pièce par pièce, corridor par corridor, les fouilles que nous avons faites.

À côté, le crâne de Raoul Delorme criblé de balles rappelle la violence de cette affaire. Le reporter s'arrête devant la reproduction géante en bois d'une balle, qui montre bien la créativité du docteur : il a reconstitué les stries et les marques qui doivent servir à convaincre un jury qui ne connaît rien à la balistique.

L'arme du crime, le fameux Bayard, complète cette nature morte. L'arme d'un serviteur de Dieu.

— *Is the priest guilty, doctor?*

Derome se rembrunit. Il n'a pas envie d'en parler. La partie n'est pas encore terminée. Bientôt mille jours de prison pour l'abbé.

— La visite se termine ici, messieurs.

Derome leur serre la main, cordialement.

Pendant que Chamberland raccompagne les journalistes, le docteur, méditatif, regarde les pièces à conviction. Une fois de plus, il lui faudra retourner en cour. La saga n'a-t-elle pas assez duré? Les jurés finiront-ils par s'entendre? Derome ressent des papillons à l'estomac simplement à y penser. À nouveau, tous ces regards accusateurs de dévots en colère. Les questions des journalistes. Il commence à douter non pas de la culpabilité de l'abbé, mais de lui-même. Il fixe le pardessus et le crâne du jeune Raoul. Il regarde la grande armoire remplie d'armes à feu, où est rangé le revolver. Il le retire de son crochet, le glisse dans une enveloppe. *The case must go on.*

★   ★   ★

Derome va chercher le docteur Fontaine dans son bureau.

— Le cylindre à l'extérieur est prêt. Suivez-moi, on va faire un test, lui dit Derome.

— Je vais à l'armurerie, j'apporte un gros calibre.

— On n'aura plus à se rendre à la piscine de la ville pour les tests balistiques…

— Je ne détestais pas regarder les belles nageuses…, cabotine Fontaine.

Pour procéder à des tirs comparatifs avec l'arme du crime et une arme témoin, Derome et Fontaine cherchent à mettre au point une nouvelle technique de récupération des balles.

Ils empruntent la rampe menant directement à leur nouvelle trouvaille. Derome et Fontaine sentent le vent du fleuve leur fouetter les cheveux.

— Tenez, Rosario, je vous laisse l'honneur d'inaugurer le cylindre.

Puisque l'eau a la propriété de freiner un projectile sans l'endommager, ils ont fait ériger derrière l'édifice de la rue Saint-Vincent un puits en tôle ondulée, haut de trois étages et rempli d'eau.

Fontaine fixe le chargeur. Il s'installe au-dessus du gouffre. Il décharge l'arme dans un bruit assourdissant.

— Docteur Fontaine, arrêtez !

— Mais nom de Dieu !

Les feuilles de tôle s'éventrent, les rivets éclatent. Le cylindre se transforme en passoire à spaghetti. L'eau se déverse dans la cour à quelques mètres des voitures.

— Expérimentation rime parfois avec déception, mon cher Fontaine.

— Les parois devront être plus solides.

Fontaine et Derome regardent l'eau s'écouler lentement. Derome se remet à ses plans. Quelques semaines plus tard, il fait installer, à l'intérieur de l'édifice de la rue Saint-Vincent, un puits haut de deux étages. Les essais à l'extérieur auraient causé trop de dérangements et d'inquiétude. Le cylindre, cette fois, est en acier et a trois centimètres d'épaisseur. Le premier essai balistique au nouveau labo de la rue Saint-Vincent est un franc succès.

★　★　★

Derome demeure pensif un instant sur sa chaise, essayant de masquer son abattement. Qu'aurait-il pu faire de plus ? En ce dernier jour d'octobre se termine l'énième procès de l'abbé Delorme. Un jury de douze hommes vient de l'acquitter.

Derome range ses papiers. D'un regard furtif, il observe l'abbé serrer la main de son avocat. Tous deux ont le sourire triomphant. Le procureur de la Couronne s'avance vers Derome, lui tend la main. Il est déçu, lui aussi.

Malgré quatre procès qui ont coûté une fortune au Trésor public, les preuves n'ont pas suffi. Le gros abbé joufflu jubile. Il est libre. Il continue de serrer des mains. Des rumeurs circulent : une petite fête serait prévue en haut lieu. Le docteur ne se console pas des explications entendues. Un dernier acte joué dans l'indifférence. La quadruple pendaison des bandits de la Banque d'Hochelaga, l'évasion manquée de Serafini, les travaux de la commission Coderre ont détourné l'attention générale de cette affaire.

Derome a consacré des mois de sa vie à cette enquête et le verdict final lui laisse un goût amer. Il prend son sac, se lève, serre encore quelques mains autour de lui. Il a gagné bien des batailles dans cette affaire, mais il vient de perdre la guerre. On ne se bat pas à force égale contre une soutane. A-t-il eu tort d'appuyer la défense dans sa requête pour faire déclarer l'abbé fou et inapte à subir son premier procès ? Pourtant, les meilleurs aliénistes au pays, ceux de la Couronne, partageaient aussi son avis. Une belle unanimité... Il s'esquive sans parler aux journalistes.

L'abbé Delorme a présenté une demande officielle pour recouvrer ses biens personnels, dont le Bayard et les piqués. Il obtiendra l'héritage tant convoité ainsi que le montant de l'assurance-vie. Le crime est payant... pour qui sait attendre, se dit le docteur. Une belle fortune pour neuf cent quatre-vingt-cinq jours de prison... L'abbé n'a pas perdu sa peine. Derome, lui, y a laissé sa santé et du temps précieux. À ses yeux, ce revolver Bayard restera à tout jamais l'arme du crime. Les aliénistes ont pu être bernés, mais les projectiles, eux, ne mentent pas. Demain, l'abbé retournera dire sa messe. Lui regagnera son labo pour servir la justice, celle des hommes, celle de Dieu.

★   ★   ★

L'inspecteur Stringer, de la police de Toronto, après un copieux déjeuner, arrive au laboratoire à huit heures quarante-cinq. On le conduit au bureau de Derome. Le constable vient relater au directeur les dessous de l'affaire Trott. Sa valise contient les pièces à conviction que la police de Toronto ne peut faire parler.

Derome connaît les quelques bribes de l'histoire dont on lui a fait part par lettre. Le 17 décembre 1922, le policier John Trueman est abattu à Thorold, en Ontario. L'enquête piétine depuis deux ans et la police de Toronto s'en remet maintenant à Derome.

Le docteur voit le gros enquêteur combler l'embrasure de la porte. Il va vers lui, tend la main à son visiteur.

— *Nice to meet you, doctor!*

— *Nice to meet you, sir. Have a seat, please.*

— *We've heard a lot of good things about you and your laboratory.*

Le policier ne parle pas un mot de français.

— *Thank you! We do our best! First of all, let me know some balistic details.*

Au 443, rue Saint-Vincent, entouré de limiers, Derome comprend la passion que soulève la mort d'un policier. Stringer sort de sa valise un pistolet automatique de marque Colt D.C. Co. 32. Il lui remet également une balle et deux douilles. Derome examine *de visu* l'arme et le projectile. Il sort une grande feuille format lettre et inscrit : « 9 h : de la part de M. Stringer, *inspector of Provincial Police,* Toronto, reçu — en rapport avec Rex vs John Trott, meurtrier du constable Trueman à Thorold. »

Le docteur relève la tête.

— *Go on!* Allez-y ! *I am listening.*

Derome, qui n'a pas le temps de tout traduire, écrit en « franglais » pour être certain de ne rien perdre des propos du détective, bien bavard : « Une balle chemisée, 32 cal — déformée, trouvée dans une planche d'enseigne, *located 25 or 30 feet away from where the body was lying.* Elle était en droite ligne avec le corps trouvé sur la route. Le cadavre a été transpercé, mais il ne semble pas probable que cette balle ait traversé le cadavre pour aller se loger dans l'enseigne après 25 à 30 pieds — mais plutôt qu'elle a frappé la route pour rebondir sur l'enseigne (à 5 *or 6 feet from the ground*). »

Le docteur invite ensuite le limier à entrer dans la chambre de tir. Derome effectue plusieurs essais balistiques dans le cylindre d'eau. Pour son œil avisé, les marques qui relient l'arme à la balle et aux deux douilles ressemblent beaucoup à celles qu'il vient de recueillir dans le cylindre. « Elle s'adapte parfaitement à l'arme du suspect (Colt D.C. Co. 32 auto Colt pistol). » Derome examine ensuite les douilles au microscope. Elles sont identiques à celles qui ont été retrouvées sur les lieux du crime. Il faut faire les microphotographies.

Il regarde l'agent dans les yeux.

— *They are exactly the same.*

Derome assure le policier que cette arme est celle qui a servi à tuer le policier et qu'il peut compter sur son témoignage.

★   ★   ★

Le matin du lundi 10 novembre, Derome se rend à la gare Windsor. Il s'assoit dans un wagon-salon au confort tout victorien, avec ses fauteuils pivotants et ses boiseries. Le voyage en train dure une dizaine d'heures. Le compartiment lui servira de cabinet de travail. Après un transfert à Toronto, il prend un autre train jusqu'à Welland. De là, il saute dans un taxi. Habitué au confort de l'hôtel Clarendon quand il témoigne à Québec, il se retrouve au modeste Rita Hotel. Heureusement que le témoignage sera bref !

★   ★   ★

Dans le train qui le ramène à Montréal, Derome lit le portrait qu'on trace de lui dans le *Tribune and the Welland Telegraph*. Le journaliste ne tarit pas d'éloges à son endroit. L'Ontario ne possède pas de laboratoire, et un témoignage comme celui qu'il vient de faire constitue une nouveauté.

Si seulement ils pouvaient dire autant de bien de mes compatriotes…, songe le docteur. La coupure trouvera sa place dans ses archives. Il plie le journal et sort le dernier numéro des *Annales de médecine légale, de criminologie et de police scientifique.*

★   ★   ★

Assis derrière son bureau du labo médico-légal, Derome examine son courrier. S'y trouve une lettre sans adresse de retour. Intrigué, il la décachette et affiche un sourire moqueur. C'est bien ce qu'il pensait. Encore un envoi anonyme qui contamine sa journée. Depuis la pénible affaire du Collège d'Huberdeau, il est devenu la cible des dévots.

Plus que n'importe qui, il mesure la cruauté infligée aux enfants et se fait leur voix d'outre-tombe. Ici, tout a commencé par un acte de barbarie commis dans un collège. La lettre vient lui rappeler cette sombre affaire.

Derome sait bien que les volées font partie des punitions corporelles imposées aux élèves. Mais de là à brûler à mort un élève indiscipliné ! La cruauté du religieux est inconcevable. Au terme de son autopsie, Derome affirme que l'enfant a été maintenu de force dans une cuve d'eau très chaude.

Gravement brûlé, l'enfant a révélé à ses proches, avant de mourir, le nom de son bourreau, un homme d'origine française : le frère Usmar. Au tribunal, Derome a corroboré par ses preuves les dires de l'enfant. Le témoignage accablant de l'expert-légiste, soutenu par celui des enfants victimes eux aussi de l'ecclésiastique, incrimine ce dernier.

Depuis, le docteur reçoit une pluie d'injures sous forme de lettres anonymes, non datées, qui proviennent, il s'en doute bien, d'éducateurs religieux proches de l'accusé. Mais ceux-ci se révèlent être de bien mauvais procureurs, pense Derome.

Dans l'une de ces lettres, on le qualifie « d'expert municipal », ce qui le fait sourire, d'autant plus que son auteur s'improvise médecin légiste.

Mais il y a une autre explication, qui me paraît aussi simple. Vu la gravité des brûlures, il m'avait semblé, à la simple réflexion, qu'elles devaient provenir du jet direct du robinet plutôt que de l'immersion dans la cuvette. La disposition des brûlures me semble confirmer cette supposition, et alors le témoignage du frère ne me paraît pas du tout invraisemblable : en son absence, l'enfant a ouvert le robinet et s'est mis le derrière dessous. Saisi par la douleur, il a pu tomber et ne se relever qu'après avoir été copieusement arrosé. Je suis porté à croire qu'il était à genoux, comme l'aurait laissé le frère, quand il s'est acculé au robinet. Je vous avoue que cette explication me paraît la plus vraisemblable.

La science infuse et infaillible de cet « expert » le fait bien rire. En outre, le correspondant anonyme tente de le convaincre que la mère a sans doute soufflé l'acte d'accusation dans les oreilles de l'enfant : « Si cette excuse lui a été tant soit peu suggérée, vous pouvez penser avec quel empressement le petit, qui devait se croire en faute, l'aura saisie. Car les enfants sont ainsi faits : ils ne cherchent qu'à s'excuser, même en accusant les autres. »

Mais n'est-ce pas plutôt le péché des hommes ? se dit le docteur.

Ce passage, croit-il, illustre bien les méthodes du frère tortionnaire : « Je crois beaucoup plus volontiers le frère Directeur qui dit que son inférieur n'était pas assez cruel pour ébouillanter un enfant. » Le plaidoyer final confirme les manières brutales de l'ecclésiastique incriminé.

Quant à la conduite du petit, qu'il « faisait » battre, il faudrait l'avoir vu et entendu pour juger de la portée exacte de ses façons d'agir. Il semble bien que le frère ait été partisan de la manière forte ; mais combien n'y en a-t-il pas de ces éducateurs, surtout étrangers venus d'Europe, qui, sans avoir nullement des âmes homicides, ont des procédés de formation qui nous paraissent originaux, mais nullement susceptibles de flétrissures à la cour criminelle ?

Derome n'apprécie pas que le frère essaie de le manipuler en lui rappelant son cours classique : « Rappelez-vous la façon dont nous jugions l'autorité, surtout les surveillants, vous reconnaîtrez qu'il ne faut pas trop prendre à la lettre ce que diront des gamins de douze ans dans les circonstances actuelles. »

L'autre lettre, qu'il vient d'ouvrir, est encore moins éloquente.

> Vous savez que les enfants sont la plupart du temps menteurs, qu'ils se contredisent, qu'ils peuvent vous faire pendre pour un rien. L'enfant était mourant, il n'avait pas sa connaissance et l'on pouvait lui faire dire tout ce que l'on aurait voulu contre le religieux parce qu'il ne voulait pas obéir à ses bons conseils. Le religieux par sa noble mission communie souvent et voulait le corriger. Ne nous arrêtons pas trop à ces racontars, à ces femmes de paille. Les religieux ont toujours été meilleurs que nous autres. C'est vous qui l'avez fait arrêter et mis en prison par votre témoignage de supposition et non de réalité, car vous ne l'avez pas vu tenir l'enfant dans l'eau bouillante.

La conclusion le sidère par son manichéisme religieux : « C'est vraiment malheureux, mais les protestants doivent vous féliciter. »

Derome annexe cette lettre à la précédente dans un dossier. Vivre avec les conséquences de ses décisions fait partie du métier. Il pense aux enfants dont il se fait la voix et il ne regrette rien de son témoignage. Lui, plus qu'un autre, connaît les douleurs qu'a endurées le petit pensionnaire durant son agonie. Quoi qu'en disent ceux qui l'accusent, il est un catholique pratiquant que Dieu inspire dans sa quête de la vérité.

CHAPITRE 20

Les balles magiques

Comme tous les vendredis après-midi, les étudiants de Derome s'entassent dans l'amphithéâtre de la morgue. Au menu : une leçon de balistique tirée d'une expérience toute fraîche à sa mémoire. Il n'y a rien comme la pratique et l'expérience pour enraciner une leçon. Le professeur Derome souhaite que ses étudiants retiennent ceci : les déductions parfois les plus singulières ne sont jamais à écarter, quoique la solution la plus simple soit toujours la meilleure.

Cette enquête qu'il a menée a médusé ses collègues de la police de Verdun, qui se sont montrés sceptiques, voire incrédules.

Le docteur a apporté un microscope et son microsphéromètre pour faire une démonstration. Sur le porte-balles, il a déposé deux projectiles. Sur une table se trouve un revolver de calibre 25 et trois douilles.

Derome inscrit au tableau le titre du cours : *Identification de douilles et de balles avec un automatique.*

Les étudiants consignent dans leurs cahiers le sujet du jour. Derome dépose la craie et s'adresse à eux.

— Le 8 septembre 1924, vers neuf heures du soir, un restaurateur du nom de François-Xavier Beauvais, âgé de trente-trois ans, était blessé à mort par une balle tirée par des bandits, au nombre de trois, qui avaient fait irruption dans son établissement situé chemin Lasalle. La victime est morte presque immédiatement sans proférer aucune parole, et personne, pas même sa femme qui était dans la pièce voisine, n'a eu le temps de prendre un signalement quelconque des intrus.

Les étudiants ont entendu parler de l'affaire dans les journaux, mais ils n'en connaissent pas encore tous les détails. Ils sont suspendus à la voix du docteur.

— Dans l'intervalle, les policiers avaient eu le temps de visiter le lieu du crime, et, le même jour, ils me remettaient trois douilles et deux balles ramassées par terre près du comptoir du restaurant.

Derome montre aux étudiants les pièces à conviction, une à une.

— J'étais donc en possession de trois balles, y compris la balle extraite du cadavre, et de trois douilles. Mon premier soin fut d'établir si ces projectiles avaient été tirés par la même arme ou par des armes différentes, et quel était le type d'arme utilisé. Pour cela, il me fallait faire un examen comparatif des trois balles entre elles et des trois douilles entre elles, afin de mettre en évidence les éléments d'identité ou de non-identité des unes et des autres.

Derome expose des microphotographies des balles afin d'en montrer les similitudes : la forme générale, la constitution, le poids, le calibre, les rayures, les sillons et les marques particulières.

— Il y a deux façons d'illustrer les marques normales ou particulières qui se voient au microscope à la surface d'une balle tirée.

Il se dirige vers le tableau noir et prend la craie.

a) Le procédé par le tracé (papier carbone), très simple et très démonstratif lorsque la balle n'est pas déformée ; b) Le procédé par la photographie, le seul possible s'il y a déformation de la balle sur des objets extérieurs.

Derome expose aux étudiants le tracé de la balle sur du papier carbone. Les deux séquences montrent une similitude absolue. Il fait ensuite circuler la photo agrandie d'une balle déformée.

— Passons maintenant aux douilles. La forme générale des trois douilles était la même : forme cylindrique dans toute la longueur et présence d'une gorge à la périphérie, près du culot.

Tout en donnant des détails techniques, il demande aux étudiants d'examiner la photo des trois douilles. Il insiste sur les dix marques identiques que l'on retrouve sur le culot des douilles. Il a inscrit dessus des X à titre de repères.

— De ces constatations faites tant sur les balles que sur les douilles, il nous était possible de faire les deux déductions suivantes. D'après vous, quelles sont ces déductions ?

Un jeune homme très mince, et portant le nœud papillon, lève la main.

— Oui, monsieur Roussel.

Derome apprécie l'intérêt que le jeune Jean-Marie porte à la criminalistique.

— Je dirais que trois coups ont été tirés et qu'ils ont été tirés par le même revolver.

— Tout à fait !

Le jeune étudiant est tout sourire. Derome lève un index. Le silence revient.

— Deux jours s'étaient écoulés et les policiers, munis de peu de renseignements, ne savaient pas encore de quel côté pousser leurs recherches, lorsqu'un incident, apparemment étranger au meurtre en question, fut porté à la connaissance de la Sûreté. Dans la soirée du 7 septembre — par conséquent, le soir ayant précédé le meurtre — un jeune homme du nom de Donald G…, qui se promenait à pied, en compagnie de sa fiancée, sur la route ombrée du chemin Lasalle, fut blessé au pied par une balle tirée par des individus qui filaient à grande allure en automobile. Ni la victime ni sa compagne n'ont eu le temps de prendre un signalement quelconque des individus ou de la voiture. Le jeune homme est opéré d'urgence à l'hôpital Victoria, et, le 10 septembre, on m'a remis la balle extraite du pied.

Derome s'installe derrière le microsphéromètre. Il prend une balle qu'il montre aux étudiants.

— Après avoir noté sa forme générale et sa constitution, j'ai déterminé le poids à l'aide de la balance de précision, j'ai mesuré le calibre au moyen du pied à coulisse, compté les rayures, déterminé leur profondeur et leur largeur au millième de millimètre près au moyen du micromètre.

Il dépose la balle sous le microscope.

— Je les scrute avec mon microscope, appréciant leur forme… et surtout…

Il pose la même balle sur le plateau de son invention, le microsphéromètre.

— … et surtout leur position réciproque, afin de faire ressortir de toutes manières les analogies qui constituent seules la base de l'identification.

Derome s'installe derrière l'oculaire de son appareil.

— Je trouve une identité complète de cette balle extraite du pied de D. G. avec les trois balles impliquées dans le meurtre du restaurateur Beauvais.

Le professeur se redresse, se frotte le menton. Son éternel sourire empreint d'ironie s'accentue.

— Je fais part de mes impressions aux détectives, qui ne m'ont pas caché leur surprise, ni leur scepticisme… Songeant alors au moyen d'affirmer ma preuve, je me suis dit que, si l'arme qui avait servi à blesser D. G. était automatique, elle avait dû laisser tomber une douille au moment du tir. Aussi ai-je engagé les détectives à aller scruter la route où D. G. avait été blessé, dans l'espoir qu'ils y trouveraient la douille échappée de l'arme du malfaiteur. Après toute une journée de patientes recherches dans les broussailles, ces courageux officiers m'ont en effet rapporté la précieuse petite douille, que je m'empresse d'examiner et que je trouve en tous points identique à celles impliquées dans l'affaire du meurtre.

Derome agite un doigt menaçant vers ses étudiants.

— Je ne souhaitais plus qu'une chose : mettre la main sur l'arme capable de marquer douilles et balles de cette façon caractéristique. Et malheur à celui en possession de qui une telle arme allait être trouvée.

Les étudiants arrosent la classe d'une bonne rasade de rires.

Tous savent que le médecin légiste se doit de rester neutre, mais la nature étant ce qu'elle est…

— Des jours, des semaines même s'écoulent lorsque, enfin, vers le 3 octobre, un événement survient qui devait me faire entrer en possession de l'arme désirée. Voici les faits : un agent de la police des routes était, ce jour-là, de service sur le chemin de la Longue-Pointe, lorsque soudain il remarque des jeunes gens qui, montés dans une automobile Ford, dépassaient la vitesse permise. Il s'élance à leur poursuite et les somme d'arrêter en déchargeant à deux ou trois reprises son arme en l'air, mais les « infracteurs » ne tiennent aucun compte des avertissements et augmentent la vitesse. Bien plus, à un moment donné, l'un d'eux tente de tirer sur le policier qui les suit de près, mais apparemment l'arme ne veut pas fonctionner et, aussitôt, elle est lancée dans un champ bordant la route. Enfin, le chauffeur, énervé, perd le contrôle de sa machine et finit par s'écraser sur un obstacle, et l'arrestation de toute la bande est opérée à la pointe du revolver.

Derome sort ensuite d'un sac le pistolet automatique de calibre 25, de marque Fabrique Nationale, que lui a remis le policier : elle porte l'inscription Self D. G. Cie.

— J'ai eu de nouveau, comme vous pouvez bien le penser, la curiosité de rechercher les marques normales et particulières que pouvait laisser cette arme tant sur les douilles que sur les balles. À cette fin, je tire deux ou trois projectiles et, après avoir examiné séparément chaque douille et chaque balle, je suis fort étonné de retrouver sur chacune d'elles les mêmes marques normales et particulières déjà relevées, environ un mois auparavant, sur les douilles et balles impliquées tant dans le meurtre de F. X. B. que dans la tentative de meurtre de Donald G.

Le professeur sort ensuite, à la grande surprise de ses étudiants, toute une série de pistolets qu'il dépose sur le chariot du microsphéromètre.

— La conclusion à tirer de ces faits, laquelle vous apercevez déjà sans doute, me paraissait d'une gravité telle que je crus devoir épuiser toutes les recherches possibles, désirant ainsi repousser, dans mon esprit, dans le domaine du rêve le chiffre des probabilités d'erreur. J'expérimente donc avec le plus grand nombre d'armes de même type (calibre 25 automatique) que je pus me procurer.

Le docteur montre chacune de ces armes.

— Bayard, Browning, Leutsche Weck Erfurt, Haenel suhl Schmersser's, etc. Je scrute chaque fois avec le plus grand soin douilles et balles de Fabrique Nationale. Or, avec aucune d'elles il n'a été possible de reproduire un pareil ensemble de marques normales et particulières.

Le visage du professeur Derome se rembrunit.

— Et maintenant, la conclusion de toutes ces constatations ?

Il regarde avec attention les étudiants dans les gradins. Plusieurs craignent d'être interrogés.

— L'arme automatique, calibre 25, portant l'inscription « Self D. G. Cie » et le numéro de série 472 est celle qui a été utilisée pour tenter de tuer Donald G. le 7 septembre au soir et pour assassiner François-Xavier Beauvais le soir suivant. Laissez-moi ajouter immédiatement que cette conclusion ne pèse plus, heureusement, sur ma conscience pour la bonne raison que, quelques jours avant leur procès pour meurtre, l'un des suspects, le vrai propriétaire de l'arme, confessait ses crimes, confirmant en tous points le résultat de mes recherches.

Le professeur se fait cinglant.

— Le procès n'a pas donné lieu à beaucoup de sensations parce que c'étaient de pauvres misérables sans fortune et sans position sociale intéressante. Le possesseur de l'arme a reçu la sentence de mort, qui fut commuée en emprisonnement à vie, en considération de son déséquilibre mental.

Derome jette un coup d'œil sur sa montre. Le temps file et il veut leur montrer les preuves. En bon moraliste, il ne va pas les laisser sans donner une fin adéquate à sa funeste fable.

— Voilà, sobrement exposés, les faits qui m'ont paru intéressants à connaître, parce qu'ils illustrent bien le genre de travail que nous accomplissons au Laboratoire de médecine légale et de police technique. Ils sont un exemple frappant du concours précieux que peut apporter la science à la résolution du crime.

La voix du docteur se fait plus grave. Trente paires d'yeux sont fixées sur lui.

— Les criminels sont devenus si habiles, si scientifiques dans l'exécution de leurs crimes que toutes les ressources de la science doivent être mises en œuvre pour les atteindre. Leur audace et leur cynisme s'accroissent, à Montréal, dans des proportions telles qu'il importe de leur imposer une police méthodologique, assistée de techniciens expérimentés.

Derome ouvre les bras, referme ses mains l'une sur l'autre.

— *A scientist must be set to catch a scientist.*

CHAPITRE 21

Faiseur d'anges

Entre deux tâches à accomplir, il lui faut encore répondre au téléphone qui ne cesse de sonner.

— Docteur Derome ? C'est le coroner. Un faiseur d'anges a frappé dans l'ouest de la ville. Voici l'adresse…

Il faudra remettre à plus tard ce qui presse déjà. La nouvelle année 1925 commence comme toutes les autres. Les résolutions du nouvel an ne servent pas à grand-chose. Le criminel reprend vite ses habitudes, et Derome aussi. Il vient d'être élu président de la Société médicale de Montréal. Toujours du travail.

En ce 5 janvier, l'expression « braver le froid » prend tout son sens. L'humidité scie les os. Derome, bien emmitouflé dans sa canadienne, monte dans sa Cadillac. Les cheminées de la ville enguirlandent le ciel bleu. Le docteur roule en direction ouest, tourne à droite rue Saint-Mathieu. Il conduit lentement, à la recherche du numéro 75. Il gare sa voiture devant un affreux édifice à logements. Il est dégoûté à la vue du bâtiment. Une première pensée s'impose à lui : « Une de ces constructions modernes dites à "appartements", bien faites pour cacher toutes les turpitudes et notamment le vil métier d'avorteur. »

Il monte jusqu'à l'appartement numéro 5. Dans la cage d'escalier se mêlent les relents des repas du midi et les voix des locataires.

Derome est accueilli par Dominique Pusie et le sergent O'Neil.

— Bonjour, docteur.

— Messieurs, dit Derome en ôtant son chapeau.

— Un faiseur d'anges : il s'est enfui, grommelle Pusie.

— Comme toujours. À croire qu'ils ont des ailes !

Derome interroge aussitôt les lieux du regard. Ses yeux scrutent le minuscule réduit.

L'espace à lui seul résume tout. Le docteur inscrit les premières informations dans son carnet : « La victime, jeune fille de vingt-trois ans bien constituée, est étendue sur un sofa ; elle porte ses sous-vêtements de jour ; son cadavre est encore chaud. L'opérateur, qui est un *"baggageman"* de son métier, procède à l'intervention vers l'heure du midi, et la jeune fille meurt quelques heures plus tard. »

Aussi poétique que soit le terme « faiseur d'anges », les opérateurs criminels sèment la mort sur leur passage. Heureusement, l'an dernier, le témoignage de Derome a servi à radier le docteur Duckett, un de ses confrères qui avait enfreint le serment d'Hippocrate.

Comme il est écrit noir sur blanc dans son *Précis de médecine légale*, en référence à l'article 303 du Code criminel : « Provoquer l'avortement est coupable d'un acte criminel et passible d'emprisonnement à perpétuité, celui qui dans le but de procurer l'avortement d'une femme, qu'elle soit enceinte ou non, lui administre ou fait prendre illégalement quelque drogue ou autres substances délétères, ou qui fait illégalement usage sur elle de quelque instrument ou d'autres moyens quelconques dans le même but. »

Derome fourrage dans le sac de la victime et en sort une carte d'identité. Certaines jeunes femmes parcourent des centaines de kilomètres pour se faire avorter. Celle-ci était originaire de Hamilton. Le scénario est toujours le même : « Le jeune couple consent aux conditions fixées par l'opérateur criminel et surtout paie d'avance la grosse somme — l'opération malhonnête nécessitant toujours son paiement immédiat. »

— Vous pouvez transporter le corps à la morgue, dit Derome.

Il poursuit son investigation. Il s'approche d'une commode, l'ouvre et tique. Il décrit aussitôt les pièces à conviction : « Je découvre dans le fond d'un tiroir toute une série de cathéters en gomme avec leur mandrin métallique, dont deux sont encore tout ensanglantés. Je trouve, en outre, quelques autres objets, de moindre importance, mais qui confirment l'idée d'un endroit où se pratique couramment ce genre d'opération criminelle. »

Il prend bien soin de ne pas contaminer ces précieux témoins muets. Il les photographie, les étiquette et indique dans son carnet l'endroit précis où il les a découverts.

Une fois ce travail terminé, il observe les employés de la morgue transporter le cadavre sur un brancard. Il regagne immédiatement la rue Saint-Vincent.

★   ★   ★

En arrivant, il descend à la morgue, enfile son tablier, puis note précisément chaque étape de l'opération : « Je procède à l'autopsie du cadavre dès mon retour à la morgue, vers 4 heures. Les vêtements suivants, enlevés du cadavre, sont maculés de sang encore frais : une robe en crêpe de Chine, un jupon noir, un corset, un caleçon, une camisole. »

Durant les premières minutes, Derome ne remarque rien de particulier. Il dirige son ciseau sur le col conique de l'utérus. Il l'incise et sursaute : « Un bruit soudain d'air comprimé attire mon attention et celle de mes aides. » Derome est médusé par ce jet d'air comprimé. Il ne peut être question de gaz putréfactifs, car le cadavre est encore chaud, ni de gaz d'origine septique produit par une infection ; et l'intestin, lui, a déjà été retiré.

Le docteur reste pensif. Fontaine jette un regard de compassion sur le cadavre de la jeune femme et sur le fœtus.

— Une autre opération criminelle…

— Oui, encore. Comment expliquez-vous cette fuite d'air comprimé après incision de l'utérus ?

Fontaine grimace, dépassé par le problème.

Derome, dont le métier consiste à interpréter les violences infligées au corps humain, se bute à un mystère. Ce corps l'intrigue. Il dépose sa planchette à pince sur la table d'autopsie. Il réfléchit. À ses côtés, Fontaine examine le rapport sommaire. La solution la plus simple étant toujours la meilleure, se dit le docteur, cherchons-la. Ce jet d'air résulterait-il d'une manœuvre de l'opérateur criminel ? Le faiseur d'anges a-t-il introduit délibérément de l'air ? Si oui, pourquoi ? Avait-il entendu parler de cette méthode ? Désirait-il, réfléchit Derome, par cette manœuvre décoller le fruit de la conception, mais ignorait-il tout des conséquences désastreuses d'un tel acte ?

— Rosario, croyez-vous que l'un de ces assassins soit assez fou pour utiliser un jet d'air afin de décoller le fœtus de l'utérus ?

— S'ils sont assez idiots pour utiliser de l'Ergo-Apiol, un produit pour les bains de pied, je crois que rien ne peut les arrêter…

Derome observe le corps, à la recherche d'une solution. L'expert restera sur sa faim. Il n'a pas assisté au crime. L'avorteur ayant pris le large, seuls les effets visibles sur le cadavre et les déductions qui en résultent lui donneront des réponses. Le docteur cherche à comprendre l'erreur du charlatan. Les conjectures se bousculent dans son esprit : « Comment l'avorteur s'est-il pris pour comprimer ainsi l'air dans la cavité utérine ? »

Derome montre à Fontaine les cathéters retrouvés dans les tiroirs.

— Je crois que ces lacérations sur les muqueuses du col dans la région placentaire indiquent l'entrée d'un long instrument, étroit, plutôt dur.

Fontaine acquiesce.

— Si vous me suivez bien, Rosario, l'œuf, qui contenait un fœtus de deux mois et demi à trois mois, était parfaitement intact et c'est sans doute grâce à cette intégrité du sac amniotique que l'air, une fois introduit, n'a pu s'échapper, le sac venant obstruer, dès la sortie de l'instrument, l'orifice interne du col.

— Je lis dans votre rapport, à propos des poumons : « Le droit était pâle, presque exsangue… volume très réduit, alors que le gauche était fortement congestionné, couvert de taches argentées se déplaçant sous le doigt et constituant l'emphysème. » Il a subi alors une très forte pression.

— Ce qui confirme mon hypothèse. Je crois, Rosario, que les opérateurs criminels lisent les plus récents ouvrages de médecine. En gynéco, rappelez-vous, on utilise la méthode d'insufflation utérine pour tester la perméabilité des trompes de Fallope, mais comme cette technique est d'usage récent, je ne l'ai jamais vue utilisée comme manœuvre abortive. Les annales médicales, remarquez, n'en font pas mention.

— Aurait-on affaire à un médecin, comme cela avait été le cas l'an dernier avec Duckett ?

— C'est possible. Mais heureusement, ce mécréant est en prison et ne pourra plus avorter que les poux qu'il a sur la tête.

Fontaine glousse de plaisir. Il aime les vannes du docteur. Mais, sensible, il pose sur la jeune fille un regard empreint de tristesse. Mourir si jeune et si belle, au lieu de donner la vie.

Stupéfait de ce qu'il vient de découvrir, Derome décide de dépasser le stade du constat judiciaire et de rendre publiques ses observations scientifiques et sociologiques dans un texte intitulé « Observation de manœuvres abortives et criminelles ». Il s'offre un texte d'opinion à la plume aussi acérée qu'un scalpel. C'est surtout l'aspect particulier de cette méthode qu'il tient à signaler à ses collègues. En tant que correspondant américain de la Société de médecine légale de France, il fait parvenir le résumé de son enquête à l'éditeur des *Annales de médecine légale, de criminologie et de police scientifique.*

Quelques semaines plus tard, il apprend que son article va être publié et lu à Paris par le secrétaire de la Société de médecine légale de Paris lors d'une séance officielle. La date avancée : le 20 avril 1925.

★   ★   ★

Derome entre dans la salle d'autopsie. Il s'arrête pour observer son collègue Fontaine, absorbé par son travail. La morgue s'est transformée pour un instant en atelier de création artistique. Une grosse motte de glaise repose sur la table en étain où est allongé le corps de Noëlla. Fontaine a tenu à immortaliser ces trois sœurs avant qu'on dispose des corps. C'est son hommage. J'aurai tout vu avec ce garçon ! se dit Derome. Fontaine retire du visage le troisième masque mortuaire et le place à côté des deux autres sur une tige. Trois sourires éternels. Saisi et ému, il a voulu en « fixer les sourires étonnants ». Les mains du docteur sont toutes tachées de plâtre.

Derome sait que cette histoire a touché son jeune protégé. Élisa et Georgina étaient venues aider Noëlla à déménager. L'alcool faisant partie des mœurs des déménagements, les frangines se sont enivrées à l'alcool méthylique. « Il va sans dire que le déménagement n'a jamais eu lieu. Cause de la mort : intoxication à l'alcool », écrit Fontaine. Lorsque le jeune docteur s'est présenté à la résidence de Noëlla, il a trouvé les trois sœurs mortes, un large sourire au visage. Elles étaient radieuses, comme endormies.

— Il y a des morts tellement absurdes…, lance le docteur Derome.

— La mort prend la figure de l'ironie, parfois, réplique Fontaine.

Avec une sonde, Rosario trace les noms de chacune des sœurs sur le socle : Élisa, Georgina et Noëlla.

— Si vous me le permettez, docteur Derome, j'aimerais joindre cette pièce à notre musée.

— Allez-y, mon cher !

Ce garçon a l'âme d'un poète, se dit Derome.

L'alcool dénaturé est un important objet de préoccupation pour Derome et ses confrères. Cet alcool, appelé communément tord-boyaux, bagosse ou poutine, a des effets funestes. Les distilleries artisanales gardent Derome et ses amis aussi occupés que les croque-morts. Si la prohibition aux États-Unis fait son lot de victimes dans la guerre intestine que se livrent les caïds de la pègre pour le contrôle de l'alcool, dans la province de Québec, c'est l'alcool méthylique qui tue. Sa formule chimique — CH_3OH — est quasiment identique à celle d'un alcool ordinaire : CH_3CH_2OH. Pour ajouter à leur similarité, ils bouillent à la même température, possèdent une odeur et un aspect incolore semblables et ont une densité identique. Seule exception : une absorption de quatre onces d'alcool méthylique tue dans 75 % des cas. Le laboratoire de chimie doit analyser l'alcool de bois qui sort des distillateurs clandestins : c'est un alcool qui rend souvent aveugle, paralyse et tue.

Fontaine verse de la peinture verte dans le fond d'une soucoupe. Il va peindre les deux premiers masques, qui sont déjà secs.

$$\star \quad \star \quad \star$$

Après un feu suspect survenu dans la métropole, le commissaire aux incendies a remis à Derome, quelques jours plus tôt, un liquide inflammable : un accélérant composé d'eau et d'huile à lampe. Cette analyse de routine, c'est le cas de le dire, l'a fait exploser de colère. Derome s'installe une fois de plus derrière sa vieille Remington. Il ne va pas mâcher ses mots. Il est un fonctionnaire du gouvernement du Québec et non de la Ville de Montréal. Vont-ils enfin comprendre ? On le tient trop pour acquis à son goût ! Exaspéré, il joint à son rapport du 13 février une lettre à l'intention du secrétaire de la Commission des incendies. Le ton sec et l'ironie mordante résument toute son impatience.

> Monsieur,
> Sans aucunement admettre que je sois obligé de faire quelque analyse que ce soit pour votre tribunal, laissez-moi vous dire qu'il me fait plaisir que vous vous intéressiez au Laboratoire de médecine légale et de police technique pour cette fin. Les autorités de la Ville de Montréal, pour laquelle je travaille gratuitement pour la moitié du temps, comprendront sans doute quelque jour qu'elles me doivent plus que de la gratitude.
>
> Wilfrid Derome

Tout ce qu'il souhaite, c'est d'être correctement rémunéré et d'obtenir plus de moyens. L'appui qu'il reçoit dans les jours qui suivent tombe pile. À la suite de sa réunion du 16 février 1925, la section montréalaise de la Société d'Industrie chimique, dont le siège social est à Londres, vote en faveur de trois résolutions qui vont dans le sens des demandes de Wilfrid Derome.

1. Que plus d'autorité et de latitude soient données à ce laboratoire technique ;

2. Que plus d'entraînement soit donné à la police judiciaire ;

3. Qu'une plus étroite collaboration soit établie entre ces deux institutions, pour obtenir la meilleure protection possible du public.

L'organisation, l'une des plus importantes sociétés scientifiques au monde, soumet ces résolutions au conseil municipal qui les appuie et les renvoie au comité exécutif.

Dans une lettre au greffier de la Couronne, Derome explique les motivations qui animent ces nouveaux amis.

> Les policiers municipaux, d'autre part, éprouvent avec raison une certaine gêne à consulter le personnel du laboratoire, à lui confier divers travaux de recherche, parce qu'ils savent qu'ils mendient, qu'ils s'exposent à un refus possible, qu'ils imposent enfin à quelqu'un un travail qu'il n'est pas tenu d'exécuter.
>
> Ce que la Society of Chemical Industry désire donc, c'est que pour le bénéfice de la justice, les services du Laboratoire de médecine légale et de police technique soient utilisés pleinement par la police municipale dans toutes les affaires où une preuve scientifique doit être administrée.
>
> Pour cela, il faut d'abord qu'une entente ait lieu entre le gouvernement et la ville, que chacune des parties contribue pour une part dans l'équipement et dans l'entretien du laboratoire, qu'une latitude plus grande soit donnée à son personnel, qu'une escouade de policiers intelligents et cultivés soit dressée pour répondre aux besoins de cette orientation nouvelle.

Dans la foulée, *Le Canada*, le 10 mars, et *The Gazette*, le 12 mars, considèrent que cette demande est légitime. Le message est connu de tous. Que les décideurs en prennent bonne note. La justice a un prix.

CHAPITRE 22

Massacre à Rougemont

C'est en style télégraphique que Derome note le message dans son calepin : « Vers 2 h 30 p.m., le chef Lorrain téléphone de Rougemont. Un double meurtre a été commis à la Banque canadienne nationale. Je descends de suite en machine, accompagné du docteur Fontaine et de Chamberland. »

Derome s'installe au volant de la Cadillac. Il a demandé à Fontaine et à Chamberland de l'accompagner. Une fois de plus, il ne rentrera pas à la maison pour souper et Sophie-Catherine sera sûrement couchée quand il reviendra.

— À Rougemont ! C'est chez nous, dit Fontaine, assis sur le siège du passager.

— Ils auraient été massacrés.

Il faut plus d'une heure par la route des Cantons de l'Est, via le pont Victoria, pour se rendre. Le voyage est agréable en cette fin d'octobre. L'automne colore les rondes Appalaches de ses fusains lumineux. Le paysage est magnifique avec ses dégradés de jaune, d'orange et de rouge.

— Saviez-vous, docteur, que Rosario avait peur des morts au début de ses études ? demande Chamberland.

Derome glousse.

— Il ne vous a jamais raconté cette histoire qui s'est passée alors que j'étais préparateur à l'université ?

— Non.

Fontaine écoute sans dire un mot.

— Allez, raconte, Rosario ! insiste Chamberland. J'étais là. Sinon, c'est moi qui vais la conter, mais ça risque d'être moins drôle.

Derome se tourne vers son jeune confrère médecin légiste.

Après s'être fait prier un instant, Fontaine se plie de bonne grâce. Il faut bien tuer le temps. Pendant que défile le paysage, il commence.

— Au début de mes études de médecine, j'avais non pas le dégoût, mais véritablement la peur des morts. Une peur irraisonnée, évidemment, et difficile à surmonter. Pour y parvenir, je demande à mon ami Chamberland de me prendre avec lui dans le local où il injecte et prépare les cadavres pour les autopsies. C'est dans la cave de l'Université de Montréal. Il y a là, sous une lumière parcimonieuse, une quarantaine de cadavres non réclamés, venus des prisons et des hôpitaux. Ils sont allongés, nus, et pour la plupart on n'a pas pris la précaution de leur fermer les yeux. Ma première impression est désagréable. Je n'étais pas très fier. Je m'enhardis à toucher les cadavres, dont le froid m'impressionne encore un peu plus. À ce moment, une cloche sonne, qui appelle Chamberland à l'étage supérieur. Il me laisse seul avec ses quarante clients. Les minutes me paraissent longues ! Soudain, des bottes, qui se trouvent au fond de la salle sur des étagères, dégringolent en faisant un bruit d'enfer, que les échos répercutent. Alors je ne peux résister davantage. Je crois que, pour me sauver plus vite, j'ai sauté par-dessus des chaises et même des tables. J'arrive à l'escalier ; Chamberland justement est en train de redescendre. « Où vas-tu ? » me demande-t-il. Je prends un air aussi dégagé que possible et réponds : « Chercher des cigarettes. »

Les rires éclatent dans l'auto. Un panneau indicateur annonce qu'il reste vingt milles avant Rougemont. Rosario, natif de cette localité, pourra peut-être jeter un éclairage particulier sur l'affaire ou identifier des pistes potentielles, se dit Derome.

— M. Bernard était le gérant de la Banque canadienne nationale. Il vendait aussi des milliers de plants de tomates aux cultivateurs de la région. C'était un homme argenté. Les Bernard formaient un couple modèle, apprécié de tous.

Au premier abord, le mobile du crime paraît somme toute évident, mais, dans ce métier, on leur a appris à se méfier des premières impressions. À la campagne, les banques et les caisses populaires ont des « sous-agences » dans des résidences. La table de cuisine sert de guichet pour les transactions bancaires. Les adhérents viennent déposer, retirer ou emprunter de l'argent.

— On est entré dans la maison pour voler la caisse. Le vol a mal tourné et on a tué les résidants, croit Fontaine.

— Je n'ai pas d'autre information que ce que m'a dit le chef Lorrain : un double meurtre dans une succursale de la Banque canadienne.

Les pommeraies de Rougemont s'étalent à perte de vue dans la vallée. La voiture entre dans le village. Derome la gare près des nombreux véhicules qui se trouvent devant la succursale. Une dizaine d'hommes fument la pipe sur la véranda. Des badauds sur la scène d'un crime : un vrai fléau ! se dit Derome.

Le docteur écrit en tête de son rapport : « Lundi, jour de notre travail, il faisait beau et froid. Nous arrivons à 4 h p.m. »

Rapidement, il décrit les lieux : « Petite maison à comble français avec galerie en avant, deux étages, plus la cave. » C'est une maison typique de la campagne avec son toit à double versant et ses bardeaux de cèdre.

Derrière, se trouve une grange et s'étendent des champs où Bernard cultivait ses tomates. Derome remarque que plusieurs personnes entrent dans la maison et en sortent. Il est étonné par ce va-et-vient, d'autant plus que le chef Lorrain est sur place. Les hommes les regardent arriver, les visages sont atterrés. Les résidants reconnaissent Rosario, qui leur rend la politesse, mais ce dernier ne s'attarde pas, impatient de voir ce qui l'attend à l'intérieur.

En passant le seuil, ils sont salués par le chef Lorrain et le coroner Trudeau, qui a amorcé son enquête. Des jurés ont déjà été choisis parmi les curieux. Derome est présenté au maire

Gingras, qui, tôt le matin, a découvert les cadavres. En balayant du regard la pièce, le docteur devient vite maussade. Il tique en voyant tous ces parasites fouiner dans la maison. Il ressent une intense frustration qu'il ne peut camoufler. Lui qui prêche depuis quinze ans une démarche scientifique sur les lieux d'un crime, se voit servir une gifle en pleine figure. Il est pétrifié devant l'horrible carnage, car c'est bel et bien le résultat d'un massacre qu'il a devant lui, et il est dépité par le triste spectacle des vautours qui contaminent les lieux. C'est la consternation. Il note aussitôt un tel amateurisme honteux : « À noter que la découverte des cadavres était faite depuis de bonne heure le matin, que le chef Lorrain et les officiers étaient là depuis 10 h a.m. du même jour, que les journalistes étaient rendus à 11 h a.m., — enfin que coroner, député, maire, policiers, journalistes, curieux, etc., etc., pataugeaient dans le sang — touchaient à tout, fouillaient les meubles pour trouver une photo à publier — enfin dérangeaient tout, excepté les cadavres, dont ils avaient peur. »

D'un geste vif, il biffe dans son rapport le nom de Lorrain pour ne pas le mettre dans l'embarras.

Encore une fois, un coroner et des officiers judiciaires se comportent comme de vulgaires amateurs sur la scène d'un crime. Fontaine voit bien que son patron est de mauvais poil. Ce n'est pas le temps de le contrarier. Pourquoi n'a-t-on pas préservé la scène du crime ?

Cinglant, Derome ajoute : « Après avoir aussi dérangé la place — substitution des empreintes, etc. — on a fait demander les experts. »

Il congédie tous ceux qui n'ont pas affaire là. Seuls les témoins et les policiers resteront. La nuit tombe peu à peu. Heureusement, le village de Rougemont est électrifié.

Crayon et lanterne électrique à la main, l'expert-légiste dessine aussitôt la topographie des lieux, pièce par pièce, en essayant de reconstituer la funeste agression. Appuyé sur sa planchette à pince, il note les détails importants : « En bas, à l'intérieur, trois pièces : la cuisine, la salle à manger et le salon. Ces deux dernières pièces apparemment non dérangées. La cuisine contient un grillage près de la porte, soit un espace pour les affaires de la banque. »

Derome veut s'y rendre, mais des policiers s'activent à compter les billets. Il décide d'attendre.

Il examine les objets sur la table de la cuisine : un jeu de cartes, une pipe, une blague à tabac, un panier à ouvrage contenant de la laine et un tricot inachevé. Une macabre nature morte.

Derome s'approche du premier cadavre et note : « La victime, Charles Bernard, est étendue à plat ventre sur un manche à balai, les pieds encore relevés sur la première marche de l'escalier conduisant au second étage. Une mare de sang est sous lui et il est en état de rigidité cadavérique en déclin mais encore ferme. » Le docteur se penche pour examiner la mare de sang, cherchant à savoir à quand remonte la mort : « L'écoulement abondant du sang, sa dessiccation noire sur le plancher + la rigidité et les vêtements ; tout cela indique que la mort remonte à deux jours au moins. » Le vieillard, déduit Derome après un examen sommaire, a été frappé par un objet contondant, sans doute une hache.

Lorrain s'approche du docteur.

— On me dit qu'il ne manque pas un sou dans le coffre.

— Notre première impression était donc fausse.

Le docteur affiche une mine renfrognée. Cette information complique la question du mobile. À qui peut profiter ce crime ?

Pendant que Chamberland et Fontaine installent l'appareil photo à soufflet sur son trépied, Derome interroge les témoins et consigne les informations : « Les victimes avaient été vues vivantes le vendredi — le samedi, la banque n'a pas ouvert ses portes et les voisins ont cru que ces gens étaient allés en voyage, de sorte que le crime aurait été commis dans la nuit assez tard, puisque tous deux étaient en robe de nuit et couchés dans leur lit en haut. »

Lanterne électrique à la main, il poursuit sa quête d'indices. Il essaie de ne pas marcher dans le sang, mais c'est presque impossible, tellement on l'a répandu çà et là. Il s'arrête devant une porte : « L'escalier conduisant à la cave s'ouvre par une porte dans la cuisine sous l'escalier. Je suis descendu dans la cave. J'ai vu une goutte de sang sur le plancher de la cuisine près du palier de la porte de cave. »

Derome peste encore une fois en se rendant compte que, là comme ailleurs, les lieux sont contaminés : « Je n'en ai pas cherché plus loin parce que tout le monde en charriait partout avec leurs pieds. » La cave humide sent les pommes de terre. Il dirige sa lanterne vers les murs. Un indice capital attire aussitôt son attention : « Le soupirail de la cave est ouvert, et une petite grille abaissée, où pouvait passer un homme. La porte de la cave conduisant au dehors de la maison — située près de la fenêtre, du côté sud-ouest de la maison — portait une barrure intérieure au moyen d'une barre de fer. Celle-ci était enlevée du bout de son accrochoir. » Derome inscrit sa déduction : « Le malfaiteur a pu pénétrer par la fenêtre et sortir par la porte. »

L'œil du correspondant de *La Presse* le suit dans tous ses déplacements. Le journaliste note tout : « Le Dr Derome, muni d'une torche électrique, examinait meubles, murs et planchers dans l'espoir de trouver des empreintes digitales. Il porta une attention spéciale aux poignées de porte que dut toucher l'assassin et au cadre du soupirail où se suspendit le criminel pour descendre dans la cave. »

Derome ouvre la demi-porte du sous-sol. L'air de la campagne est vivifiant. Il entreprend de chercher des indices au sol, mais Lorrain lui dit de renoncer. Encore là, la contamination des preuves est telle que le travail s'avère inutile. Il enregistre le pénible constat : « Je n'ai rien visité au dehors de la maison, mais on m'a dit qu'il existait des traces de sang en traînée jusqu'au chemin de fer à quelques arpents de là — qu'il y avait aussi des pistes d'homme assez nettes encore (malgré la grande pluie de la veille, dimanche, mais samedi il faisait beau). Nous ne sommes pas allés relever ces empreintes parce que toute la population y était allée avant nous, confondant les leurs avec celles du criminel. »

Il semble que le malfaiteur connaisse les lieux. Les Bernard ont un chien. Aux dires des premiers témoins arrivés sur les lieux, vers sept heures, le mastiff, en colère, montait la garde devant le cadavre de son maître. Il a fallu l'intervention d'un homme qui connaissait le chien pour le sortir de la maison afin que débutent les constatations d'usage. Derome pense que le meurtrier a pu entrer sans être importuné par le molosse mais que, à sa sortie, il aurait été violemment mordu, ce qui explique-rait les traces de sang retrouvées sur douze arpents jusqu'à la voie ferrée. À moins que, dans sa lutte, la victime soit parvenue à blesser son assaillant, ce dont il doute après avoir vu le physique chétif du vieil homme. Le chien serait donc un témoin important advenant l'arrestation de la « bête nocturne », comme l'appellent les journalistes. Aurait-il pu laisser la marque de ses crocs dans la chair du meurtrier ?

Derome remonte au rez-de-chaussée. Planchette à pince à la main, il note d'autres détails : « Je retourne à la cuisine et conti-nue ma description. Sur le plancher, entre la première marche du bas de l'escalier et la petite armoire de la cuisine, il y a un espace de 5 à 6 pouces où on déposait balais, porte-ordure, caoutchoucs, moppe, etc. Or, à cet endroit, il y a une quantité assez considérable de sang — et en plus le balai (non le manche) était ensanglanté sur une large surface, indiquant que la victime, Charles Bernard, a saigné là quelques instants — ce sang ne pouvait venir par descente de la mare sous le cadavre, qui était trop loin. Comme si le bonhomme avait dégringolé l'escalier, qui contient d'ailleurs du sang beurré sur toutes ses marches — venant donner de la tête dans le coin. »

Pendant que Derome étudie les lieux, les éclairs de magné-sium fixent les traces de l'affreux carnage. Le docteur examine le garde-manger et établit immédiatement une autre déduction importante : « À noter qu'il y a eu là encore des coups de donnés, car sur le coin de l'armoire il y avait, à la hauteur d'un homme, des gouttelettes de sang projetées par l'instrument en mouve-ment. De sorte que, dans mon opinion, l'homme a dû lutter en haut terriblement d'abord, car il était couvert de marques de vio-lence, et a dû être frappé de nouveau en bas de l'escalier. »

Derome monte à l'étage. L'étroit escalier est maculé de sang. Sur tous les murs sont suspendues des images pieuses : Sacré-Cœur, statuette de la Vierge et crucifix. L'expert rend compte de l'état des lieux : « Désordre extraordinaire dans deux pièces. » Il

entre d'abord dans la chambre à coucher du couple, esquisse
rapidement un croquis des lieux et inscrit en notations télégra-
phiques ce qu'il voit, pêle-mêle : « Le tuyau par terre, le linge de
corps de l'homme et de la femme par terre, table de nuit brisée et
renversée, petite chaise rustique défaite, barreaux arrachés, le lit
découvert, un drap chiffonné et plein de sang sur le matelas. »
Derome lève les yeux vers le mur et note : « Là, il y a eu plus de
lutte car le mur est brisé et le plâtre répandu par terre, du sang en
gouttelettes nombreuses sur le mur peu élevé du fond — en
mansarde à environ 2 à 3 pieds du plancher. Pas de mare à cet
endroit. » Il coince son crayon sous la pince de la planchette.

Il pénètre dans la chambre où gît le second cadavre, sous un
Sacré-Cœur : « Dans la chambre sud-ouest, un lit double non
défait, mais partout du sang beurré sur le couvre-pied du côté du
cadavre de la femme. » Il s'avance vers deux meubles et décrit
rapidement ce qu'il voit : « Un chiffonnier et un bureau de toilette — chambre de la fille — (effets de dame) enfin une chaise
renversée et l'oreiller de cette chaise par terre. Le cadavre de la
femme reposant par terre, les pieds vers la mansarde, la tête près
du bureau de toilette dans une mare de sang qui faisait jusqu'à la
porte de la chambre. Du sang en gouttelettes projetées par l'instrument sur le bureau de la toilette et sur le chiffonnier, et enfin
en grosses gouttes (7 ou 8) sur le plafond en mansarde vers les
pieds de la victime. Évidemment, la femme est morte là et ache-
vée là. Elle était étendue sur le dos en robe de nuit ensanglantée
et déchiquetée. La tête enfoncée. Pas de traces de lutte bien marquées à cet endroit. » Il observe quelques instants le carnage, la
tête froide, cherchant à comprendre. Il prend le temps de compléter son dessin par quelques détails.

Fontaine s'approche de lui.

— On n'a rien volé.

— On croirait à une vengeance.

— Mauvaise créance ? Saisie de biens ?

— Possible. On va commencer l'autopsie. On s'installe en
bas dans la cuisine. Horace et toi, préparez les corps. Mettez-en
un sur la table et l'autre sur des chaises.

Avant de sortir de la pièce, Derome réfléchit. À lire les traces qui se montrent à lui, il déduit que l'attaque s'est déroulée dans une noirceur totale, l'agresseur ayant frappé avec un objet contondant et tranchant, sans doute une hache, tout ce qui bougeait devant lui. L'hypothèse tendrait à expliquer, se dit-il en rangeant sa règle à mesurer, les entailles sur les meubles, analogues, tant en longueur qu'en largeur, aux marques vues sur les cadavres.

Il regarde par la lucarne ; le champ est plongé dans la nuit. On n'y plantera plus de tomates. Le chien continue de japper, devenu fou de rage. Derrière la fenêtre, Derome reconstitue mentalement les derniers instants de la vieille. Témoin de la mort de son mari, elle est allée se réfugier dans l'autre pièce pour éviter le carnage ou encore pour prier, puisqu'elle gisait sous un Sacré-Cœur. Derome se demande alors pourquoi l'agresseur s'est autant acharné sur elle au lieu de prendre la fuite. Pourquoi éliminer Mme Bernard ? Connaissait-elle le meurtrier ? Craignait-il que, malgré la noirceur, elle ait soupçonné son identité ? S'agit-il d'un tueur sadique ? Les conjectures se bousculent dans sa tête. Il pense à l'arme du crime qui n'a pas encore été retrouvée. Derome redescend. Il s'approche du chef Lorrain.

— Cherchez une hache et non une barre de fer comme vous pensiez au départ.

— Parfait ! Je vais transmettre l'information. En passant, docteur Derome, vous n'avez pas l'air dans votre assiette…

— Et pour cause ! Cette scène de crime est une honte à notre profession.

— Docteur, quand je suis arrivé ici, les lieux étaient déjà contaminés.

Derome fait demi-tour pour aller donner un coup de main à ses collègues.

Toujours sur ses talons, le correspondant de *La Presse* épie tous ses gestes : « Les trois officiers médicaux transportèrent ensuite les deux cadavres dans la salle à dîner, déposant celui de monsieur Bernard sur la table ronde et celui de madame Bernard sur deux chaises accolées, et commencèrent des autopsies qui durèrent deux heures. Ce travail délicat dut être fait à la lumière pâlotte d'une faible ampoule. »

Pendant que Derome autopsie le corps de Charles Bernard, Rosario se charge de celui de la dame. Chamberland dispose des pièces anatomiques remises par les médecins, qui notent leurs constatations au fur et à mesure. Leur travail a chassé bien des invités indésirables, se réjouit Derome.

La faible ampoule s'éteint subitement, les laissant dans la noirceur totale.

— C'est une farce ou quoi ? dit Derome.

— C'est une panne d'électricité, le village est complètement plongé dans l'obscurité, lance dans le noir la voix d'un policier.

— Il nous faudrait des chandelles, dit Derome.

— J'ai un intestin dans la main et je ne vois plus rien, dit Fontaine.

— Essaie de pas t'enfarger dessus ! lui lance Chamberland.

Un policier leur offre d'aller chercher des chandelles.

— C'est toi qui avais peur des morts…, lance Chamberland au docteur Fontaine.

— Vous, le journaliste de *La Presse,* dit Derome, décrivez ce que vous voyez mais n'écrivez pas ce que vous entendez présentement.

Le journaliste éclate de rire.

Derome sourit. Il sait qu'il faut un peu d'humour dans ce métier pour survivre et, avec Fontaine, il est tombé sur un vrai comique au cœur sensible. Le policier allume enfin deux chandelles qu'il place sur la table à côté du cadavre.

La scène paraît presque irréelle. Elle rappelle à Derome les clairs-obscurs de Rembrandt dans *La Leçon d'anatomie du docteur Nicolaes Tulp.* Dans la salle à manger, les ombres des trois experts prennent des formes inquiétantes à cause de tous les courants d'air que la maison a accumulés. À l'extérieur, le chien aboie toujours. C'est lugubre. Accroupi, Rosario plonge les deux mains dans la cavité du corps de Mme Bernard. Il a presque terminé son travail, pesant chaque organe et inscrivant tous les détails de l'opération.

Les filaments de l'ampoule électrique rougeoient de zébrures incandescentes. Tous les regards convergent vers elle. La lumière est enfin de retour. Derome accélère le rythme.

— Horace, vous pouvez remettre les organes à l'intérieur de la cavité et recoudre.

Lussier, l'entrepreneur de pompes funèbres de Saint-Césaire, entre avec un collègue et deux brancards. Ils sont consternés en découvrant la scène.

— Vous pouvez disposer des corps, lui dit Derome.

Après avoir nettoyé les instruments, Chamberland les range dans les étuis. Derome quitte les lieux et accueille la brise en aspirant très fort. Il fait bon sortir de la sinistre demeure et goûter l'air frais d'octobre. Fontaine et Chamberland en profitent pour griller une cigarette. De la galerie, quelques traînards, à la lueur d'une faible lumière, les regardent remiser l'équipement dans leur voiture.

— Hubert doit être fier de toi ! lance un vieux cultivateur. On te voit partout dans les journaux. C'est pas un métier facile.

Fontaine lui répond par un sourire. Hubert, c'est son père.

Derome est fourbu. Il se cale sur la confortable banquette de la Cadillac. Il faudra plus d'une heure pour regagner Montréal. Mais il ne sera pas seul, comme cela lui arrive trop souvent dans de telles circonstances. Rosario va faire la conversation et il oubliera pendant un instant ce qu'il vient de voir. Il est complètement dépité. Il repart à Montréal les mains vides et surtout très frustré. Le texte qu'il a fait paraître dans *La Presse*, quatre mois plus tôt, prend une fois de plus tout son sens : « Malheureusement, nous manquons d'organisation. »

Le surlendemain, Derome se rend à Saint-Césaire récupérer les crânes en vue d'un examen. Le double meurtre crée une véritable commotion dans la province, et le chef Lorrain doit apaiser les inquiétudes de la population : « Nous sentons que la province a les yeux sur nous et nous voulons montrer que nous sommes à la hauteur de la confiance mise en nous. »

Derome ne s'est pas trompé en invitant les limiers à chercher une hache. Dans la journée du samedi, les détectives Dalpé et Germain, de la Sûreté, franchissent le seuil du labo.

— Docteur Derome, vous aviez raison. Nous avons retrouvé la hache dans la grange.

— Déposez-la ici, sur le comptoir. Vous n'avez pas touché au manche, j'espère ?

— Non.

— Bien !

La hache est maculée de sang, de fragments d'os, de matière cérébrale, de peau et de cheveux.

— Pour accéder à la grange, il a fallu retirer un clou que seul un intime pouvait connaître, lui dit le détective Dalpé.

— Excellente observation ! se réjouit Derome. Il va falloir maintenant chercher des empreintes.

Pour ajouter au suspense de l'enquête, le détective Farrah-Lajoie se rend à Rougemont le lendemain. Il souhaite apporter gracieusement sa contribution. À sa descente de voiture, les journalistes se ruent vers lui. Le détective se fait modeste : « Je ne suis venu qu'en amateur, en curieux comme tant d'autres, car on peut dire que la présente cause est la plus sensationnelle de l'année et la plus intéressante pour un policier. » Farrah-Lajoie annonce aux journalistes qu'il ne croit ni à la théorie du vol ni à celle de la vengeance, mais qu'on a tué pour tuer, ce qui n'apaise pas les craintes. Un maniaque rôderait-il dans les environs ? Les résidants de Rougemont sont apeurés, terrorisés.

Dès leur arrivée au labo le lundi matin, Derome et Fontaine entreprennent l'examen de la hache. Derome nourrit beaucoup d'espoir. Il se rappelle que le professeur Balthazard, dans l'affaire Bichon survenue en juillet 1909, avait retrouvé sur la hache meurtrière, parmi les cheveux de la victime, un cheveu étranger. Un seul cheveu de couleur et de diamètre différents des autres. Cela avait permis l'arrestation de Rosella Rousseau. C'était quelques jours avant son retour au pays. La trichologie venait de montrer les services qu'elle pouvait rendre à la justice.

D'emblée, Derome et Fontaine sont en mesure de dire que les marques laissées tant sur le crâne des victimes que sur les meubles correspondent à l'outil qu'ils ont en main. Ils font part des activités de la journée aux nombreux journalistes, avant de se retirer dans la salle d'analyse. *La Presse* écrit que « ce n'est que gantés de linge épais que les médecins ont tout d'abord manipulé la hache ensanglantée, afin de ne pas détériorer les empreintes. À midi, les deux analystes essaient de relever ces empreintes et de les photographier. Cet après-midi, ils commenceront à faire l'examen du sang qui recouvre l'arme, afin de savoir définitivement si c'est du sang humain. »

Le lendemain, c'est un Derome amer qui descend au bureau du chef Lorrain pour lui remettre son rapport d'analyse.

— Je n'ai rien trouvé.

— Les interrogatoires de la veille n'ont rien donné non plus, aucun résultat, lance Lorrain, maussade. Cependant, l'autre piste que suivent mes hommes concerne la fille adoptive de Mme Adrienne Bernard. Elle doit se marier dans quelques semaines. Il y a un mois, le vieux couple aurait rédigé un testament dans lequel il lègue tout à sa fille. On mise là-dessus.

Derome se frotte le menton, hoche la tête et semble apprécier la piste.

— Je vais aller poursuivre l'examen du sang.

En fin de journée, c'est la déception, alors que les journaux reprennent la nouvelle : « Dans son rapport, le Dr Derome déclare qu'aucune empreinte relevée n'est utilisable, de sorte que la cause perd une preuve très forte en laquelle on espérait beaucoup. »

Au journaliste qui l'interroge sur le seuil de la porte, le docteur promet de faire tout son possible pour déterminer, d'ici la fin de la journée, s'il s'agit de sang humain.

— Comment allez-vous faire, docteur ?

Derome répond de bonne grâce à la question.

— Avant de commencer l'analyse du sang par réaction, on va préparer la photographie microscopique au moyen de l'instrument de Nachet qui permet de découvrir les globules rouges à travers des substances opaques. La matinée a été consacrée à mettre le microscope au point et la photographie ne sera prise que cet après-midi. L'analyse par réaction sera ensuite commencée.

Pendant ce temps, à l'étage inférieur, les limiers étudient les transactions bancaires effectuées ces dernières semaines. Se pourrait-il qu'un prêt ou une traite ait été refusé à un client ou qu'un mauvais payeur ait décidé de s'affranchir de ses créances ? Quelqu'un cherche-t-il à étouffer un scandale ?

Deux jours plus tard, les responsables de l'enquête se réfugient dans un silence total. Alors que la population a besoin d'être rassurée, les officiers judiciaires fuient littéralement les journalistes. L'assistant du procureur général, Charles Lanctôt, rend visite à Lorrain, ce qui accroît l'inquiétude. Que cherche-t-on à cacher ? Le maire de Rougemont fait part de l'angoisse qui ronge la population : « La terreur règne toutes les nuits et l'on semble devenir plus nerveux. »

Au laboratoire, c'est la langue de bois et le jeu du chat et de la souris qui règnent, aux dires des journalistes : « Chez les médecins, la porte ne s'entrouvre que de trois pouces, la largeur suffisante à celui qui répond pour passer le nez, et la porte se referme aussitôt. À la vue des journalistes, un médecin s'enfuit de toutes ses jambes dans les couloirs et les escaliers, et ce fut pendant quelques minutes un véritable jeu de cache-cache. »

L'affaire deviendra vite un *cold case,* comme on les appelle dans le jargon judiciaire.

★   ★   ★

Derome a toujours cru bon d'entretenir de saines relations avec les journalistes. Tout au long de sa carrière, ils ont tracé de lui un portrait positif et il en a profité. Il est devenu le chouchou des reporters judiciaires.

En cette torride journée de juillet, c'est au tour du journaliste et du photographe de *La Presse* d'être reçus au laboratoire. D'abord, une séance de photos. Devant son gros *rolltop* encombré de livres et de dossiers, Derome a revêtu un élégant costume trois pièces en velours côtelé noir. Un mouchoir de soie émerge de la pochette de sa veste, sous laquelle il porte un gilet à encolure. À sa gauche se trouve le téléphone à cornet et, à sa droite, une lampe noire à demi-coupole. Au téléphone, le journaliste lui a précisé que l'entrevue porterait sur les services que la police scientifique peut rendre à la justice. Le photographe installe son appareil : Derome pose la tête haute, le corps bien droit, le regard fier.

Après les photos d'usage, il invite le journaliste à s'asseoir, pendant que le photographe range son appareil.

Derome sourit en écoutant le préambule de son visiteur, qui compare les histoires de meurtre auxquelles il est confronté à celles des romans de Conan Doyle et de Maurice Leblanc.

Il fait part au journaliste d'une observation sur le comportement des meurtriers.

— Enfin, la psychologie nous permet d'observer ce qui différencie le crime commis par un homme de la campagne de celui commis par un homme de la ville. Il est constant que le campagnard tue de façon plus brutale que le citadin.

Il a encore frais en mémoire les meurtres de Rougemont, dont le coupable court toujours.

Derome énumère au journaliste les ressources qu'il possède au laboratoire pour lutter contre les criminels.

— Certains réactifs nous permettent non seulement de découvrir du sang sur les armes, même soigneusement essuyées, mais encore de le photographier.

Il rappelle l'importance de l'interprétation des taches de sang.

— Un cadavre qui ne gît pas dans une flaque de sang, l'enfance de l'art indique qu'il a été transporté. La quantité de sang signale, quant à elle, si la victime est décédée sur place ou non. Par les éclaboussures, on peut se rendre compte de la direction du jet. La façon dont le sang a giclé nous indique la position du cadavre. Si une victime blessée se sauve, on peut dire si une veine ou une artère a été sectionnée. Lorsqu'un individu saigne en marchant ou en courant, les gouttelettes affectent une forme spéciale.

Il pointe le carnet du journaliste.

— Il me serait facile de relever l'empreinte de votre main sur votre calepin et d'en apporter la preuve par une autre empreinte qui serait prise, celle-là, à l'Identité judiciaire.

À la dernière question, plus politique dans la foulée des meurtres des époux Bernard, Derome se montre embarrassé.

— Je comprends, docteur Derome, que dans tous les pays du monde, lorsqu'un crime est découvert, on appelle d'abord le directeur du laboratoire, le chef de la police scientifique, comme on dit, et que les policiers ne pénètrent qu'ensuite sur le théâtre du crime.

« À ceci le docteur Wilfrid Derome ne répondit point », note le journaliste.

Avec sa courtoisie habituelle, le docteur raccompagne le journaliste.

En lisant le journal le lendemain, Derome apprécie le sous-titre ; il a bien martelé son credo : « Lorsqu'un crime est découvert, ne devrait-on pas appeler d'abord le directeur du labora-toire, c'est-à-dire de la police scientifique, avant que les policiers ordinaires pénètrent sur le théâtre de la tragédie ? » C'est un avis destiné à tous ceux qui n'ont pas encore compris que la crimina-listique n'est pas une science pour amateurs.

★   ★   ★

Derome apprécie le calme et la beauté du lac Saint-Jean en ce début d'été, sauf que le temps n'est pas encore aux vacances, mais aux empoisonneurs. L'expert en homicides prend une bouffée d'air avant d'aller travailler. Valise à la main, il sort de son hôtel. Il se dirige vers le palais de justice de Roberval, où se joue le sort de la veuve noire de L'Isle-Maligne. La sordide affaire Gallop crée un climat malsain. Derome a pu le constater en dis-cutant avec des citoyens. Le tabou entourant cet homicide amène *Le Progrès du Saguenay* à ne publier qu'un compte rendu partiel du procès, avec une mise en garde.

> Comme le crime avait pour théâtre notre région et comme les témoignages de ce procès n'avaient pas le caractère dangereux de ceux que l'on rencontre dans les affaires de viol, de séduction, etc., nous avons cru bien faire en publiant sans étalage et ailleurs qu'en première page une partie de ces témoignages, qui sont bien de nature à donner de l'aversion pour le crime.

Derome a bien envie de les inviter à lire les journaux montréalais… Il s'assoit sur un banc de parc près de la rue Principale. Avant d'entrer en scène, il se remémore la séquence des événements. Il sait que, dans les cas d'homicide par empoisonnement, les mobiles sont souvent un héritage, une police d'assurance, un nouvel amant. Dans le cas présent, les trois mobiles se confondent naturellement.

Il sort de sa mallette les notes du détective Roussin et celles de l'assistant du procureur général. Le couple Gallop vit depuis 1924 à L'Isle-Maligne, tout près de Saint-Joseph-d'Alma. Chasseur invétéré, Abe préfère l'appel du bois à celui de sa femme, Amy. Ils vivent entourés d'une étrange ménagerie composée de trois chiens et d'un ours apprivoisé. Depuis la fin de l'été, ils hébergent un pensionnaire du nom de Walter Simpson, qui ne tardera pas à faire sa place dans le cœur d'Amy.

Celle-ci contracte une police d'assurance en juillet 1925. Mais déjà, constate Derome, le mari ressent les premiers symptômes d'un empoisonnement : crampes stomacales, picotements, nausée. Le rapport de police mentionne qu'Amy insiste pour qu'Abe signe une police d'une valeur de 5 000 dollars. Comme il est près de ses sous, Gallop trouve ce montant exagéré. Il appose finalement sa signature sur une police d'assurance-accident de 2 000 dollars.

L'expression « signer son arrêt de mort » prend ici tout son sens, se dit le docteur en tournant la page du rapport.

Au cours de l'enquête, plusieurs témoins confient au détective Roussin que, deux semaines avant la mort de son mari, Amy Gallop s'est procuré une robe noire. Mais, constatant à la lumière du jour que la robe est bleu foncé, elle la retourne et l'échange pour du tissu noir. Afin de confectionner sa tenue de veuve ? Cette preuve, qui fait sensation, et la commande de strychnine qu'elle passe chez le pharmacien Livernois, de Québec, le 3 août 1925, font d'elle une Messaline locale. Le matin du 6 août, Gallop est fortement agité, sa respiration devient difficile et il ressent des douleurs à l'estomac. Amy va quérir un éventail chez un voisin pour apaiser la fièvre de son mari. Au petit matin, il rend l'âme pendant que l'amant est parti chercher de l'aide.

Après examen, le médecin croit que l'homme des bois a été victime d'une indigestion aiguë.

Afin de cacher son méfait, Amy tient à faire enterrer son mari à Kinsclear, au Nouveau-Brunswick, patelin natal d'Abe. Walter Simpson l'accompagne dans ce long voyage, ce qui éveille les soupçons. Pendant leur séjour là-bas, la jeune femme confie à son amant qu'elle veut vivre avec lui. Le pacte est conclu. Elle le rejoint quelques jours plus tard à Pointe-Bleue, ce qui attise encore davantage les rumeurs. Amy voit déjà l'ombre de la justice se profiler dans la forêt de L'Isle-Maligne.

Lorsqu'elle apprend qu'on s'apprête à exhumer les restes de son mari, elle se rend à Québec afin d'en savoir plus long auprès du Bureau du procureur général. À son retour, pressentant sans doute le procès à venir, elle se convertit au catholicisme, car Abe Gallop était franc-maçon et cela pourrait lui causer du tort.

À la mi-septembre, avec la rumeur qui croît et les horreurs qu'entend le détective Roussin, le Bureau du procureur en sait assez pour que l'on effectue l'exhumation. Les viscères sont expédiés au laboratoire du docteur Derome. Dans les jours qui suivent, Roussin procède à l'arrestation d'Amy Gallop, qui se cachait chez sa mère.

Le docteur regarde sa montre. Le vent fouette ses papiers, qu'il doit tenir solidement. Il ouvre sa grosse mallette et les range.

Il entre dans le tribunal présidé par le juge Gibsone. À nouveau, il retrouve le terrible Alleyn Taschereau, avocat-vedette du procès Delorme. Il ne le porte pas dans son cœur, celui-là. Souvent, il arrive à Derome de croiser l'abbé dans la rue, ce qui l'indigne profondément.

Amy Gallop, à la tignasse noire et au visage de granit, est debout dans le box des accusés.

D'emblée, l'avocat affirme qu'Abe s'est empoisonné accidentellement. Me Valmore Bienvenue, procureur de la Couronne, déclare que « l'accusée dans la boîte est une femme intelligente et organisée ».

Gignac, l'agent d'assurances, est appelé à témoigner. Il raconte qu'Amy est venue à Québec le rencontrer pour que la compagnie accélère les démarches de paiement. Mais lorsqu'il lui a rappelé les rumeurs qui circulaient à son sujet, elle n'a pas insisté.

Les témoignages des proches incriminent totalement la suspecte : « Je me rappelle, déclare une amie, que Mme Gallop est venue chez moi et qu'elle a parlé de poison, avant la mort de son mari. La dernière fois, c'était le lundi précédant la mort de son mari. Elle m'a demandé alors combien de bichlorure de mercure qu'il fallait pour empoisonner un chien, qu'elle en avait laissé dans un seau et que son gros chien en avait bu. » Une autre amie vient confirmer que la veuve portait sa robe noire et une petite culotte rouge après la mort d'Abe. Un véritable scandale ! Des murmures éhontés se répandent dans la salle.

La confession de Walter Simpson, le beau coureur des bois, pousse Amy vers le gibet. Soumis à un interrogatoire de six heures, il répète à la cour l'aveu que lui aurait fait son amante : « C'est moi qui ai empoisonné mon mari, Abraham Gallop, avec de la strychnine, parce que je ne l'aimais pas et que c'est toi que j'aime et je veux t'épouser. » Elle aurait demandé à Walter de répondre qu'Abe était malade depuis deux mois si on l'interrogeait à ce sujet, ce que viennent confirmer de nombreux témoins. Devant Me Taschereau qui lui demande s'il a fait ces déclarations pour se soustraire à des accusations, Simpson s'emporte : « Ça me fait de la peine, mais il faut que je dise la vérité et j'ai dit alors la vérité, et c'est encore la vérité que je dis aujourd'hui. »

La Couronne appelle ensuite Wilfrid Derome, qui écoute depuis six heures et quart Walter Simpson. Le jury est impatient d'entendre le témoignage de l'expert. Lors de l'analyse des viscères, Derome a recueilli de la strychnine en quantité suffisante pour tuer un homme.

Les grains de strychnine sont présentés au jury.

Derome donne d'abord des renseignements généraux sur les poisons. Il informe le jury de l'expérience qu'il a tentée sur une grenouille. Il a pris un grain de strychnine trouvé dans l'estomac de Gallop et l'a fait absorber au batracien. La dose s'est révélée mortelle. Derome sort deux planches montrant les tracés du myographe. Les jurés sont tout yeux, tout ouïe.

Derome remet les myogrammes aux jurés. Le myographe est un instrument extrêmement sensible qui enregistre avec un stylet les contractions musculaires. Le mot grec *myo* signifie « muscle ». Le myographe donne un graphique de l'activité musculaire. Les jurés observent, d'une part, le tracé normal de l'activité musculaire de la grenouille avant l'ingestion du grain de strychnine et, d'autre part, le tracé erratique obtenu pour la même grenouille empoisonnée avec le grain de strychnine retrouvé dans l'estomac de Gallop, ce qui prouve que cet homme a bel et bien été empoisonné.

Derome répond à quelques questions, puis se retire.

La preuve de la Couronne est maintenant terminée.

Après les plaidoiries, le jury va délibérer. Le juge Gibsone coiffe son tricorne et enfile ses gants. Amy Gallop est déclarée coupable. Elle est condamnée à mort. « *I'm not guilty, that's all I have got to say* », s'écrie-t-elle avant de s'évanouir en gravissant les marches de l'escalier.

Le Progrès du Saguenay semble avoir apprécié la leçon de toxicologie : « Le Dr Derome est un homme de science et d'une compétence hors ligne, et les explications qu'il a données, dans un langage à la fois scientifique et populaire, ont paru capter l'attention des jurés, et il a même répondu à une couple de questions qui lui ont été posées par l'un d'eux. »

Derome peut rentrer à Montréal. Les vacances ne sont plus très loin. Comme tous les étés, il ira passer une semaine au bord de la mer, à Essex Spring. Il sait que Léon est bien impatient de l'affronter au tennis. Le docteur a hâte de revoir ses enfants, qui viennent de terminer leur année scolaire.

CHAPITRE 23

Meurtre dans la haute bourgeoisie

L undi matin, la femme du patron est inquiète. Depuis deux jours qu'elle l'attend. Toujours sans nouvelles de son mari, Mme Beaudry téléphone à Estelle Leblanc, la secrétaire, qui lui dit qu'il ne s'est pas présenté au travail. Mme Beaudry se demande s'il a eu un accident de voiture. Anxieuse, elle rappelle une deuxième puis une troisième fois, mais l'angoisse croît de minute en minute. Où est son mari ?

J. Antonio Beaudry est président de Prix Courant, une entreprise située au 198, rue Notre-Dame Est. Riche éditeur, il habite Westmount et dirige trois autres entreprises : la Merchants Printing Company, la *Revue Moderne* et la revue *Prix unique*. Il est aussi président du très sélect Club de golf Saint-Denis. Le matin du samedi 16 août, Beaudry a informé sa femme qu'il ne rentrerait pas avant le lendemain soir. À quinze heures, ce jour-là, il est attendu au club de golf de Laval-sur-le-Lac, où il doit passer la fin de semaine. Mais il s'est d'abord rendu au bureau pour examiner les comptes. Sur place, il a discuté avec son secrétaire-trésorier, Henri Bertrand, et Jean Tison, un messager qui n'a que seize ans. À midi trente, alors que les deux employés s'apprêtaient à sortir, Bertrand s'est arrêté dans l'embrasure de la porte pour lancer au patron :

— Allons-nous vous mettre dehors ?

— J'attends quelqu'un, a répondu Beaudry.

La secrétaire et la directrice ne savent plus quoi faire. Où est le patron ? Le bureau du président est fermé à clé. Mme Huguenin, directrice de la *Revue Moderne*, et la sténographe Estelle Leblanc frappent à plusieurs reprises, glissent un œil sous la porte, mais n'aperçoivent aucun signe du président. À nouveau retentit la sonnerie du téléphone : Mme Beaudry rappelle une quatrième fois. Son mari ne pourrait-il pas être tombé malade dans son bureau ?

— Je vais voir.

Puisque Mme Huguenin possède un passe-partout, elle se décide enfin à ouvrir la porte du bureau, accompagnée de Mme Leblanc. S'offre alors à elles une image stupéfiante.

— Il est tout jaune ! s'écrie la directrice.

Vêtu d'un veston d'alpaga, d'un pantalon et d'un gilet gris, Beaudry est figé là pour l'éternité. Sa tête est renversée et il tient dans sa main crispée un stylo plume.

— Dort-il ? demande Mme Huguenin en s'approchant.

Elle a tôt fait de constater que, s'il dort, c'est pour l'éternité.

— Je crois qu'il est mort… Il a pourtant l'air si vivant, dit-elle.

Dans la pièce, l'odeur d'un cœur de pomme dans la poubelle se mélange à celle de la putréfaction. Les deux femmes sont dégoûtées.

— Il faut appeler de l'aide, lance la secrétaire.

Les deux employées présument que Beaudry, un homme à qui on ne connaît pas d'ennemis, aux dires de sa collaboratrice, a été terrassé par la maladie ou la mort subite. Elles appellent la centrale de police. Le chef Hector Mercier confie l'enquête à quatre de ses meilleurs limiers, dont Georges Farrah-Lajoie et Aimé Bissonnette. Ces deux derniers pénètrent dans le bureau. Quand Pelletier tire la chaise où est resté assis Beaudry, le corps tombe avec raideur sur le plancher. Les femmes ont la bouche en forme de O.

— Ne vous en faites pas, il n'a rien senti ! Il est mort, dit Farrah-Lajoie.

— Oh ! murmure Mme Huguenin.

Pendant que Pelletier inspecte la pièce, le Syrien examine le corps. Il constate que l'homme d'affaires a été atteint de deux balles, l'une dans la tête et l'autre dans le dos, et qu'il n'y a pas de traces de sang sur le plancher.

La pièce, qui comporte de belles boiseries et de beaux meubles, n'a subi aucun désordre.

Derrière la chaise qui soutenait le corps, la fenêtre est demeurée ouverte. Un vent chaud s'infiltre dans la pièce. Les limiers ont beau chercher attentivement, aucune arme n'est retrouvée sur la scène du crime. Deux employés de la morgue viennent cueillir le corps de Beaudry.

En ce 16 août 1926, Derome et Farrah-Lajoie sont à nouveau réunis à la Cour du coroner pour faire la lumière sur une nouvelle affaire. Dans ce drame bourgeois, cynique à souhait, mondains et mondaines défilent à la barre.

En réponse à la question du coroner, qui demande à Derome si Beaudry a pu s'enlever la vie, l'expert est catégorique.

— Il n'aurait jamais pu se tirer un second coup de revolver.

Chacune des deux balles a pu causer la mort. Pourquoi le corps se trouvait-il donc dans cette position ? Quelle balle a été tirée la première ? s'interroge le coroner.

Derome, qui a étudié la photographie des lieux du crime, en est arrivé à cette conclusion :

— En tenant pour acquise la position assise de la victime au moment du tir, il est raisonnable de croire que la première balle tirée fut celle de la région dorsale. Mais comme la balle n'était pas immédiatement mortelle, la victime s'est appuyée sur le dossier de sa chaise, la tête renversée en arrière et en position pour être atteinte de haut en bas par la seconde balle. Si l'on essaie, par contre, de placer la première balle, celle qui a été tirée à la tête, on arrive à une impossibilité.

★   ★   ★

Derome aura tout lu ! Il dépose son journal, incrédule. On avance l'idée qu'une société secrète serait à l'origine du meurtre, ce que dément le chef Mercier, qui, pour le reste, demeure d'un mutisme exaspérant pour les journalistes : « Le meurtrier s'est entouré de tant de soins qu'il est bien difficile d'étayer les soupçons sur des preuves concluantes », se contente-t-il d'affirmer. Le chef dépêche ses hommes en observateurs à l'église Saint-Léon de Westmount, où se tiennent les funérailles de Beaudry, mais les inspecteurs n'y découvrent aucune piste.

La justice fait appel à un expert-comptable pour vérifier les livres de l'entreprise ; l'opération impose l'ajournement de l'enquête du coroner. On apprend qu'Henri Bertrand, l'homme de confiance de Beaudry, est gardé comme témoin.

Le jeudi suivant, alors que les limiers nagent en plein brouillard, les détectives Lajoie et Pelletier rendent une petite visite au docteur Derome. Les journalistes, toujours à l'affût, sont intrigués par la valise que transporte Farrah-Lajoie. Au moment où ce dernier descend de sa voiture, elle s'ouvre accidentellement et des vêtements tombent sur le pavé. Les scribes, qui ne perdent rien de la scène, ont leur une : « C'est alors que l'on put voir qu'il y avait un tricot, des pantalons, des chemises et d'autres articles servant à la toilette », lit-on dans le journal.

Le lendemain, c'est au tour du docteur de faire la une : « Une visite du docteur Derome au Prix Courant ». On croit qu'il aurait découvert un nouvel indice : « Le médecin expert, qui était accompagné des détectives qui s'occupent de la cause, a tout visité, tout noté, la position de la victime quand on l'a trouvée, l'endroit où étaient situées les taches de sang, l'endroit d'où le meurtrier a dû tirer les balles fatales, en un mot, tout ce qui peut attirer l'attention d'un homme de sa vaste expérience, et l'on prétend qu'il n'est pas reparti les mains vides. »

Le 28 août, les journalistes mettent à nouveau beaucoup de pression sur l'expert en homicides : « Les recherches continuent et l'on attend beaucoup du travail du docteur Derome, qui aurait fait plusieurs constatations que l'on dit importantes dans cette mystérieuse affaire. »

Les limiers font de leur côté une découverte stupéfiante :

Bertrand aurait acheté un revolver après avoir consulté les petites annonces du *Montreal Daily Star*. J.-H. Mulholin, un aveugle, avait voulu se départir de son calibre 32. Il est accordeur de piano et sa fine oreille avait reconnu la voix de Bertrand, puisque ce dernier s'occupait de sa comptabilité à l'époque où il vendait des pianos. On apprend aussi que Bertrand gère l'imprimerie, que son emploi n'est plus assuré et qu'il veut faire main basse sur l'entreprise de Beaudry.

Le coroner demande aussitôt l'arrestation d'Henri Bertrand pour le faire comparaître. Si l'identification de ce dernier par un aveugle en Cour du coroner pose un problème, le coroner accepte néanmoins la déposition du témoin.

Le coroner MacMahon se tourne vers Mulholin, qui certifie avoir vendu son revolver Iver-Johnson à Bertrand.

— Comment pouvez-vous le dire, puisque vous êtes aveugle ?

— Je peux le dire en toute certitude, car ce que j'affirme, je le sais comme nous, les aveugles, nous savons ces choses. Nous avons notre manière à nous de reconnaître les gens, de savoir s'ils sont grands, petits, maigres ou gras. Allez, je ne me trompe pas !

— Mais vous ne pouvez pas voir, comment pouvez-vous dire cela ?

— Je peux voir avec cet instinct que Dieu a donné aux aveugles.

Mulholin relate ensuite le déroulement de la transaction. Après avoir examiné le revolver, Bertrand demande à l'aveugle s'il a des balles. Ce dernier lui répond que celles qu'il possède sont mal adaptées à son revolver.

— Il me dit ensuite : « Ça ne fait rien, j'en aurai. » Puis il m'a demandé combien je demandais pour le revolver. Je lui dis que je le vendrais pour 10 dollars et il m'a dit aussitôt : « Vendu ! »

Une jeune fille, Esther Maxwell, qui a conduit Bertrand chez Mulholin, déclare qu'elle reconnaît l'accusé.

Plusieurs jours avant la transaction, Charles Hockley, une connaissance de Mulholin, s'était présenté pour acheter l'arme. Accompagné d'un ami, Hockley avait fait l'essai du revolver, mais il ne l'avait pas acheté. Appelé lui aussi comme témoin,

Hockley dit à la cour qu'une balle a été tirée dans un poteau de clôture à cette occasion. Il n'en faut pas plus pour titiller le flair légendaire de Wilfrid Derome.

Le docteur, adresse en main, se rend rue de Normandville dans le nord de Montréal, à la recherche du poteau. Derome et son assistant accèdent à la cour arrière et ont tôt fait de repérer des projectiles dans un poteau de clôture. Avec une scie, le docteur découpe à même le poteau sa pièce à conviction. Il est impatient d'en extirper la balle et de procéder à une analyse balistique.

Dès le lendemain, le procureur de la Couronne, Me Ernest Bertrand, exhibe le bloc de bois et demande à Hockley si c'est de ce poteau qu'il est question. Le témoin répond par l'affirmative et l'ami qui l'accompagnait chez Mulholin confirme sa version. Derome est soulagé, car il a mis la main sur une preuve solide.

Le détective Farrah-Lajoie révèle ensuite d'autres faits accablants pour le suspect Bertrand, qui conserve à tout moment son flegme.

— Avez-vous eu des conversations avec Bertrand au sujet d'un revolver ? lui demande le procureur de la Couronne.

Farrah-Lajoie répond avec cette assurance qui est sienne.

— Il m'a déclaré qu'il n'avait jamais eu de revolver, ni sur lui, ni chez lui, ni dans son bureau, qu'il n'en avait jamais acheté. Il m'a déclaré cela en présence du détective Gauthier.

Mais le revolver, preuve essentielle, demeure introuvable.

Derome, dans son costume trois pièces rayé, succède à Farrah-Lajoie à la barre des témoins.

— J'avais deux balles : celle qui a été retirée du poteau et une qui a déterminé la mort de Beaudry, dit le docteur. Je les ai toutes deux comparées pour savoir si elles avaient été tirées par la même arme. J'ai étudié les marques normales et les marques particulières de ces deux balles et je crois être en état de dire que ces deux balles ont été tirées par la même arme.

Il n'en faut pas davantage. Les huit jurés de la Cour du coroner déclarent Bertrand criminellement responsable du meurtre de son patron.

★　★　★

À l'ouverture du procès, Henri Bertrand est dépeint par des témoins comme un véritable fraudeur. Selon ces témoins, il produit de faux chèques, détourne sans vergogne l'argent des loyers qu'il perçoit pour Beaudry et il doit également 10 000 dollars, dont il retarde le paiement, à la succession de son beau-frère. Le messager Tison explique au juge que Bertrand lui fait déposer des chèques portant des noms fictifs. Il mentionne aussi que, trois semaines après le meurtre, Bertrand lui a demandé à quelle heure il était sorti du bureau, le matin du samedi 16 août.

— Je lui ai dit que j'étais parti à onze heures ou onze heures quinze. Il m'a dit : « Mais non, tu es parti plus tard que cela. » Et je lui ai fait remarquer : « Mais non, vous vous souvenez bien, M. Bertrand, vous m'avez envoyé en commission, ce jour-là. Vous m'avez dit de prendre mon temps et de ne revenir que pour midi. Cependant, je suis revenu plus vite que vous m'aviez dit et je suis parti du bureau vers onze heures et quart. » Il m'a ensuite dit : « Tu sais, tu n'as pas besoin de dire cela en cour, quand tu seras témoin. »

Mme Madeleine Gleason Huguenin, directrice de la *Revue Moderne* dont Bertrand est le gérant, est ensuite appelée à témoigner. Elle s'est vêtue de noir pour marquer son deuil.

Puisque le contrat de Bertrand avec Beaudry se terminait le 1er novembre, elle a avisé le comptable, dont elle trouvait le salaire trop élevé, qu'elle ne le reprendrait pas à son service.

— Qui est-ce qui vous a annoncé qu'il s'agissait d'un meurtre ? lui demande le procureur.

— Monsieur Lajoie. J'ai répondu : « Ça n'a pas de bon sens. » Je trouvais la position du corps de M. Beaudry si naturelle…

— C'est bon…, réplique le procureur de la Couronne en soupirant.

— Je pense que vous avez oublié de m'interroger sur quelque chose.

— On vous le demandera… Mais que voulez-vous dire ? s'enquiert tout de même l'avocat en roulant des yeux.

L'attitude du témoin l'exaspère. On dirait une comédienne qui déclame un monologue. Elle se rappelle ses répliques du jour fatidique et même celles des autres acteurs du drame.

— Bien, c'est moi qui ai annoncé la mort de M. Beaudry à M. Bertrand. Alors j'ai dit : « J'ai bien peur que le pauvre homme ne fasse pas de finances aujourd'hui. » « Qu'est-ce que vous voulez dire ? » m'a-t-il demandé. Et j'ai répondu : « Il est mort dans son bureau. » Bertrand m'a dit : « Vous n'êtes pas sérieuse ! » Et moi de répondre : « Si je ne le suis pas, ce ne serait pas le moment. » J'ai dit : « Si vous voulez vous en assurer, vous n'avez qu'à aller voir. » Il m'a répondu : « Madame, j'ai beaucoup trop peur des morts. »

Le juge interrompt la tirade de ce moulin à paroles.

La cause fait sensation à Montréal : Bertrand est bel homme et les spectatrices affluent de jour en jour. Quatre rangées de bancs sont réservés au public.

Un témoignage très compromettant pour Bertrand est donné par le notaire Demers, au sujet de la succession de Lemieux, beau-frère de l'accusé. Le 30 novembre, Demers déclare que quarante-sept actions de Retail Merchants Printing avaient été achetées par Beaudry, son client, mais qu'elles étaient endossées par Bertrand et non par son client.

— Savez-vous pourquoi elles étaient faites au nom de Bertrand ? demande le procureur de la Couronne.

— Non.

La Couronne croit avoir en mains le mobile du crime.

— Bertrand aurait tué pour prendre le contrôle de l'imprimerie de Beaudry et rencontrer ses obligations… Bertrand était le deuxième actionnaire du Prix Courant. Si Beaudry disparaissait, il prenait le contrôle de la maison. D'ailleurs, je suis en mesure de prouver que Bertrand devait de 13 000 à 14 000 dollars à la succession de Lemieux.

L'exécuteur testamentaire de Beaudry, Théodore Meunier, vient raconter la conversation qu'il a eue avec Bertrand, le lendemain du meurtre, dans le bureau du Prix Courant. Bertrand aurait refusé que Mme Huguenin reprenne le contrôle de l'entreprise et fasse imprimer ailleurs sa revue : « J'ai des intérêts dans ces compagnies. Il y a moyen de faire de l'argent et il serait ridicule de laisser aller le contrat comme cela », aurait dit Bertrand.

— Vous a-t-il dit qu'il était actionnaire de la compagnie ?

— Il m'a dit qu'il était l'actionnaire de l'une des compagnies.

Le témoin suivant, Georges Rainville, neveu de Beaudry, exaspère le juge par sa prononciation inintelligible. On doit même assermenter un interprète pour transmettre son témoignage. Rainville révèle que Beaudry avait refilé à Bertrand des actions qui lui appartenaient, mais que celles-ci n'avaient pas fait augmenter la valeur de l'entreprise.

Interrogé à nouveau par le procureur de la Couronne, le détective Farrah-Lajoie pousse Bertrand un peu plus au pied du mur :

— J'ai jugé que seule une personne bien intime avec le défunt pouvait avoir perpétré un meurtre de cette façon, explique le détective.

De plus, Bertrand n'a pu démontrer qu'il s'était départi de l'arme entre la date de l'achat et le jour du meurtre.

Lors de la dixième séance du procès Bertrand, Wilfrid Derome apporte de nouveaux éléments de preuve. La démonstration qu'il a préparée devrait faire son effet.

Devant Derome, le greffier a déposé la chaise sur laquelle était assis le défunt, de même que le crâne de ce dernier. Le docteur expose sa nouvelle hypothèse : il a déduit la taille du meurtrier à partir de l'angle de tir et de la position de la victime. Il entend démontrer que la grandeur du meurtrier correspond parfaitement, selon les lois de la physique, à celle de Bertrand.

Avant de lancer une salve de questions, Me Gendron, l'avocat de Bertrand, invite Wilfrid Derome à « décliner ses qualifications ». Mais le juge Wilson, qui voue un immense respect à celui qui pratique la médecine légale depuis seize ans, s'emporte.

— Si le docteur n'est pas connu à Montréal et dans tout le pays, je ne sais pas qui y est connu…, dit le juge, qui est parfois invité à la table des Derome.

Gendron s'incline et Derome peut témoigner.

D'emblée, le docteur rappelle que le corps de Beaudry reposait sur la chaise depuis environ quarante-huit heures. Le phénomène de rigidité cadavérique s'achevait.

Derome exhibe aux jurés le gilet maculé de sang que portait la victime, afin de montrer les dégâts causés par la première balle.

— Il y a là, au bout de mon pouce, une déchirure. C'était le trajet que fit la balle. Le trajet et l'origine de la balle vont de haut en bas, de droite à gauche et, évidemment, d'arrière en avant. Cette position de droite à gauche n'apparaît guère sur le vêtement, on la voit mieux sur les chairs. La plaie n'était pas profonde. Ici la balle s'est brisée, et en voici une parcelle.

Me Ernest Bertrand, l'avocat de la Couronne, brandit la pièce à conviction.

— Par ce morceau, pouvez-vous dire si c'était une balle automatique ?

— Non.

Derome, afin d'obvier à la théorie de la défense, explique que la blessure a saigné, mais pas assez pour que le sang se répande sur le parquet, puisqu'il a été absorbé vers le haut par la camisole.

Le juge intervient.

— Vers le haut ?

— Oui, par imbibition.

Au sujet de la seconde blessure, Derome se sert du crâne pour bien faire comprendre des explications techniques.

— La balle a traversé le crâne, le cerveau et la base du crâne, puis elle s'est logée en dessous de l'oreille gauche. La direction de la balle était de haut en bas et de gauche à droite.

— Avez-vous dit que le cadavre avait la position verticale depuis la mort ?

— Oui.

— Avez-vous trouvé des traces de poudre sur la tête ? s'enquiert le juge Wilson.

— J'y arriverai plus loin, répond l'expert, sans que s'en offusque le fougueux magistrat.

Derome reprend sa démonstration, qui exige toute l'attention des jurés.

— Ma prétention est que la première balle fut tirée dans le dos et la seconde à la tête, et je m'explique. Cet homme était assis, dans la position de quelqu'un qui écrit. Il a dû être atteint violemment à la colonne vertébrale et, sous le coup de l'émotion, de la frayeur ou de tout autre sentiment, il a dû porter la tête en arrière, ce qui explique le coup tiré à la tête. La blessure à la tête était mortelle. Si c'eut été la première reçue par la victime, Beaudry serait tombé en avant ou en arrière. Or c'est en avant que tombe le cadavre, et la deuxième balle n'aurait rien changé. S'il était tombé en arrière, il n'était plus possible de tirer dans le dossier de la chaise.

Derome explique alors ce qu'on aurait dû trouver si la balle avait été tirée de très près.

— Une arme de calibre 32 laisse une trace de poudre autour de la blessure, même dans certains cas lorsqu'elle est éloignée de trois pieds de l'endroit où la balle a porté. Je le sais par des expériences que j'ai faites moi-même. On est donc porté à croire cette fois que le coup a été tiré d'une distance d'au moins trois pieds.

Dans sa longue démonstration, Derome se pose lui-même cette question :

— Y a-t-il une façon de déterminer cette distance et la hauteur de la personne qui tenait l'arme au moment du crime ? Là, si l'on se sert de la position des plaies comme point de départ, l'on peut établir presque avec certitude la hauteur de cette personne et la distance de laquelle le coup a été tiré. Ainsi, si nous examinons les plaies de Beaudry, nous verrons à la conclusion que le coup a été tiré par une personne dépassant la moyenne.

Les regards se tournent vers Henri Bertrand, un homme de grande taille.

Me Bertrand exhibe alors la chaise de la victime : « Voulez-vous nous démontrer de quelle manière le crime, d'après vous, a été commis ? »

Le sergent-détective Pelletier, qui mesure cinq pieds huit pouces comme Beaudry, est appelé pour simuler la victime, et Derome, le meurtrier. Le docteur invite Pelletier à s'asseoir pour confirmer sa théorie, puis se place derrière le dossier.

— Les deux balles ont été tirées à un angle de quarante-cinq degrés. Si nous éloignons la personne qui a tiré le coup d'au moins vingt pouces, et si nous mesurons la distance du plancher au sommet de la tête d'une personne assise de la hauteur de Beaudry, qui mesurait cinq pieds et huit pouces, nous trouvons qu'il y a quarante-cinq pouces de hauteur. Cela veut dire que, si le canon de l'arme est éloigné de vingt pouces de la tête de la victime et que le coup a été tiré à un angle de quarante-cinq degrés, la personne qui a fait le coup devait tenir le revolver, si elle voulait tirer le coup sans prendre une position absurde, à une hauteur d'au moins cinquante-sept pouces. Or une personne ayant une taille moyenne de cinq pieds et sept pouces doit forcément prendre une position anormale. Et en prenant cette position, cette personne ne pourrait pas tirer juste. Ici, le coup a été porté juste. Il est donc évident que seule une personne dépassant la moyenne a pu tirer les deux balles qui ont tué Beaudry.

Après cette conclusion, une rumeur s'étend dans l'assistance. Les calculs du docteur font effet.

Alors que Derome est interrogé par la Couronne et qu'il prononce le mot « conclusion » au sujet de son expertise balistique, Me Gendron formule une objection.

— Si votre Seigneurie me le permet, le médecin légiste ne doit-il pas seulement constater et non pas venir à une conclusion ? Ne serait-il pas préférable qu'il déclare qu'il a constaté telle ou telle chose, mais qu'il n'en tire aucune conclusion ?

Le juge se lance à son tour dans la joute oratoire et sémantique.

— Un expert doit émettre une opinion.

— Oui, mais pas en tirer des conclusions ?

— Je crois qu'il n'y a guère de différence entre les deux. Aussi, l'opinion d'un jury qui se change en un verdict est une conclusion. Le docteur Derome est certain que les deux balles qu'il a examinées ont été tirées par le même revolver, donc il émet une opinion qui s'est changée en une conclusion. D'ailleurs, le jury est là pour juger la cause. Ainsi, docteur, lance le juge en semant l'hilarité générale, la conclusion, c'est que vous êtes d'opinion qu'il y a une certaine identité entre ces deux balles ?

Derome acquiesce en arborant un large sourire.

À 3 h 40, le juge ajourne la séance afin de permettre au médecin expert de se reposer. On évacue la salle pour aérer. Derome, fourbu après ce long témoignage, peut aller se désaltérer, s'éponger le visage. Les travaux reprennent vingt-cinq minutes plus tard. On interroge à nouveau le médecin légiste sur les deux balles.

— Quelle est votre opinion ? demande le procureur de la Couronne.

Derome est cassant.

— Je viens de vous la donner… C'est que les deux balles ont passé par le même canon.

— Il y a opinion et opinion, docteur.

— C'est mon opinion.

— Peut-il y avoir un doute à ce sujet dans votre esprit ?

Derome, exaspéré par cet acharnement, se tourne alors vers le juge Wilson.

— Il n'y a pas de certitude absolue dans le domaine des sciences physiques. Il y a une certitude morale et une certitude physique, si l'on veut, mais tant que celle-ci n'atteint pas 100 %, elle n'est pas absolue. Elle peut être de 90 %, de 94 %, et encore elle n'est pas absolue.

Le procureur de la Couronne insiste.

— Pouvez-vous jurer que c'est le même revolver qui a tiré les deux balles ?

— Oui.

— Y a-t-il des auteurs qui parlent des stries de balles, Balthazard, par exemple ?

Le juge Wilson fulmine.

— Il vous apporte son expérience. Allez-vous l'interroger sur ses professeurs ?

Me Bertrand en reste là. Après une longue pause, il prend des pincettes pour poser sa question :

— Je ne voudrais pas vous vexer, docteur, mais vous savez que Balthazard considère que l'examen des poils de la barbe est un bon moyen de déterminer le moment de la mort.

La question montre que les avocats connaissent de plus en plus les fondements de la médecine légale.

La Presse résume la journée en ces mots : « L'expertise du docteur Derome constitue la preuve la plus forte de la Couronne, avec celle de la vente du revolver à Bertrand. »

Le lendemain, à la séance du samedi matin, Derome se sent d'attaque, tout comme Gendron, l'avocat de la défense.

— Y a-t-il rien dans le trou que porte le crâne qui puisse suggérer que le meurtre a été commis avec un revolver Colt ?

— Non.

Le tribunal demande au détective Pelletier de remettre un revolver Colt au docteur Derome afin qu'il puisse expliquer, comme il le fait fréquemment en cour, la différence entre un revolver et un pistolet.

Encore une fois, la stratégie de la défense consiste à affaiblir l'autorité du médecin légiste.

— Pouvez-vous dire si la balle qu'il y avait dans la tête de Beaudry était de marque Smith & Wesson ?

— Je ne peux le dire.

— La composition de ces balles est bien connue, docteur. Ne pouvez-vous la trouver dans le catalogue ?

— La composition de ces balles n'est pas toujours dévoilée au public. Il y a des formules qu'on garde secrètes.

— Voulez-vous regarder le témoignage que vous avez rendu en Cour du coroner et que vous avez signé ?

— Oui.

— Vous avez déclaré que la balle avait été tirée par un Colt de calibre 32 ?

Derome se rembrunit.

— Je n'ai jamais dit cela, et si ces mots sont rapportés dans ma déposition, c'est une erreur de sténographe.

On effectue la correction et Derome, maussade, signe une nouvelle déposition. Le juge explique aux jurés que des erreurs de sténographie « sont compréhensibles, vu l'énorme somme de travail que les sténographes ont à faire ».

Puisqu'une balle a disparu, Derome explique.

— Lorsqu'une balle frappe un objet dur, dans ce cas-ci

l'épine dorsale, il arrive très souvent qu'elle ricoche, prend une direction toute différente et disparaît.

Le meurtrier aurait pu récupérer la balle. Pour la défense, cette balle perdue devient un précieux atout.

Puisque le canon d'une arme à feu comporte des marques singulières selon le foret utilisé, la défense joue à nouveau cette carte pour influencer le jury.

Me Gendron poursuit le contre-interrogatoire. Ses effets de manches lui donnent l'allure d'une chauve-souris.

— Si les canons sont fabriqués immédiatement les uns après les autres, n'auront-ils pas les mêmes marques caractéristiques s'il y a des défauts dans les outils employés à les faire ?

— Oui, si les défauts sont considérables.

Toutefois, comme l'explique alors Derome, l'hétérogénéité du métal utilisé pour la fabrication des canons, et ce, avec un même foret, peut donner des canons différents et par conséquent des marques différentes sur les balles.

Me Gendron cherche encore une fois des cas d'exception. Derome est prêt à concéder que deux revolvers Iver-Johnson dont les numéros de série se suivent peuvent ne receler que certaines différences mineures de leur canon respectif.

— Peut-on quand même laisser des défauts en polissant le canon d'un revolver ?

— Oui, c'est très possible.

Le contre-interrogatoire se corse soudainement et la stratégie de Me Gendron s'avère redoutable.

— Hier, docteur, vous avez dit que les distances entre les rayures sont les mêmes sur les deux balles.

— Oui.

— Mais les différences de lumière et d'ombre qui ont pu affecter la photographie quand ces balles ont été photographiées ne peuvent-elles pas en altérer l'apparence ?

— On peut voir les caractéristiques des balles sans les photographier, dit Derome pour contrecarrer l'avocat.

— Hier, vous avez dit que les distances entre les rayures sont les mêmes sur les deux balles ?

— Oui.

— La distance entre la troisième et la quatrième rayures sur la balle tirée sur le poteau est-elle la même que la distance entre la troisième et la quatrième rayures de la balle trouvée dans le cadavre ?

— Oui.

L'avocat insiste fortement.

— Y a-t-il quelque différence ?

Derome encaisse mal le coup.

— Eh bien…

Mᵉ Gendron hausse le ton.

— Ah ! répondez. Regardez encore ces rayures. Y a-t-il de la différence ?

— Il est possible que des différences aient été causées par la déformation de la balle lors de son entrée dans la tête. Les balles ne sont pas exactement identiques. Celle qui est entrée dans la tête a été raccourcie par la résistance du crâne.

L'avocat persiste et lui présente une photographie.

— Ne voyez-vous pas une différence remarquable dans la photographie, près du sommet ?

Derome hoche la tête par la négative.

— Ce n'est pas une différence importante. Dans certains cas, il n'y a qu'une différence d'un centième de millimètre.

Dans l'assistance, le docteur Fontaine observe le combat que l'avocat livre à son patron. Fontaine a pris quelques heures pour venir témoigner. Il enquête sur un infanticide qui secoue la ville de Trois-Rivières.

Fontaine est appelé par le procureur de la Couronne pour corroborer le témoignage de son patron. Il lui lance un sourire complice en prenant sa place.

Les questions prennent fin lorsque les avocats de Bertrand annoncent qu'ils n'auront pas de contre-expertise à faire valoir. Les plaidoiries peuvent alors commencer.

Alors que le verdict approche, le nombre de spectateurs ne cesse d'augmenter : du jamais vu depuis le procès des braqueurs de la Banque d'Hochelaga ! Il y a une ambiance survoltée dans la vieille salle du palais de justice.

L'accusé Bertrand paraît confiant, garde son flegme, écoute

patiemment les témoins en les fixant dans les yeux. Mais, de temps à autre, il laisse échapper un long soupir. Il est à quelques heures de reprendre sa liberté ou de recevoir un aller simple vers la potence.

Me Bertrand, l'avocat de la Couronne, reprend les conclusions du docteur Derome dans sa plaidoirie :

— Quelques jours plus tard, quand le docteur Derome affirme que la mort remontait à quarante-huit heures, quand le cadavre a été découvert, notez bien l'exclamation de Mme Huguenin, en s'adressant à Bertrand : « Malheureusement, dans quel guêpier vous êtes-vous placé ? Comment allez-vous pouvoir vous tirer de là ? » Et Bertrand s'affaisse dans un fauteuil au bureau même du Prix Courant. Le docteur Derome sait parfaitement ce qu'il dit, quand il affirme que la mort remontait, à ce moment, à quarante-huit heures. On sait quel homme consciencieux est le médecin légiste dont je parle.

Mais ce n'est pas l'avis de Me Gendron, qui ne présente pas de témoins, mais qui entend se montrer plus compétent que le médecin légiste. L'accusé avait rapporté aux détectives que Beaudry mangeait un fruit, vers midi trente, quand il est sorti du bureau. L'avocat s'avance vers le jury, agrippe la barre. Il fixe les jurés d'un regard intense.

— Grâce à ce fait banal, je vais pouvoir vous donner sur l'heure de la mort des indications beaucoup plus précises que la Couronne. Le docteur Derome, dans son rapport d'autopsie, nous dit qu'il ne trouva rien, si ce n'est une pelure de tomate ou de fruit, dans l'estomac de Beaudry et que ce dernier ne devait pas avoir mangé depuis deux heures et demie ou trois heures.

Le raisonnement de l'avocat porte à réfléchir. Les aliments prennent de deux à trois heures pour être absorbés par l'organisme, ce qui revient à dire que Beaudry aurait été assassiné plus tard.

— Après une heure moins quart, argue Me Gendron, nous pouvons suivre Bertrand dans tous ses pas et démarches. À deux heures trente, il part de chez lui, et à trois heures, il est sur la traverse de Longueuil.

Pour Me Gendron, la thèse du docteur Derome n'est donc que théorique et ne peut être prise comme un fait concluant.

— Si on veut tirer une conclusion, dit-il, entre deux objets qui sont censés être similaires à tous les points de vue, il est aussi important d'examiner les dissemblances des objets comparés et examinés que les similitudes. Le docteur Derome nous dit que ces dissemblances ont pu être causées par l'objet traversé par la balle. Je dis que la théorie du docteur Derome est inexacte au point de vue mécanique.

Me Gendron, qui captive la foule par sa plaidoirie exceptionnelle, déclare que Beaudry n'écrivait pas lorsqu'il a été assassiné, puisqu'on n'a découvert aucune trace d'encre sur ses vêtements ni sur le plancher.

— Je dis, poursuit l'avocat, qu'il n'y avait aucune feuille de papier et qu'on a placé la plume dans la main de Beaudry dans un but de simple maquillage.

Le scénario que met en place Me Gendron, dans sa plaidoirie qui s'étend sur deux jours, est d'une redoutable efficacité. Les plaidoyers des avocats ont l'heur de plaire au juge Wilson.

— Il est évident que l'éloquence judiciaire n'est pas près de s'éteindre dans nos cours de justice. Et après ma longue carrière dans cette vieille salle, ayant entendu la parole éloquente des maîtres du Barreau, il m'a semblé depuis deux jours qu'elle s'est réveillée et a repris les accents d'autrefois.

Le verdict est attendu le mardi 7 décembre. La foule des curieux se compose de femmes de lettres, d'épouses de juges, d'avocats, de sénateurs, de députés et de plusieurs membres du Club Saint-Denis, dont Beaudry a été le président.

Dans son allocution aux jurés, le juge Wilson rappelle que « l'accusation qui pèse sur la tête de l'accusé est la plus grave que connaisse notre loi : une accusation de meurtre ». Après quinze semaines de procédures, les douze membres du jury déclarent Henri Bertrand non coupable. Une clameur se répand dans la salle. Des femmes applaudissent. La femme de Beaudry se tourne vers Bertrand, le désigne du doigt et s'écrie, le regard haineux : « Infâme ! »

En apprenant la nouvelle par Rosario Fontaine, qui revient du palais de justice, Derome se fait cinglant.

— Le meurtrier est beau, bien mis et flegmatique. Mettez à la place un cul-de-jatte de Pointe-Saint-Charles et la corde serait déjà tendue.

★ ★ ★

Derome s'esclaffe en lisant la requête de l'assistant du procureur général : on se croirait dans la partie finale du roman à scandale de Rodolphe Girard, *Marie Calumet*. Il se dirige vers le laboratoire de toxicologie. Franchère Pépin, derrière ses éprouvettes, est en train de préparer un réactif.

— J'ai du travail. Écoutez ça, Franchère.

— Qu'y a-t-il donc, docteur ?

— Lanctôt m'envoie une requête concernant, je le cite — ah ! qu'il écrit mal : « Un monsieur se plaignant que la personne qui avait préparé son gâteau de noces y avait déposé des remèdes, sous forme de pilules ressemblant à des bonbons, et que toutes les personnes qui ont mangé de ces remèdes ont été malades. Veuillez donc analyser ces pilules afin de voir quelle est la nature de ces remèdes pour nous permettre de décider s'il s'agit simplement d'un tour joué ou d'une tentative d'empoisonnement. »

— Personne n'est mort ?

— Non, mais on suppose que les toilettes ont beaucoup fonctionné et que les noces ont pris une tout autre couleur...

Pépin éclate de rire.

Il prend les bonbons pour les sentir.

— Je vais voir ce que c'est. Vous pouvez les mettre avec les autres.

Quatre jours plus tard, le chimiste-pharmacien remet à Derome son analyse : « Rapport d'analyse de supposés bonbons ayant l'apparence de pilules médicinales, qui auraient été placées sur un gâteau de noces de M..., à Rivière Madeleine, comté de

Gaspé. L'analyse a montré que ces supposés bonbons étaient de véritables pilules de fabrication industrielle, portant un double enrobage : l'extérieur rose et l'intérieur blanc. Quant à la constitution, on a pu y découvrir de l'aloès, de la réglisse et une substance végétale. L'aloès est un purgatif bien connu. »

Il ne restait qu'à mettre la main sur le mauvais plaisant.

CHAPITRE 24

Les honneurs

Derome ne peut se passer de l'écriture. Son travail l'oblige à user des mots dans ce qu'ils ont de plus précis. Il s'apprête à répéter l'expérience, en cette année 1928, avec une brochure de vingt-huit pages sur les méthodes de la police scientifique. Assis à sa table de travail, il cherche un titre à son ouvrage. Il faudrait que ce soit court et efficace. Dans ce texte, il a senti la nécessité d'expliquer une fois de plus l'importance de préserver cet espace d'indices qu'est la scène d'un crime : « Pour qu'aucun détail n'échappe à la perspicacité de l'observateur, il lui faut procéder avec méthode et surtout avoir recours à une technique sûre, car toute lacune opératoire devient à peu près irréparable. » Ainsi, le premier devoir de la Sûreté est « de ne rien toucher ni rien déranger ». Son « second devoir est d'avertir, sans délai, le chef du laboratoire qui, en même temps que les agents préposés, se hâtera vers le lieu du crime ». Derome préconise l'approche européenne, qui se répand peu à peu dans les mœurs de la police. Il souhaite que son petit livre soit utile aux corps policiers.

Grâce à mille précautions, l'enquêteur peut recueillir les indices les plus ténus. Mais ce n'est pas tout : encore faut-il « comprendre leur langage ». Derome énumère les techniques modernes utilisées dans la lutte contre le crime.

Dans une section intitulée « La fixation de l'aspect du lieu », le docteur explique la méthode Bertillon, appelée photographie métrique. Il s'agit de photographier les objets trouvés sur la scène d'un crime, de calculer le rapport entre l'éloignement et la taille de ceux-ci et, ainsi, de « remonter à leur grandeur naturelle ». Une telle démarche se révèle être d'une importance capitale en cour, alors que chaque doute devient un frein à la vérité. Pour illustrer cette technique, le docteur a joint les photographies de la terrible scène de crime où deux vieillards ont été abattus sauvagement une nuit de 1925 ; le ou les meurtriers n'ont jamais été retrouvés.

Pensif, il tapote sa plume sur sa lèvre. Il regarde le plafond, jaugeant une idée. Il acquiesce, hochant la tête. Il trempe sa plume dans l'encrier et inscrit : *Le Lieu du crime*. Après tout, ce n'est pas un roman d'Agatha Christie !

★　★　★

Ce matin-là, policiers et employés du labo lui lancent tous la même question : « Avez-vous lu le journal, docteur ? Vous êtes parmi les meilleurs. C'est quelque chose ! »

On lui brandit le *Petit Journal*.

— Vous êtes entre Léo Dandurand, le proprio du Canadien, et le chanoine Groulx, annonce le docteur Fontaine.

Derome fronce les sourcils, flegmatique.

— Vous allez m'expliquer.

— Mais, docteur ! Vous êtes sur la liste d'or du *Petit Journal*, lui lance Franchère Pépin.

— La liste rouge ou la noire ? demande le docteur.

Qu'il est « désappointant », comme aime à le dire Fontaine. Le docteur écarquille les yeux en voyant le tabloïd. Il abhorre ces journaux inspirés du *National Enquirer*, où sang, mensonge et encre fraîche se confondent. Même si le célèbre journaliste et écrivain Louis Dantin y écrit, Derome laisse cette feuille de chou aux amateurs de scandales hollywoodiens et de crimes sadiques.

Son neveu, Arsène Paré, un nouvel employé, étend le journal devant lui. Derrière l'épaule du docteur, la femme de ménage, Mme Jos, est impressionnée.

— On dira que vous nous croéyez pas. Le grand concours populaire du *Tit Journal* est feni, dit-elle.

Le sondage s'est échelonné du 22 juillet au 1er septembre 1928. Derome a bien entendu parler du concours, mais n'y a pas porté attention : il reste indifférent à ce genre d'honneur et avare de son temps.

— Lisez ! lui dit Fontaine.

Derome consent enfin à parcourir le journal.

— « Quels sont les vingt Canadiens français les plus utiles à leur race ? » Tiens, on commence à me trouver utile… et pas juste bon à trancher des cadavres…

Un chœur de rires accueille sa repartie.

— En fait, je vous ferai remarquer que je ne suis pas dans les vingt premiers.

La femme édentée lui frappe le bras avec son exemplaire.

— Vous avez feni trentième, docteur Dérôme. Cé bon en chien !

— Cré Mme Jos ! Vous devriez être en lice, lui lance Fontaine. Nous avons la morgue la plus propre d'Amérique !

Pour faire partie du groupe des cent personnalités appelées à se disputer la palme, Derome a dû accumuler plus de cinq mille points. Au tableau d'honneur figurent des hommes publics tous azimuts : politiciens, industriels, financiers, médecins, écrivains, magistrats, orateurs, musiciens, sculpteurs, peintres, scientifiques, journalistes, orateurs, historiens et sportifs.

— Vous côtoyez l'élite canadienne-française, s'enthousiasme Fontaine. Vous êtes bien entouré ! Écoutez ça : Lomer Gouin, Taschereau, Honoré Mercier, Henri Bourassa, Lionel Groulx, Casavant, Édouard Montpetit, Claude-Henri Grignon, Olivar Asselin, Adrien et Henri Hébert, Suzor-Coté, Ernest Cormier, Alfred Laliberté, Marc-Aurèle Fortin, Marie-Victorin et… Wilfrid Derome.

Le concours obtient un vif succès auprès des lecteurs, qui, emballés, commentent leur sélection dans leurs lettres. Au terme du sondage, politiciens et journalistes monopolisent les dix premières positions.

— L'auteur de *L'Appel de la race,* Lionel Groulx, vous devance de quelques points seulement, commente Arsène Paré.

Bien sûr, Derome est heureux de constater que ses compatriotes accordent, contrairement aux idées reçues, de l'intérêt aux sciences, puisque les Gendreau, Marie-Victorin et lui-même s'inscrivent dans les trente premières positions. Même son ami le docteur Lotbinière-Harwood figure au palmarès, constate-t-il avec plaisir.

Mme Jos remet son journal à Derome.

— J'vous l'donne pour vot' musée, docteur Dérôme, dit-elle.

Derome la remercie. Mais il n'ajoutera pas cet article à ses archives personnelles.

★   ★   ★

Il s'y consacre depuis des années. Et voilà que le grand moment est arrivé. L'éditeur Beauchemin vient de lui livrer les caisses dans son bureau. Derome prend ses ciseaux, en ouvre une. Le livre est enfin là : *Expertise en armes à feu,* par Wilfrid Derome. Il feuillette son exemplaire numéroté, à la reliure de luxe. Les pages sentent l'encre fraîche. Les photographies sont superbes : Rosario a accepté de poser derrière les instruments. Son ami l'a aussi assisté dans l'élaboration du livre, sans rien exiger en retour. Un disciple qui admire les travaux de son maître y participe volontiers, mais ne les signe pas, et cela ne le froisse pas. Derome possède une aura qui annihile les querelles d'ego.

Le docteur ouvre le livre. La préface de Balthazard, qui couvre deux pages, lui fait un petit velours. C'est déjà une sanction en soi. Le grand expert près les tribunaux et doyen de la faculté de médecine de l'Université de Paris écrit qu'il s'agit « de la première étude d'ensemble mise à la disposition des médecins légistes et des policiers scientifiques », qui « ne sauraient trop remercier le professeur Derome d'avoir assumé la tâche formidable de rassembler tous les renseignements qui leur seront indispensables pour remplir leur tâche utilement ».

Le docteur apprécie que Balthazard mette l'accent sur la nouveauté de son ouvrage : « Pour la première fois, tous ceux que préoccupent ces problèmes pourront se familiariser avec l'examen des blessures par projectiles d'armes à feu, avec l'étude des projectiles et des poudres. Pareil travail eût été impossible il y a seulement vingt ans. » La vulgarisation du sujet, un des objectifs chers à Derome depuis le début de sa carrière, est aussi remarquable, selon l'expert parisien : « L'exposition est si heureuse qu'elle est à la portée des profanes, policiers, criminalistes, aussi bien que des médecins légistes et experts arquebusiers les plus exercés aux méthodes de laboratoire. » Balthazard constate aussi l'érudition du Montréalais et la somme colossale d'informations qu'il met à jour : « Mais la partie de l'ouvrage qui rendra les services les plus considérables est celle où le professeur Derome s'est astreint à rassembler les renseignements sur les armes et les munitions employées dans le monde entier. »

Derome ressent émotion et nostalgie en lisant la fin de la préface. Il repense à Paris, à la vieille morgue de l'île de la Cité. Balthazard termine justement sa préface en rappelant sa présence à l'Université de Paris : « Je suis personnellement d'autant plus heureux de préfacer ce travail que je me souviens avec plaisir du passage parmi nous du professeur Derome, à l'époque où il étudia la médecine légale à la Faculté de médecine de Paris, contribuant pour sa part à resserrer les liens qui nous unissent si étroitement, nous Français et Canadiens français. »

Alors que l'identification des balles et des douilles s'avère aussi probante que celle des empreintes digitales, Derome a consacré à cette science une somme qui, souhaite-t-il, fera autorité et servira la justice. Le livre qu'il tient dans sa main est le résultat de vingt années d'expérience. Il n'a pas hésité à revenir sur certaines affaires : le meurtre de J. A. Beaudry, le cambriolage de la Banque d'Hochelaga, l'affaire Delorme. Dans son livre, il estime toujours que le Bayard de l'abbé est l'arme ayant servi à tuer Raoul Delorme.

Il lui reste maintenant à expédier son livre aux revues spécialisées. Derome place son exemplaire de luxe bien en vue sur son bureau.

Les sommités de la profession sur la scène internationale ne tardent pas à saluer l'ouvrage. Dans la *Revue internationale de criminalistique,* c'est au tour du célèbre Edmond Locard de faire sa critique. Le père de la police scientifique encense *Expertise en armes à feu,* révélant l'ampleur et la singularité de l'ouvrage : « Comme le fait remarquer le professeur Balthazard dans la préface, c'est le premier travail d'ensemble sur la question, ce qui n'est pas un mince mérite. » Locard résume la partie technique et se dit impressionné : « On voit à quel point ce programme est complet. »

> La partie documentaire, également excellente, donne les abréviations sur les armes et sur les cartouches ; la bibliographie ; la liste des fabriques de munitions et d'armes à feu, la liste des poudres, des armes à feu, des marques d'armes d'après leur calibre, des principales cartouches, et un tableau des poids et mesures.

Locard conclut en consacrant ce travail comme le plus étoffé jamais écrit sur la question : « Livre excellent, extrêmement pratique et le plus complet qui soit. » Derome ne peut recevoir un meilleur appui et ce n'est pas le dernier.

Le docteur Arthur W. Herzog, éditeur du prestigieux *Medico-Legal Journal,* publié à New York, déclare que l'ouvrage est « excellent ». Alors que plusieurs Anglo-Saxons souhaitent la traduction d'*Expertise en armes à feu,* Herzog affirme que le livre se comprend très bien dans la langue de Molière et préconise sa large diffusion en dehors des pays francophones, ce qui ne doit pas déplaire au docteur, qui prépare déjà une seconde édition.

> Bien que l'ouvrage soit rédigé en français, écrit Herzog, les tableaux sont facilement lisibles, même pour ceux qui ne comprennent que l'anglais. Ce livre devrait ainsi bénéficier d'une vaste diffusion non seulement au Canada, en France et en Bel-

gique, mais aussi auprès de ceux pour qui un ouvrage pratique et rigoureux, réunissant toute l'information actuellement disponible en balistique criminelle, est indispensable.

Pour sa part, Calvin Goddard, balisticien d'Elliot Ness, qui a acquis sa renommée par son expertise balistique du massacre de la Saint-Valentin, symbole de la guerre meurtrière que se livrent les caïds de la mafia de Chicago, en pense aussi le plus grand bien : « Le premier ouvrage qui présente un portrait complet et satisfaisant des plus récents travaux effectués dans ce domaine. » La sanction du grand spécialiste américain en expertise balistique a une grande portée.

Dans la revue *Droit pénal et Criminologie* publiée à Bruxelles, le lieutenant Mage, un pionnier en balistique, livre à son tour une critique enthousiaste d'*Expertise en armes à feu*. Fontaine résumera vingt ans plus tard : « Ce livre fut pour l'étranger toute une révélation et plaça son auteur parmi les meilleurs techniciens du monde et le Laboratoire médico-légal de Montréal à la tête des institutions du genre en matière balistique. »

★   ★   ★

Derome prend son coupe-papier et décachette d'un trait l'enveloppe de l'*International Association for Identification,* qui regroupe les chefs de police des grandes villes américaines. James R. Wilkinson, le président, lui écrit au nom de l'association pour le féliciter pour son *Expertise en armes à feu*. Sa cote n'a jamais été aussi haute. Derome, dans la lettre de Wilkinson, est enseveli sous les fleurs. Les offres d'emploi affluent de partout. L'une en particulier se révèle alléchante.

25 septembre 1929
J'estime que votre livre de balistique est l'un des meilleurs ouvrages jamais écrits à ce sujet. Il est dommage que, le Canada ayant la chance de pouvoir compter sur un des hommes les plus

compétents au monde dans son domaine de recherche, vous ne puissiez entretenir de liens suivis avec vos amis inconnus œuvrant péniblement dans le même domaine et que vous ne disposiez pas d'une pleine liberté d'action.

Derome se prend à songer à ce qu'il pourrait gagner ailleurs. À la bourse des sciences, les actions prennent plus de valeur au sud du Québec.

Wilkinson lui offre un poste sur un plateau d'argent : « Je pourrais vous aider à obtenir dès maintenant un poste de balisticien au service de police de la Ville de Los Angeles, si vous êtes prêt à aller là-bas. »

Derome apprend que plusieurs chefs de police, dont ceux de Detroit, de la Nouvelle-Orléans et de Saint Louis, veulent obtenir ses services.

Il aimerait bien que le premier ministre Taschereau lise la phrase suivante : « On craint qu'un autre service de police ne vous offre un salaire plus élevé pour vous embaucher. »

Ce message ne restera pas lettre morte, quant à lui. Il se voit déjà au chaud soleil de la Californie, avec la petite famille.

Wilkinson, pour le titiller un peu plus, joue la carte de la postérité : « Je peux vous assurer, docteur, que, si vous vous joignez à nous, votre renommée à titre d'expert ne connaîtra plus de frontières. »

Le docteur replie la lettre, repu de compliments. Il répond sans tarder à Wilkinson. Il le rassure quant à la traduction : « Je souhaite publier la version anglaise de mon ouvrage intitulé *Expertise en armes à feu* et je vous en informerai dès qu'elle sera disponible. Pour le moment, je prépare la deuxième édition de mon ouvrage sur la jurisprudence médicale. »

En ce qui concerne l'offre d'un poste aux États-Unis, il annonce ses préférences : « Je vous remercie de m'avoir aimablement offert votre aide pour obtenir un nouveau poste assorti d'une liberté d'action accrue et d'un salaire plus élevé. Vous pouvez dire à tous vos membres, et notamment à votre ami à Los Angeles, que je suis prêt à entamer immédiatement des discussions au sujet de leurs besoins spécifiques en la matière. »

Derome ajoute : « Vous pouvez obtenir des références auprès de Calvin Goddard, qui est venu me rencontrer il y a deux ans. »

Derome sourit. C'est un peu comme être recommandé au pape par l'archevêque.

À l'intention de Wilkinson, qui souhaite le voir donner une conférence scientifique, Derome n'omet pas de mentionner le peu de liberté dont il bénéficie en tant que chercheur de pointe :

> Au cours de mes vingt ans de service à titre de directeur du Laboratoire de police technique de Montréal, le procureur général de la province de Québec ne m'a jamais autorisé à participer à un congrès scientifique tenu à l'extérieur de Montréal. De toute évidence, tant mes désirs que mes besoins ne correspondent pas aux vœux des pouvoirs publics.

Il en a assez de cette situation. Bien des experts viennent le rencontrer à Montréal, mais il aimerait bien se déplacer pour assister lui aussi à des colloques.

Derome réfléchit. Les options sont nombreuses. Ces lettres élogieuses deviennent des outils de négociation avec le gouvernement de la province de Québec. Il ne va pas se priver de les brandir. Le temps est propice à une petite augmentation de salaire. Il écrit à Charles Lanctôt, assistant du procureur général. La reconnaissance internationale obtenue par l'ouvrage de Wilfrid Derome, *Expertise en armes à feu,* et le risque de perdre son analyste au profit de la justice américaine incitent le procureur général à délier les cordons de la bourse. Le salaire du docteur passe ainsi de 4 000 dollars, en 1928, à 5 333 dollars, en 1929, et, une année plus tard, Derome obtiendra un traitement annuel de 6 000 dollars, une augmentation de 50 % en deux ans. Au début d'une crise économique, cette hausse salariale est la bienvenue.

★ ★ ★

Derome se lève difficilement en ce lundi matin. Il marche lentement jusqu'à son valet de nuit, enfile son pantalon. Il s'observe dans le grand miroir ovale. Il a les yeux cernés, le teint un peu délavé.

— Tu devrais te reposer plus, lui dit Sophie-Catherine, emmitouflée dans le couvre-pied de chenille.

— Je ne peux pas, tu le sais bien.

— Tu ne t'arrêtes jamais…

Il est malade. C'est ce qui l'empêchera de partir aux États-Unis. Un hypernéphrome s'est développé aux reins, une maladie qui ne pardonne pas. Son dos le fait énormément souffrir et il peine à uriner. Qui d'autre que lui peut mieux comprendre les ravages de cet intrus dans un organe aussi vital ? Durant ses autopsies, il a souvent observé et pesé des reins envahis par une tumeur et juste bons pour la poubelle. Ses jours sont comptés, il le sait bien, mais il n'est pas question de se laisser mourir. Avant de quitter la maison, il embrasse tendrement Sophie-Catherine sur la joue. Il faudra bientôt lui annoncer la nouvelle.

Derome se soucie de sa famille. Il sait que le gouvernement ne versera que deux semaines de salaire à sa veuve. Il importe qu'elle puisse subvenir aux besoins des enfants. Gabrielle est âgée de dix-sept ans et Léon n'en a que treize. Sa fille, qui n'est pas portée sur les études, pourra bientôt travailler et aider sa mère, mais il leur faudra beaucoup de ressources. Le docteur sent le besoin de mettre de l'ordre dans ses affaires. Trois mois auparavant, il était allé chez le notaire pour vendre sa maison de campagne à Saint-Cyprien. Aujourd'hui, un mois avant de célébrer son vingtième anniversaire de mariage, il retourne à l'étude de Me Albert Savignac pour régler sa succession.

— Bonjour, docteur, dit le notaire. Chaude journée.

— En effet.

— Beaucoup de travail ?

— Comme toujours.

— La santé ?

— Je vieillis comme tout le monde.

— J'ai lu que vous avez travaillé sur cet horrible cas de meurtre d'une prostituée par une autre. Deux prostituées qui s'entretuent ! On aura tout vu.

— Nancy Morisson a tué son « amie » Millie Brown avec une barre de bois. Les affaires courantes, si je puis dire…

Voyant que Derome n'a pas trop envie de s'étendre sur la question, le notaire l'invite à le suivre dans son bureau.

— Veuillez vous asseoir.

Le notaire inscrit la date : « 18 juillet 1929 ». Plume à la main, il lève la tête vers le docteur, qui tire une feuille de sa poche. D'une voix lente et posée, celui-ci amorce sa dictée de trois pages.

— Je recommande mon âme à Dieu et le prie de m'admettre au monde de ses élus. Je veux que toutes mes justes dettes soient payées aussitôt que possible après ma sépulture…

Le notaire relève la tête.

Derome n'entend pas laisser sa famille dans la rue : il possède des automobiles, dont une Cadillac, des bijoux, des fourrures, des meubles. Il est aussi propriétaire d'un immeuble sur l'avenue Prud'homme. Il a consenti un prêt hypothécaire : une créance de 10 000 dollars à 6 % lui est due le 1er février. Sophie-Catherine pourra dormir l'esprit tranquille.

Le docteur y va d'un dernier souhait.

— Je désire qu'une série de messes grégoriennes soient payées à même ma succession aux pères de la Trappe d'Oka pour le repos de mon âme.

— Vous avez toujours aimé la musique sacrée, docteur.

— Oui, elle est si apaisante, annonciatrice, je l'espère, d'un monde meilleur…

Il signe son testament et retourne au travail.

★   ★   ★

Fontaine court de la salle d'examen jusqu'au laboratoire de photographie, où se trouve Derome. Il a des braises dans les yeux.

— Docteur ! J'ai enfin trouvé le secret du Gentleman Burglar, dit-il en replaçant une mèche rebelle derrière son oreille.

— Son secret, on le sait, c'est d'entrer chez les honnêtes citoyens sans se faire entendre…

Fontaine est aussi excité qu'un gamin qui vient de découvrir une cache de bonbons. À la suite d'une perquisition, les policiers lui ont remis, la veille, une série de mèches de vilebrequin retrouvées au domicile de Masquart. Il tient dans ses mains la mèche à extension incriminante et deux microphotographies de copeaux de bois.

— On va enfin pouvoir fermer un tas de dossiers, dit Fontaine.

Louis Masquart, connu aussi sous le nom de Gentleman Burglar, alias Marcotte, alias Monette, alias Desbiens, ne chôme pas : deux vols en 1914, deux en 1915, un en 1916 et deux en 1924. C'est l'Arsène Lupin local. Mais il vient de tomber entre les mains de la justice.

Au cours des derniers mois, la police a reçu de nombreuses plaintes pour vols dans des magasins. Le cambrioleur procède toujours de la même manière.

— Montrez-moi la preuve.

Fontaine exhibe l'outil.

— Il utilisait cette mèche à extension pour creuser un trou dans la porte et, avec une broche, soulevait ensuite facilement le verrou. J'ai examiné les copeaux retrouvés sur la scène du crime et ceux que j'ai faits, pour comparaison, avec la mèche de Masquart. Regardez les photos.

Derome sourit de satisfaction. Les concordances ne mentent pas.

— Cette mèche possède deux défauts qui se reproduisent chaque fois sur le bois, à équidistance. J'ai percé un trou avec la mèche. J'obtiens quarante-neuf millimètres et demi, exactement le même diamètre que nous avions sur les scènes de crime.

— Une preuve bétonnée.

— Vous savez qu'il volait des objets de culte dans les églises ? demande Fontaine.

— Faut pas être trop catholique ! Un ingénieux filou qui vendait aussi de la boisson illégale. Tous les défauts… Il faut voir si le Gentleman Burglar trouvera une mèche à extension assez longue pour le sortir de prison, dit-il avec un sourire ironique.

Fontaine éclate de rire.

— Je vais écrire un article là-dessus pour *L'Union médicale du Canada*.

— C'est une bonne idée. Il faudra aussi penser à joindre cette pièce à celles du musée.

★   ★   ★

Fontaine dépose sur le bureau de son patron une revue à la couverture d'un beau jaune ciré. Derome prend *The American Journal of Police Science,* de Chicago, dont il est l'éditeur associé. Il consulte le sommaire, où figurent son nom et celui de son ami Calvin Goddard, l'un des éditeurs.

— Votre revue, docteur Derome, dit Fontaine. Ce Hoover qui est venu nous visiter publie l'article qu'il a soumis à *Police Science*.

— Toi, ton article pour la revue, ça avance ?

— Oui, j'ai acheté le papier… Il ne me manque que l'anglais. Sans blague, il portera sur l'identification des douilles sur une scène de crime.

— Très intéressant !

Fontaine retourne travailler. Derome regarde s'éloigner le futur directeur du laboratoire. Il sait que son œuvre est entre bonnes mains. Fontaine est devenu un expert redoutable.

Derome feuillette sa revue. Goddard, le directeur du Scientific Crime Detective's Laboratory, a tenté de recruter Derome dans son « sanctuaire ». C'est le nom qu'Elliot Ness donne à son laboratoire. Derome aurait bien aimé participer à la lutte contre les Capone, Nitti et autres… Mais, se sachant malade, il a décliné l'offre. Goddard a le vent dans les voiles. Son analyse balistique du massacre de la Saint-Valentin l'a consacré. Il a inauguré en juin 1929 le laboratoire judiciaire de Chicago, intégré à l'Université Northwestern. Deux hommes d'affaires « riches et zélés », comme les décrit Derome, qui agissent comme jurés dans l'affaire du massacre de la Saint-Valentin, ne pouvant comprendre que Chicago ne possédait pas encore de laboratoire judiciaire, en ont financé la construction. « Voilà ce qu'il nous faudrait ici », pense le docteur.

À défaut de l'avoir à ses côtés, Goddard l'a pressenti quelques mois auparavant pour devenir « éditeur associé » de sa nouvelle revue publiée à Chicago. Derome a acquiescé. Aussi édite-t-il les premiers essais du jeune et fougueux J. Edgar Hoover, chef du Bureau d'investigation, qui deviendra bientôt le FBI. Il se rappelle que Hoover était venu le voir. Mais il en est tellement venu dans les dernières années, des Américains, que la chose est banale. Pas une semaine sans visite. Hoover tient à doter le Bureau d'une police scientifique digne de ce nom. Ce gros bourru s'est montré intéressé par l'expertise balistique et par les fiches signalétiques mises au point par Rosario Fontaine.

Dans l'édition de mars-avril 1930, Derome publie quant à lui son premier article dans la revue. Une photo pleine page le montre vêtu de son épitoge à bandes d'hermine aux épaules. Il tient à faire connaître le laboratoire de Montréal et à rappeler aux Américains, non sans un brin de fierté, que son laboratoire existe depuis 1914, soit bien avant le leur.

> Il est assez étonnant de constater que, en Angleterre, aucun laboratoire scientifique n'œuvre exclusivement pour les services de police. Ce fut également le cas aux États-Unis jusqu'en juin 1929, lorsque le lieutenant-colonel Calvin Goddard, directeur de publication de la présente revue, a ouvert à Chicago, à la demande de quelques hommes bien nantis et convaincus de la nécessité de la chose, le premier laboratoire scientifique consacré aux enquêtes criminelles. Pour une fois, les États-Unis ont été devancés par de plus petits pays, notamment par son voisin canadien qui dispose déjà d'un laboratoire de médecine légale et de police scientifique.

Dans son article, Derome dresse la liste des appareils utilisés au 443, rue Saint-Vincent, tout en incluant des photos et des graphiques montrant des instruments de précision. Dans sa conclusion, et en guise d'avertissement à ses collègues de Chicago, il rappelle les difficultés qu'il a dû affronter dans les premiers temps.

> En ce qui concerne la collaboration entre les autorités policières et les responsables du laboratoire, je peux vous dire qu'elle a connu des débuts très difficiles, et ce, pour différentes raisons, liées à la nature humaine, à l'ignorance ou à la politique. Je crois toutefois que l'opinion publique est aujourd'hui tellement favorable à une utilisation plus rationnelle des moyens techniques au service des enquêtes criminelles que personne n'oserait plus proposer un retour aux anciennes méthodes d'enquête aléatoires.

Derome apprend aussi que le gouverneur de l'État de New York, Franklin D. Roosevelt, envisage de recourir à ses services. Après l'article élogieux d'Arthur Herzog dans le *Medicine Legal Journal* et le passage à Montréal de l'équipe du laboratoire de la *Crime Organization of New York State*, d'Albany, sa réputation s'est encore étendue. Des officiers judiciaires américains ont reçu le mandat de scruter les méthodes de travail des scientifiques du 443, rue Saint-Vincent. À leur retour à New York, ils sont plus que jamais convaincus de la nécessité de construire chez eux un laboratoire semblable. Dans leur rapport, ils qualifient Derome et son équipe de meilleurs experts judiciaires en Amérique.

★   ★   ★

De plus en plus souvent, les procureurs généraux des provinces canadiennes font appel aux services du docteur Derome. En février 1930, Derome témoigne à Toronto dans une cause d'homicide, l'affaire Steinberg. Un mois plus tard, il prend la direction de Hamilton pour rendre compte d'une analyse balistique. En novembre, c'est au tour du Nouveau-Brunswick de lui demander une analyse microphotographique. Touchant 50 dollars pour l'analyse et 100 dollars pour les dépenses de voyage, le docteur fait de bonnes affaires. Il peut maintenant demander le gros prix aux gouvernements des autres provinces et aux États américains.

En 1930, le coroner en chef et le procureur général de Toronto le sollicitent pour un travail fort différent. Ses expertises en Ontario ne sont pas passées inaperçues. Les anglophones du Dominion veulent en faire un consultant. Mais, outre les compliments, on ne paye pas grand-chose…

À la suite d'un procès retentissant auquel il a participé dans la Ville-Reine, on lui demande son aide pour l'érection d'un laboratoire de balistique.

Il dépose devant lui la lettre du procureur général Bayly et réfléchit à la situation. Le procureur général souhaiterait présenter à Derome son expert judiciaire. Le docteur relit la lettre : « Nous aimerions vous présenter Edgar Ray Frankish, de Toronto, qui a agi à titre de pathologiste et de témoin-expert dans un grand nombre de causes. » « Tiens, encore un visiteur ! » se dit le docteur. Il s'installe devant la machine à écrire. Il ne sait pas dire non.

Depuis qu'il a fait sensation dans ce que les Ontariens appellent *« the Maynard case »*, Derome est de plus en plus souvent invité au Canada anglais. Il a pu constater les carences de la police scientifique là-bas. Les analyses devenues routinières ici en sont encore à l'âge de pierre dans les assises criminelles hors Québec. Le docteur se remémore la sombre affaire Maynard. Le 26 février 1929, Earl Durham, un commis montréalais, est abattu par deux Ontariens qui sont ensuite arrêtés pour excès de vitesse à Brighton, en Ontario. Les deux frères Maynard sont trouvés en possession de deux revolvers de calibre 38 et 32. Derome établit que les balles meurtrières ont été tirées avec ces armes. La preuve, qui tient en deux microphotographies, suffit à expédier les Maynard au gibet.

Deux jours plus tard, Derome ouvre une autre missive. Encore l'Ontario. Une autre analyse ? Non. Crawford, le coroner en chef de Toronto, poursuit l'opération de charme : « Vous vous rappellerez avoir dit, lorsqu'en juillet dernier j'ai passé une demi-journée très agréable en votre compagnie à Montréal, que vous seriez très heureux de nous aider afin que nous puissions recourir à votre procédé d'examen des projectiles dans notre quartier général à Toronto. » Décidément, son savoir-faire et sa technologie emballent les Ontariens. Crawford tient mordicus à ce qu'il rencontre le docteur Frankish. Derome, qui ne manque pas de travail, accepte finalement de le recevoir. Il téléphone à Toronto pour déterminer une date et inscrit la visite de son collègue à son agenda…

Trois jours plus tard, le docteur Frankish débarque à Montréal. C'est un grand escogriffe à lunettes. L'Ontarien est un peu nerveux à l'idée de rencontrer le plus grand expert judiciaire au pays.

— *Nice to meet you, doctor. Edgar Ray Frankish. Sorry, I don't speak French.*

Ils se serrent cordialement la main. Comme avec tous ses visiteurs, le docteur se montre courtois et offre un tour guidé des installations.

Pour rompre la glace, Frankish lui parle de la nature québécoise. C'est un passionné de chasse et de pêche.

— *Do you like hunting, doctor ?*

— *The truth, my friend…*

— *Do you fish ?*

— *Yes, criminals.*

Frankish paraît désarmé par les réponses du docteur. S'il veut parler de chasse et de pêche, il faudra lui présenter Fontaine, un excellent moucheur et un bon tireur.

— Je crois que la balistique vous intéresse particulièrement. Suivez-moi, dit Derome.

★   ★   ★

De l'hôtel Windsor où il loge, Frankish exprime, quelques heures plus tard, toute sa gratitude à Wilfrid Derome pour la journée qu'il vient de passer : « Je tiens à vous remercier de nouveau pour votre accueil courtois et je peux vous assurer que je transmettrai aux personnes ci-haut mentionnées toute mon appréciation pour la manière dont vous m'avez reçu », lui écrit-il.

Décidément, les Ontariens ne le lâchent plus. Quelques jours plus tard, Derome reçoit une autre lettre des officiers judiciaires ontariens. On le réclame pour qu'il donne des cours de balistique. Crawford veut cette fois lui présenter un autre de ses autopsistes qui, par un curieux hasard, sera de passage à Montréal la semaine même. La lettre comporte une autre demande : « Je vous serais très reconnaissant si vous trouviez le temps de lui expliquer votre procédé, en vue de la mise sur pied éventuelle de l'appareillage requis. » Mais il a pourtant tout expliqué à Frankish lors de sa visite.

Sans perdre un instant, il envoie le jour même les renseignements supplémentaires : la liste des appareils scientifiques essentiels, avec leur prix et leur adresse de fabrication. La pièce la plus onéreuse est un microscope Spencer, d'une valeur de 450 dollars.

Le 6 février, en triant son courrier, le docteur trouve une autre lettre provenant des autorités ontariennes. Que lui demande-t-on cette fois ? Il appréhende la suite. C'est Frankish qui ne le lâche plus. Le médecin légiste ontarien remercie Derome pour le transfert de connaissances : « J'ai reçu votre lettre où sont énumérés les instruments requis pour l'examen des projectiles et je vous prie d'accepter tous mes remerciements. » Pour finir, Frankish lui demande si le laboratoire de Montréal peut lui remettre « les deux très intéressantes photographies des projectiles reliés à l'affaire Maynard. J'aimerais, écrit-il, que le procureur général les voie, afin qu'il puisse juger de l'opportunité d'adopter votre système ici, en Ontario. » Derome en prend bonne note et expédie aussitôt l'enveloppe avec les photographies.

Quelques jours plus tard, une autre lettre de Toronto parvient à son bureau. Derome craint la suite, alors qu'il s'étire pour prendre son coupe-papier. Frankish annonce que les photographies ont ébloui ses collègues : « [Elles] ont vivement impressionné mes nombreux amis du milieu médical ici qui ont eu la chance de les examiner, tout comme le résumé de l'affaire qui les accompagnait. » Mais encore une fois, le Torontois demande de l'aide. Il a des problèmes avec l'appareillage et il veut des explications supplémentaires. Derome prend sa plume et répond à chacune des questions de l'expert ontarien, comme il le fera encore trois jours plus tard. À défaut d'être payé, il pourra se targuer d'être à l'origine du premier laboratoire de police scientifique en Ontario.

★　★　★

La modernité et son corollaire, la vitesse, tuent. L'arrivée des véhicules motorisés génère, à la Belle Époque, un phénomène sociologique qui ira en s'intensifiant : les accidents de la route. Depuis 1914, *Le Devoir* utilise fréquemment le titre « Massacre quotidien » dans sa chronique des faits divers pour témoigner du fléau. Les voitures sont de plus en plus grosses, rapides et meurtrières.

Derome est à même de constater chaque jour le potentiel sans limite de ce projectile sur quatre roues. Le 9 octobre 1929, un jeune anglophone de seize ans, William McAthey, roule en vélo avec deux amis sur la route de Dorval. Un coupé Chrysler bleu aux ailes noires passe à grande vitesse et happe le garçon sous les yeux horrifiés de ses amis. Au lieu de s'arrêter et de porter assistance au blessé, le chauffard accélère. Le jour même, Derome constate sur le corps du jeune homme « une fracture du crâne, de multiples écorchures sur la face et la région thoracique ». Afin de retracer l'auteur du délit de fuite, Derome demande à la police de chercher des traces de peinture rouge sur les véhicules qu'ils examinent.

Dans les jours qui suivent, la police, après une perquisition, saisit un coupé Chrysler aux ailes noires et à la carrosserie bleue. Sur l'aile droite, ils ont noté des traces de peinture rouge. Le propriétaire, W. Redpath, est aussitôt arrêté. Le 7 novembre, à la demande du coroner, Derome se rend au garage du palais de justice pour examiner la voiture et la bicyclette.

« Quand deux objets viennent en contact, quelle que soit leur nature, il y a toujours un transfert, en petite ou en grande quantité, facilement ou difficilement décelable, du matériel d'au moins l'un sur l'autre. » Le docteur la connaît par cœur, cette petite phrase. Elle résume son métier. Il la cite si souvent à ses étudiants. Derome sait que l'axiome d'Edmond Locard s'applique parfaitement à ce qu'il va observer. Il se penche pour examiner les phares. Premier constat : « L'aile droite est bosselée et éraflée (récemment) sur une longueur de 8 à 10 pouces à partir de sa pointe antérieure par le heurt d'un corps peinturé en rouge, puisque des restes de peinture rouge sont en abondance au niveau de ces éraflures et de l'extrémité droite du pare-chocs nickelé. »

Derome se tourne ensuite vers la bicyclette de la victime. Il sourit de satisfaction. Sa planchette appuyée sur le genou, il inscrit : « Elle porte une peinture rouge et celle-ci est écorchée, emportée partiellement au niveau où le choc de l'automobile a porté, sur l'arrière du bicycle. » Galon à la main, Derome calcule la longueur des deux traces : « À noter qu'il y a correspondance dans la hauteur des altérations sur le bicycle et sur l'automobile. »

Il se relève, examine attentivement le pare-brise éclaté et consigne cette observation : « Les bords montrent une particularité intéressante : le verre, en éclatant, a laissé persister du côté interne un prolongement effilé d'à peu près un quart de pouce qui indique que l'éclatement, et, partant, le choc, s'est produit de dehors en dedans. » Il lui faudrait en faire part à Fontaine, qui étudie les configurations du verre en criminalistique.

Derome poursuit de la sorte son investigation et rend son verdict en grosses lettres : « CONCLUSION. Il semble bien que c'est cette auto qui a frappé ce bicycle et qui a causé la mort du jeune W. M. » Sur son rapport, il écrit en grosses lettres noires, au-dessus du nom du chauffard : « Trouvé coupable d'homicide involontaire ».

CHAPITRE 25

Train de nuit pour l'éternité

L a maladie gagne du terrain de jour en jour. Son corps est un territoire envahi. Ses jours sont comptés. Mais tant que son dernier bout de rein pourra filtrer l'urine, il poursuivra sa mission.

Il est dix heures en ce premier lundi de mars. Derome écoute la lecture de l'acte d'accusation. L'affaire sera ardue, d'autant plus que le coriace Me Lucien Gendron, qu'il a croisé dans l'affaire Beaudry et qui est un fabuleux « scénariste », défend le frère Dosithée, alias Albert Nogaret. Une fois de plus, un religieux est assis au banc des accusés, cette fois pour le meurtre sadique d'une fillette. Derome sait à quel point un procès-spectacle peut devenir une marmite explosive. Il observe l'accusé au bout de la salle. Nogaret est gros, a le visage bouffi. Il n'a pourtant pas l'air d'un Lustucru qui ramasse les enfants dans son sac. Mais Derome a appris à se méfier des têtes d'innocent. Ce Français ne vit au Québec que depuis quelques années. Il souffre de surdité, ce qui compliquera la cause. Fontaine s'était chargé du travail lors de l'enquête du coroner, mais Derome sera l'expert au procès. La grosse horloge murale égrène lentement les secondes. Elle marque onze heures. L'expert se demande bien quand il pourra témoigner et retourner au boulot.

Le procureur de la Couronne, Me Ernest Bertrand, se lève et résume les faits : « La Cour prouvera ou tentera de prouver devant vous que Simone Caron était allée porter une collation à son père, le 10 juillet, et qu'elle ne fut jamais revue. Son cadavre est retrouvé le 18 septembre à 13 h 30, dans la cave de l'Académie Roussin. Le petit corps est dans un sac, déposé dans un placard mesurant 3 pieds de large par 20 pieds de long. Personne n'y allait habituellement : il ne contenait que des barils de vinaigre. »

Située à Pointe-aux-Trembles, l'Académie Roussin est un établissement respecté. L'imposant bâtiment en briques rouges accueille de nombreux pensionnaires et abrite donc une abondante réserve de nourriture.

Les limiers ont longuement interrogé Nogaret, le responsable du garde-manger dans la cave, ce qui en fait le suspect numéro un.

Derome a déjà analysé l'arme du crime. Un couteau de fabrication française et de marque Thibault. Il a dû établir un lien entre les blessures et le couteau utilisé par le meurtrier. Mais pourra-t-il témoigner aujourd'hui ? Le temps passe trop vite en cette première journée et la procédure est longue. Voilà du temps perdu qu'il aurait aimé consacrer à d'autres fins. Il se fatigue à rester assis aussi longtemps. Ses élancements dans le bas du dos sont très douloureux. Il aimerait bien marcher un peu. Mais la fillette, pense-t-il, mérite qu'il soit là à attendre. Il pourra témoigner de son calvaire. Elle a eu peur et elle a eu très mal, puis elle est morte sans comprendre. La cause des enfants lui a toujours tenu à cœur. C'est pour cette raison qu'il tient à travailler dans cette affaire. Il observe dans la salle les parents éplorés accompagnés de leurs enfants.

Mais les minutes et les heures passent et le docteur ne témoignera pas. Il rentrera un peu frustré à la maison.

Le lendemain, il peut enfin monter à la barre des témoins. Après avoir décrit l'état du corps, Derome détaille les blessures qu'il a observées.

— Une blessure mesurait sept seizièmes de pouce et l'autre, un pouce ; une côte de la victime [le petit os est produit en cour] porte une blessure de quatre seizièmes de pouce. L'instrument a traversé l'os mais n'a pas touché le poumon ; la côte a protégé cet organe et le cœur.

Ce sera tout pour l'instant. Derome va se rasseoir. Il marche de plus en plus lentement. Il regarde ensuite les deux jeunes frères de la fillette se rendre à la barre. L'un parle avec assurance, l'autre est intimidé par l'apparat de la cour. Ce dernier, qui se nomme Roger, est totalement perdu, comme si c'était lui que l'on jugeait.

Roger déclare que le prévenu a invité sa sœur à cueillir des pommes et qu'elle a dit non, « de peur de se faire "pogner" ».

Lorsque Mᵉ Bertrand demande aux enfants de révéler la raison invoquée par leur sœur pour refuser l'offre de Nogaret, l'un des deux avocats de la défense, Mᵉ Lucien Gendron, s'écrie :

— Objection !

— Je ne comprends pas pourquoi mon savant confrère a si peur que la vérité sorte, ironise l'officier de la Couronne.

Le docteur regarde ensuite un individu très bizarre qui s'avance jusqu'à la barre des témoins. Il en a vu de ces énergumènes au cours de sa carrière ! Mais celui-là vaut le détour. Antonio Godon, vingt ans, est affecté au service de la cuisine. Il connaît la cave où sont entreposés les aliments. Simple d'esprit, il paraît malade, et son témoignage est entrecoupé de prières et de supplications. Ses déclarations étonnent.

— On m'a recommandé de prendre du poison. On m'a fait peur en me disant que j'aurais beaucoup de trouble lorsque l'affaire de meurtre de la petite fille viendrait devant le juge.

Derome voit bien que ce procès pourrait vite soulever la controverse.

Il appert qu'un infirmier du nom de Donalson, suivant les recommandations du frère Rosaire, directeur de l'infirmerie, aurait offert au simple d'esprit un flacon d'iode, mais que Godon aurait acheté sa propre bouteille et absorbé la moitié du contenu après la grand-messe.

— Mais pourquoi agir ainsi ? demande la Couronne.

— On m'accusait du meurtre et j'avais peur ! Donalson m'a dit avoir écrit une lettre à la police provinciale contre moi. Il m'a dit qu'il m'arriverait du mal si je déclarais que c'était lui qui avait écrit cette lettre.

L'aide-cuisinier, écrasé par la tension, blêmit, chancelle et s'évanouit, les jambes comme des chiffes molles. Derome se porte aussitôt à son secours. Il faut le soutenir pour le sortir de là. La Couronne ne tient pas à perdre un témoin important. Il est confié aux bons soins du docteur. Sans doute a-t-il fait une chute de pression. Ou en aurait-il trop sur la conscience ?

Le témoin suivant, Blanchard, qui a fait la macabre découverte, exaspère aussitôt le juge Wilson avec ses hésitations.

— Dites-nous donc tout ce que vous savez, enfin ! Rarement j'ai vu un témoin si récalcitrant.

Le témoin raconte que le directeur de l'Académie Roussin a rassemblé sa communauté dans le fumoir. Après avoir annoncé la découverte du cadavre, le directeur aurait donné une étonnante consigne : « On ne devait parler de l'incident à personne. »

Le juge Wilson grimace, s'impatiente.

— Personne n'a posé de questions supplémentaires ?

— Non !

— Un pareil calme fait plus que m'étonner. On venait de trouver un cadavre, tout le monde était là et personne ne parlait de l'affaire. Eh bien ! je ne croirai jamais ça de ma vie !

Derome sourit. Il aime la fougue du juge Wilson, qui n'a pas son pareil pour remuer un témoin récalcitrant.

— Nogaret était là ?

— Non, il était occupé à la cuisine.

— Le directeur n'a pas fait d'enquête ?

— Non.

Cette réponse soulève à nouveau l'ire du juge Wilson, qui souhaite « arracher la vérité » à Blanchard.

Le lendemain matin, Me Gendron contre-interroge le témoin Godon, qui semble plus reposé. Après son témoignage, l'avocat recommande qu'on hospitalise l'aide-cuisinier. On demande son avis à Derome.

— Je recommande qu'il soit logé dans un hôtel sous la garde d'un officier de la police qui verra à l'entourer du plus grand calme et des meilleurs soins.

Derome sait qu'il serait très facile pour le témoin de s'échapper d'un hôpital, ou encore de s'y suicider. Le juge acquiesce.

Un événement inattendu se produit aux assises en ce jeudi 5 mars. Le détective Louis Jargaille, le nouveau héros de la Sûreté provinciale, produit une mystérieuse lettre qu'il a reçue par la poste. L'affaire s'embrouille. Dans l'enveloppe, Jargaille recueille une bague qu'il confie aussitôt à Wilfrid Derome. Le texte anonyme, plein de fautes, est écrit sur trois cartons d'emballage. Un homme s'y incrimine avec preuve à l'appui et innocente le frère Nogaret. Jargaille lit la missive, qui stupéfie toute l'assistance :

> Mon meurtre a été commis dans une grange près de l'école et j'avais déposé le cadavre dans la cave. Le couteau que vous avez trouvé, ce n'est pas l'instrument du crime. C'est avec des ciseaux que je l'ai tuée. Lâchez ce frère qui est aussi innocent que la neige qui commence à tomber sur les toits des maisons. Je t'envoie la bague de ma victime. Si tu ne me crois pas, montre-la à ses parents. J'ai remis mon cadavre dans cette cave pour avoir le temps de m'enfuir. Condamnez-moi, maudit. Vous êtes tous une bande d'écœurants tous ensemble. C'est l'assassin qui t'écrit.

Sans la bague reconnue formellement par les parents comme étant celle de Simone Caron, on pourrait croire à une mauvaise plaisanterie. Mais la famille confirme que cette bague appartenait bel et bien à la fillette. Wilfrid Derome se voit confier sur-le-champ l'analyse graphologique du document.

Poursuivant son témoignage, Jargaille entreprend la lecture de la déposition incriminante du frère Nogaret, consignée avant l'enquête du coroner : « Mais oui, j'ai déjà touché à ce sac… par trois fois, si je me rappelle bien », dit Nogaret dans sa déposition.

Jargaille livre ensuite la déclaration la plus compromettante que lui a faite Nogaret : « J'étais allé dans la cave pour voir si les rats, en charroyant des légumes, n'avaient pas obstrué une conduite d'eau. Je me rappelle bien avoir "buté" sur un sac et l'avoir touché des mains pour me garantir dans ma chute. Pour moi, alors, je pensais qu'il contenait des légumes pourris. Par la déchirure du sac, il se peut que j'aie touché au cadavre. »

Dans le box des accusés, le gros frère regarde les autres personnes présentes décider de son sort sans rien entendre de leurs propos.

Interrogé sur les raisons pour lesquelles il n'avait pas été alerté par l'odeur de décomposition, Nogaret a expliqué que sa surdité annihile ses autres sens, tels l'odorat et le toucher. Il mentionne qu'il a déposé le sac dans le placard, croyant qu'il contenait des « navets » et de « vieilles chaussures ».

Le limier poursuit son témoignage. La confession suivante, qu'il lit, rapproche un peu plus le frère Dosithée du gibet : « Si j'avais été responsable de ce meurtre, il m'aurait été facile de faire disparaître le cadavre dans l'intervalle de deux mois entre la disparition, le 8 juillet, et la découverte, le 18 septembre. Comme question de fait, j'aurais pu le faire disparaître complètement, si j'avais voulu. »

Jargaille regarde, défiant, l'avocat Gendron en regagnant sa place. Tous deux ont déjà eu maille à partir dans ce procès pour des questions de procédure.

La Couronne produit ensuite deux couteaux saisis dans la chambre de Nogaret.

Derome ne se montre catégorique à aucun moment quant à l'arme du crime.

— Au cours de vingt années de médecine légale, dit-il, je n'ai jamais vu un couteau de ce genre [dont la lame se termine par un croc vers le haut]. L'inscription qu'il porte sur le manche fait supposer qu'il a été fabriqué dans une petite ville de France du nom de Mende, chef-lieu du département de Lozère.

Dans sa plaidoirie, le procureur de la Couronne, Me Bertrand, reprend les observations du médecin légiste. Il s'avance vers le jury, agrippe la barre d'une main, enfonce l'autre dans la poche de son pantalon, fixe chacun dans le blanc des yeux.

— Dans cette cause, il y a des éléments qui ne mentent pas. Il y a le couteau, et le docteur Derome, sans déclarer formellement que c'était l'arme du crime, n'admet pas moins que les

L'écriture a toujours tenu une place centrale dans l'action de Wilfrid Derome.
(Musée de la civilisation, Collection du laboratoire de sciences judiciaires et de
médecine légale)

La maison des Derome, située au 510, rue Cherrier, près de la rue Saint-Hubert. (Jacques Côté)

Le piano de Sophie-Catherine, sur lequel elle a déposé une photo de son mari et un buste de Bach. (Collection Arsène Paré)

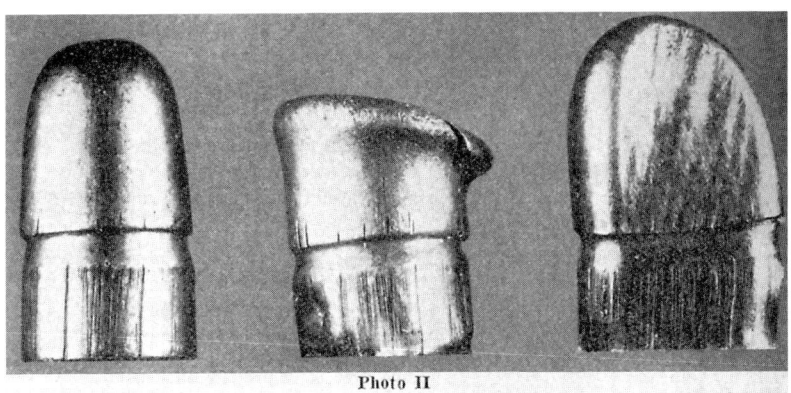

Photo II

1	2	3
Balle meurtrière	Balle déformée du lieu du meurtre.	Balle extraite du pied de Donald G...

Photo III

| Balle meurtrière | Balle non-déformée du lieu du meurtre | Balle tirée avec l'arme suspecte |

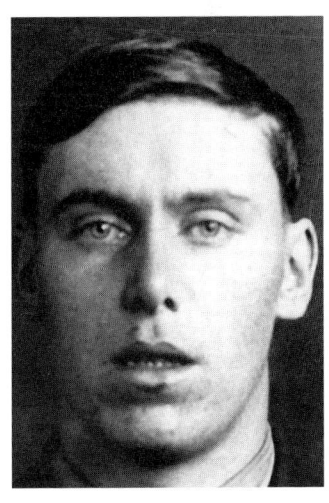

Ci-dessus : Analyse balistique. (Musée de la civilisation, Collection du laboratoire de sciences judiciaires et de médecine légale)

Ci-contre : William Watkins, l'assassin de Beauvais et le tireur fou de l'auto. Dans cette affaire, Derome se livre à une stupéfiante analyse balistique. (Musée de la civilisation, Collection du laboratoire de sciences judiciaires et de médecine légale)

Ci-contre : Henri Bertrand, le secrétaire-trésorier, accusé du meurtre de J. Antonio Beaudry. (Musée de la civilisation, Collection du laboratoire de sciences judiciaires et de médecine légale)

Ci-dessous : Le bureau de l'homme d'affaires J. A. Beaudry. (Musée de la civilisation, Collection du laboratoire de sciences judiciaires et de médecine légale)

A= chaise où la victime fut
trouvée assise la tête trans-
percée d'une balle —

Bureau de Beaudy

Amy Gallop, l'empoisonneuse de L'Isle-Maligne. Après avoir été condamnée à mort, elle sera acquittée à la suite d'autres procédures judiciaires. (Musée de la civilisation, Collection du laboratoire de sciences judiciaires et de médecine légale)

Les balles récupérées dans un poteau par Derome pendant le procès d'Henri Bertrand. (Musée de la civilisation, Collection du laboratoire de sciences judiciaires et de médecine légale)

Dans cette pièce du Collège d'Huberdeau, un élève a été ébouillanté à mort dans la cuve par le frère Usmar. Derome prouve que l'enfant y a été maintenu de force. (Musée de la civilisation, Collection du laboratoire de sciences judiciaires et de médecine légale)

Sophie-Catherine, Wilfrid et Léon Derome en tenue du dimanche. (Collection Arsène Paré)

Le futur docteur Léon Derome s'intéresse à la balistique quand on l'invite à visiter le laboratoire de la rue Saint-Vincent. La vue des cadavres le marque profondément. (Collection Arsène Paré)

Les obsèques de Wilfrid Derome, le 27 novembre 1931, en l'église Saint-Louis-de-France. *À gauche :* Rosario Fontaine avec Léon.

Des amis et collègues du docteur Derome : le docteur Pierre Hébert, le juge Amédée Monet, le docteur J. Edmond Dubé, le docteur Louis de Lotbinière-Harwood et Emmanuel P. Benoît.

blessures de la fillette n'ont pu être causées que par une arme du même genre.

Me Gendron se lance à son tour dans une longue et brillante plaidoirie. Sera-t-elle suffisante pour sauver Nogaret ? Le jury se retire pour délibérer.

★   ★   ★

Lundi matin : le téléphone réveille une fois de plus le docteur Derome, chez lui, rue Cherrier. Comme c'est souvent le cas, une enquête parallèle s'ajoute, à la veille du verdict, dans le procès Nogaret. Derome fait face à la nébuleuse affaire de la rue d'Iberville.

Il monte dans sa nouvelle Cadillac. L'habitacle de la voiture est froid, mais il se réchauffe peu à peu. Le docteur arrive à l'écurie du 4738, rue d'Iberville. Les relents d'urine et de foin flottent dans l'air. Le sergent-détective Armand Brodeur accueille Derome. Il lui résume les circonstances ayant entouré la découverte du corps du gardien. Tout en marchant en direction des stalles, Derome écoute attentivement.

— Vers six heures trente, le contremaître de l'écurie, M. Odias Desjardins, s'est rendu compte que le plancher du bureau n'avait pas été nettoyé. Il s'est demandé où était le gardien de nuit, Campbell. Il est allé vers l'écurie et — surprise ! — il n'y avait pas de lumière. Il a pensé que le gardien s'était endormi. Il va voir. En entrant, il aperçoit une longue trace de sang. Campbell est étendu sur une botte de foin au fond de la stalle, encore vivant. Il est mort peu de temps après à l'hôpital. Comme il a été affreusement mutilé, on suspecte le cheval. Il aurait pu être rué à mort par un des chevaux, d'autant plus que son argent n'a pas été volé.

Meurtre ou accident ? À Derome de trancher.

Le docteur s'avance dans le corridor de l'écurie. L'agression est survenue près du mur du fond. Le cheval suspect se trouve dans la stalle de gauche.

Derome examine attentivement la stalle. Comme il connaît bien les chevaux, il se penche sous la croupe de l'animal. Déjà arrivés, les journalistes de *La Presse* et de *La Patrie* épient son travail. Derome s'installe derrière la bête suspecte, qui paraît plutôt sans malice. Prudemment, il examine ses fers un à un. Une seule ruade suffit à tuer, ça, il le sait bien. Du sang macule en effet l'un des sabots. Mais Derome demeure perplexe. Il se représente la position du cadavre dessinée à la craie, recule, examine l'ensemble de la scène. Normalement, le sang aurait dû être visible sur l'autre sabot, celui de la seule patte qui aurait pu atteindre la tête. Pas sur celui-là. De plus, ce sabot ne porte ni cheveux ni fragments de chair humaine. Surprenant! La pauvre bête, déduit-il, se trouvait trop loin pour atteindre Campbell avec ce fer. Il lui aurait fallu exécuter une ruade impossible en raison du manque d'espace dans la stalle.

— Enlevez tout de suite le cheval de la liste de vos suspects…, dit Derome, pince-sans-rire, au policier Brodeur.

L'expert remarque que les lieux du crime présentent des traces de lutte.

— S'il y a eu tentative de simulation, la mise en scène est un échec lamentable, lance-t-il pour lui-même.

★   ★   ★

Le mardi 10 mars 1931, en soirée, le président du tribunal livre son adresse aux jurés. Une fois de plus, le juge Wilson ne se montre pas très subtil. Le magistrat qui compte le plus de pendaisons sur la conscience fait à nouveau preuve de partialité. Il démolit l'une des preuves sur lesquelles comptent les avocats Lucien Gendron et Joseph Jean pour sauver Nogaret : « La lettre au détective Jargaille, vous allez voir ce que j'en fais. Elle est celle d'un menteur, d'un faussaire, d'un cynique, d'un habile mystificateur et d'un voyou. A-t-elle été écrite par l'accusé? Vous ne le savez pas, ni moi non plus. Alors, quel rôle va-t-elle jouer? Elle contient la bague. C'est entendu; mais comment rattacher la bague à l'accusé si vous ne croyez pas le témoignage de Mᵉ Jean ? »

Les jurés reviennent après quelques minutes de délibération. Le président du jury se lève : « Nous trouvons l'accusé coupable, avec recommandation à la clémence de la cour. »

Le juge Wilson, coiffé du tricorne noir, les mains gantées, prononce l'arrêt de mort d'Albert Nogaret pour le meurtre de Simone Caron. Les parents de la victime pleurent de joie et de douleur.

Mᵉ Gendron annonce qu'il conteste la décision. L'avocat de Nogaret est renversé de voir qu'un témoin aussi peu crédible que Godon a pu servir de caution morale au jury.

Devant les journalistes qui l'assiègent, Mᵉ Gendron annonce qu'il ira en appel : « Ce verdict est un meurtre plus odieux que le meurtre de la petite Caron. »

★   ★   ★

Le 25 avril 1931, Derome reçoit un télégramme au 443, rue Saint-Vincent.

CANADIAN NATIONAL
TELEGRAPHS
VA 18 19+U VICTORIA BC 25 1045=
DR DEROME
BUREAU 443 RUE ST VINCENT MONTREAL
WOULD BE OBLIGED IF YOU WOULD MAKE THE INVESTIGATION REQUIRED SERGEANT MAC-BRAYNE AND RECEIVED THE EXHIBIT FROM HIM=
          RH POOLEY ATTY GENERAL.

Après New York, Toronto et le Nouveau-Brunswick, voici que la Colombie-Britannique s'ajoute à la liste. Malgré son état de santé, et après en avoir longuement discuté avec Sophie-Catherine, Derome accepte l'enquête.

Comme il est hors de question de poster ses pièces à conviction, le sergent MacBrayne vient lui-même, quelques jours plus tard, les remettre au docteur. *The Sowry Case* est une affaire que les autorités de la Colombie-Britannique ne parviennent pas à élucider ; « *a cold case* », comme on dit chez les Anglo-Saxons.

Assis derrière son bureau, Derome écoute le limier lui résumer l'affaire. Il traduit mentalement de l'anglais au français tout en prenant des notes.

Deux travailleurs saisonniers, Joe Babchuk et son épouse, sont retrouvés sans vie dans une cabane de fortune recouverte d'une bâche. Il semble qu'ils aient été abattus dans la nuit du 18 juillet ; l'homme, d'un projectile à la tête, et la femme, d'une balle qui se serait ensuite logée dans le corps de son mari. Sur le plancher en terre battue, une balle de calibre 30-30, une paire de cartouches et une douille sont recueillies par les policiers. À l'enquête, deux témoins de la Couronne disent avoir aperçu le suspect, Michael Sowry, entre dix-huit heures et dix-neuf heures, le soir du meurtre, à trois milles du campement de fortune des victimes. Il appert que le suspect connaissait les victimes.

Lorsque Derome rentre au bureau, le 13 mai, un second télégramme a été acheminé pour fixer les arrangements nécessaires en vue de son séjour là-bas.

VA 63 NL-U VICTORIA BC 12
DR DEROME
RUE ST VINCENT MONTREAL QUE
J'ai été informé que le procès Sowry s'ouvrira à Prince George le 21. Seriez-vous assez aimable de quitter Montréal pour arriver à Prince George dans la soirée du 20 au plus tard ? On m'a également prié de vous demander d'apporter les négatifs originaux des photos. Veuillez m'informer de la date de votre départ.

R. H. Pooley, procureur général

★　★　★

Le procureur général Pooley lui demande d'être là au plus tard le mercredi 20 mai. Derome partirait le 15. Un retard serait catastrophique. Heureusement, les trains transcontinentaux, à cause de la concurrence que se livrent les sociétés ferroviaires, ont la réputation d'être à l'heure et surtout très confortables. Le voyage prendra près de quatre jours. Outre les pièces à conviction, il apportera les négatifs par mesure de sécurité.

Le porteur place les valises dans le porte-bagages. Pour la première fois de sa vie, Derome prend la route de l'Ouest. Le périple sera long, mais l'effort bien récompensé : il s'agit du contrat le plus lucratif de sa carrière. Sophie-Catherine et les enfants auront besoin de cet argent. Mais là n'est pas sa motivation principale. Parcourir cinq mille kilomètres pour incriminer un suspect, alors qu'il souffre d'un cancer en phase avancée, relève de l'absurde, pour certains. Pas pour lui. Il ne résiste pas à l'envie de faire découvrir sa science jusqu'à l'autre bout du pays. Rien de très complexe. Une preuve somme toute facile à établir. Servir la justice et être le porte-voix des disparus ne l'ennuient jamais. Dans cette histoire, deux pauvres hères sans le sou et ayant mené une vie de bohème ont laissé leur peau.

À vingt heures, le sifflet strident du préposé à l'embarquement résonne dans l'enceinte de la gare Bonaventure. Derome embrasse Sophie-Catherine qui lui demande de prendre soin de lui. Ses beaux yeux aveline s'inquiètent. Il sait que ce sera son dernier train, son dernier printemps, son dernier voyage. Elle le sait aussi. Aller à l'Ouest, dans un train de nuit, là où le soleil décline, prend tout son sens : c'est aussi entrevoir sa propre fin. Lui qui a été confronté à celle des autres toute sa vie est arrivé là, en bout de gare chrétienne. Étrange appel de l'Ouest.

Avec le décalage horaire, il filera en sens contraire des aiguilles d'une montre, gagnant quelques heures sur Thanatos… Il ne craint pas la mort, après la vie qu'il a eue. Une vie axée sur la quête de justice. Il pense de plus en plus à l'après, au paradis chrétien. Il a beaucoup d'amis là-haut ! Si toutes les âmes dont il a été le porte-voix se décident à lui faire une chorale céleste, ce sera un fabuleux *Lux Æterna*. Par contre, ironise-t-il, si tous les zombis errants du purgatoire et de l'enfer qu'il a contribué à mener au gibet font tourner leur *Dies irae,* il passera un bien mauvais quart d'heure. Mais la justice de Dieu doit être plus parfaite que la sienne, espère-t-il.

Pendant plusieurs jours, il pourra se détendre dans le silence, loin de la cour et des questions embarrassantes. Loin des cadavres, des énigmes qu'ils lui posent et de leurs odeurs. Malgré tout, l'affaire se terminera sans doute par un verdict de culpabilité et la mort du suspect. La preuve archibétonnée qu'il traîne dans son porte-documents est de mauvais augure pour Sowry. Encore une fois, la mort marquera la fin du voyage : le docteur porte sur lui et en lui l'arrêt de mort de ce suspect.

Lentement, la grosse machine noire s'ébranle dans un martèlement sourd qui s'emballe peu à peu. Derome envoie la main une dernière fois à son épouse. Sophie-Catherine glisse lentement d'une fenêtre à l'autre et disparaît. La locomotive du Grand Tronc sort de la gare en sifflant. Debout dans son compartiment du wagon-lit, le docteur contemple la ville avant sa jetée de nuit. Les lumières des édifices du vieux centre chatouillent le ciel. Mais les lumières des hommes ne brilleront jamais comme les étoiles. Derome distingue le tout récent édifice Alfred, de type art déco, avec sa silhouette en paliers. À l'ouest, le déclin du soleil empourpre l'horizon indigo. La croix sur la montagne veille sur la ville.

Au-dessus de la banquette, il tâte la couchette Pullman qui semble très confortable. Il ouvre ses valises et range ses complets dans la garde-robe de sa cabine.

Quand son cancer lui taraudera les flancs, il pourra déambuler d'une voiture à l'autre. Déjà, il ressent une légère douleur à l'abdomen. Il marche dans le couloir jusqu'au *washing closet,* y entre et verrouille la porte. Il sait bien que la masse grossit. Elle envahit son rein. Mais, heureusement, le peu qu'il reste de celui-ci suffit encore à chasser les toxines de son organisme. Il y a de plus en plus d'hématurie dans ses urines. L'eau de la cuvette se colore de rouge et de jaune. Il prend du papier hygiénique et essuie son dégât. Il se lave les mains, s'éponge ensuite le visage, se regarde dans la glace. Il a l'air encore jeune. Son visage est lisse. Il y voit l'empreinte de l'enfance. Mais il va mourir.

Il marche jusqu'au wagon-salon. La longue flèche noire file à vive allure. Le voyageur s'assoit dans un fauteuil pivotant et moelleux. Le décor est chaleureux : murs et plafond en bois de teck, lustres en cristal, tapis persan. Un véritable intérieur bourgeois du West Island. On ne se croirait pas dans un train, mais dans un manoir victorien sur roues. Aux côtés du docteur, les riches Anglais en veston de tweed lisent *The Gazette* ou *The Montreal Star*. Des gens l'ont reconnu, mais on le laisse tranquille. On se contente de le saluer d'un petit coup de tête ou d'un sourire.

Au bout du wagon, un opérateur radio syntonise le réseau national. Derome saisit un écouteur : l'*andante con moto* du trio de piano en *mi* bémol de Schubert. Il aime cette marche qui, comme la vie, se termine trop vite.

Il a apporté beaucoup de lecture. En route, il aura tout le temps de succomber aux *Méditations poétiques* de Lamartine. « Un seul être vous manque et tout est dépeuplé », a-t-il recopié pour son ami, le docteur Albert Prévost, tué dans un accident d'automobile. Un autre ! Il pense à sa femme. Jamais Sophie-Catherine et lui n'auront été séparés aussi longtemps depuis ses études à Paris. Il faudra qu'elle s'habitue. Ce ne serait plus pour deux jours ou une semaine, comme cela avait été le cas si souvent depuis leur mariage. Rien n'est éternel. Il a pu maintes fois constater la vulnérabilité de l'homme.

On lui a dit que les paysages seraient superbes et qu'il se plairait à Prince George. Quelque part au cœur des Prairies, il lui faudra prendre un autre train qui le mènera loin au nord, dans l'arrière-pays des chercheurs d'or. Plus il montera vers le nord, plus le jour sera long. Sur une carte, il a vu que, par rapport au Québec, il sera à la hauteur du Labrador.

Il n'a plus qu'à se laisser bercer par la douce pulsation de l'acier roulant.

★   ★   ★

Le serveur tout de blanc vêtu, avec nœud papillon, lui tend le menu.

— *Can I get you an aperitif, Sir?*

— *No, thanks. I don't drink alcohol.*

Plus question de boire, dans son état. Quatrième jour. Les plaines monotones sont derrière lui. Il ne se rappelle pas s'être retrouvé seul sans sa famille aussi longtemps. La promiscuité lui pèse, mais il apprécie le repos.

Sur sa table, la fine porcelaine et l'argenterie aux couleurs du Canadien National miroitent au soleil. Au menu du jour, l'entrée de crabe fera l'affaire. Il hésite entre le sauté de bison aux champignons et le saumon de la Colombie-Britannique.

Le wagon s'obscurcit soudainement. Le train passe sous la montagne. Les luminaires prennent le relais. À la sortie du tunnel, Derome est aveuglé par le soleil. Le train file le long d'un contrefort en suivant une rivière aux eaux turquoise. Devant le docteur se dressent les cimes enneigées. Il se penche à la fenêtre pour mieux apprécier les Rocheuses, qui lacèrent le ciel.

★   ★   ★

Derome est de nouveau installé confortablement dans son compartiment. La nuit lui a étalé son long drap noir. Il allume la lampe de lecture. L'affaire aura été expéditive, mais spectaculaire aux yeux du journal de Prince George. Le procureur Johnson lui a remis l'article du *Prince George Citizen* avant son départ. Tous les détails du procès y sont rapportés. Le Québécois n'a pas tardé à imposer sa science. Johnson veut même en faire un article pour la revue *Police Magazine*, publiée en Angleterre. Derome tire le journal de la poche de son veston, curieux d'y lire le traitement du procès. « *Expert Evidence Damning* » (« Preuve accablante d'un expert »), peut-il lire en gros titre. Son témoignage a été tout à fait déterminant, aux dires du journaliste :

La preuve de la Couronne contre Sowry n'était pas très solide jusqu'à ce que le docteur Wilfrid Derome, expert en balistique, vienne témoigner. Le docteur Derome est un médecin québécois renommé qui a obtenu un diplôme de l'Université de Paris en matière de police scientifique, ce qui comprend la balistique. Il dirige depuis dix-sept ans le laboratoire de police scientifique du Québec que le gouvernement du Québec a ouvert à Montréal.

Le revirement le plus spectaculaire du procès s'est produit lorsque Derome est parvenu à démontrer que les douilles retrouvées dans la cabane n'étaient pas des Winchester, comme les enquêteurs l'avaient cru au départ, mais ont plutôt été fabriquées par la compagnie Marlin. Après avoir déchargé les balles de la compagnie Marlin qui avaient été saisies chez le meurtrier, Derome a comparé les douilles avec celles recueillies. Les quatorze marques qu'il a observées en microphotographie se sont révélées identiques dans un cas comme dans l'autre : « Interrogé à ce sujet, il a précisé que la douille provenait non seulement d'un Marlin, mais à coup sûr du Marlin de Sowry », écrit le reporter. Par contre, Derome n'a pu certifier que les balles retrouvées dans les corps des victimes provenaient de la fabrique Marlin, puisque la décomposition des cadavres les avait altérées. Le compte rendu du journaliste est fidèle à ce que le docteur a dit.

> Le docteur Derome a informé la cour qu'il n'a pas remis de photographie d'une cartouche de Dominion 30-30 tirée par la Winchester parce qu'il avait jugé superflu de procéder à un tel tir, étant donné que la comparaison établie entre le projectile tiré par le Marlin et le projectile trouvé dans le chalet de Babchuk a donné des résultats concluants.

Le témoignage s'est révélé si accablant que le contre-interrogatoire de l'avocat de la défense a produit un effet lamentable : « J. A. Russell n'a rien obtenu de son contre-interrogatoire du docteur Derome. » Russell est même allé jusqu'à féliciter Derome pour sa manière savante de présenter ses preuves. Le docteur en rit encore. Il a souvent vu des avocats de la défense refuser de le contre-interroger pour ne pas avoir l'air ridicule, mais de là à le féliciter !

Après la démonstration du Montréalais et les plaidoiries, le juge s'est servi de la preuve balistique pour diriger le jury : « Le témoignage du docteur Derome vous a-t-il persuadés hors de tout doute raisonnable que les projectiles ont été tirés par le Marlin ? » Vers dix heures trente, le soir du samedi 23 mai, après deux heures de délibération, les jurés ont condamné Michael Sowry à être pendu.

Le train fonce à vive allure. Quelques lumières scintillent au loin, celles des étoiles.

Derome plie avec un soin maniaque la coupure du journal pour en faire une pochette qui s'ouvrira comme une enveloppe. Qui sait si un jour on s'intéressera à ce document ? L'article prendra sa place parmi les autres dossiers archivés.

Le docteur éteint la lampe. Il ouvre la garde-robe et enfile son pyjama. Il ne lui reste plus qu'à monter dans son lit. Ces dards qui lui piquent le bas du dos ne lui en donnent pas envie. Il a hâte de revoir Sophie-Catherine et les enfants.

★   ★   ★

En plein cœur de juillet, il lui faut trouver un assistant à Fontaine. Derome écrit au premier ministre Taschereau.

20 juillet 1931

Cher Premier ministre,
Étant donné la nécessité de préparer à l'avance mon remplacement, vu que ma santé est chancelante, je saisis l'occasion de recommander aux autorités compétentes M. le docteur Jean-Marie Roussel, jeune homme intelligent, consciencieux et travailleur, qui désire embrasser le métier de médecin légiste et qui, à cette fin, devra se préparer par des études spéciales durant au moins deux années à l'Institut médico-légal de Paris et aux autres écoles similaires européennes [...] afin qu'à son retour, il soit en mesure non seulement de concourir avec nous dans la recherche du crime mais encore de nous remplacer avec avantage.

Taschereau lui répond rapidement.

> Le 23 juillet 1931
>
> Mon cher docteur,
> Je reçois votre lettre en date du 20 juillet. M. Lanctôt doit revenir d'Europe dans quelques jours et je prendrai alors cette question avec lui car il est plus familier que je le suis moi-même avec votre service.
> Sincèrement à vous,
>
> L.-A. Taschereau

Quelques jours plus tard, la requête est finalement acceptée et Roussel peut se rendre à Paris. « Une autre affaire classée ! » se dit Derome.

★   ★   ★

Il se doutait bien que l'affaire Nogaret rebondirait tôt ou tard. Son ami, l'impulsif juge Wilson, a commis de nombreuses erreurs techniques et la Cour d'appel du Québec ordonne la tenue d'un nouveau procès. Mᵉ Gendron a obtenu gain de cause. Les mêmes personnes sont à nouveau assignées comme témoins.

Derome sort du 443, rue Saint-Vincent. Il remonte la petite rue en direction de l'ancien palais de justice, qui coupe toute perspective. Il apporte dans son sac l'analyse graphologique de la lettre anonyme reçue par Jargaille, qui disculpe le frère.

Il entre dans le nouveau palais. La cire sur le plancher fraîchement poli embaume les lieux. On pourrait presque s'y mirer. L'odeur prégnante lui rappelle le collège. Son sac à la main, il gagne la grande salle où aura lieu la séance.

En ce mercredi 24 septembre, le cirque journalistique s'est de nouveau donné rendez-vous. Il semble à Derome que Nogaret a maigri un peu. Celui-ci prend place dans le box des accusés.

C'est au procureur de la Couronne, comme la procédure le veut, à commencer.

— On vous a remis cette lettre ou ces chiffons, et vous les avez examinés ? demande Me Bertrand au docteur.

— Oui, dit Derome en hochant la tête.

— Qu'avez-vous constaté ?

Derome observe le document qu'il a analysé méticuleusement.

— L'écriture dénote certaines caractéristiques assez frappantes. Elle indique que c'est une personne ayant l'habitude d'écrire de la main droite mais qui s'est servie de sa gauche dans cette circonstance, et la construction de certaines phrases indique que la personne qui a écrit possédait de la culture. On s'aperçoit que la personne a hésité plusieurs fois en écrivant car il y a de nombreux arrêts dans les traits, qui manquent de continuité. L'expéditeur anonyme, note l'expert, manifeste un style qui suggère un certain degré de scolarité : « Lâchez ce frère qui est aussi innocent que la neige qui commence à tomber sur les toits des maisons. »

Puisque l'auteur de la lettre anonyme prétend avoir utilisé des ciseaux pour assassiner la petite Simone, le procureur de la Couronne demande au docteur de donner son avis.

— Je me suis rendu compte que seul un couteau du genre de l'exhibit P-7, dans cette cause, pouvait faire de telles blessures.

Me Bertrand marque une pause.

— Un individu normal, tant au point de vue de l'odorat que du toucher, aurait-il pu constater que le sac contenait un cadavre en y passant la main à l'intérieur ?

— Certainement, l'odeur, la sensation du toucher, le contact des doigts avec les vêtements, tout, en un mot, indiquait que l'on était en présence d'un cadavre.

— Comme médecin, avez-vous eu connaissance d'une maladie qui suspendrait le sens du toucher d'un doigt ou d'une main seulement ? demande Me Bertrand, alors que la défense soulève une objection.

Le juge Aimé Marchand refuse l'objection.

— Une palpation rapide d'un corps peut-elle permettre de déterminer sa nature exacte ?

— Si elle est très rapide, parfois, non, répond Derome, au grand soulagement de Nogaret et de son avocat.

Alors que certaines voix laissent entendre que Nogaret aurait pu remettre cette fausse lettre à l'un de ses avocats, Me Joseph Jean nie avec véhémence pareille insinuation : « Jamais il n'y a eu échange de papiers entre moi et mon client, à la prison de Bordeaux », jure-t-il. Le gouverneur de la prison, après avoir interrogé le garde Charpentier, confirme que ce dernier n'a pas eu connaissance de quoi que ce soit d'anormal.

La Couronne, par la voix de Me Bertrand, conclut sa preuve en faisant témoigner Derome.

— Docteur Derome, avez-vous examiné Godon, à l'hôpital ?

— Oui.

— Assistiez-vous à son interrogatoire ?

— Oui.

— Quel était son état physique et mental ?

— Il était très malade, même en danger. Mais quant à moi, il était lucide.

Contrairement à ce qu'a fait le juge Wilson lors du précédent procès, le juge Marchand, dans son adresse, s'en tient au résumé des faits du procès.

Le jury ne mettra que quelques heures pour innocenter le frère Nogaret, ne pouvant démontrer sa culpabilité hors de tout doute raisonnable. Mais les limiers ne désespèrent pas de rouvrir l'enquête un de ces jours.

★   ★   ★

Derome secoue la tête en silence de gauche à droite en regardant les photos. Le long corps blanc de la jeune fille est allongé sur un talus dans une position lubrique. Le cadavre a été exhumé récemment. L'image semble tirée d'un film de vampires. À Paris, on lui avait parlé du célèbre nécrophile du cimetière du Père-Lachaise, le sergent Bertrand, mais il ne pensait jamais faire face à une telle déviance dans son coin de pays.

Fontaine, à ses côtés, est sidéré. La scène donne froid dans le dos.

— Un nécrophile ! dit Fontaine.

— Le nécrophile de Limoilou ! C'est une première dans l'histoire canadienne.

La photo du suspect, Jos Vocelles, qui n'a pas l'air très rassurant dans ses hardes, accompagne le document. La mine patibulaire du suspect, son regard absent, ses traits grossiers ont de quoi inquiéter.

— Il a l'air d'un dégénéré, remarque Fontaine.

— Mais il n'a pas encore été jugé.

— J'ai trente ans ! Que me reste-t-il à voir, docteur Derome ?

— Le pire de l'homme. Le mal aussi est évolutionniste.

Derome prend connaissance du rapport.

Limoilou ne compte pas de charnier, et les corps, après les gelées, y sont conservés dans un caveau, une tranchée refermée par des planches et une couche de terre. Au cours des dernières semaines, apprend Derome, la police a constaté un certain nombre de violations de sépulture.

Puis, il y a quelques jours, dans une résidence de la Basse-Ville où le crêpe funèbre était bien en vue, un événement impensable s'est produit. Pendant que la maisonnée dormait après avoir reçu toute la journée les condoléances pour son enfant exposée au salon, un membre de la famille a été réveillé par un bruit étrange. On croit à un voleur en apercevant l'homme qui fuit les lieux. Une fois dans le salon, c'est la consternation. On retrouve la morte dévêtue, dans une position étrange. La police est aussitôt avisée et il semble que l'individu n'en soit pas à ses premiers actes de nécrophilie. En se fiant au portrait du déviant dressé par les témoins à la police, on procède à l'arrestation d'un certain Jos Vocelles.

On découvre aussi le *modus operandi* du suspect : il choisit ses victimes dans la rubrique nécrologique des journaux. La nuit venue, il balaie la couche de terre du charnier, soulève la trappe et descend dans les profondeurs du caveau pour se livrer à des gestes pervers sur le corps qu'il choisit.

Il plonge une pipette dans une fiole qui contient des fluides prélevés dans le vagin de la morte. Le docteur dépose une gouttelette sur une lamelle qu'il glisse sous le microscope.

— Venez voir, Rosario. C'est bien ce qu'on pensait.

— Vous avez raison, on recule sans cesse les limites du pire.

Depuis trois ans, le pire de l'homme a pour nom Joseph Coulombe, le boucher de la rue Sanguinet. Après avoir découpé le cadavre de sa victime, il le brûle dans son poêle à bois. À la Cour du coroner, l'assassin en rit encore. La faux devenue folle porte le sceau d'Andrew Day : le Trifluvien a trucidé à coups de hache ses cinq enfants. La folie meurtrière est signée Roger Roy, un autre père qui a massacré ses quatre enfants à Verdun. Le pacte avec la mort, c'est aussi Charles Desranleau qui le contracte par cupidité. Aux funérailles de sa femme, il sautait de colère sur son cercueil pour qu'il s'enfonce plus rapidement dans la fosse trop étroite. Soupçonné d'avoir empoisonné son épouse, il signe son crime en commettant une violation de sépulture. Récemment, l'appel du meurtre a conduit Paul Bélisle, un jeune père de famille aux prises avec la crise économique, à tuer un policier qui l'avait surpris à voler. Et tous ces fœticides qui empoisonnent ses journées…

Sans compter les injustices du système, celles qui poussent un Georges Merle à hurler, au prononcé de sa sentence de mort : « Vous avez acquitté et laissé en liberté des criminels comme l'abbé Delorme qui a tué pour s'enrichir, et moi, vous me condamnez parce que j'ai tué pour me défendre ? C'est ça votre justice ? »

Des histoires sombres à mourir. Mais c'est sa vie : être aux premières loges de l'indicible. Pour cette raison, il ne parle jamais de ses histoires à la maison. Et dire que Léon veut devenir médecin, s'intéresse à la balistique, insiste pour passer des journées au laboratoire.

Derome regarde la photo de la morte. Et voici maintenant un nécrophile qui se repaît dans les caveaux et les chapelles ardentes. Même les animaux ne se comportent pas ainsi.

En voyant dans la lunette de son microscope les têtes ovales et les longues queues, Derome détient sa preuve. La morte a bel et bien été violée.

Mais, le 15 octobre, faute de preuves liant Vocelles à ces méfaits, ce dernier sera finalement incarcéré pour vol.

★   ★   ★

Le 2 novembre, fête des Morts : ce fils maudit a choisi sa journée pour tuer sa mère. Une balle derrière la tête. On a retrouvé la victime au milieu de sa cuisine. Derome prend sa pince et retire la balle du pariétal. Celle-ci tinte et roule en tombant dans l'assiette de métal. Une autre autopsie terminée.

Le docteur fait glisser la civière et referme la porte de la glacière. Mme Charles Lapointe, de Rosemont, victime d'un matricide, peut reposer en paix.

Prostré, Derome remonte l'escalier de la morgue. Il s'agrippe à la rampe. Il ressent une fatigue extrême qui lui enveloppe tout le corps. Des vrilles lui taraudent le dos. Il sort pour prendre l'air quelques instants. Il lève la tête. Au-dessus des toits, le ciel est aussi gris que le pavé.

Requiem pour un médecin légiste

Une journée sombre de novembre où le ciel se maquille de plomb. On a admis d'urgence Wilfrid Derome à l'hôpital Notre-Dame deux jours auparavant. Amis et collègues circulent autour de son lit. La morphine le soulage, mais le prive de ses facultés. Il ne se relèvera plus. Son cancer a lancé l'assaut final. L'attaque a été violente. La maladie l'a poignardé dans le dos comme un assassin. Les médecins qui se relaient à son chevet savent qu'ils ne peuvent sauver leur collègue. Sophie-Catherine le veille, humecte ses lèvres, lui parle doucement, prie pour lui.

Au début de la nuit, elle a appelé leur fils Léon, quatorze ans, qu'on a extirpé de son lit au Collège Brébeuf. Il ne devrait plus tarder à arriver. Gabrielle est déjà au chevet de son père. Le docteur Fontaine aussi est en route.

Derome, qui a passé trente ans de sa vie à traquer la mort dans les laboratoires de cet hôpital, sait qu'il n'en sortira plus. Couché sur son lit, drogué par les narcotiques, il sent la vie s'éclipser. Ses paupières battent lentement. De sa fenêtre, il ne verra plus la cime des arbres du parc Lafontaine.

Dans le corridor, une voix se fait entendre, celle de l'interne en chef, qui aperçoit Léon Derome sortant de l'ascenseur.

— Viens vite, mon garçon ! Le docteur Derome n'en a plus pour longtemps.

Léon accourt. Il est offusqué. Qui est ce docteur Léger pour lui parler ainsi ? Son père ne mourra pas. C'est impossible ! Il s'approche du lit. Le malade semble endormi. Il respire lentement, ses paupières sursautent. Le fils regarde sa mère. Elle a pleuré, comme Gaby. Elle tient la main de son père. Il n'aura pas la chance de connaître davantage cet homme, celui que la mort réclamait tout le temps est à son tour appelé par elle.

Le chapelain entre dans la chambre. Il administre au docteur l'extrême-onction.

À deux heures dix, la nuit du 24 novembre 1931, Derome rend son dernier souffle. Au bout du couloir, les journalistes qui font le pied de grue aperçoivent le docteur Fontaine. Il a accouru le plus vite possible mais il arrive quelques minutes trop tard. Il s'en veut, il ne pourra parler une dernière fois à son ami.

— Vos impressions, docteur ?

Fontaine passe sans rien dire, marche jusqu'à la chambre. Il s'excuse auprès de la veuve, affirme qu'il est venu le plus rapidement possible. Il offre ses condoléances aux enfants, puis se penche au-dessus du lit blanc à barreaux. Il regarde son maître qui a l'air bien, enfin. Son visage est apaisé, lisse comme un marbre, mais avec ce petit rictus ironique. C'est impensable de le voir là, endormi pour de bon. Lui, toujours en mouvement. Le docteur Derome ne travaillera plus. Fontaine laisse couler une larme. Cela lui paraît si irréel.

★   ★   ★

Au petit matin, à la Cour du coroner, l'ambiance est solennelle. Les officiers judiciaires vont s'adresser aux journalistes. L'audience prévue peut attendre quelques minutes. Le silence est à trancher au couteau. Le coroner Lorenzo Prince, qui préside la cour, lance la salve d'éloges funèbres.

— C'est un bel arbre qui vient de tomber dans la personne du docteur Wilfrid Derome, mort ce matin, alors encore jeune de cinquante-quatre ans, au moment où son puissant cerveau, desservi par une humilité, une charité bien connues de tous ceux qui ont vécu dans son entourage, disparaissait si inopinément d'au milieu de nous tous.

Le coroner marque une pause, regarde l'assistance du haut de sa tribune.

— Ouvrier de ses propres œuvres, sorti des rangs bien humbles d'une campagne non loin de Montréal, monté gradin par gradin à l'escalier parfois bien tourmenté de la position sociale, le docteur Derome était parvenu au faîte, pour ainsi dire, de sa profession, et bien nombreuses sont les assistances qu'il fournit aux différents tribunaux criminels de cette province – et d'autres provinces – par son jugement sûr, son esprit d'analyse juste et ses constatations scientifiques, toujours frappées au coin du bon sens le plus sûr.

Dans cette enceinte où la parole sert à témoigner des horreurs du comportement humain, les voix se font affectueuses. Le coroner Prince passe ensuite la parole au nouveau directeur du Laboratoire de médecine légale, le docteur Fontaine. Ce dernier est fourbu par sa nuit blanche, encore sous le choc.

— Permettez-moi, monsieur le coroner, de déposer après vous mes respectueux hommages sur la tombe du docteur Derome. Le docteur Derome fut pour moi, en même temps qu'un professeur de morale, un professeur d'énergie. Son ardeur au travail était contagieuse et il poussait l'honnêteté jusqu'au scrupule. « La première qualité d'un médecin légiste, avait-il l'habitude de me dire, c'est l'honnêteté. N'avance rien que tu ne sois capable de prouver. » J'ai fait de ces admirables paroles ma devise et, fort de son exemple, je tâcherai de marcher sur ses traces. Le docteur Derome est de ceux à qui l'on succède mais qu'on ne remplace pas.

Les journalistes notent l'émotion du coroner Prince durant l'adresse du médecin.

C'est au tour de P.-A. Boisclair, greffier de la Cour du coroner, de prendre la parole.

— La mort si prématurée du docteur Derome m'affecte profondément. Je le connaissais depuis treize ans et il était pour moi, en même temps qu'un conseiller averti, un protecteur dévoué. Ce qu'il faut avant tout admirer chez lui, c'est son humilité, qui était à l'égal de sa science.

Le sergent-détective et chef enquêteur à la Cour du coroner, Aimé Bissonnette, témoigne aussi de son affection envers le disparu. Il se lève, déplie lentement une feuille.

— Combien de fois mes lugubres fonctions m'ont obligé à solliciter ses services le dimanche, les jours de semaine, la nuit ? Bien souvent, et toujours, le docteur s'est rendu avec une inconcevable délicatesse à tous mes désirs, pour le plus grand bien de la loi et du public. Je regrette très profondément sa disparition.

Les journalistes notent précieusement tous ces témoignages. Après un instant de silence, le travail peut reprendre.

Du palais de justice de Hull, le correspondant de *La Presse* rapporte les hommages respectueux du juge Wilson :

> Les journaux nous transmettent la triste nouvelle de la mort d'un des plus grands hommes de notre pays. Le docteur Derome a témoigné devant les tribunaux de notre pays, pendant un quart de siècle, en qualité de médecin légiste, et sa parole était autorité. Monsieur Derome était un grand savant, il a publié des travaux qui se dressent comme des monuments à la science et à leur auteur. La réputation du docteur Derome s'étendait de l'Atlantique au Pacifique et même dépassait les frontières des États-Unis. Le Canada perd un citoyen distingué et un professeur émérite.

Dans les heures qui suivent, la nouvelle de la mort du médecin légiste se répand dans tous les journaux, qui publient de longs panégyriques. La presse écrite lui rend hommage tant dans la langue de Molière que dans celle de Shakespeare. « Un savant de réputation internationale, souligne *Le Canada*, vient de disparaître ce matin à l'hôpital Notre-Dame. » De son côté, *Le Devoir* rappelle que « les drapeaux étaient en berne à l'Université de Montréal ce matin à l'occasion de la mort de M. le docteur

Derome […]. Tout le monde est unanime à louer la science du docteur Derome dont l'utile et brillante carrière de médecin légiste vient d'être brusquement brisée par la mort. »

Le Quartier latin, journal étudiant, n'est pas en reste : « Il n'était pas rare qu'à l'occasion de mystérieuses affaires, on l'appelât en consultation chez nos voisins d'outre 45e. Les étudiants en médecine perdent en lui un ami dont le tact, la bonté, la franchise et la cordialité ne se sont jamais démentis. »

La Patrie titre dans son édition du 24 novembre 1931 : « Un grand savant disparaît en la personne du docteur Derome ». En sous-titre, le journal mentionne : « Il s'était rendu célèbre dans toute l'Amérique par ses expertises dans les plus fameuses causes de meurtre ».

Le Petit Journal, qui nourrit son sensationnalisme d'affaires sinistres, rend ses hommages : « Le docteur Derome est unanimement regretté. Toute la presse a fait de lui de grands éloges mérités et d'émouvants témoignages d'admiration et de respect ont entouré sa famille en deuil. Mais il n'est pas trop tard pour rappeler sa grande valeur scientifique et l'impulsion qu'il a donnée aux travaux et aux recherches du laboratoire médico-légal. »

Le Droit avance le chiffre de dix mille autopsies pratiquées par le docteur Derome durant sa carrière.

La Presse lui consacre un dernier éditorial. « C'est donc un aviseur très averti que nous perdons en le docteur Derome, en même temps qu'un citoyen digne, dont les manières affables et la vive intelligence lui avaient valu un large cercle d'amis », y lit-on. « L'étude et le travail étaient ses récréations favorites », souligne le journal de la rue Saint-Jacques.

Les journaux anglophones ne manquent pas non plus de saluer le médecin légiste. Le *Montreal Daily Star* lui rend un magnifique hommage :

> Le docteur W. Derome est décédé à l'âge de 54 ans. L'expert québécois en médecine légale jouissait d'une réputation internationale. Autorité reconnue dans tout le Dominion en matière de jurisprudence médicale, le docteur Wilfrid Derome, directeur des laboratoires provinciaux du Québec depuis 14 ans, est décédé à

l'hôpital Notre-Dame. L'expertise du docteur Derome a souvent été mise à contribution dans de nombreuses affaires criminelles, et son décès privera les tribunaux canadiens du témoin expert le plus chevronné au Canada.

Le journal mentionne son acharnement à traquer les criminels par des moyens scientifiques :

Le docteur Derome ne manquait jamais de procéder à toutes les expériences possibles et faisait preuve d'une équité inébranlable à l'égard de tout accusé. En balistique, la science des armes à feu, il avait acquis une réputation internationale et était parvenu à faire accepter comme éléments de preuve fiables, dans les tribunaux du monde civilisé, ce qui avait initialement été qualifié de théorie abstraite.

Le *Montreal Daily Star* poursuit :

Le docteur Derome avait acquis une réputation internationale et a fréquemment témoigné à titre d'expert dans des procès aux États-Unis, où ses compétences ont été reconnues presque aussi largement qu'au Canada. […] Il était considéré comme un des plus grands experts balistiques de notre époque.

Derome reçoit aussi un vibrant hommage de ses collègues américains dans le numéro de décembre de l'*American Journal of Police Science,* qui regroupe le gratin de la police scientifique. Les éloges rendus par ses pairs soulignent l'importance qu'il a acquise dans sa profession. Calvin Goddard, au nom des éditeurs associés, signe la nécrologie : « Avec le décès du docteur Wilfrid Derome, survenu le 24 novembre 1931 en matinée, le monde scientifique vient de perdre un de ses plus remarquables représentants. » Goddard et ses collègues tracent ensuite un portrait de la carrière de Wilfrid Derome et insistent sur l'importance de sa contribution scientifique : « En 1920, il a publié son *Précis de médecine légale,* apportant une contribution très utile dans ce domaine. » Ces Américains reconnaissent la longueur d'avance qu'a prise Derome dans le domaine de la balistique.

L'éditeur de la revue parle du choc causé par le décès de son collègue chez le personnel du laboratoire judiciaire de Chicago. Il insiste sur l'héritage légué par Derome à sa discipline :

> Le docteur Derome était un homme charmant qui a posé des jalons scientifiques marquants. Il a accompli un travail fructueux en tant que membre de notre équipe éditoriale et sa disparition est une épreuve douloureuse pour tout le personnel du laboratoire. Mais les deux volumes qu'il nous lègue témoignent mieux que tout de son travail acharné et de ses compétences, et c'est pourquoi nous invitons nos lecteurs qui comprennent le français et qui s'intéressent aux questions médico-légales à consulter régulièrement ces ouvrages, qui révèlent en outre certains traits de la personnalité admirable qui leur a donné forme.

Au cours de la réunion du conseil des professeurs de la faculté de médecine de l'Université de Montréal, le docteur Louis de Lotbinière-Harwood, ami de Derome, se lève pour rendre à ce dernier un vibrant hommage au nom de ses collègues de la faculté :

> Le prof Derome est le meilleur exemple, chez nous, de l'homme qui se fait par lui-même, et qui parvient, à force de labeur tenace, de mérite personnel, à se faire accepter non seulement dans le milieu universitaire, mais également dans le milieu judiciaire et dans le milieu gouvernemental. […] Personne, chez nous, n'a fait plus modestement du meilleur ouvrage. Personne n'a plus que lui vécu entièrement dans sa vocation. Ayant réalisé toutes ses ambitions, il était demeuré le même homme simple et silencieux, sauf lorsqu'il devait enseigner à la morgue ou témoigner devant les tribunaux.

À son tour, l'historienne canadienne Maude Abott, dans son *History of Medecine of the Province of Quebec,* paru en 1931, témoigne de la contribution du docteur Derome :

La morgue de Montréal a été réorganisée et pourvue d'équipements de laboratoire en 1914, sous la direction compétente du docteur Wilfrid Derome. On considère qu'il s'agit du premier laboratoire de ce genre en Amérique, et du seul qui existe à ce jour au Canada. Quotidiennement, on y met en application la science balistique et on y rédige des expertises.

★   ★   ★

Derome est exposé en chapelle ardente à sa résidence de la rue Cherrier. Le cercueil est là, au milieu du salon. Sophie-Catherine écarte le rideau de dentelle qui voile la fenêtre : la file des amis va de la rue à la maison en passant par l'escalier. Une foule dense s'est massée autour de la résidence, devant laquelle sont garés trois landaus noirs remplis de fleurs, mais une neige fine rend moins austères les couleurs de la mort. D'autres personnes entrent : Lotbinière-Harwood, Pépin, Bissonnette, Maximilien, frère du défunt. Le juge Amédée Monet s'arrête devant le cercueil de son ami, se signe. Mais il faudra que le défilé s'arrête, car le service est prévu dans une heure. Afin que tous les notables puissent rendre hommage à leur ami et retourner ensuite à leurs occupations, la messe a lieu de bonne heure. Les invités se pressent autour de la dépouille. Le gratin médical et juridique de la ville de Montréal et la parenté venue de la campagne se côtoient. Juges, avocats, médecins, détectives, policiers et cultivateurs parlent du mérite de l'homme. Le docteur Marien, son ancien professeur, est venu lui rendre hommage, de même que le futur auteur de *Trente Arpents,* le docteur Philippe Panneton. Le maire de Montréal, Médéric Martin, est venu lui aussi payer son tribut. Fontaine est entouré de médecins et de limiers. Il est heureux de constater qu'il n'y a pas trop d'avocats. Le patron ne les portait pas dans son cœur. Il entend Derome persifler dans sa tombe : ils sont moins hypocrites que je ne le croyais. On parle de ses bons coups. Le docteur Fontaine rappelle une anecdote :

— Un jour, le docteur Derome rencontre un jeune médecin, frais émoulu d'une école américaine, qui ne jurait que par Freud : «Jeune homme, sais-tu ce qu'est un psychanalyste ? C'est un homme qui, après avoir dit adieu à la raison, se précipite dans l'inconscient et, une fois dans ce trou, peut dire ce qu'il veut, même avec éloquence, sans craindre qu'on y aille voir ! »

Ses proches s'esclaffent. Du Derome tout craché.

— Écoutez celle-ci, récidive Fontaine. À un confrère qui, dans la salle des pas perdus, le priait de lui présenter un magistrat, plus habile au jeu de bridge qu'à celui de la loi, il répond : « Cherchez parmi tout ce monde, cher ami, vous trouverez facilement votre juge à ce signe qu'il n'a aucun jugement. »

On rit de bon cœur.

— Même dans ses rapports, il était capable d'ironie. Je me rappelle un rapport adressé au procureur général. Il était question de l'autopsie d'un vieillard mort subitement sur la chaise du dentiste après une injection de cocaïne. Derome avait écrit : « Je n'ai noté aucune trace de violence, outre la dent arrachée… »

Fontaine se retourne vers son « professeur d'énergie », comme il l'a qualifié la veille. On a glissé un crucifix dans les mains jointes du docteur. Le jeune médecin légiste va rejoindre Léon, avec qui il conduira le cortège dans quelques instants. Il tire de la poche intérieure de son veston une enveloppe. Il faudra la remettre à Sophie-Catherine.

Cette lettre que son ami ne lira jamais vient du procureur de la Couronne de la Colombie-Britannique, Mᵉ Johnson. L'enquête printanière de Derome à Prince George a marqué un jalon dans les sciences judiciaires de l'Ouest canadien. On tient à le remercier.

Fontaine déplie la lettre. Derome revit pour un instant.

520, Linden Avenue
Victoria, B.C.

Docteur Derome,
J'ai bien reçu la photographie de la fameuse « douille » ou « douille test » que vous m'avez gentiment envoyée par l'intermédiaire de

l'inspecteur Spiller. Le moment venu, j'ai l'intention de l'accrocher dans mon bureau et de ne perdre aucune occasion de la montrer à mes nombreux amis du monde judiciaire, sans oublier de souligner que cette cause est passée à l'histoire ici, dans l'Ouest sauvage. Je vais également consulter notre commissaire afin que la revue *Police* publie, tant au Canada qu'en Angleterre, la photo en question ainsi qu'un résumé des principaux faits. Cela ne pourra qu'ajouter à votre réputation et bénéficier à notre ministère de la Justice. Je sais que votre réputation n'a pas besoin d'être moussée davantage, mais j'ai toujours pensé qu'une brillante réussite ne devrait pas être passée sous silence. Sincères salutations à Mme Derome et à vous-même.

A. M. Johnson

Le nouveau directeur sent peser la lourde responsabilité qui l'attend. Comment pourra-t-il se charger de cette vaste entreprise ? Il se rassure en pensant que Jean-Marie Roussel, de retour de Paris avec son diplôme de médecin légiste, viendra le rejoindre sous peu.

Il pense à la longue notice nécrologique qu'il lui faudra écrire. C'est à lui que *L'Union médicale du Canada* a fait appel. Le texte doit paraître dans le numéro de janvier.

À huit heures quarante, le temps est venu de dire les dernières prières. Le frère du défunt, Avila, s'approche du cercueil. Les enfants regardent intensément leur père une dernière fois. Fontaine s'approche. Avila bénit le cercueil, récite une prière. Les employés des pompes funèbres s'avancent, ferment le cercueil. Avila réconforte sa nièce et son neveu.

Pendant que résonne le glas de l'église Saint-Louis-de-France, un cortège d'un millier de personnes s'ébranle derrière le convoi funèbre en direction de la rue Roy. Léon conduit le cortège, accompagné de ses oncles Avila, Joseph et Maximilien. Fontaine, coiffé d'un haut-de-forme, avance, une canne à la main.

À voir les personnalités présentes dans le cortège, on a l'impression que toute la société médicale de Montréal s'est donné rendez-vous ce matin-là. De nombreux acteurs de la scène judiciaire et des détectives du service de police de Montréal assistent aux funérailles. Les spectateurs reconnaissent les populaires docteurs Gendreau, de l'Institut du radium, et Jean-Edmond Dubé, de l'Hôtel-Dieu. Les marcheurs avancent deux par deux, derrière le corbillard et les deux landaus chargés de fleurs. Avila, Léon et Rosario atteignent le parvis de l'église Saint-Louis-de-France. Derrière eux, la file qui n'en finit plus s'étire encore jusqu'à la rue Cherrier.

La levée du corps est faite par le père Armand Paiement. Pendant qu'on se masse à l'intérieur de l'église, Armand Létourneau fait vibrer le grand orgue. Les amis du docteur, connaissant son amour de la musique sacrée, lui ont fait l'honneur de faire jouer le *Requiem* de Gounod. Dans la nef, Joseph Saucier, le meilleur ténor canadien, dirige le chœur de la paroisse Saint-Louis-de-France, qu'accompagnent neuf solistes. L'effet est grandiose. Derome aura eu une sortie spectaculaire, à l'image des réactions que suscitait son travail. La messe est chantée par Avila, qui rappelle le dévouement de son frère pour qu'advienne un monde plus juste.

Après la cérémonie, le convoi se dirige vers le haut de la montagne par l'avenue des Pins. Le cortège tourne à l'entrée est du cimetière de la Côte-des-Neiges. La pierre tombale en granit noir a été taillée à gros traits et surmontée d'une croix. Le monument contraste avec les pierres blanches et grises aux alentours.

La Presse, à laquelle le docteur a plusieurs fois fourni la une, lui accorde sa page 3 : « Une foule respectueuse a rendu un hommage imposant au savant qu'était le docteur Wilfrid Derome. »

Quelques semaines plus tard, le docteur Fontaine publie sa notice nécrologique dans *L'Union médicale du Canada* : « Il faudra le recul du temps pour apprécier à sa réelle valeur cette grande et belle figure. »

Épilogue

Une mort prématurée comme celle de Wilfrid Derome ne pouvait que laisser l'impression d'une vie inachevée. Et comme c'est inévitable quand on est un simple mortel et non un personnage de roman, il laissait aussi des affaires où son témoignage, malgré sa rigueur, n'avait pas apporté de solution à la cause sur laquelle il s'était penché.

On peut imaginer que ce n'est pas sans une certaine satisfaction secrète que Derome, qui avait eu du fil à retordre avec Taschereau et Lanctôt dans la saga du photographe judiciaire, a suivi les développements de l'affaire Blanche Garneau.

Dès les jours qui ont suivi l'expertise de Derome, des rumeurs courent selon lesquelles les fils de députés libéraux seraient impliqués dans un meurtre rituel. D'autres bruits se répandent selon lesquels le fils du premier ministre aurait aussi participé à cette orgie sadique.

Après une enquête du coroner qui ne donne aucun résultat, l'affaire empoisonne le mandat du premier ministre Taschereau. Blanche devient vite une martyre pour les siens et le peuple réclame vengeance.

Il faudra attendre la délation d'un certain Binet, détenu dans une geôle ontarienne, qui incrimine un nommé William Palmer, qui était prétendument son ami. Frustré de voir Blanche Garneau refuser ses avances, ce dernier l'aurait violée et battue à mort. Le suspect est interrogé à Québec. Il fait le récit du meurtre au détective Rioux, mais, à son procès, il se ravise, et des témoins confirment son alibi.

Cet épisode ne fait qu'amplifier la rumeur de camouflage de la part du Parti libéral. L'affaire continue longtemps d'attiser les haines et bien des gens restent convaincus qu'on a délibérément dissimulé la vérité. On ne découvrira jamais qui a tué Blanche Garneau.

Quant à l'affaire Nogaret, il faudra attendre sept ans après la mort de Wilfrid Derome pour qu'elle soit relancée. En août 1938, un ex-policier de la Sûreté provinciale, devenu indicateur, amadoue Antonio Godon. L'indicateur Lavigne trouve du travail à Godon. Ce dernier est engagé comme homme à tout faire dans un chalet du parc des Laurentides, au lac à l'Épaule. Là, il confiera les détails de la mort de la jeune Caron à des policiers en civil. Devant le juge d'instruction, l'aide-cuisinier avoue qu'il a tué Simone Caron. Le procès débute à Québec et c'est le docteur Fontaine qui agit comme médecin légiste. Le juge Lazure, suivant la recommandation des psychiatres, en vient à la conclusion que l'accusé est inapte à subir son procès. Godon prend le chemin de l'asile.

Wilfrid Derome n'était plus de ce monde également pour avoir la satisfaction de savoir qu'il avait eu raison dans l'affaire Campbell, où on avait suspecté à tort le cheval. En décembre 1942, une dame Desrochers, femme battue, demande la protection de la police, craignant que son mari ne la tue. Pour rendre ses appréhensions crédibles, elle révèle aux enquêteurs que son mari a assassiné le jeune Campbell. Le dossier qui n'a jamais été fermé refait surface. Elle explique le mobile du crime : son mari avait été congédié par la compagnie Elias Rodgers. Après avoir bu une vingtaine de bières, il avait décidé, en compagnie de son beau-frère, d'aller donner une raclée à Campbell avec qui il s'était querellé. Mais Campbell est un homme fort et la rixe dégénère.

Madame Desrochers porte la preuve la plus incriminante au poignet : la montre de Campbell, que lui a offerte son mari. Quelques heures après avoir été écroué, ce dernier se pend dans sa cellule. Son complice, père de trois enfants, qui mène depuis une vie rangée, écope d'une peine de dix ans pour homicide involontaire.

Postface

Bibliothèques et salons du livre sont de formidables incubateurs d'idées. C'est au Salon du livre de Montréal, en novembre 2000, que le projet Wilfrid Derome a vu le jour. Le hasard est l'entremetteur privilégié de la création. Je venais de terminer une séance de signature. J'étais venu présenter *Nébulosité croissante en fin de journée* et je ne voulais pas repartir sans acheter un ouvrage portant sur la criminalistique pour les fins du *Rouge idéal,* le roman policier dont j'amorçais l'écriture. Chez un éditeur d'ouvrages scolaires, je découvre *Éléments de criminalistique,* livre destiné aux experts de la police scientifique. En le feuilletant, quelques semaines plus tard, je lisais pour la première fois le nom de Wilfrid Derome dans une section consacrée à l'histoire de la médecine légale au Québec. En quelques mots, on y mentionnait sa contribution exceptionnelle. Ces quelques lignes dans un paragraphe trop court avaient suffi à m'intriguer. Pourquoi un pionnier et chercheur de cette trempe était-il resté inconnu ? Il m'était impossible de nommer, à part Marie-Victorin, un scientifique émérite du début du siècle. La science était toujours l'apanage des autres ; les Canadiens français n'en ayant pas la bosse.

Je prends contact avec l'auteur de cette partie du livre, le docteur André Lauzon, directeur de la section médico-légale du

Laboratoire de sciences judiciaires et de médecine légale de Montréal. Après m'avoir fait faire une visite passionnante de ses installations, le docteur Lauzon me présente à Carole Péclet, chimiste judiciaire. Là, je découvre deux scientifiques qui admirent leur fondateur. Madame Péclet me remet, ce jour-là, le texte qui va me convaincre d'aller de l'avant avec ce projet. Il s'agit d'un discours écrit par le docteur Rosario Fontaine pour célébrer le cinquantième anniversaire du laboratoire et le quarantième anniversaire de son entrée dans cette institution. Le texte m'a séduit d'autant plus qu'il était bien écrit et empreint d'une passion toute juvénile chez un homme de soixante-dix ans. Je pouvais désormais me lancer sur la piste de Wilfrid Derome. En sortant de là, je savais que je n'en avais pas fini avec lui.

Un ouvrage technique et un discours tapuscrit avaient donc ouvert mon plus grand chantier littéraire depuis mes premiers pas d'écrivain. Les textes sont frères et sœurs d'une même cause : la connaissance et la découverte du monde. Les livres convergent parfois vers d'étranges avenues. Les textes, même vieillots et défraîchis, ont le pouvoir de ramener des pionniers que l'on croyait rangés ou perdus à jamais dans les tiroirs de l'oubli.

Mais les journaux et autres sources archivistiques allaient-ils confirmer cette contribution formidable ? Très vite, les documents microfilmés annoncent la qualité du gisement. Derome monopolise souvent la une. Son nom fait les gros titres. L'histoire avait été injustement amnésique envers Derome. Il faut dire qu'à cette époque l'eau bénite intéresse davantage que les réactifs chimiques. Il y avait donc assez de matière pour que je puisse raconter ce destin hors du commun. De plus, Derome avait tout du héros moderne tel qu'on les aime en Amérique.

Il y a bien des manières d'écrire une biographie. Allais-je écrire un texte rigide, très documentaire, ou privilégier le récit ? J'ai pris le parti de faire connaître Wilfrid Derome en optant pour cette seconde voie. Puisqu'il avait mené une vie trépidante, il fallait retrouver le médecin légiste en pleine action. Comme il avait été une figure très populaire de son vivant, il fallait aussi rendre perceptible cet état de fait. Il me faudrait intégrer certaines notions plus techniques tout en racontant l'aventure de cet homme. Le plaisir du jeu consistait alors à trouver des stratégies d'intégration pour cette matière abondante. Je me suis vraiment amusé et instruit en replaçant Derome dans son laboratoire, devant ses réactifs et ses microscopes. Les explications dans ses écrits sont tellement claires qu'il était facile de le remettre au boulot.

J'ai constaté en cours de route qu'il existe une étonnante parenté entre les métiers de biographe et de médecin légiste. Dans les deux cas, il importe de redonner au sujet d'étude son identité, de ramener en vie la personne pour comprendre ce qui lui est arrivé, de la faire parler. Pour ce faire, il faut fouiller, enquêter, examiner, déduire, faire appel à d'autres ressources, qu'elles soient humaines ou techniques. Si le médecin légiste plonge son regard scientifique dans le corps — le mot grec *autopsia* signifie « voir de ses propres yeux » —, le biographe ne procède pas autrement. Tant l'expert en homicides que le biographe proposent des récits. Et pour les deux, plus il y aura de pistes, plus le récit sera détaillé, complet, affirmatif. D'ailleurs, le médecin légiste et, fréquemment, le biographe ont à identifier un sujet décédé depuis un certain temps, ce qui complique le travail dans les deux cas. Tous deux ont horreur des preuves circonstancielles et sont à la recherche de preuves directes. Mais la quête de vérité laisse aussi parfois place au doute et à la spéculation. Il reste toujours des zones d'ombre. Puisque le facteur temps altère les preuves et tend même à les faire disparaître, il faut faire vite.

Souvent le médecin légiste dira qu'il est là pour rendre justice à celui qui repose sur sa table d'autopsie. Dans le cas qui m'intéressait, je devais, attablé devant mes papiers, rendre à mon sujet son poids historique, sa contribution à sa discipline. Heureusement, les traces laissées par le docteur sont nombreuses, pour peu qu'on se donne la peine de les chercher. Conscient de la valeur historique de son œuvre, de la reconnaissance internationale obtenue, Derome avait préservé plusieurs ressources documentaires et même fondé un musée qui témoigne de son travail. Plus de mille objets sont maintenant conservés par le Musée de la civilisation.

Alors que les pathologistes judiciaires sont les nouveaux héros de la littérature policière et que certains médecins légistes aux États-Unis sont des vedettes médiatiques, le Québec peut s'enorgueillir d'être la patrie du premier grand médecin légiste et expert de la police scientifique en Amérique du nord. D'ailleurs, il serait temps que les historiens de la criminologie reconnaissent l'apport de Wilfrid Derome à sa discipline, notamment en balistique, en chimie judiciaire, et aussi pour la fondation du premier laboratoire en sol nord-américain. L'Amérique lui doit bien des premières. Je souhaite aussi que Derome prenne la place qui lui est due dans l'histoire aux côtés des scientifiques de son temps, que ce soit Marie-Victorin, Ernest Gendreau, Armand Frappier. Derome, un homme à l'avant-garde de la modernité, est une denrée rare pour l'époque. Ces personnalités sont alors si peu nombreuses qu'il importe de les faire connaître et de modifier la perception souvent négative que nous avons de cette période de notre histoire.

Il semble bien que cet autre trou de mémoire historique veuille trouver réparation au début de XXIe siècle. La *Société canadienne des sciences judiciaires*, quant à elle, décerne un prix d'excellence appelé le Prix Wilfrid-Derome. Au printemps 2001, pour commémorer sa mémoire auprès des Québécois, l'édifice Parthenais, où se trouvent aujourd'hui les installations du Laboratoire de sciences judiciaires et de médecine légale, était renommé Édifice Wilfrid-Derome. Le laboratoire, qui fête en 2004 le quatre-vingt-dixième anniversaire de sa fondation, compte aujourd'hui 146 employés.

Le docteur Fontaine avait pressenti que la reconnaissance de son ami prendrait du temps. Heureusement, enfin, Derome n'aura pas échappé aux tentacules de l'histoire.

Remerciements

L'auteur tient à remercier le père André Brien du Collège de Joliette pour lui avoir ouvert les portes de ses archives. Merci à Jean Delisle et Jean-Laurent Foucault pour cette belle visite de Saint-Cyprien. À Christian Denis, conservateur du Musée de la civilisation, pour sa constante coopération. J'offre tous mes remerciements à Léon Derome pour avoir répondu à mes questions. Merci à sa cousine Cécile pour les deux entrevues. Je veux aussi dire ma gratitude aux archivistes de l'Université de Montréal : Diane Baillargeon, Michel Champagne et Denis Plante. Merci à Maurice Degagné, technicien à la retraite du laboratoire. Il me faut signaler l'apport de Denis Goulet, historien, qui m'a prêté de nombreux documents liés à l'histoire de l'hôpital Notre-Dame. Merci à Jean-René Lassonde de la Bibliothèque nationale du Québec de même qu'à Rénald Lessard et Claude Poirier des Archives nationales du Québec à Québec. Sincères remerciements à André Münch, expert en documents, pour m'avoir remis des documents liés à l'histoire du laboratoire. J'envoie mes remerciements outre-Atlantique à Madame Bernadette Molitor, directrice des Archives de la faculté de médecine de l'Université de Paris. Gros merci à Micheline Paré, qui m'a confié les précieuses photos de son père. J'ai une grosse dette envers le docteur André Lauzon et envers la chimiste judiciaire Carole Péclet, pour m'avoir mis sur la bonne piste et remis les premiers documents, ceux qui ont lancé le projet. Merci au détective et historien Jean-Raymond Proulx, pour l'envoi de quelques textes d'archives. Merci à Ginette Pruneau Leblanc, de la municipalité de Napierville, pour les documents et les contacts. Merci à Raphaëlle Prince, ma fidèle assistante de recherche à Paris, qui a fouillé les archives de la faculté de médecine de Paris et ceux de l'Institut médico-légal. Mon plus chaleureux merci à Marc Richard qui a lu le manuscrit et dont j'ai apprécié les commentaires. Je dois mentionner le beau travail de Madame Carole Ritchot des Archives nationales du Québec à Montréal qui a mis la main sur les rapports et les notes manuscrites du docteur Derome, des documents exceptionnels. Des remerciements à Jeannine Rivard de la Bibliothèque nationale pour sa diligence. Toute ma gratitude à Yves Sainte-Marie, directeur du Laboratoire de sciences judiciaires et de médecine légale, pour avoir signé les autorisations nécessaires pour la consultation des documents du ministère de la Sécurité publique. À Valérie St-Martin, ma compagne, pour avoir écouté toutes ces histoires et relu mon livre si souvent.

Pour leur collaboration, je tiens aussi à remercier Maurice Baril, Bernard Brunet, Jacques Dansereau, Micheline Fallon, Lionel Fortin, Marc Lacasse, Othmar Keel, Guylaine Marion, Monique Pontbriand de l'archevêché de Montréal, Agathe Sénéchal, Nicolas Roquet, Nicole Smith de la GRC, Jean-Guy Fallu, du cégep de Sainte-Foy, les médecins légistes Sylvain Pagé et Jean-Paul Valcourt.

J'exprime toute ma gratitude aux Éditions du Boréal et au quotidien *La Presse* ainsi qu'aux membres du jury, Pascal Assathiany, Marie-France Bazzo et Alain de Repentigny, pour avoir choisi ce projet dans le cadre du Grand Prix *La Presse* de la biographie.

Sources

Liste des abréviations

ACJ	Archives du Collège de Joliette
ANQQ	Archives nationales du Québec à Québec
ANQM	Archives nationales du Québec à Montréal
AULM	Annuaire de l'Université Laval à Montréal
AUM	Archives de l'Université de Montréal
BNQ	Bibliothèque nationale du Québec
CLSJML	Collection du Laboratoire de sciences judiciaires et de médecine légale
L'EMC/FMULM	École de médecine et de chirurgie de la faculté de médecine de l'Université Laval à Montréal
L'UMC	*L'Union médicale du Canada*
MSPQ	Ministère de la Sécurité publique du Québec
PVFMULM	Procès-verbaux de la faculté de médecine de l'Université Laval à Montréal
PVSMM	Procès-verbaux de la Société médicale de Montréal
RAHND	Rapport annuel de l'hôpital Notre-Dame

Chapitre 1 • Branle-bas au 179, rue Craig

[Reconstitution des événements] *La Presse*, 9, 10, 11 janvier 1922. [Autopsie] ANQM, MSPQ, E-91, 1995-01-003/305, *Rapports et notes manuscrites du Dr Derome concernant les autopsies et les expertises médicales*, dossier 92 [Les limiers chez l'abbé Delorme] BNQ, Georges Farrah-Lajoie, *Ma version de l'affaire Delorme*, Mic. Prov., 2156, p. 11. [La bénédiction expéditive] *La Presse*, 16 juin 1922. [Analyses des orifices de balles] ANQM, MSPQ, E-91, 1995-01-003/305, *Rapports et notes manuscrites du Dr Derome concernant les autopsies et les expertises médicales*, dossier n° 92. [Pusie traqué par les journalistes] *La Presse*, 10 janvier 1922. [Farrah-Lajoie chez l'abbé] BNQ, CLS-JML *op. cit.*, p. 18 à 27. Les dialogues entre l'abbé Delorme et Farrah-Lajoie sont tirés de l'ouvrage de ce dernier, *Ma version de l'affaire Delorme*. [Enquête du coroner] *La Presse*, 9, 10 et 11 janvier 1922. [Sélection des jurés] Musée de la civilisation, CLSJML, Entretiens avec le docteur Jean-Marie Roussel sur l'histoire de la médecine légale à la radio de Radio-Canada, 1980 (transcription d'André Munch). [Les limiers chez le chef Lepage] BNQ, Georges Farrah-Lajoie, *op. cit.*, p. 29, 30, 39, 40, 41. [Lettre de l'abbé] *La Patrie*, 16 janvier 1922. [Reprise de l'enquête du coroner] *La Presse*, 17 janvier 1922.

Chapitre 2 • L'homme de science et l'homme d'Église

[Taches de sang dans la neige] ANQM, MSPQ, E-91, 1995-01-003/305, *Rapports et notes manuscrites du Dr Derome concernant les autopsies et les expertises médicales*, dossier n° 92. [Visite de Lajoie au laboratoire] BNQ, Georges Farrah-Lajoie, *Ma version de l'affaire Delorme*, Mic. Prov., 2156. [« N'avance rien que tu ne sois capable de prouver »] Devise de Wilfrid Derome inscrite sur un mur du laboratoire actuel. [Notes biographiques sur Georges Farrah-Lajoie] Jean Monet, *La Soutane et la Couronne, le procès du siècle*, Saint-Laurent, Éditions du Trécarré, 1993, p. 16-17 ; *La Presse*, 15 février 1922. [Visite de Derome, Lajoie, Pigeon et Desgroseiller chez l'abbé] BNQ, Georges Farrah-Lajoie, *op. cit.*, p. 54. [Formule de Lacassagne] Wilfrid Derome, *Précis de médecine légale*, Montréal, Compagnie d'Imprimerie des Marchands, 1920, p. 2. [Indices dans la voiture] ANQM, MSPQ, E-91, 1995-01-003/305 *Rapports et notes manuscrites du Dr Derome concernant les autopsies et les expertises médicales*, dossier n° 92. [Expertise balistique] Wilfrid Derome, *Expertise en armes à feu*, p. 70 à 80. [Reprise de l'enquête du coroner] *La Presse*, 24 janvier 1922. [Reprise de l'enquête huit jours plus tard] *La Presse*, 3 février 1922. [Cause passionnante] Georges Farrah-Lajoie, *op. cit.*, p. 57. [Les officiers judiciaires à Québec] *La Presse*, 8 février 1922. [Le journaliste chez l'abbé] Georges Farrah-Lajoie, *op. cit.*, p. 58. [Verdict de la Cour du coroner] *La Presse*, 15 février 1922 ; Georges Farrah-Lajoie, *op. cit.*, p. 59. [L'enquête préliminaire] *La Presse*,

14 mars 1922. [Témoignage de Derome] *La Presse*, 21 mars 1922. [Analyse graphologique] *La Presse*, 22 mars 1922 ; Musée de la civilisation, CLS-JML, *Le Livre des causes célèbres* (affaire Delorme) ; *La Presse*, 28 mars 1922 ; Lionel Prévost, *Éléments de criminalistique appliquée*, Mont Royal, Modulo, 1990, p. 112. [Incapacité à subir son procès] *La Presse*, 28 mars 1922. [Acte d'accusation et déclaration du juge Monet] *La Patrie*, 1er, 2 et 3 juin 1922 ; *La Presse*, 1er juin 1922. [Lettre du chapelain Lachapelle] Georges Farrah-Lajoie, *op. cit.*, p. 83. [Procès arrangé] *Ibid.*, p. 91.

Chapitre 3 • Bibi est-il fou, docteur ?

[La Cour du banc du roi] *La Patrie*, 15 juin 1922. *La Presse*, 15 et 16 juin 1922. [Témoignage du docteur Derome] *La Patrie*, 14 et 15 juin 1922. *La Presse*, 14 et 15 juin 1922. Wilfrid Derome, « La simulation en médecine légale », *L'UMC*, 1910, no 5, p. 264. [Les politiciens et la folie] *The Montreal Daily Star*, 17 juin 1922 : « A laughter ran through the court » ; *La Presse*, 17 juin 1922. [Derome au repos] « Le docteur Derome est malade », *La Presse*, 17 juin 1922. [Rencontre de Sophie-Catherine] Entrevue avec Léon Derome. [L'abbé déclaré fou] *La Presse*, 30 juin 1922. [Réactions au verdict] Jean Monet, *La Soutane et la Couronne, le procès du siècle*, Saint-Laurent, Éditions du Trécarré, 1993, p. 112-115 ; George Farrah-Lajoie, *op. cit.*, p. 92.

Chapitre 4 • Un dimanche à la campagne

[Anecdotes familiales] Entrevues avec Léon Derome et Cécile Derome. [Le moulin de Médard] Lionel Fortin, *Saint-Cyprien et Napierville, 175 ans*, Lionel Fortin Éditeur, 1997, p. 53-54. [L'oncle Canadien errant] Mémoires de la société généalogique, « L'historique des Derome », mai 1947, 39e assemblée plénière, Montréal, 1947 ; A. E. Fauteux, *Patriotes de 1837-1838*, Montréal, Éditions des Dix, 1954, p. 186 ; L. O. David, *Les Patriotes 1837-1838*, p. 210-212. [Le petit noyé] ANQQ, E17, 1960-01-0361/1426, dossier 4848. ANQQ, E17, 960-01-036, dossier 4848. [Viols] ANQM, MSPQ, E-91, 1995-01-003/305, *Rapports et notes manuscrites du Dr Derome concernant les autopsies et les expertises médicales*, 1922-1924, dossier no 151. [Informations sur la terre et les bâtiments] Recensement fédéral de 1901, disponible sur ArchiviaNet, voir les dossiers nos 16107 et 16108 associés à la localité de Saint-Cyprien. [Enfance de Wilfrid Derome] Certificat de naissance de la fabrique de Napierville ; Archives des Sœurs-de-Sainte-Anne, « Nécrologie de Marie-Médard Evelyna Derome », p. 105 ; Jean-Laurent Foucault, *Au fil des ans*, « Liste des baptêmes, mariages et sépultures provenant des registres paroissiaux de la paroisse de Saint-Cyprien de Napierville », 1985, p. 218-219. [La perle précieuse] « Nécrologie de Marie-

Médard Evelyna Derome, p. 105. [Mort de Philomène et des jumeaux] *Idem*. [Sur la vie à la campagne et les naissances] Jean Provencher, *Les Quatre Saisons dans la vallée du Saint-Laurent*, Montréal, Boréal, 1988, p. 70.

Chapitre 5 • La science près d'un bénitier

[Description du Collège de Joliette] A. C. Dugas, *Gerbes de souvenirs, mémoires, épisodes, anecdotes et réminiscences du collège de Joliette*, Montréal, Arbour & Dupont, 1914, p. 83-84 ; Georges-Émile Lapalme, *Le Bruit des choses éveillées*, Montréal, Leméac, 1969, p. 92. [Autres collèges fréquentés par Wilfrid Derome] Archives du Collège de Montréal, Résultats scolaires de Wilfrid Derome. [Déversement du Pô] A. C Dugas, *op. cit.*, p. 39. [Une journée au collège] ACJ, « Ordos 1892-1900 ». [Mauvaises notes] ACJ, Résultats scolaires en belles-lettres, janvier 1894. [Sur le père Morin] ACJ, « Nécrologie du père Morin » ; Georges-Émile Lapalme, *op. cit.*, p. 160 ; Le Collège de Joliette, 150 ans d'histoire, http://collections.ic.gc/joliette/; Armand Courtemanche, « L'enseignement des sciences dans les collèges classiques », *L'Enseignement scolaire*, vol. XXVII, jan.-fév. 1948, p. 2-3. [Examen de mathématiques] ACJ, « Devoirs d'élèves » (voir à Wilfrid Derome*)*. [Travaux portant le sceau de l'exposition universelle de Paris de 1900] ACJ, « Devoirs d'élèves ». [Derome dans *Les Fourberies de Scapin*] ACJ, *Programmes des séances musicales et théâtrales*. [Le massacre de Rawdon] *La Presse*, lundi 8 novembre 1897. [Visite de la prison par les élèves] Hélène-Andrée Bizier, *Crimes et Châtiments*, vol. I, Montréal Libre Expression, 1982, p. 194 ; ACJ, *Chroniques du Collège de Joliette*, 1895-1908. [Amère soirée des prix] ACJ, « Résultats scolaires en Philo junior », juin 1897 ; ACJ, *Annuaire 1896-1897*, p. 42. [Match de baseball] *L'Étoile du Nord*, 7 octobre 1897. [La chambre dans la tour] ACJ, « Livres de comptes du Collège de Joliette », janvier et novembre 1898, p. 39. Le père Brien, c.s.v. et historien du Collège de Joliette, croit que, si Derome chambrait dans la tour, il a dû être sonneur de cloches. [La récolte des prix et le déroulement de la soirée] *L'Étoile du Nord*, 23 juin 1898 ; ACJ, *Annuaire 1898*, p. 48-53 ; ACJ, « Élèves finissants », 1897-*1898*, Ordos du Collège de Joliette, p. 70-77. [Autres sources sur les collèges classiques] A. C. Dugas, *op. cit.*, vol. I et II ; Claude Galarneau, *Les Collèges classiques*, Montréal, Fides, 1978 ; Claude Corbo, *La Mémoire du cours classique*, Outremont, Éditions Logiques, 2000.

Chapitre 6 • La faculté de médecine de la rue Saint-Denis

[Installation des lieux] EMC/1898-1899, p. 9-14 ; AUM, Rapport de l'année académique de l'EMC/FMULM (microfilm), 1898-1899, p. 12. [Règlements] *Annuaire de L'EMC/FMULM*, p. 23. [Musée d'anato-pathologie] AUM, Rapport annuel de l'EMC/FMULM, p. 13. [Horaire de cours] AUM, *Annuaire de la EMC/FMULM*, p. 16. [De mauvaises notes] AUM,

Cahier d'examens de l'EMC/FMULM, 1898-1899. [Marien] AUM, Fonds Édouard Desjardins, Édouard Desjardins, « L'école d'Amdée Marien et ses élèves Rhéaume et Paré », *The Canadian Journal of Surgery*, 1966. p. 2 à 7, [Séance de dissection] AUM, *Annuaire de l'EMC/FMULM*, 1899-1900, *op. cit.*, p. 24. [Vol de cadavres] Sylvio Leblond, *Médecin et médecine d'autrefois*, Québec, Presses de l'Université Laval, 1986, p. 66. [Meilleurs résultats scolaires] AUM, *Cahier d'examens de l'EMC/FMULM*, 1899-1900. [Bachelier en médecine] AUM, Inscriptions et examens, 1893-1901. [Clinique interne et externe] AUM, *Annuaire de l'EMC/FMULM*, p. 21 ; D. Goulet, O. Keel, *Histoire de la faculté de médecine de l'Université de Montréal (1843-1993)*, Montréal, VLB, 1993, p. 105. [Georges Villeneuve] AUM, Fonds Édouard Desjardins, *Le Docteur Georges Villeneuve* (1862-1918), P22/N. 339 ; Wilfrid Derome, « Le Professeur Georges Villeneuve », *L'UMC*, février 1918, p. 84. [Expertise entomologique] Georges Villeneuve, « Réforme de l'expertise médicale », dans *Second Congrès de l'Association des médecins de langue française de l'Amérique du Nord*, 1904, La Patrie, p. 132-133. Le cours d'entomologie médico-légal de George Villeneuve a été reconstitué à partir d'une conférence sur la faune des cadavres (voir pages 132-133) ; Georges Villeneuve et Wyatt Johnston, « L'Application de l'entomologie à la médecine légale », *L'UMC*, septembre 1897, p. 37. [Reçu médecin] *La Patrie*, 3 juin 1902. [De brillantes études] Georges Villeneuve, « M. le Dr G. Wilfrid Derome », *L'UMC*, n° 4, 1914, p. 175-176.

Chapitre 7 • Rat de laboratoire, nouvelle génération

[Remplaçant du docteur Grenier] *RAHND*, 1901-1902, p. 20. [Sur le travail des internes] *RAHND*, 1886-1887, p. 14 ; D. Goulet, F. Hudon et O. Keel (dir.) : « L'interne et ses assistants constituent le pivot des activités médicales quotidiennes et assument en conséquence des responsabilités passablement lourdes » (*Histoire de l'hôpital Notre-Dame de Montréal 1880-1980*, Montréal, VLB, coll. « Études québécoises », 1993, p. 126) ; *RAHND*, 1901-1902, p. 20. [Sur les « chloroformisateurs »] D. Goulet, F. Hudon et O. Keel, *op. cit.*, p. 182. [Les transports ambulanciers] *RAHND*, 1901-1902, p. 121. [Sur la pauvreté] D. Goulet, F. Hudon et O. Keel, *op. cit.*, p. 19 ; Wilfrid Derome, « Compte-rendu de la première convention des gouttes de lait de Montréal », *L'UMC*, juin 1913, p. 316. [Bris d'engagement] *RAHND*, 1902-1903, p. 19-20. [Ambulancier et cercueil] D. Goulet, F. Hudon et O. Keel, *op. cit.* [Démonstrateur d'histologie] Musée de la civilisation, CLSJML, *Curriculum vitæ de Wilfrid Derome*; Georges Villeneuve, « M. le Dr G. Wilfrid Derome », *L'UMC*, n° 4, 1914, p. 175-176.

Dans leur imposant ouvrage consacré à l'histoire de l'hôpital Notre-Dame, les historiens Goulet, Keel et Hudon placent Derome parmi la nouvelle génération de rats de laboratoire : « Au début du siècle, de plus en plus de jeunes médecins associés à l'Hôpital Notre-Dame iront étudier dans les grandes écoles européennes ou américaines et importeront des pratiques méconnues de leurs aînés. Aussi l'écart entre les Rottot, Brosseau, Laramée, Lachapelle [la vieille garde] et les Parizeau, Mercier, Bernier ou Derome, représentants d'une nouvelle génération de médecins convertis aux méthodes de laboratoire et au développement technique, s'accentue-t-il dans les premières décennies du XXe siècle » (*op. cit.*, p. 149).

Chapitre 8 • Tableau parisien

[Adresse parisienne] *Paris-Canada*, 15 août 1908. [Hôtel des balcons] Entretien avec le propriétaire. [Annulation des cours] ; Archives nationales, Rapport annuel de l'année 1908-1909, AJ 16 6567. [Médecins canadiens à Paris] *Paris-Canada*, 15 janvier 1909. [Derome au club La Boucane] *Paris-Canada*, 15 avril 1908. [Les commandements d'un étudiant à Paris] Musée de la civilisation, CLSJML, *Les Commandements d'un étudiant à Paris.* [Résultats scolaires] Archives nationale, Dossiers de l'Institut médico-légal de Paris, Titres universitaires, AJ 16 6498. [Présence au cours] *Ibid.*, AJ 16 6557, [Diplôme] *Ibid.*, AJ 16 6498. [Année sanglante] *La Presse* (Paris), 1er janvier 1909. [Inscription de Derome au Commissariat général de Paris] *Paris-Canada*, 15 août 1908. [Affaire Steinheil] *Le Figaro*, 16 août 1908. [Exposition des cadavres] Victor Balthazard, *Les Morgues parisiennes et l'Institut médico-légal*, Paris, sans éditeur, 1923, p. 10. [Meurtre de madame Gouin] *L'Humanité*, 30 décembre 1908. [Célébrité des médecins légistes] Bruno Bertherat, *La Morgue de Paris au XIXe siècle (1804-1907). Les origines de l'Institut médico-légal ou les métamorphoses de la machine,* thèse de doctorat, Université de Panthéon-Sorbonne (Paris I), 2002. [Balthazard et le roman policier] Victor Balthazard, *Précis de police scientifique*, Librairie J.-B. Baillière et fils, Paris, 1922, p. 8 à 10. [Travaux pratiques] Victor Balthazard, *Les Morgues parisiennes et l'Institut médico-légal*, p. 343. [Double suicide dans un restaurant] *Le Figaro*, 30 décembre 1909. [L'amphithéâtre de Bertillon] Wilfrid Derome, « Le lieu du crime », *L'UMC*, Montréal, mai 1928, n° 5, p. 1 ; Wilfrid Derome, « L'organisation médico-légale en France et au Canada, et en particulier dans la province de Québec », *L'UMC*, décembre 1915, n° 12, p. 472. [Bertillonage et fiches signalétiques] Wilfrid Derome, *Précis de médecine légale*, p. 259 à 25 ; Charles Diaz, *La Police technique et scientifique*, PUF, Paris, 2000, p. 12 à 15. [La tempête] *La Presse* (Paris), décembre, 1908, p. 30 ; *Le Figaro*, 30 décembre 1930.

Chapitre 9 • Sherlock sort de l'ombre

[Mariage] R. Ouimet, « Wilfrid Derome », dans *Biographies canadiennes-françaises,* 1930-1931, p. 481. [Diplôme de l'Université de Paris] IMLP, Archives de la faculté de médecine de Paris, Archives nationales de Paris, Titres universitaires, AJ 16 6498. [Réorganisation des laboratoires]

RAHND, 1908, p. 25. [Collection de spécimens pathologiques] *RAHND*, 1909, p. 25. [Inventaire des laboratoires] A. Bertrand, « Les laboratoires de l'hôpital Notre-Dame, Montréal », 1920, p. 14-15, dans Goulet, Hudon et Keel (dir.), *Histoire de l'hôpital Notre-Dame de Montréal 1880-1980*, Montréal, VLB, coll. « Études québécoises », 1993, p. 126) ; *RAHND*, 1901-1902, p. 162.

[Cours de médecine légale] AULM, 1910-1911, p. 154. [Description de Saint-Jean de Dieu] BNQ, *Album E. Z. Massicotte*, Banque images et sons, www.bnquebec.ca [Bureau de Georges Villeneuve] BNQ, *Album E. Z. Massicotte, op. cit.* [Villeneuve et Nelligan] Jacques Lacoursière, « Les Notes et Variantes », dans Émile Nelligan, *Poésie complète*, Montréal, Fides, 1976, p. 323 ; Paul Wyczinsky, *L'Album Nelligan*, Montréal, Fides, p. 179 et 280. [Réunion du 5 octobre 1909] Wilfrid Derome, *Historique de notre organisation médico-légale*, CLSJML, Musée de la civilisation, p. 2 ; AUM, Fonds de la Société médicale de Montréal, PVSMM, séance du 5 octobre 1909.

[Conférence sur les expertises médico-légales en France] Wilfrid Derome, « Le fonctionnement des expertises médico-légales en France », *L'UMC*, janvier 1910, p. 32. [Histoire de *L'Union médicale du Canada*] A. Beaulieu et Jean Hamelin, *La Presse québécoise des origines à nos jours*, t. II : *1869-1879*, Presses de l'Université Laval, 1975, p. 185. [Articles de Wilfrid Derome dans *L'UMC* pour l'année 1910] « Le fonctionnement des expertises médico-légales en France, n° 1, janvier, p. 31 ; « La simulation en médecine légale », n° 5, mai, p. 266 ; « L'alcoolisme en médecine légale », n° 6, juin, p. 312 ; « La mort est-elle le résultat de la submersion ? », n° 8, août, p. 436 ; Période médico-légale de la paralysie générale, n° 10, octobre, p 585.

Chapitre 10 • L'espoir au bout du couloir

[Éditoriaux en faveur d'un laboratoire médico-légal] *La Presse*, 14 et 23 janvier 1911. [Mystérieuse affaire de Bromptonville] *La Presse*, 19 janvier 1911 ; *Le Devoir*, 20 janvier 1911. [Une délégation auprès de Sir Lomer Gouin] *La Presse*, 26 juillet 1911. [Conférence sur l'identification judiciaire] Wilfrid Derome, « Police scientifique et empreintes digitales », L'UMC, 1911, n° 12, p. 688 à 692. [Naissance de Gabrielle] Entrevue avec Léon Derome. [Institut Bruchési] D. Goulet et A. Paradis, Trois siècles d'histoire médicale au Québec, Montréal, VLB, 1992, p. 140 ; Dr E. Grenier, « L'hospitalisation des tuberculeux à Montréal », L'UMC, 1914, p. 20. [Rapport de l'hôpital] *RAHND*, 1912, p. 28. [Les appuis à sa croisade] Musée de la civilisation, CLSJML, Wilfrid Derome, Historique de notre organisation médico-légale. [Retranché derrière sa machine] Wilfrid Derome, « À propos de la dernière pendaison », L'UMC, n° 7, juin 1911, p. 392 à 393. [La peine de mort en France] F. Foucard, On exécute l'exécuteur, Paris, Plon, 1992, p. 96. [Fontaine rencontre Derome à l'hôpital Notre-Dame] Musée de la civilisation, CLSJML, Rosario Fontaine, « Cinquantenaire de fondation de l'Institut médico-légal et quarantenaire d'entrée au laboratoire du docteur Fontaine à cet institut », texte tapuscrit. [Le discours de Villeneuve] Georges Villeneuve, *L'UMC,* 1914, n° 4, p. 178. [Zélé pathologiste] *RAHND,* 1913, p. 34.

Chapitre 11 • Meurtre à l'heure du sanctus

[Reconstitution des événements] *Le Soleil,* 12, 14, 15, 18 et 19 mai 1914. [Témoignage de Derome à l'enquête du coroner] *Le Soleil,* 22 mai 1914 : « Dion est criminellement responsable. Le docteur Wilfrid Derome, analyste officiel de la Sûreté de Montréal, a trouvé du sang. » [Rapport d'analyses du docteur Derome] Musée de la civilisation, CLSJML. [Recherche et analyses de sang] Wilfrid Derome, *Précis de médecine légale,* p. 274 à 275. [Le laboratoire] *La Presse,* 30 juillet 1914. [Décret de Lomer Gouin] *La Gazette de Québec,* août 1914. [Instruction préliminaire de Jos Dion] ANQQ, 1960-01-353/2304 ANQQ 1960-01-357/601 ; *Le Soleil,* 3 juillet 1914. [Derome obtient son laboratoire médico-légal] *La Presse,* 31 juillet 1914 ; Musée de la civilisation, CLSJML, Wilfrid Derome, *Historique de notre organisation médico-légale.* [Équipement et aménagement] André Münch, « Les sciences judiciaires au Québec ont 75 ans », *Sûreté,* n° 11, 1989. [Procès de Jos Dion] *Le Soleil,* 14, 15 16, 17 et 19 octobre 1914. [La science se trompe] *Le Soleil,* 19 octobre 1914. [Bail] Musée de la civilisation, CLSJML. [Appareillage du labo] Musée de la civilisation, CLSJML, Wilfrid Derome, *Historique de notre organisation médico-légale.*

Chapitre 12 • Une lutte scientifique contre le crime

[Lettre aux coroners] Musée de la civilisation, CLSJML, Wilfrid Derome, *Circulaire adressée à MM. les coroners de la province de Québec,* 1915. p. 1 à 5. [Discours à l'hôtel Windsor] Wilfrid Derome, « L'organisation médico-légale en France et au Canada et en particulier dans la province de Québec », *L'UMC,* mai 1916, n° 12, p. 462 à 470 ; *La Presse,* 31 octobre 1931. [Réplique de Villeneuve] Georges Villeneuve, « Organisation de l'expertise psychiatrique en matière pénale, dans la province de Québec », *L'UMC,* 1916, n° 9, p. 431 ; Musée de la civilisation, CLSJML, Lettre de Rosario Genest à Wilfrid Derome, 2 mars 1917. [L'infirmerie spéciale] Musée de la civilisation, CLSJML, Lettre de Georges Villeneuve, 27 septembre 1917, p. 3. [Contradiction et liberté de défense] Musée de la civilisation, CLSJML, Lettre de Georges Villeneuve, 28 septembre 1917, p. 1 et 3. [Il y aurait beaucoup à dire] *Ibid.* [Citation de Rousseau] Musée de la civilisation, CLSJML, Wilfrid Derome, *Historique de notre organisation médico-légale.* [Gouverneur à vie] *RAHND,* 1916, p. 29 (réunion tenue le 7 mars 1917). [Mort de Villeneuve] Wilfrid Derome, « Le professeur Georges Villeneuve » (nécrologie), *L'UMC,* n° 2, février 1918, p. 47-48.

Chapitre 13 • La mort sur tous les fronts

[La famille M.] Wilfrid Derome, « Une aliénée accusatrice », *L'UMC*, 1917, n° 9, p. 427, 428 et 429. Le cours de Derome a été reconstitué à partir de ce texte ; [Criminalité à la campagne] D'après les relevés statistiques de 1908 à 1912, « les condamnés ont été sept fois plus nombreux dans la population urbaine que dans la population rurale » (*Statistique du Québec*, 1914, p. 155). [Hôpital de guerre] « L'hôpital stationnaire n° 4 canadien-français », *L'UMC*, juin 1915, p. 204 ; Albert Lesage, « L'hôpital militaire n° 6 », *L'UMC*, juin 1916, p. 82-92 ; L'hôpital Laval n° 6 en France, « Deux lettres intéressantes de la part de collègues », *L'UMC*, juin 1916 p. 543-549 ; *RAHND*, 1916, p. 29 [Fontaine à la guerre] Archives nationales du Canada, « Soldats de la Première Guerre mondiale », Dossier du capitaine Rosario Fontaine, RG150, boîte 3174-70. [Conscription] J. Lacoursière, J. Provencher et D. Vaugeois, *Canada-Québec, synthèse historique*, Sillery, Septentrion, 2000 p. 482-484. [La grippe espagnole] Wilfrid Derome, « Sur quelques autopsies de grippe », *L'UMC,* n° 12, 1918, p. 587, 588 et 589. [Statistiques] *RAHND*, 1919, p. 36.

Chapitre 14 • Flacons assassins
et boulettes d'arsenic

[Sur la fluorescence de la quinine] *La Presse*, 17 juillet 1926. [Pépin] Entrevue avec Jacques Dansereau, assistant de Franchère Pépin ; Bernard Péclet et Jean-Paul Valcourt : « En 1919, le docteur Derome, se rendant compte de l'apport que pouvait apporter la chimie à la toxicologie analytique et à l'étude des traces et des indices, décida de s'associer avec un pharmacien-chimiste, Franchère Pépin. Monsieur Pépin eut pour tâche de mettre au point des méthodes analytiques pour l'extraction, la détermination des toxiques dans les milieux biologiques » (« L'Institut de médecine légale et de police technique », dans *Le Médecin du Québec*, vol. XI, n° 7, juillet 1976, p. 49-60). [Mandat de Pépin] Bernard Péclet et Jean-Paul Valcourt, *Institut de Médecine légale et de police scientifique*, ministère de la Justice, Gouvernement du Québec, 1976, p. 4. [Boulette d'arsenic et de fromage] ANQM, MSPQ, E-91, 1995-01- 003/305, *Rapports et notes manuscrites du Dr Derome concernant les autopsies et les expertises médicales*, dossier n° 331. [Viscères de poules] *Ibid.*, dossier n° 314. [Moulée homicide] *Ibid.*, dossier n° 233. [Retour de Fontaine] Archives nationales du Canada, « Soldats de la Première Guerre mondiale », Dossier du capitaine Rosario Fontaine, RG150, boîte 3174-70. [Sur le suicide] Wilfrid Derome, « Étude sur le suicide », *L'UMC*, 1919, n° 11, p. 562 à 570. [Aurore : rapport d'analyse] TP9 1960-01-357/69, Lettre de Wilfrid Derome à Arthur Fitzpatrick, 20 février 1920. « Rapport de l'analyse toxicologique des viscères d'aurore Gagnon par le docteur Derome », 21 février 1921.

Franchère Pépin (1896-1959) formera toute une génération de nouveaux chimistes dont Bernard Péclet, qui devient son assistant en 1948. Les noms de Péclet et Pépin feront d'ailleurs le tour du monde après qu'ils aient démontré, à l'aide du spectrographe à émission, la présence d'explosifs dans la carlingue déchiquetée du DC3 qui s'est écrasé à Sault-aux-Cochons le 9 septembre 1949 (l'affaire Guay). Comme il s'agissait du premier attentat dans l'histoire de l'aviation civile, cette expertise marque une nouvelle ère dans les sciences judiciaires. L'historien allemand, Jürgen Thorwald, auteur d'une histoire de la criminologie, consacre 32 pages à l'affaire Guay : « Dans les annales de la criminologie, l'affaire Guay devait garder une place importante. Tout en constituant un exemple typique d'attentat perpétré à l'aide de matières explosives, elle démontrait l'étendue des progrès accomplis par la science des traces basée sur des connaissances chimiques » (*L'Heure du détective*, Paris, Albin Michel, 1969, p. 256 à 283). À sa mort, Pépin n'aura droit qu'à une nécrologie de quatre lignes dans *La Presse*.

Chapitre 15 • Devant la mère d'Aurore

Toutes les notes sténographiques sont tirées du procès *Le Roi c. Marie-Anne Houde*, ANQQ, TP9, 960-01362/3 ; Rapport de Delphis Brochu, *ibid.*, p. 9. [Guerre de clocher] *La Presse*, 17 et 19 avril 1920 ; *Le Soleil*, 21 avril 1920. [Témoignage de W. Derome] ANQQ, TP9, 960-01362/3, *La Presse*, 20 et 21 avril [Sentence] *Le Soleil*, 22 avril 1920. La peine de Marie-Anne Houde sera commuée en emprisonnement à vie deux ans plus tard. Elle accouchera de jumeaux en prison. Atteinte d'un cancer, Gagnon s'éteindra dans l'aile psychiatrique de la prison de Kingston.

Chapitre 16 • Les affaires pressantes

[« Préface » de De Lotbinière-Harwood] Wilfrid Derome, *Précis de médecine légale*, p. 6. [Père Morin] Édouard Montpetit, *Reflet d'Amérique*, Montréal, Éditions Bernard Valiquette, p. 172-173. [Engagement d'un photographe] Musée de la civilisation, CLSJML lettre de Wilfrid Derome à Lomer Gouin. [Photographe] Musée de la civilisation, CLSJML Correspondance entre Wilfrid Derome et Alexandre Taschereau ; Musée de la civilisation, CLS-JML, Lettre de Charles Lanctôt à Wilfrid Derome. Il faudra attendre en 1926 pour que le neveu de Wilfrid Derome, Arsène Paré, photographe judiciaire, se joigne au laboratoire. Engagé à titre de secrétaire, il sera ensuite formé comme photographe judiciaire. [Affaire Blanche Garneau] *Le Soleil*, 29 et 31 juillet 1920 ; *Le Soleil*, 3 et 4 août 1920 ; Réal Bertrand, *Qui a tué Blanche Garneau ?*, Montréal, Éditions Quinze, 1983 ; Bernard Vigod, *Taschereau*, Sillery, Septentrion, 1996, p. 31, 76-77, 121. [Lanctôt et le péage législatif] *Idem*. [Rapport d'analyse de Wilfrid Derome] Réal Bertrand, *op. cit.*, p. 34. [Réaction de Florence] Wilfrid Derome, *Précis de médecine légale*,

p. 298. [Résumé de l'affaire] Réal Bertand, *op. cit.* ; Bernard Vigod, *op. cit.*
[De nouvelles ressources pour Sherlock] AUM, *Index manuscrit des procès-verbaux*, 1921. À la page 163 de l'*Index,* on peut lire la mention suivante :
« 21 février 1921 : Derome Wilfrid (Sherlock). Lettre re Morgue — Doyen
pour voir le premier ministre » ; *Ibid.,* 21 février 1921, p. 345.
[Traitement peu ordinaire de 1000 $] Musée de la civilisation, CLSJML,
Lettre à Charles Lanctôt, 5 novembre 1921. [Augmentation salariale]
ANQQ, Fonds ministère de la Justice (E17), 1960-01-036/414, dossier
n° 6306. À titre de comparaison, le coroner MacMahon reçoit 2200 dollars,
l'assistant du Wilfrid Derome, le docteur McTaggard, 2000 dollars, et Franchère Pépin, 800 dollars. Derome devient l'employé le mieux payé à la Cour
du coroner. [Derome convainc Fontaine de retourner aux études] Musée de
la civilisation, CLSJML, *L'Institut de médecine légale du Québec a cinquante
ans,* p. 42. [Petit dosage d'alcool éthylique] Wilfrid Derome, « Dosage de
petites quantités d'alcool éthylique », *L'UMC,* n° 10, 1925, p. 566. Cette
étude sera publié en anglais dans *The American Journal of Police Science* de
Chicago et dans *Canadian Chemistry Metallurgy* de Toronto. [Mort dans
une bataille] Musée de la civilisation, CLSJML, Bernard Péclet, texte tapuscrit sur l'histoire du laboratoire, p. 6. [Congrès de AMLFAN] BNQ, Wilfrid
Derome, « Jury d'expertise devant les tribunaux au point de vue criminel »,
dans *Textes des mémoires du Septième Congrès de l'Association des médecins de
langue française de l'Amérique du nord,* Beauchemin, p. 347-352. [Procès de
l'abbé pour meurtre] Jean Monet, *La Soutane et la Couronne, le procès du
siècle,* Saint-Laurent, Éditions du Trécarré, 1993, p. 118-120 ; *La Presse,*
15 mai 1923. [Technique du roulement de balle] Wilfrid Derome, *Expertise
en armes à feu,* p. 81.

Chapitre 17 • Affaire Delorme, acte II.
Comment disqualifier le docteur Derome ?

[Témoignages du docteur Derome] *La Presse,* 26 et 27 juin 1923 ; ANQM,
MSPQ, E-91, 1995-01-003\05, *Rapports et notes manuscrites du Dr Derome
concernant les autopsies et les expertises médicales,* 1922-1924, n° 92. [Lajoie et
les femmes] *La Presse,* 20 juin 1924. [Lajoie et les éditeurs] Jean Monet, *La
Soutane et la Couronne, le procès du siècle,* Saint-Laurent, Éditions du Trécarré, 1993. [Témoignage de Lajoie] *La Presse,* 28 juin 1923. [Derome
interrompt l'analyse de Hayes] *La Presse,* 2 juillet 1923. [Analyse balistique]
La Presse, 3 juillet 1923 ; ANQM, MSPQ, E-91, 1995-01- 003/305, *Rapports et notes manuscrites du Dr Derome concernant les autopsies et les expertises
médicales,* 1922-1924, dossier n° 92. [Analyse sérologique] *La Presse,* 4 juillet
1923. [Graphologie] *La Presse,* 6 et 7 juillet 1923. [Verdict] *La Presse,* 21 et
22 juillet 1923. [Franchère Pépin] ANQQ, Fonds Ministère du Conseil exécutif, E-5, 1986-07-001/444, Arrêté en conseil, n° 1676, 2 au
3 octobre 1923. [L'affection du docteur pour ses employés] *Cinquantenaire*

de fondation de l'Institut médico-légal et quarantenaire d'entrée au laboratoire du docteur Fontaine à cet institut, texte tapuscrit. [Les pompes-funèbres en conflit d'intérêt] ANQQ, DPG, dossier n° 668, 1920. [Dissocier le laboratoire de la morgue] ANQQ-E-17, Fonds du ministère de la Justice, 458-DPG-232-24, Lettre de Wilfrid Derome à Louis-Alexandre Taschereau. [Article de Wilfrid Derome] « La police technique et ses méthodes », *La Presse,* 26 janvier 1924. [Le buste du juge Stuart] *La Presse,* 7 mars 1924.

Sur la technique du roulement de balle : « L'expertise du docteur Derome sur les balles est la première du genre qui ait été faite par un médecin légiste au Canada » (*La Presse,* 3 juillet 1923).

Sur cette même technique, Derome écrit : « Dans *Les Annales de médecine légale* (Paris, novembre 1922), le professeur Balthazard montre que l'on peut obtenir une empreinte des stries que portes le projectile en roulant celui-ci sur une feuille mince d'étain ; c'est la méthode d'identité qu'avait proposée Georgiadès, excepté que ce dernier employait une feuille de papier carbone ordinaire » (*Expertise en armes à feu,* p. 80).

[Sur l'utilisation d'un microscope par les jurés] : « La preuve de l'identité des balles au moyen du microscope binoculaire, du micromètre, exige un temps considérable, mais surtout […] n'apporte aucun éclaircissement aux jurés qui sont incapables d'utiliser cette instrumentation » (Wilfrid Derome, *Expertises en armes à feu,* p. 65).

Le 512 de la rue Cherrier à cette époque correspond aujourd'hui au 510.

Chapitre 18 • Le hold-up de la banque d'Hochelaga : peine de mort à volonté

Le déroulement du « hold-up » a été reconstitué à partir de diverses sources souvent contradictoires. Je donne ici la version des faits qui me semble le plus plausible. [Reconstitution du hold-up] *La Presse,* 2, 3, 4, 5, 17, 20, 27 et 28 avril 1924 ; *La Presse,* 27, 28 mai 1924 ; *La Presse,* 5, 6, 7, 12, 13 juin, 1924 ; Dollard Dansereau, *Causes célèbres du Québec,* Saint-Lambert, Sedes, 1990 [1974], p. 83-84 ; [Autopsies, Expertise balistique et tissus] ANQM, MSPQ, E-91, 1995-01- 003/305, *Rapports et notes manuscrites du Dr Derome concernant les autopsies et les expertises médicales,* 1922-1924, dossier n° 130a ; *La Presse,* 4, 5, 9 avril 1924 ; Musée de la civilisation, CLSJML, objet n° 58-1210. [Témoignage du docteur Derome] *La Presse,* 17 avril, 1924 ; *La Presse,* 20 avril 1924. [Délation] Dollard Dansereau, *op. cit.,* p. 96-97 ; *La Presse,* 13 mai et 3 juin 1924. [Commission Coderre] Musée de la civilisation, CLSJML, *Le Livre des causes célèbres.* [L'exécution] *La Presse,* 24 octobre 1924. [Corde formant le nom de Morel] Musée de la civilisation, CLSJM, objet 107 / 96-1168. [Message du bourreau à Fontaine] Musée de la civilisation, CLSJML.

Chapitre 19 • Un thé à la morgue

[Bernhardt et *Le Devoir*] Plaque commémorative apposée sur l'édifice. [Installation du 443, rue Saint-Vincent] *La Presse,* 15 juillet 1924 ; *La Patrie,* 16 juillet 1924. [Insatisfaction du docteur Derome] Musée de la civilisation, CLSJML, Lettre de Wilfrid Derome à Louis-Alexandre Taschereau. [Derome et les avocats] Rosario Fontaine, « Wilfrid Derome », dans *Annuaire 1954,* Société médicale de Montréal, 4, 5 et 6 mai 1954, p. 21. [Visite des journaux anglophones] « Wonderful instruments found in medico-legal department under Canada's great expert, Dr Derome Has Invented Delicate Machine For Measuring Bullets », *The Herald,* 13 octobre 1924 ; « Detecting crimes in Montreal », *The Standard,* 8 novembre 1924. [Sur le spectromètre] Wilfrid Derome, *Précis de médecine légale,* p. 280. [Corde de Serafini] Musée de la civilisation, CLSJML, objet n° 96-1169. *The Standard,* 8 novembre 1924 ; [Revues et livres du docteur] Musée de la civilisation, CLSJML. [Le goéland et le fœtus] Musée de la civilisation, CLSJML, objet n° 1713. [Cylindres balistiques] Musée de la civilisation, CLSJML, Dr Jean-Marie Roussel : « On imagine aussi l'émoi que devaient causer ces tests balistiques en plein cœur du Vieux-Montréal » (Entrevues avec le docteur Jean-Marie Roussel sur l'histoire de la médecine légale, à la radio de Radio-Canada, 1980, transcription d'André Munch).
[La visite de l'inspecteur Stringer et l'analyse du docteur Derome] ANQM, MSPQ, E-91, 1995-01- 003/305, *Rapports et notes manuscrites du Dr Derome concernant les autopsies et les expertises médicales,* 1922-1924, dossier n° 161. [Racial Stock], 11 novembre 1924 ; *The Tribune and Welland Telegraph,* 11 novembre 1924. [Lettres anonymes dans l'affaire Usmar] ANQM, MSPQ, E-91, 1995-01- 003/305, *Rapports et notes manuscrites du Dr Derome concernant les autopsies et les expertises médicales,* 1922-1924, dossier n° 163.

Chapitre 20 • Les balles magiques

À l'exception des questions des étudiants, le cours est reconstitué à partir de « Identification de douilles et de balles avec un automatique », de Wilfrid Derome, *L'UMC,* 1927, n° 5, p. 252 à 264 ; *La Presse,* 9 septembre 1924. Musée de la civilisation, CLSJML, *Le Livre des causes célèbres* (affaire Watkins).

Chapitre 21 • Faiseur d'anges

[Les Faiseurs d'anges] Wilfrid Derome, « Observation de manœuvres abortives criminelles », *L'UMC,* Montréal, n° 2, 1925, p. 78 (on retrouve la même communication dans *Les Annales de médecine légale, de criminologie et de police scientifique,* Paris, 1925) ; Je reconstruis cet épisode à partir de l'article. Wilfrid Derome, *Précis de médecine légale,* p. 195-196. [Les trois sœurs] Musée de la civilisation, CLSJML, objet n° 56-1208. [Sur l'alcool dénaturé] Wilfrid Derome, « Les alcools au point de vue toxicologique », *L'UMC*, 1927, n° 56, p. 501. [Rapports gratuits] ANQM, MSPQ, E-91, 1995-01-003/306, *Rapports et notes manuscrites du Dr Derome concernant les autopsies et les expertises médicales*, dossier n° 169 [Les résolutions de la Société de l'industrie chimique] Musée de la civilisation, CLSJML, Lettres de la Société de l'Industrie chimique, 19 février 1925 ; Lettre de Wilfrid Derome au greffier, 2 mars 1925 ; *Le Canada*, 10 mai 1925 ; *The Gazette*, 12 mars 1925.

Chapitre 22 • Massacre à Rougemont

[Téléphone de Rougemont] ANQM, MSPQ, E-91, 1995-01-003/306, *Rapports et notes manuscrites du Dr Derome concernant les autopsies et les expertises médicales*, 1925-1926, dossier n° 207. Je tire de ce document les notes du docteur Derome. [La peur des morts] *Le Petit Journal*, 6 décembre 1931. La longue tirade provient d'une entrevue donnée par Fontaine et témoigne bien de ses talents de conteur ; [La panne] « Le courant manqua pendant quelques secondes et les médecins furent pendant ce temps devant les cadavres en pleine obscurité » *La Presse*, 27 octobre 1925. [Derome sur les lieux du crime] ANQM, MSPQ, E-91, dossier n° 207 [L'entrée de Farrah-Lajoie] *La Presse*, 2 novembre 1925. [Empreintes inutilisables] *La Presse*, 3 novembre 1925. [Explication donnée au journaliste sur l'instrument de Nachet] *Idem*. [Jeu de cache-cache] *La Presse*, 5 novembre 1925. [Entrevue] *La Presse*, 17 juillet 1926.

[Affaire Gallop] *Le Progrès du Saguenay*, 25 juin 1926. [La myographie] Musée de la civilisation, CLSJML, *Le Livre des causes célèbres* (affaire Gallop) ; Hélène-Andrée Bizier, *Crimes et Châtiments*, vol. I, Montréal, Libre Expression, 1982, p. 194. Amy Gallop sera finalement acquittée après plusieurs procès.

Chapitre 23 • Meurtre dans la haute bourgeoisie

[Reconstitution de l'affaire Bertrand] *La Presse*, 17 et 18 août 1926 ; E-91, ANQM, MSPQ, 1995-01-003/306, *Rapports et notes manuscrites du docteur Derome concernant les autopsies et les expertises médicales*, 1925-1926 (meurtre de J.A. Beaudry), dossier n° 249 ; [Témoignage du docteur Derome] *La Presse*, 17 août 1926. [Funérailles et société secrète] *La Presse*, 19 août 1926. [La valise] « Le docteur Derome, médecin expert de la cour du coroner, est consulté par les agents » (*La Presse*, 26 août 1926). [Une visite du docteur Derome au Prix Courant] *La Presse*, 20, 26, 27 et 28 août 1926. [Acquisition d'une arme par Bertrand] *La Presse*, 31 août et 1 er septembre 1926. [Les balles extraites du poteau et témoignage de l'aveugle] *La Presse*, 2 septembre 1926 ; [Monologue de Madame Huguenin] *La Presse*, 30 novembre 1926. [La succession] *La Presse*, 1er décembre 1926.

[Démonstration avec la chaise et le crâne] *La Presse*, 4 décembre 1926 ; ANQM, MSPQ, E-91, 1995-01-003/306, *Rapports et notes manuscrites du docteur Derome concernant les autopsies et les expertises médicales* (meurtre de J.A. Beaudry), 1925-1926, dossier n° 249. [Interrogatoire et contre interrogatoire du docteur] *La Presse*, 6 décembre 1926. [Acquittement] *La Presse*, 8 décembre 1926. [Plaidoiries] *La Presse*, 6 et 7 décembre 1926. [Autre source] Musée de la civilisation, CLSJML, *Le Livre des causes célèbres* (affaire Bertrand). [Gâteau empoisonné] ANQM, MSPQ, E-91, 1995-1-003/306, *Rapports et notes manuscrites du Dr Derome concernant les autopsies et les expertises médicales*, 1927-1931, dossier n° 296.

Chapitre 24 • Les honneurs

[Publication] Wilfrid Derome, *Précis de médecine légale*, p. 2. [Le concours] « Quels sont les 20 Canadiens les plus importants à leur race ? », *Le Petit Journal*, 16 septembre 1928. [Expertise en armes à feu] Wilfrid Derome, *Expertise en armes à feu*, p. 5. Le docteur Jean-Marie Roussel rappelait dans une série d'entrevues à la radio de Radio-Canada l'apport de Fontaine dans l'élaboration d'*Expertise en armes à feu* : « Le docteur Fontaine a collaboré avec le docteur Derome pour éditer un premier traité [balistique] au Canada, et je dirais même dans le monde scientifique, sur l'expertise des armes à feu ». [La réception] Edmond Locard, « Wilfrid Derome, Expertise en armes à feu », *La Revue internationale de criminalistique* (Paris), 1930, p. 292-293 ; Arthur Herzog, « Expertise en armes à feu » *The Medico Legal Journal*, New York, 1931, p. 158 ; Calvin Goddard, « Wilfrid Derome », *The American Journal of Police Science* (Chicago), 1931, p. 467. Rosario Fontaine, « Les anciens présidents de la Société médicale de Montréal, Wilfrid Derome, 1925 », *Annuaire 1954*, Société médicale de Montréal, Journées médicales annuelles de la Société médicale de Montréal, 1954, p. 22. [Offres d'emplois aux États-Unis] Musée de la civilisation, CLSJML, Correspondance entre James Wilkinson et Wilfrid Derome. [Augmentation de salaire] État des comptes publics de la province de Québec, 1928-1930. [Actes notariés] Palais de Justice de Saint-Jean-sur-Richelieu, numéro d'enregistrement 29700 ; Palais de justice de Montréal, Testament de Wilfrid Derome, numéro d'enregistrement 295741, p. 577-579 ; Testament de Wilfrid Derome, Bureau d'enregistrement du Palais de justice de Montréal, 2 septembre 1929.

[Gentleman Burglar] Musée de la civilisation, CLSJML, objet n° 45-1183. *Le Livre des causes célèbres* (Gentleman Burglar) ; Rosario Fontaine, « Identification d'objets — mèche et copeaux — affaire de cambriolage », *L'UMC*, p. 17 à 20. [Derome édite Hoover] J. Edgar Hoover, « Criminal identification », *The American journal of Police Science*, vol. I, January-February, 1931, p. 8 ; J. Edgar Hoover, « The Work of the Bureau of Investigation », *The American Journal of Police Science*, vol. II, March-April 1931 p. 101. [Offres

d'emploi de Goddard et du gouverneur Roosevelt, et visite du Crime Organisation of New York] Musée de la civilisation, CLSJML, Jean Simard,
« Historique de l'institut médico-légal », p. 3 et p. 5 (brochure préparée pour
le ministère de la Justice, non publiée). Les lettres officielles et les dossiers
du procureur général qui ont été utilisés pour rédiger ce document ont disparu. Cependant, plusieurs éléments de la recherche sont appuyés par
d'autres sources. De plus, ces documents sont bel et bien manquants dans la
CLSJML et dans les ANQQ. J'indique, malgré tout, les références à ces
documents. [Engagement de Derome par Goddard] Lettre officielle n° 1,
30 janvier 1930. [Visite du Crime Organisation of New York] Lettres officielles n° 1, 1er février 1927. [Gouverneur Roosevelt] Lettres officielles,
5 mars 1930. [À la rescousse des Ontariens] Musée de la civilisation, CLS-
JML, Échanges de lettres concernant l'établissement d'un laboratoire à
Toronto.

On peut lire ceci dans *La Presse* du 12 septembre 1927 : « L'outillage de
photographies microscopique du laboratoire provincial est le plus perfectionné du continent et il ne se passe pas de semaine sans que des experts
d'autres provinces ou des États-Unis s'y adressent pour faire contrôler leur
travaux les plus difficiles. Pour photographier les balles et les douilles, on se
sert d'appuis rotatifs inventés par le Dr Derome, appareil permettant de voir
simultanément plusieurs objets sur la même face. »

Malheureusement, les Américains qui n'ont pas l'habitude d'être les
seconds oublieront par la suite de mentionner que Derome les avait précé-
dés de quinze ans. Cet oubli se perpétue encore à ce jour. Heureusement, il
existe un criminaliste du nom de Doug Lucas qui, à un colloque international tenu en Californie, est venu rappeler aux Américains la contribution du
Dr Derome, non sans mentionner les visites que fit Hoover au laboratoire de
Montréal, ce que les historiens des États-Unis ont toujours omis de signaler.
Cette visite m'a aussi été confirmée par l'un des fondateurs de l'École de
police de Nicolet, Maurice Baril, à qui Fontaine a raconté la visite d'Edgar
Hoover. Baril, qui a étudié auprès du FBI, m'a signalé que leurs fiches signalétiques étaient identiques à celles de Montréal, ce qui confirmerait la visite
de Hoover à Montréal.

[Article de Derome dans *American Journal of Police Science*] « The Laboratory of legal medecine and Technical Police of Montreal », *The American
Journal of Police Science* (Chicago), 1930, p. 216.

Chapitre 25 • Train de nuit pour l'éternité

[Sur la maladie de Derome] Entrevue avec Léon Derome.
[Affaire Nogaret] *La Presse,* du 3 au 5 mars 1931 ; Dollard Dansereau,
Causes célèbres du Québec, Saint-Lambert, Sedes, 1990 [1974], p. 151 ; *La
Presse,* 11 mars 1931. [Meurtre rue D'Iberville] *La Presse,* 9, 10 et
11 mars 1931 ; *La Patrie,* 10 mars 1931 ; Daniel Proulx, *Les Bas-Fonds de*

Montréal, Montréal, VLB, 1998, p. 32-35. ; Musée de la civilisation, CLS-JML, *Le Livre des causes célèbres* (Meurtre de la rue d'Iberville). [Nogaret condamné à mort] *La Presse*, 11 mars 1931. [Télégrammes de la Colombie-Britannique] ANQM, MSPQ, E-91, 1995-01-0\307 *Rapports et notes manuscrites du Dr Derome concernant les autopsies et les expertises médicales*, (série de documents non numérotés). [Affaire Sowry] *Ibid.*, « Sowry Guilty of Murder in death of Joe Babchuk », *Prince George Citizen*, 28 mai 1931. [Voyage en train] Informations fournies par Josée Vallerand du Musée canadien du rail. Pour reconstituer le voyage, je me suis aussi inspiré de la série *Histoire du rail*, présentée à la chaîne de télévision spécialisée Historia. [Lamartine] Wilfrid Derome « Le professeur Albert Prévost » *L'UMC*, 1926, n° 9, p. 467. [Un témoignage déterminant] « Sowry Guilty of Murder in death of Joe Babchuk », *Prince George Journal*, 28 mai 1931. [Assurer la relève] Musée de la civilisation, CLSJML, Lettre de Wilfrid Derome à Louis-Alexandre Taschereau ; Musée de la civilisation, FLSJM, Lettre de Louis-Alexandre Taschereau à Wilfrid Derome.
[Affaire Nogaret] *La Presse*, 24 septembre 1931 ; *La Presse*, 25 septembre 1931 ; Dollard Dansereau, *op. cit.*, p. 145-151. [Le nécrophile de Limoilou] Musée de la civilisation, CLSJML, *Le Livre des causes célèbres*, vol. II (nécrophile).
[Dernière autopsie] *Le Droit*, 24 novembre 1931 ; Musée de la civilisation, CLSJML, *Le Livre des causes célèbres*, vol. II (meurtre de Mme Charles Lapointe [Agnès Millette]). [Les meurtres des cinq dernières années] Musée de la civilisation, CLSJML *Le Livre des causes célèbres*, vol. I et II.

Chapitre 26 • Requiem pour un médecin légiste

[La dernière nuit] Entrevue avec Léon Derome ; « Le docteur W. Derome, directeur de l'Institut médico-légal, est décédé à l'hôpital Notre-Dame », *La Presse*, 24 novembre 1931 ; [À la Cour du coroner] « Hommages à la mémoire du docteur Derome », *La Presse*, 24 novembre 1931 ; « La mort du docteur Derome afflige tout le monde », *La Presse*, 24 novembre 1931 ; « Le docteur Derome, médecin légiste, meurt ce matin » ; *Le Canada*, 24 novembre 1931 ; *Le Devoir*, 24 novembre 1931 « Le docteur Wilfrid Derome », *Quartier Latin*, 24 novembre 1931 ; « Un grand savant disparaît en la personne du docteur Derome », *La Patrie*, 24 novembre 1931 ; « Mort du docteur Wilfrid Derome » ; *Le Petit Journal*, 6 décembre 1931 ; *Le Droit*, 24 novembre 1931 ; « Dr W. Derome dies in his 54th year. Medico-legal Expert of Quebec Had International Reputation », *The Montreal Daily Star*, 24 novembre 1931 ; *The American Journal of Police Science*, vol. II, n° 6, 1931 ; AUM, PVFMULM, 1932, p. 159-160 ; Maude Abott, *History of medecine in the Province of Quebec*, p. 86-87. Les anecdotes du Dr Fontaine] Rosario Fontaine, « Les anciens présidents de la Société médicale de Montréal, Wilfrid Derome, 1925 », *Annuaire 1954*, Société médicale de

Montréal, Journées médicales annuelles de la Société médicale de Montréal, 1954, p. 21. [Lettre du procureur Johnson] ANQM, MSPQ, E-91, 1995-01- 003/305, *Rapports et notes manuscrites du Dr Derome concernant les autopsies et les expertises médicales* (série de documents non numérotés). [Service funèbre] « Une foule respectueuse a rendu un hommage imposant au savant qu'était le docteur Derome », *La Presse,* 27 novembre 1931 ; « Impressive funeral for noted Montreal criminologist », *The Montreal Daily Star,* 27 novembre 1931 ; [Dalle] Cimetière Notre-Dame-des-Neiges, lot 01354. [Citation finale] Rosario Fontaine, « Le professeur Wilfrid Derome », *L'UMC,* n° 1, 1932, p. 22.

Épilogue

[L'affaire Blanche Garneau] Réal Bertrand, *Qui a tué Blanche Garneau ?,* Montréal, Éditions Quinze, 1983. [L'affaire Nogaret] Dollard Dansereau, *Causes célèbres du Québec,* Saint-Lambert, Sedes, 1990 [1974], p. 165-171. [L'affaire Campbell] Daniel Proulx, *Les Bas-Fonds de Montréal,* Montréal, VLB, 1998.

Essais et travaux scientifiques du docteur Wilfrid Derome

Livres

Précis de médecine légale, Compagnie d'Imprimerie des Marchands, Montréal, 1920, 389 p.
Expertise en armes à feu, Beauchemin, Montréal, 1929, 235 p.

Articles dans *L'Union médicale du Canada*[1]

« Le fonctionnement des expertises médico-légale en France », janvier 1910, p. 31.
« La loi sur les accidents du travail au Canada et le rôle du médecin », mars 1910, p. 150.
« La simulation en médecine légale », mai 1910, p. 264.
« L'alcoolisme en médecine légale », juin 1910, p. 311.
« La mort est-elle le résultat de la submersion », août 1910, p. 435.
« Période médico-légale de la paralysie générale », octobre 1910, p. 585.
« À propos de la dernière pendaison », juillet 1911, p. 391.

---

1. L'index cumulatif des matières et des noms d'auteurs de *L'Union médicale du Canada* (1872-1971) compilé par Gabrielle Faucher me sert de référence. Cet index attribue à tort trois articles à Wilfrid Derome, soit « Deux cas typiques d'automutilation » (1895), « Bulletin — Notre-Dame » (1897), « Le tétanos » (1898).

« Police scientifique et empreintes digitales », décembre 1911, p. 688.

« Les anormaux psychiques à l'école et le rôle du médecin », novembre 1912, p. 629.

« Mesure de l'activité rénale et constante urémique et chlorurémique d'Amard », janvier 1913, p. 19.

« Compte rendu de la première convention des Gouttes de lait de Montréal », juin 1913, p. 316.

« À propos d'un cas d'électrocution par un courant alternatif de 110 volts », avril 1915, p. 116.

« L'organisation médico-légale en France et au Canada, et en particulier dans la province de Québec », mai 1916, p. 462.

« Responsabilité médicale », mai 1916, p. 199.

« Honoraire des médecins — honoraires des experts », janvier 1917, p. 25.

« Une aliénée accusatrice », septembre 1917, p. 427.

« Le professeur George Villeneuve » (nécrologie), février 1918, p. 83.

« Sur quelques autopsies de grippe », décembre 1918, p. 587.

« L'immunité », juillet 1919, p. 428.

« Étude sur le suicide », novembre 1919, p. 562.

« Le narcotisme — un abus, un conseil », janvier 1922, p. 14.

« Le secret professionnel », juin 1924, p. 467.

« Observation de manœuvres abortives criminelles », février 1925, p. 78.

« Expertise toxicologique », septembre 1925, p. 438.

« Dosage de petites quantités d'alcool éthylique » (en collaboration avec Franchère Pépin), 1925, p. 566 (article paru en anglais à Toronto dans *Canadian Chemistry and Metallurgy,* mars 1925, p. 65).

« Suicide par armes à feu », octobre 1925, p. 625.

« Deux observations de rupture spontanée du cœur », novembre 1925, p. 707.

« Deux cas d'asphyxie par bol alimentaire », avril 1926, p. 202.

« Le professeur Albert Prévost », août 1926, p. 467.

« Poisons alimentaires », août 1926, p. 471.

« Identification de douilles et de balles avec un automatique », mai 1927, p. 252.

« Les alcools au point de vue toxicologique », septembre 1927, p. 501.

« Diagnostic individuel du sang humain », décembre 1927, p. 675.

« Le lieu du crime », mai 1928, p. 276.

« Procédés d'identification de balles » (en collaboration avec Rosario Fontaine), août 1929, p. 454.

Articles parus à Paris dans les *Annales de médecine légale de criminologie et de police scientifique.*

« Observation de manœuvres abortives criminelles », séance officielle du 20 avril 1925, p. 314.

« Deux cas d'asphyxie par bol alimentaire », séance officielle du 10 mai 1926, p. 278.

Articles publiés à Chicago dans *The American Journal of Police Science*

"The Laboratory of Legal Medecine and Technical Police of Montreal", mars-avril 1930, p. 216
"Quantitative Determination of Alcohol in the Human Organism", septembre- octobre 1930, p. 515.

Autres articles

« La police technique et ses méthodes », La Presse, 26 janvier 1924.
« Jury d'expertise devant les tribunaux au point de vue criminel », dans *Texte des mémoires du septième congrès de l'Association des médecins de langue française de l'Amérique du Nord,* Beauchemin, 1923, p. 347.

Table des matières

MISE EN PAGES ET TYPOGRAPHIE :
LES ÉDITIONS DU BORÉAL

CE DEUXIÈME TIRAGE A ÉTÉ ACHEVÉ D'IMPRIMER EN DÉCEMBRE 2003
SUR LES PRESSES DE TRANSCONTINENTAL IMPRESSION
IMPRIMERIE GAGNÉ, À LOUISEVILLE (QUÉBEC).